문화와
역사를
담 다
011

김
호
연 金瑚然, Kim Hoyoen

단국대학교 대학원 국어국문학과에서 「한국근대악극연구」로 문학박사 학위를 취득하였고, 단국대학교 동양학연구소 연구원·연구교수, 일본 동경대학 문학부 외국인연구원, 광주여자대학교 교양교직과정부 조교수, 단국대학교 무용과 연구전담 조교수, 무용역사기록학회 편집위원장 등을 역임하였다.

현재 한국춤평론가회 회원으로 춤평론을 쓰고 있으며, 무용역사기록학회 부회장·편집위원으로도 활동하고 있다. 또한 문화연구소 케이코뮌 연구위원, 숭실대학교 한국기독교문화연구원 HK+ 연구교수로 재직하며 한국근대예술사 연구에 집중하고 있다.

주요저서로는 『한국근대무용사』(민속원, 2016), 『한국근대악극연구』(민속원, 2009) 등이 있다.

한국 춤 새롭게 바라보기

김호연

민속원

머리말

　무용학 입문처럼 춤평론도 시나브로 내게 찾아 왔다. 무용역사기록학회로 나를 이끈 무용인류학자 최해리 선생님이 '선생님도 어지간히 무용계에 발을 들여놓으셨으니 평도 쓰셔야죠?'하며 기존과 다른 시각에서 글을 써보라며 '댄스포스트코리아'에 실을 리뷰를 부탁하였다. 지인들의 공연을 계속 보던 터라 가벼운 마음으로 승낙하고 2015년 여름 즈음 글을 쓰기 시작하였다.

　그리고 다음해『댄스포럼』김경애 선생님도 리뷰를 써보는 것이 어떻겠냐 하시고 볼만한 공연을 알려주시며 지면을 할애해 주셨다. 무용사 연재를 하고 있었으니 이도 마감일에 맞추어 한편씩 쓰면 되겠지 하고는 본격적으로 평론을 쓰기 시작하였다.

　그런 가벼운 생각으로 발을 들여놓은 춤평론, 정말 어려운 일이었다. 그저 묵묵히 수도자처럼 공연을 보고 마감일에 맞추어 글을 쓰는 일도 그렇고, 무용의 난해한 문법을 읽으며 안무자의 의도와 생각을 읽는게 그리 쉬운 일이 아니었기 때문이다. 게다가 좋은 작품을 보면 커다란 감흥을 느끼는 즐거움이 있다가도 소통을 제대로 못한 공연을 보곤 능력의 한계에 한탄하기도 하였다.

　그래서 해가 거듭할수록 기氣만 빠지며 무념무상으로 글을 쓰면서 이 일을 계속 해야 하나 잡념만이 가득 하였다. 그런 가운데『춤』에도 글을 쓰고, 2018년 한국춤평론가회에 들어가면서 지금 이 순간 여기서 순리대로 최선을 다하는 것이 그저 정도正道라 생각하고 현재 이 길을 걷고 있다.

평론의 역할은 여러 가지가 있겠지만 시대정신의 기록이라는 측면, 무대공연예술로 순환적 구조 속 피드백 역할 그리고 대중에게 작품을 쉽게 설명하는 길라잡이 등 다양한 책무가 있다. 그런 측면에서 되도록 꼼꼼한 관객의 입장에서 작품의 의도와 기법적인 측면을 독해하고자 하였고, 인문학을 전공하였기에 조금은 넓은 시각으로 바라보며 서사구조와 사회적 담론에 집중하여 기록하려고도 하였다. 이와 함께 2년 여 무용과라는 공간속에 있으며 단 하루 공연을 위해 그들이 얼마나 노력하고 춤을 사랑하는지 알았기에 직설적으로 말하기보다는 그들의 생각을 이해하며 아쉬움은 에둘러 첨언하기도 하였다.

장점이자 단점이겠지만 무용 공부에서 내겐 스승도 없고, 어떠한 학연, 지연, 혈연 등의 관계성이 없다. 같이 공부하는 선생들은 있지만 제자도 없다. 그렇기에 글로만 자유롭게 무용을 평가할 수 있는 특권 아닌 특권을 누릴 수 있었고, 무대에서 공연을 펼치는 그들이 내겐 스승이라 생각하며 매번 배운다는 입장에서 글을 끄적거렸다.

몇 년 글을 쓰다 보니 쌓이고 쌓여 이번 기회에 정리를 해볼까 하여 이리 겁도 없이 그동안 글을 엮어 춤평론집을 엮는다. 2015년부터 2018년까지 햇수로 4년의 기간 동안 댄스포럼, 댄스포스트코리아, 춤, 이데일리에 실린 평과 댄스포스트코리아에 쓴 소고小考 그리고 무용역사기록학회에서 공부하며 썼던 서평과 그 외의 글들을 하나로 묶어 보았다.

우선 김경애, 최해리 두 분의 보이지 않는 믿음이 있었기에 꾸준히 이 길을 걸을 수 있었다. 이와 함께 댄스포럼, 춤, 댄스포스트코리아라는 공간이 있었기에 졸저拙著도 나올 수 있었다. '댄스포스트코리아'는 딜레탕트의 들머리이고, '댄스포럼'은 가장 소중한 공간으로, '춤'은 한 걸음 더 나아가는데 바탕으로 의미를 지닌다. 감사의 말씀 드린다. 또한 무용역사기록학회라는 터전이 있어 내 공부는 더욱 탄탄해졌다.

덧붙여 감사할 분들이 많지만 건망을 핑계로 여기선 생략하기로 한다. 그렇지만 옆자리에서 같이 공연을 본 여러 선생님들에게 감사의 마음 전하고, 그냥 공부가 좋아 어떤 눈치 안보고 나와 공부하는 내 큰 지원군 문화연구소 케이코뮌 선생들에게는 감사 인사를 꼭 전하고 싶다. 또한 『한국근대악극연구』, 『한국근대무용사』에 이어 이렇게 이 책이 나올 수 있는 공간을 마련해주신 민속원 그리고 홍종화 사장님께도 진심으로 고마운 마음 전하며 사진을 제공해준 여러분께도 감사의 인사드린다.

춤평론이 칭찬받는 일은 아니다. 춤꾼들처럼 박수를 받거나 상을 주는 보답도 없다. 그저 공연을 보고, 묵묵히 그걸 기록하는 외로운 길 일 뿐이다. 원래 이 책을 엮고 이 길을 접을까도 생각해 보았고, 또 계속 가자고도 마음먹는 등 갈피를 못 잡고 있었다. 이 지난한 길 언제까지 흔들림 없이 걸을지 모르겠지만 여기서 춤꾼들처럼 순간 최선을 다하고자 마음을 다잡아본다.

이 글을 쓰는 와중에 새로운 공간에서 공부를 시작하게 되었다. 맺음과 풀림 그리고 무언가의 동기부여를 하고자 한 이 책이 또 다른 출발을 위한 토대로 의미를 두면서 앞으로 또 나가고자 한다.

2019년 봄의 절정
상도교정 그리고 개포서실에서

김호연

차례

머리말 · 4

제1장 리뷰 —2015.8~2016.12

1. 안정이냐 진보냐의 문턱에서 · · · · 21
    —제8회 K Ballet World 〈창작발레 신인 안무가전〉

2. 정재 대중화의 길라잡이로 정재연구회의 발걸음 · · · · 25
    —풍류사랑방 '수요춤전' 김영숙과 정재연구회

3. 국립무용단의 정체성에 대한 근본적 질문을 던진 〈완월〉 · · · · 28
    —국립무용단 〈완월〉

4. 전통춤의 색다른 재미 · · · · 30
    —풍류사랑방 '수요춤전' 남무전男舞傳 · 전展 · 전戰 : 전설을 춤추다

5. 민속춤의 재현과 새로운 생산성 · · · · 33
    —박기량 〈춤씻김〉

6. 한국 전통공연예술의 문화콘텐츠적 의미 · · · · 35
    —정동극장 〈MISO : 배비장전〉

7. 융복합 공연에서 무용은 어떠한 존재인가? · · · · 38
    —와이맵(YMAP) 〈마담 프리덤〉

8. 자기 정체성을 통한 발레 대중화의 들머리 · · · · 41
    —와이즈발레단 〈Once upon a time in 발레〉

9. 전통과 현대, 그 문턱에서 새로운 질서의 창조 작업 · · · · 44
    —국립무용단 〈시간의 나이〉

10. 전통춤의 또 다른 전형성을 위하여 · · · · 48
    —예인열전 조갑녀 1주기 추모공연

11. 포스트모던시대의 실존적 회의
    그리고 새로운 질서 속 생산성을 위하여 · · · · **51**
    ─ 크리틱스 초이스 2016

12. 천안시립무용단의 10년 그리고 또 다른 10년을 위하여 · · · · **55**
    ─ 천안시립무용단 창단 10주년 특별공연

13. 진주 교방춤의 아이덴티티와 춤꾼의 개성이 융합된 무대 · · · · **58**
    ─ 서진주 〈논개삼첩〉

14. 대중과 함께 소통한 발레축제의 두 공연 · · · · **61**
    ─ 임혜경 Le Ballet 〈이야기가 있는 발레〉,
    다크서클즈 컨템포러리 댄스 〈노련한 사람들〉

15. '엣지'의 날카로움과 '원'의 원만성 그리고 그 콘트라스트 · · · · **64**
    ─ 허용순 〈콘트라스트〉, 〈엣지 오브 써클〉

16. 이미지와 본질, 창작과 전통을 함께 겸비한 춤꾼을 기대하며 · · · · **67**
    ─ 이동준 〈이동준의 춤, 희노애樂〉

17. 전통과 춤을 알아가는 공연 · · · · **70**
    ─ 한국문화의 집KOUS 〈지무知舞〉

18. 한국춤의 원천과 현재성 그리고 그 전승 방법론 · · · · **73**
    ─ 국립국악원 무용단 〈무원舞原〉

19. 융합과 복합을 통한 새로운 실험 정신의 바로미터 · · · · **77**
    ─ 2016년 파다프(PADAF)

20. 고전의 해체 그리고 매튜 본의 새로운 질서를 통한 스토리텔링 · · · · **80**
    ─ 매튜 본 〈잠자는 숲속의 미녀〉

21. 젊은 예술인들의 치기 어린 무대 공간, 주말극장 in 문래예술극장 · · · · **83**
    ─ 코리아댄스컴퍼니 결 〈큐브°C(큐브도시)〉

22. 호접몽, 매트릭스 그리고 몸짓을 통한 가상현실의 표현 · · · · **86**
    ─ 박명숙댄스씨어터 〈시간과 방을 위한 네 개의 풍경〉

23. 우직한 행보를 통한 다양한 전통춤의 눈높이 만남 · · · · **89**
    ─ 경기도립무용단 〈환희, 그 미래를 보다〉

24. 항상 새롭게 하라, 또 그 담론을 깨고 새로운 질서를 위한 도전 · · · · 92
    ─국립현대미술관과 국립현대무용단 퍼포먼스 〈예기치 않은〉

25. 동시대 전형성과 고유성의 경계에서 넋두리 · · · · 95
    ─댄스씨어터 창 〈EYE〉, 〈씻김PLAY〉

26. 양질의 보편 지향의 페스티발을 기대하며 · · · · 98
    ─김용걸 댄스 씨어터 〈수치심에 대한 기억들〉, 댄스프로젝트 뽑끼 〈75분 1초〉,
    다크서클즈 컨템포러리 댄스 〈노련한 사람들〉, Ninety9 Art Company 〈심연〉

27. 고전, 그 후일담을 통한 상상력의 자극 · · · · 101
    ─댄스시어터샤하르 〈한여름 밤의 호두까기 인형〉

28. 몸이 다하여 정신이 쇄한 것인가 아니면 정신이 다하여 몸이 쇄한 것인가? · · · · 104
    ─국립현대무용단 〈춤이 말하다〉

29. 진부한 시대 새로운 담론을 기대하며 · · · · 106
    ─제37회 서울무용제

30. 미시적인 한국의 의식, 그럼에도 가장 보편적 일상적 담론 · · · · 111
    ─국립무용단 〈Soul, 해바라기〉

31. 빈 공간 채우기와 새로운 생산성을 위한 레퍼토리를 위하여 · · · · 114
    ─국립발레단 〈잠자는 숲속의 미녀〉

32. 몸과 마음을 움직이는 역동적 시공간 · · · · 117
    ─앰비규어스 댄스 컴퍼니 〈바디 콘서트〉

제2장 리뷰 —2017

1. 여기에 있는 것은 저기에도 있고, 여기에 없는 것은 저기에도 없다 · · · · **121**
   —황재섭무용단 〈유리〉

2. 경기도립무용단의 새로운 도약을 위한 전상과 후상의 변증법 · · · · **125**
   —경기도립무용단 〈상상想相〉

3. 상징적 묘사를 통한 발레만의 몸의 움직임 · · · · **128**
   —신현지B프로젝트 〈인간〉

4. 태초의 발디딤과 그 일상 속으로 · · · · **131**
   —김영찬 〈in the beginning〉

5. 로봇의 발달로 무용은 사라질 것인가? · · · · **133**
   —HUANG YI & KUKA

6. 문의 역동성과 무의 서정성 그리고 그 스토리텔링 · · · · **135**
   —임학선 댄스위 〈문·무·꿈·춤〉

7. 치기어리지만 진지한, 그리고 다음 작품을 위한 토대 · · · · **138**
   —차세대 열전 2016 한국예술창작아카데미 무용

8. 전통춤의 전승과 개성을 위하여 · · · · **142**
   —백경우 〈백경우의 춤, 외씨 버선발로 고이 딛고 서서〉

9. 가공된 자연계와 물아일체 · · · · **145**
   —아트프로젝트보라 〈인공낙원〉

10. 가장 한국적인 것이 가장 현대적인 것일 수 있다는 명제 · · · · **147**
    —국립현대무용단 〈혼합〉

11. 전통과 전형성의 만남을 통한 새로운 의식 · · · · **150**
    —제17회 서울국제즉흥춤축제 〈서울교방 즉흥춤판 '놀 자' 프로젝트〉

12. 공간미와 오브제를 통한 구조적 표현 방식 · · · · **153**
    —현대무용단 탐 〈보이지 않는〉

13. 경기도립무용단만의 브랜드 가치로서 의미, 또 다른 열림의 출발 · · · · **155**
    —경기도립무용단 〈달하〉

14. 보여주기와 감춤 속 현대인의 실존에 대한 고민 · · · · **158**
　　－LDP무용단 〈17th LDP〉

15. 우공이산愚公移山 우보만리牛步萬里, 기나긴 춤꾼의 여정 · · · · **161**
　　－오철주 〈오철주의 춤, 춤의 맥을 짚다〉

16. 젊은 안무가들의 성장을 위한 미중물 · · · · **164**
　　－20th 크리틱스 초이스 댄스 페스티벌

17. 한국적 이미지 표현과 발레로 조화로움의 균정미 · · · · **168**
　　－국립발레단 〈허난설헌－수월경화〉

18. 보편적 정서와 남도의 정서를 통한 잘 짜인(well-made) 소리극 · · · · **171**
　　－마당여우 프로젝트 소리극 〈권번 꽃다이〉

19. 대중성과 작품성의 문턱에서 · · · · **173**
　　－김보람, 김설진, 김용걸 〈쓰리 볼레로Three Bolero〉

20. 미시와 거시 담론 속 기억의 흔적 · · · · **176**
　　－퍼포먼스그룹 153 〈테레비-죤〉

21. 실존적 작가의식을 통한 상징적 표현 의지의 발로 · · · · **179**
　　－천안시립무용단 〈EYE ORIGINS 눈의 기원〉

22. 새로운 감각의 무용극 도전과 앞으로의 과제 · · · · **182**
　　－국립무용단 〈리진〉

23. 시대적 전형성의 확보와 한국창작무용의 발현 · · · · **185**
　　－김영희무트댄스 〈여기에Ⅱ 지금여기〉

24. 잊힌 역사에 대한 거시적 담론의 헌무獻舞 · · · · **188**
　　－박명숙댄스씨어터 〈유랑〉

25. 설화적 모티브를 통한 환상성과 강원문화의 표현 의지 · · · · **191**
　　－강원도립무용단 〈겨울약속〉

26. 치기와 도전을 위한 발레 작품을 기대하며 · · · · **194**
　　－국립발레단 〈KNB MOVEMENT SERIES 3 안무가 육성 프로젝트〉

27. 한국미의 현재적 원형 해석 · · · · **196**
　　－국립현대무용단 〈제전악－장미의 잔상〉

28. 한국춤의 현대적 대화와 그 절제미 · · · · **199**
　　－장현수 〈춤 '청안'〉

29. 스타일리쉬한 한국 무용의 새로운 방법론 · · · · **201**
　　－국립무용단 〈춘상〉

30. 오리엔탈리즘 시각에 대한 자평과 일상의 재현 · · · · **204**
　　－전미숙무용단 〈BOW〉

31. 잘 짜인 무용극으로 정동극장의 레퍼토리 · · · · **207**
　　－정동극장 〈련, 다시 피는 꽃〉

32. 시시포스 신화소의 재현 그리고 실존, 미래의 인식 · · · · **209**
　　－세컨드네이처 댄스컴퍼니 〈비트사피엔스〉

33. '껍데기와 알맹이' 그 상징적 이중성의 협연 · · · · **212**
　　－국립현대무용단 픽업스테이지 〈맨 투 맨 : 京人〉

34. 여성성에 대한 두 가지 시각과 관객의 수용 · · · · **215**
　　－문화비축기지 개원기념 공연 〈미인: Body to Body, Plasticity〉

35. 커다란 울림과 그 장대한 의미의 맺음과 풀림 · · · · **218**
　　－10주기 추모공연 무송 박병천 그 남자의 춤 이야기

36. 어두운 정조 속 스타일리쉬한 발레의 지향 · · · · **221**
　　－국립발레단 〈안나 카레니나〉

37. 형이상학적 상징에서 사회적 관심과 일상적 주제의식을 기다리며 · · · · **224**
　　－제38회 서울무용제 경연대상 공연

38. 혁신과 소통의 몸짓에 대한 기억 · · · · **228**
　　－국립현대미술관 〈역사를 몸으로 쓰다〉

제3장 리뷰 —2018

1. 더 비기닝과 후일담을 관통하는 한국 전통 소재의 새로운 모범 · · · · **233**
   —임성남 선생 15주기 추모 공연 〈처용〉

2. 연극적으로 움직이고, 무용적으로 말하는 서사구조의 표현 · · · · **236**
   —PARRABBOLA & 제로포인트모션 〈햄릿, 카멜레온의 눈물〉

3. 문학의 수용과 해체 그리고 동시대 무용철학의 정립 · · · · **239**
   —김주빈 〈착한 사람〉, 장혜림 〈침묵〉

4. 탈춤을 통한 셰익스피어 비극의 이미지 표현 · · · · **247**
   —천하제일탈공작소 〈오셀로와 이아고〉

5. 범세계의 순환 구조와 그 의미의 드러냄 · · · · **251**
   —김남식 & Dance Troupe-Da 〈봄 여름 가을 겨울 그리고 봄〉

6. 현실에 대한 심리적 리얼리즘의 표현 · · · · **255**
   —원댄스프로젝트그룹 〈가상리스트〉

7. 일상성, 관계성 그리고 추상성의 조합 · · · · **258**
   —휴먼스탕스 〈미아〉, 정성태 〈가장 소중한 것〉, 최명현 〈시간은 무게다〉

8. 한국적이면서도 원초적 보편성의 울림 · · · · **263**
   —최상철무용단 〈혼돈〉

9. 닫힌 구조 속 어두운 색조로 나타나는 실존의 갈등 · · · · **265**
   —세컨드네이처 댄스컴퍼니 〈이방인〉

10. 영남춤에 드러난 역동적이면서 부드럽고 강건한 몸짓 · · · · **269**
    —국립부산국악원 무용단 〈한국의 춤 부산 영남을 바라보다〉

11. 전통의 분석과 현재성에 대한 젊은 해석 · · · · **271**
    —국립무용단 〈넥스트 스텝〉

12. 사회적 현상을 바라보는 동시대 젊은 안무가의 관점 · · · · **274**
    —LDP무용단 18회 정기공연

13. 대중과 관객에게 전해주고픈 코레오그래피의 단상 · · · · **278**
    —이나현 〈안무노트〉

14. 고전적이며 동시대적인 스테디셀리 무용극 · · · · 281
　　 ─경기도립무용단 〈황녀 이덕혜〉

15. 공시성을 통한 동양철학에 대한 새로운 시각 · · · · 285
　　 ─인천시립무용단 〈건너편, beyond〉

16. 문화콘텐츠로 새로운 가무극의 출발 · · · · 288
　　 ─정동극장 〈궁 : 장녹수전〉

17. 무용에 기반을 둔 전통연희의 가능성 · · · · 291
　　 ─춤, 하나 댄스컴퍼니 〈쁘띠 미얄〉

18. 사유하는 인간의 집단적 정형성의 가치적 의미 · · · · 294
　　 ─국립무용단 〈맨 메이드〉

19. 타자성을 통한 사회적 표상의 연쇄성 · · · · 297
　　 ─김영미 댄스 프로젝트 〈페르소나 Ⅱ〉

20. 메르헨을 통한 환상적 발레 창작의 첫걸음 · · · · 300
　　 ─김순정발레단 〈눈의 여왕〉

21. 몸에 대한 자율성의 인식과 확장성 · · · · 303
　　 ─조기숙 New발레단 〈Contact&Connection〉

22. 카오스와 코스모스 속 구상적 움직임의 흐름 · · · · 305
　　 ─천안시립무용단 〈코스모스〉

23. 자율적 움직임 속 표현주의 댄스 드라마 · · · · 308
　　 ─세컨드네이처 댄스컴퍼니 〈40712〉

24. 고독에 대한 균정미의 심상적 표현 · · · · 311
　　 ─현대무용단 탐 〈지금, 말하다〉

25. 동시대 일상적 관점의 결혼에 대한 담론 · · · · 314
　　 ─전미숙무용단 〈Talk to Igor─결혼, 그에게 말하다〉

26. 원형과 전형의 경계에서 북한춤의 재인식 · · · · 316
　　 ─안은미컴퍼니 〈안은미의 북.한.춤〉

27. 어두운 정조 속 일상적 전형성의 표현 · · · · 318
　　 ─로댄스프로젝트 〈RAVEN : 까마귀〉

28. 삶을 관통하는 18가지 인생 이야기 ···· 321
　　ㅡ김보람 〈관통시팔〉

29. 공연으로 탈춤의 재생산과 그 가능성 ···· 324
　　ㅡ서울돈화문국악당 〈가면희〉 '탈&춤'

30. 사회적 쟁점의 직시적 표현 방식 ···· 328
　　ㅡ댄스씨어터 창 〈그 말 못한 이야기 S〉

31. 베토벤 음악이 갖는 무거움과 추상적 심리의 표현 ···· 330
　　ㅡ메타댄스 프로젝트 〈베토벤과 카알 in 성남〉

32. 대중 눈높이 전통춤 공연의 지속성 ···· 333
　　ㅡ경기도립무용단 〈천년의 유산〉

33. 낯익은 본질의 충실함과 새로운 구조화 ···· 336
　　ㅡ국립현대무용단 픽업 스테이지 〈스텝업〉

34. 이미지화와 실험성를 위한 도전 ···· 339
　　ㅡ링카트 〈정류장〉

35. 관조적 시점에서 표현된 구도의 몸짓 ···· 342
　　ㅡ박호빈 〈마크톱〉

36. 일상의 상징적 장치를 통한 정제된 몸짓 ···· 345
　　ㅡ현대무용단 탐 〈제8회 현대무용단 탐 젊은 무용수 젊은 안무가〉

37. 감각의 너울 속 움직임의 확장성 ···· 348
　　ㅡ예효승 〈오피움〉

38. 중년의 몸짓으로 표현할 수 있는 현실적 이야기 ···· 350
　　ㅡ황미숙 댄스 모놀로그 〈혼잣말 하는 여자〉

39. 새로운 질서 속 북한춤의 새로운 인식 ···· 353
　　ㅡ안은미컴퍼니 〈안은미의 북.한.춤〉

40. 무용 대중화의 선구적 행로와 방향성 ···· 356
　　ㅡ제임스 전 〈Post 2000 발레정전〉, 블루댄스씨어터 〈블루 지젤 인 플렛폼〉

41. 무대공연예술로 실용무용의 확장성 ···· 360
　　ㅡ서울호서예술실용전문학교 〈FINAL STAGE next level〉

42. 전통춤의 원형적 수용과 개성의 분출 · · · · 363
　　－임수정 〈2018 임수정 전통춤판 무애無㝵〉

43. 서정적 시각 속 감정의 내면적 표현 · · · · 366
　　－리을무용단 〈당신의 별은 안녕하십니까?〉

44. 일상적 공간의 기호화를 통한 연극적 몸짓 · · · · 369
　　－김설진 × 국립무용단 〈더룸〉

45. 익숙한 고전에 대한 무용극으로 새로운 기대지평 · · · · 372
　　－인천시립무용단 〈비가〉

46. 전통에 대한 해체와 새로운 질서의 표현 방법 · · · · 375
　　－김순정 〈초충도〉, 춤, 하나 댄스컴퍼니 〈농현, 그 어름새의 손끝〉

47. 개성 넘치는 세 무용수의 진솔한 춤 이야기 · · · · 380
　　－국립현대무용단 레퍼토리 〈댄서하우스〉

제4장 무용소고舞踊小考

1. 무용문화 변화를 위한 요설 · · · · **385**
2. 새로운 무용학을 기대하며 · · · · **387**
3. 현하現下 백세시대에서 요설饒舌 · · · · **389**
4. 한국 무용에서 근대 그리고 근대의 출발 · · · · **392**
5. 구전심수, 아카이브 전시 〈생生의 고백, 춤의 기억記憶〉 · · · · **395**
6. 한국 근대무용에 대한 새로운 인식 · · · · **398**
7. 급변하는 사회 속 무용문화의 현재와 미래 · · · · **404**

제5장 서평

1. 근대 무용 연구의 토대를 위한 새로운 인식 · · · · **415**
 ―김종욱 편저, 『한국근대춤자료사』(아라, 2014)

2. 역사학자의 시각에서 바라본 춤꾼의 일생 · · · · **421**
 ―문철영, 『하늘이 내린 춤꾼 이매방 평전』(새문사, 2015)

3. 춤꾼에 대한 흔적과 기록 · · · · **427**
 ―김인권·전수향, 『춘당 김수악의 논개 살풀이』(여산서숙, 2015)

4. 예인의 일생 속 한국예술사의 조망 · · · · **431**
 ―김천흥, 김영희 엮음, 『심소 김천흥 선생 무악 인생록』(소명출판, 2017)

5. 발레 본질에 대한 길라잡이 · · · · **435**
 ―조기숙, 〈날고싶은 인간의 욕망, 발레〉(이화여자대학교출판문화원, 2017)

제1장

리뷰
—2015.8~2016.12

박근태 안무 〈광장〉 박근태 제공

01

안정이냐 진보냐의 문턱에서
―제8회 K Ballet World 〈창작발레 신인 안무가전〉

한국 발레는 대중적인가? 이런 질문은 '한국에서 행해지는 무용이 대중적인가'라는 질문과 바꾸어도 그리 어색한 말은 아닐 것이다. 이러한 질문은 어찌 보면 어리석은 질문일지도 모른다. 대중적이란 말이 순수예술, 고급문화와 대칭되어 이분법적으로 나눈 대중문화의 개념 뿐만 아니라 보편성, 일상성이라는 의미에서도 논의할 수 있는데, 이러한 범주에서 무용은 이 땅에서 그리 대중적이지 않기 때문이다.

그럼에도 불구하고 갑남을녀甲男乙女에게 그래도 친숙한 무용은 무엇일까? 아무래도 발레가 아닐까. 이는 현대무용이 지니는 난해성, 한국무용이 지니는 고답성이라는 고정관념과 달리 발레는 경험적 일상성에서 조금 더 근접한데 원인을 둘 수 있다. 이는 대중이 기억하는 무용수로 번뜩 강수진, 김주원 같은 발레리나를 먼저 이야기할 수 있는 부분에서도 발레의 상징적 기호를 뽑아낼 수 있을 것이다.(대중이 그들의 무용을 본 기억이 드묾에도 불구하고.) 또한 통과의례처럼 유소녀기 아이들이 발레를 배우는 모습에서도 발레는 대중에게 조금 더 친근하게 놓여있다.

그렇다면 한국 발레는 어떠한 대중적 접근성을 지향해야 할 것인가? 대중적 이해도를 높이는 공연을 펼칠 것인가 아니면 선지적 엘리트를 키워 발레문화를 이끌어가야 할 것인가? 케이 발레 월드K Ballet world는 이러한 발레의 여러 고민을 결집하고, 소통의 축제 마당을 마련하며 올해로 8번째 행사(강동아트센터 대극장 한강, 아르코예술극장 대극장, 마로니에공원 야외무대, 2015.08.15.-28)를 가졌다. 이번 행사에서는 개막공연, 갈라공연, 청소년 발레 페스티벌, 야외무대에서 펼쳐진 발레공연까지 다채로운 레퍼토리로 대중과 함께 하였다. 특히 '창작발레 신인 안무가전'(아르코예술극장 대극장, 2015.8.25.)은 한국 발레의 현주소이며 미래를 함께 생각하는 마당이었다는 점에서 의미를 찾을 수 있다. 이는 이날 공연을 펼친 다섯 명의 안무가가 '창작 발레 신인 안무가전'이었지만 '신인'이라고 하기에는 경험이 풍부하고 어느 정도 자기 색깔을 갖춘 '젊은 안무가'였다는 점에서도 그러할 것이다.

신현지 안무의 〈이방인〉은 제목에서 풍기듯 알베르 카뮈의 소설 〈이방인〉에서 그 모티프를 차용하였다. 그렇지만 이 작품은 기승전결의 서사구조를 찾기보다는 추상적 편린을 통해 인간 존재와 자아의 갈등을 표현하고 있다. 벨라 바르토크Béla Bartók 음악에 잔존하는 현의 팽팽한 날카로움은 빨간 카펫 위에서 아我와 비아非我의 갈등을 통해 긴장감을 불러일으킨다. 표현주의 색채가 강한 이 작품은 '참을 수 없는 존재의 무거움'을 보여준 실험적 작품이었다.

원주연 안무의 〈모던타임즈〉도 찰리채플린의 영화 〈모던타임즈〉에 모티브를 두었다. 컨베이어벨트에서 작업하는 인간들이 결국 시간의 노예가 되고, 시간에 옥죄어 살아감을 묘사한 이 작품은 작품 의도에 비해서는 뚜렷한 메시지가 전달되지 못한 아쉬움이 남는다. 이는 도시적 전형성의 표현을 통한 주제의 전달이라기보다는 미시적 접근을 통한 일상성에 머물렀기 때문이다.

정혜은 안무의 〈코드 오브 호프〉는 신인, 창작, 발레라는 이 무대가 지니는 키워드에 대한 고민이 드러난 무대였다. 이 작품은 기본에 충실한 무대를 만들어낸다. 공간 활용이나 구성의 짜임새 그리고 기본적인 기법에서 그러하다. 그럼에도 관객과 호흡하는 양상이 그리 뚜렷하지 못한 점은 이야기하고자 한 의식이나 실험적 도전이 작품에 제대로 드러나지 않음에 기인할 것이다.

이원철 안무의 〈클립〉은 안무의도에서 '만남과 헤어짐 그리고 사람과 사람의 관계 등의 일상적 관계를 표현한다'고 하였다. 그렇지만 이는 이면적인 주제로 내포되어 있고 오히려 관객에게는 한 편의 로맨틱 발레의 현대적 해석으로 다가왔다. 이는 의미 있는 스토리텔링을 만들어 새롭게 구성하여도 될 만하게 안무의 안정성이나 이야기를 끌고 가는 힘과 탄탄함이 돋보인 무대였다.

전은선 안무의 〈컬러스〉는 토마소 알비노니Tomaso Giovanni Albinoni의 바로크 선율을 발레로 표현한 작품이다. 말 그대로 음악에 몸을 실은 '느낌 그대로의 표현'이지만 '평균율'을 연상시키며 조금씩 조금씩 이야기의 무게를 더해 나간다. 게다가 이 무대에서는 흰색이

신현지B프로젝트 〈이방인〉 신현지B프로젝트 제공

그렇게 강렬한 색인지를 음악과 몸짓을 통해 인상 깊게 보여주고 있다.

이상 다섯 작품의 순차적 구성은 모티프와 스토리 라인이 뚜렷한 작품에서 이미지와 의식의 흐름이 이어진 작품들로, 현대음악에서 바로크음악까지 다양성을 띠며 무난한 발레 창작을 만들어냈다. 이러한 흐름은 신인 창작 안무가전에만 국한된 것이 아닌 이번 축제에 전반적인 경향이었을 것이다.

그렇다면 여기서 남은 숙제가 있다. 이 행사가 무난한 축제로 지속할 것인가, 대중에 더욱 가까이 다가설 것인가 아니면 심층적이며 다양한 주제를 통한 실험을 할 것인가?

한국 발레의 씨앗을 뿌리고 싹을 틔운 한동인은 '발레란 어떠한 예술인가'(『예술조선』 2호, 1948)에서 이런 이야기를 했다. '일반이 보고 이해할 수 있는 작품이래야 작품의 가치가 있는 것이라고 항상 일러주신 은사의 말씀을 다시 한 번 생각하고 …….' 이 말이 정답이란 이야기는 아니다. 그렇지만 이 말을 비판적으로 수용을 하면서 창의적인 시각에서 어떠한 변화를 주어야 할 것인가의 문제는 그때나 지금이나 한국 발레가 고민할 화두로 그대로 남아있다. 한국 발레의 세계화나 세계 발레의 한국적 수용 모두 누대에 걸쳐 탁마한 기본에 바탕을 두지만 이와 함께 생산적 담론의 양산 또한 중요함을 인식을 이해해야 될 화두인 것이다.

- 댄스포스트코리아, 2015.8.

02

정재 대중화의 길라잡이로
정재연구회의 발걸음
―풍류사랑방 '수요춤전' 김영숙과 정재연구회

정재呈才는 어렵다. 대중에게 정재라는 단어가 익숙지 않은 것은 물론이거니와 무용을 전공하는 이들에게도 쉽게 다가서기 힘든 영역이다. 게다가 무언가 즉각적으로 끌어당기는 재미도 없고, 찾아보기도 쉽지 않아 독특하고 특별한 것으로 치부해버린다. 하긴 정재가 궁중에서 행해지던 무용이니 과한 재미는 고사하고 그 의미를 이해하며 즐긴다는 것은 쉬운 일은 아닐 것이다.

그렇다면 정재의 전승 의미는 무엇일까? 한 나라의 전통문화는 기층문화의 수평적 체계인 민속이 토대를 이루지만 국가의 상징체계를 집약적으로 결집한 역대 왕조문화의 중요성도 지나칠 수 없다. 이는 누대에 걸친 민족문화상징의 형이상학적 철학 그대로를 투영되는 상징체계이기 때문이다. 특히 정재는 가歌, 무舞, 악樂의 깊은 의미들이 합을 통해 균정미를 보이며 궁중 문화의 정수를 표현하는 것이다. 이런 정재는 조선왕조의 붕괴와 함께 대중도 관람의 기회가 주어졌고, 전승 과정을 거쳐 현재에 이르고 있는 것이다.

이러한 정재가 연구와 실제에 앞장서는 김영숙과 정재연구회를 통해 풍류사랑방 '수요춤전' 무대(국립국악원 풍류사랑방, 2015.9.16.)에 올려졌다. 그동안 정재의 전승은 국립국악원을 중심으로 이루어졌고, 그들을 통해 무대공연예술로 대중과 호흡하여왔다. 상업적 예술이 아닌 왕조문화를 전승하는데 국립단체에서 맡는다는 것은 자연스러운 일이었을 것이다. 그렇지만 정재를 민간단체인 정재연구회에서 20여 년을 꾸준하게 공연과 연구를 함께 하였다는 점에서 대단한 일이며 이들의 행보 하나하나가 의미 있는 일로 평가할 수 있다.

이 날 공연은 〈헌선도〉, 〈아박무〉, 〈무산향〉, 〈검무〉, 〈무고〉, 〈춘앵전〉, 〈처용무〉로 이루어졌다. 이러한 공연 내용의 선택은 여러 가지의 생각에서 나온 결정일 것이다. 그동안 정재연구회가 꾸준히 익혀 완성도에서 가장 안정적인 부분을 생각했을 것이고, 풍류사랑방 무대에 적합한 공연 내용을 선별하는 등 여러 문제를 고려하였을 것이다. 여기서 쓸데없는 생각을 해본다. 정재, 대중, 무대공연예술, 극장이라는 키워드를 조합하여 생각할 때 정재의 공연예술로 의미는 무언인지, 정재의 대중화 아니 대중화가 필요한 것인가라는 점이다.

궁중에서 행하던 정재가 제한된 관람자에서 대상이 대중으로 바뀌었을 때 생각한 부분은 100여 년 전에도 그대로 고민한 문제였을 것이다. 조선왕조가 몰락하는 과정에서 정재는 궁중에서 드문드문 이루어졌고, 예인들은 극장이라는 공간 속으로 편입되어 변용되어 나아갔다. 그런 가운데 이들도 극장에 맞는 종목을 어떻게 펼칠지 고민하였을텐데 이를 100여 년 전 똑같은 날짜의 공연을 비교하여 설명해보아도 재미있을 것 같다. 1915년 9월 일제는 시정오년시념 조선물산공진회라는 행사를 경복궁에서 진행하고 있었다. 이때 연예관에서는 광교조합과 다동조합에서 연일 공연을 펼쳤는데, 9월 16일은 다동조합에서 〈가인전목단〉, 〈사자무〉, 〈춘앵무〉를 보여주었다. 또한 그 즈음 가장 많이 공연된 것으로 〈검무〉, 〈무산향〉, 〈춘앵무〉 등이었음을 볼 때 지금과 크게 다르지 않은 면모이다.

그런데 주목할 것은 이들이 행한 50여 일의 기간 동안 연일 종목을 바꾸어 가며 40여 개에 가까운 정재를 선보인다는 점이다. 이러한 모습은 그들이 익히고 전승한 것을 대중에게 보이며 나름의 미학을 찾는 과정이었고, 대중의 취향에 맞추기 보다는 무대공연예술로 방법론을 고민한 흔적이다. 100여 년이 지난 지금 정재연구회에서도 이러한 고민은 다양한 시각에서 이루어지고 있을 것이다. 제한된 종목이지만 원형을 간직하고 공연예술로 변용하는 작업 속에서 다양한 종목을 통한 대중과 만남, 이는 예나 지금이나 정재에 대해 무지한 대중에게 정재의 멋을 새롭게 인식시키는 바탕이 될 것이다. 결국 다양한 종목의 무대화는 앞으로 정재연구회의 과제이다.

이제 정재는 옛 것의 재현이 아닌 표현이란 측면에서 전형성 확보의 시기가 도래하였다. 지금 전통춤이라 일컫는 춤들이 '만들어진 전통'임에 비해 정재는 원형 그대로 내려오고 있다. 이는 구전심수의 전승도 있었지만 훈고학적 연구도 함께 진행되었기에 가능하였다. 이는 민족상징이라는 측면에서 다양한 문화콘텐츠를 만들 수 있는 바탕이다. 그런 의미에서 정재만을 연구하고 공연하는 정재연구회는 그동안의 토대를 바탕으로 대중화를 위한 작업도 필요하다. 이는 공연이나 연구라는 관점에서 진일보하여 대중강좌나 스토리텔링을 통한 재생산의 정착 과정 등의 작업도 병행하면 어떨지 생각해본다. 정재보다도 훨씬 지루하지만 일본의 강한 문화상징으로 자리한 일본의 노能가 지금에 이른 것은 여러 지원을 통한 끝없는 연구 그리고 대중화가 함께 이루어졌기에 가능한 면모이다. 이러한 부분에 대한 정재의 길라잡이 역할은 결국 정재연구회의 몫이다. 전통을 전승하고 전형성을 확보하여 재생산하는 작업 그리고 대중화의 선도적 작업이 함께 이루어진다면 왜 우리가 정재를 보는지 혹은 왜 정재를 전승해야하는지 당위성이 성립될 것이다.

그래서 당연한 이야기지만 "일관성이야말로 다양한 경험을 포용할 수 있는 실존주의 형식"이란 원형비평의 권위자 노드롭 프라이Northrop Frey의 이야기는 정재연구회의 앞으로 화두가 아닐까 생각해본다.

- 댄스포스트코리아, 2015.9.

03

국립무용단의 정체성에 대한 근본적 질문을 던진 〈완월〉
—국립무용단 〈완월〉

해체주의의 대명사로 일컬어지는 자크 데리다Jacques Derrida의 이론 중에 차연差延(differance)이라는 용어가 있다. 이 용어는 '다르다'differ와 '지연시키다'difer의 두 가지 의미를 내포하면서 텍스트의 의미는 정해져있는 것이 아니라 텍스트의 여러 요소들에 의해 변별되고, 재현하려는 것을 지연시켜 새로운 의미를 만들어냄을 말한다. 이렇게 해체주의의 기본적 속성은 기존의 질서를 해체하여 새로운 질서를 만들어내면서 그 근본과 전통으로부터의 탈피와 가치의 구현 속에서 의미를 확보한다.

이런 맥락에서 본다면 국립무용단의 〈완월〉(국립극장 달오름극장, 2015.10.9-11)은 강강술래의 차연에 충실한 작품이다. 그런 의도에서 이 작품은 단순하지만 간결한 율동이나 형이상학적인 의미를 부여한 구성, 안무 등이 모두 이러한 요소를 잘 보여준다. 또한 무용수가 누가누구인지 알 수 없게 규격화된 모습이나 중성적 이미지를 띠는 의상과 오브제 등도 그러한 의미 구조에 적합해 보인다.

그럼에도 불구하고 이 작품은 새로운 질서에 치중하여 강강술래가 지니는 다성성 Polyphony이나 여러 의미 구조는 제대로 살리지 못하였다. 이는 강강술래의 제의적, 놀이적 요소는 제거되었고, 달과 강강술래에서 파생되는 환상성과 완만함은 점과 선을 통해 기하학적으로 풀어내어 관객과 제대로 된 소통을 이루는데 어려움이 있었다. 이러한 점은 강강술래를 어떻게 무대에서 새롭게 해석했을까 단순한 생각을 하고 온 관객에게는 어지럽게 뇌를 굴리며 제4의 벽을 통한 무대와 객석의 분리를 여지없이 가져오게 한 것이다.

〈완월〉은 '과정이 곧 형식이 되는' 강강술래의 미학과 철학을 작업방식과 사유방식 속에서 이어나가며 변화시키는 작업이다. 전통 춤사위의 계승이나 민속학적 해석의 재현과는 무관하며 새롭게 보이게 하거나 무언가를 표현하기 위해 '고안된' 형식보다는 과정을 통해 발생하고 '형식되는' 형식들에 주목한다.

프로그램에 쓰인 〈완월〉 창작에 대한 기본적인 골격이다. 말 그대로 재현보다는 과정 속에서 나온 '형식되는' 형식들이 지향하는 바이다. 이는 최고의 무용수와 최상의 스텝들의 준비 과정에서 해체하고 조합하는 과정이 무대공연예술로 합을 이루며 구현되었을 것이다. 이러한 면모는 기승전결의 구성보다는 구조적 완성도에 치우친 모습으로 나타난다. 그러다 보니 〈완월〉은 강강술래가 가지는 끝의 시작보다는 시작도 끝도 없는 맴돌이다. 무한반복이지만 그 안에 생산성을 보이며 느림과 빠름의 조화를 이루는 원형성과 달리 끝의 의미를 반복재생산의 순환으로 해석한 점이 그러하다.

또한 '완월玩月', 말 그대로 달을 바라보고 즐기며 소원을 비는 의미는 차치하고 관객들이 쉽게 공감대를 형성하며 강강술래와 달의 상징성은 찾기 어려웠다는 점도 아쉬움으로 남는다. 이는 수용자도 함께 참여하지 않지만 대동大同의 의미를 공유하고자 한 전통의 집단성은 '낯설게 하기'를 통한 소외효과로 치환되고 있다.

사족이 될지 모르겠지만 이 작품을 보며 가장 먼저 생각한 것은 국립무용단의 정체성에 대한 문제이다. 국립무용단은 최근 새로운 색깔을 보여주며 관객에게 다가가고 있다. 이러한 측면은 국립무용단 소개에서 말하는 '전통과 민속춤을 계승하는 한편, 그것을 기반으로 동시대의 관객이 감동할 수 있는 현대적인 작품개발을 위한 창작활동을 펼쳐왔다'라는 모토에 충실하였는지는 모르겠다. 그렇지만 최근의 국립무용단의 연속성은 전통의 재해석이나 문화원형의 변용을 통한 감성보다는 해체를 통한 새로운 질서 그리고 현대성에 치중하는 감이 없지 않다. 물론 구태의연하게 전통에 매몰되라는 것은 아니지만 잦은 융복합을 통한 현대성의 추구가 국립무용단이 추구할 방향인지 의문이 드는 대목이다. 그런 의미에서 이번 〈완월〉도 작품 완성도에서는 긍정적일 수 있는지 모르지만 국립무용단의 레퍼토리라는 의미에서는 무어라 명쾌하게 이야기하기 힘든 부분이 존재한다.

- 댄스포스트코리아, 2015.10.

04

전통춤의 색다른 재미
―풍류사랑방 '수요춤전' 남무전男舞傳·전展·전戰: 전설을 춤추다

한국 전통춤 공연을 보면 대개 8개 내외의 레퍼토리를 구성하여 관객과 만나는 경우가 많다. 그 내용을 보면 어떤 경우는 한 류파의 레퍼토리가 일관성 있게 펼쳐지는가 하면 어떤 경우는 서로 다른 류파의 레퍼토리들이 그들만의 독특한 색깔을 뽐내는 경우들도 있다. 그러면서 문화재로 지정된 태평무, 승무, 살풀이가 중심에 놓이고 중간 중간에 한량무, 진도북춤, 소고춤 혹은 장구춤 등 신명을 불러일으키는 구조가 이러한 공연에서 가장 보편적인 구성인 듯 하다.

그러면서 관객은 은연중에 여러 춤꾼들을 보며 그냥 편하게 순위를 매기고, 누가 잘했고, 누가 자신의 취향이 아니었는지 마음 속으로 혹은 같이 보러 온 사람들과 지식 공유를 한다. 그럼에도 전통춤 공연에서는 이런 것을 입 밖으로 공공연하게 말하는 것이 예의가 아니라 생각하고, 경쟁적 구도는 만들지 않는 것이 그동안의 관례였다.

그렇지만 그것이 과하지 않는 모습이나 축제적 측면으로 혹은 가벼운 칭찬의 의미로 경쟁구도를 만든다는 것은 관객에게 흥미로운 일일 것이다. TV 프로그램 '슈퍼스타K', '언프리티 랩스타', '복면가왕', '댄싱9' 등에서 순위 매기는데 익숙한 대중에게 전통춤도 경쟁구도를 만든다는 것은 춤꾼들에게는 잔인하지는 모르겠지만 관객에게는 흥미를 불러일으키기에 충분한 매력 요소를 지닌다.

풍류사랑방 수요춤전 '남무전男舞傳·전展·전戰―전설을 춤추다'(국립국악원 풍류사랑방, 2005.11.4)는 그러한 흥미로움을 접합시킨 공연의 한 모습이었다. 이미 지난 6월 "여무女舞―

Battle전展 '류流'에서 이러한 경쟁 구도를 스스로 만들어 본 국립국악원 무용단에서 이번에는 남자무용수들의 새로운 춤해석을 관객들이 즐기며 평가하는 공연을 마련하였다. 앞서 여자 무용수들의 공연이 전통춤을 류파별로 대칭하여 자웅을 겨루었다면 이번 무대는 전통춤의 재해석을 통한 무대였기에 춤꾼들의 실력과 작품의 새로운 해석 능력을 함께 바라볼 수 있었기에 더욱 흥미로웠다.

김서량의 〈태평지무〉는 태평무에 대한 재해석이다. 터벌림-엇모리-자진모리로 장단을 단순화시킨 구조는 흥을 돋우며 격조보다는 관객과 소통을 통해 몰아로 이끌었다. 이는 태평무의 특징인 발디딤의 강조와 더불어 한삼자락을 휘날리는 큰 동선의 공간 구성을 통해 이루어진 모습이었다.

박상주의 〈번뇌의 춤〉은 승무를 재구성한 작품으로 '번뇌의 춤'이라는 제목에서 드러나듯, 의식의 흐름을 통한 서사구조로 작품의 완성도를 높였다. 그래서 북가락을 도입에서 보여주어 그 번뇌를 알려주고, 구음과 마지막 장면에서 시의 읊조림을 통해 안무자가 표현하고자한 '외로움, 그리움, 슬픔, 질투'를 하나의 흐름 속에서 이야기하였다.

정현도의 〈소리·춤 그리고 흥〉은 말 그대로 설장고를 통해 흥을 돋운 무대였다. 가끔 설장구춤을 보게 되면 춤에 중점을 두어야 하는지 아니면 장단에 초점을 맞추어야 하는지 아니면 놀이구조에 중점을 두어야 하는지 고민될 때가 있는데 이날 공연은 이 세 가지가 무난하게 합을 이루어 관객의 추임새를 자연스럽게 불러일으킨 무대였다.

안덕기의 〈화담의 춤 '상사별곡'〉와 김청우의 〈벽계수의 춤 '풍류가'〉는 하나의 이야기 구조에 바탕을 두지만 다른 모티프로 풀어내고 있다. 이는 황진이라는 매개적 기호를 통해 화담 서경덕과 벽계수를 주인공으로 최현의 〈비상〉의 변조 그리고 국수호의 〈장한가〉에 근원을 찾고 있기 때문이다. 안덕기의 작품은 산조의 그 날카로운 선율 속에서도 허허로움과 자유로움이 묻어났고, 장단에 비해서 절제된 모습을 보인 김청우의 춤사위에서는 새로운 한량무를 표현해 보였다.

박성호의 〈입소리, 춤 풀이〉는 이매방류 살풀이를 새롭게 해석한 작품이다. 눈에 뜨이는 것은 세 명의 소리꾼이 무대에 등장하여 한의 풀이를 더욱 배가시킨다는 점이다. 이는 세 소리꾼의 다른 목소리가 춤꾼의 춤사위에 녹아들어 합을 만들어 표현되었고 후반부에서 그 한의 풀림이 흥을 이끄는 구조로 나타나 이 작품이 지향하는 바가 잘 표출되었다.

이렇게 6명의 무대는 경쟁 체제였지만 새로운 의미를 부여하며 나름의 또 다른 생산성을 가지고 왔다. 이러한 경쟁의 구도가 전통춤 대중화의 한 방법론은 아닐까 화두를 던져주기 때문이다. 언제까지 구태의연하게 문화정신을 운운하며 전승에만 신경 쓸 것인가? 무대공연예술로 대중성 그리고 소통을 가지고 전통춤이 대중과 함께 호흡하지 않는다면 그 전승의 의미도 퇴색되어 박제화된 모습으로만 남게 될 것이다.

- 댄스포스트코리아, 2015.11.

05

민속춤의 재현과 새로운 생산성
―박기량 〈춤씻김〉

공연예술로 한국무용은 다양한 연원을 통해 지금에 이르렀다. 교방을 통해 들어오거나 민속의 형태가 극장으로 이입되어 다듬어진 춤이 존재할 것이며 궁중에서 추던 정재가 변용을 거쳐 지금에 이른 경우 등 여러 경로를 거쳐 한국 전통춤의 맥을 잇고 있다. 이러한 춤들은 그 원형을 간직하며 대중과 호흡하면서 절차탁마를 통해 무대 예술로 정제되었는데 민속에 바탕을 둔 춤들은 희로애락을 담으며 민중의 생산적 참여를 통해 현재에 이르고 있다. 특히 무속에 바탕을 둔 춤은 종교적 신비성과 서사성, 즉흥성, 민중성을 통해 물아일체物我一體를 만들며 한국인 특유의 정체성을 드러낸다. 이는 무속춤이 다듬어지지는 않았지만 제의적이면서도 인간의 눈으로 느끼지 못하며 드러나지 않는 '영적 세계'가 춤에서 그대로 표출되기 때문이다.

그런 의미에서 '예인열전' 박기량의 〈춤씻김〉(한국문화의 집KOUS, 2015. 12.22.)은 민속춤, 무속춤의 전승과 현재 그리고 앞으로 나아갈 방향을 고민하고 그 문제를 표현하였다는 점에서 주목할 공연이었다. 박기량은 국립무용단 단원으로 있으면서 자신만의 춤세계를 하나하나 만들어가는 춤꾼 중 한명이다. 이 날 공연은 〈굿청소지〉, 〈넋올리기〉, 〈복개춤〉, 〈국화夜〉, 〈추억〉, 〈진도북춤〉으로 이루어졌는데 이 중 앞의 세 가지가 굿의 서사구조 속에 바탕을 두었다면 뒤의 세 가지는 소리와 가무악에 연원을 둔 형태라 할 수 있다.

여기서 그가 참여한 것은 〈굿청소지〉와 홀춤인 〈복개춤〉, 〈진도북춤〉이었는데 주목할 춤은 아무래도 〈복개춤〉과 〈진도북춤〉이다. 〈복개춤〉은 진도씻김굿의 제석굿에서 나온 춤이다. 제석굿은 망자의 원혼을 달래는 의미보다는 살아있는 자들의 안녕과 복락을 비는 시공간이기에 굿 전체로 보아 조금의 여유와 긴장감이 덜한 부분이다.

여기서 제석춤에 이어 밥주발 뚜껑인 복개를 들고 추는 대목이 있는데, 이 부분만 뽑아내어 무대화 된 것이 '복개춤'이다. 복개춤은 굿판의 재현이지만 굿의 서사구조가 아니기에 시뮬라르크Simulacres로 나타난다. 그래서 여러 오브제를 통해 이러한 모습이 상징되는데 흰 고깔이나 흰 장삼 그리고 살아있는 자들의 풍요와 죽은 자의 안녕을 비는 기호인 복개를 통해 굿판의 재현을 이룬다. 이는 준비된 동작이지만 의식의 흐름이라기보다는 순간순간의 긴장과 이완을 통해 자연스럽게 나타날 수밖에 없는 무속춤 그대로의 모습이다.

그런 의미에서 박기량은 이 춤을 최적으로 표현하려 한다. 현장성에 바탕을 둔 무속춤의 원형적 모습과 기승전결의 예술적 구조가 교집합을 이루며 승화되고 있기 때문이다. 덤덤한 듯 표현되는 앞자락을 지나 떵떵이 장단에서 휘감아 맴도는 절정의 몰아沒我를 통해 춤꾼과 관객의 일치를 보이고 있는 것이다.

이는 진도북춤에서도 그대로이다. 진도북춤은 민속춤으로는 안정적이면서 관객에게 가장 인기 있는 무대공연예술로 정착된 춤 중 하나이다. 그러다 보니 어느 순간 진도북춤도 정형화되어 일정 틀 안에서 노는 민속춤이 된 것은 아닌지 아쉬움이 들기도 한다. 예를 들어 흥이 자연스럽게 오르는 변화과정 속에서가 아닌 처음부터 끝까지 인위적 미소를 통해 순서대로 춤을 추는 기법적인 진도북춤이 자주 보이는 것도 그러한 모습이다.

그런데 박기량의 〈진도북춤〉은 박병천 선생의 춤을 바탕으로 하면서 선부리장단, 자진굿거리, 흘림, 푸너리 등을 수용하여 새로운 생산성을 열고 있다. 기법으로 춤을 추는 것이 아닌 열린 공간 속에서 원형과 창조라는 민속춤 정신을 실천하였다는 점에서 긍정적인 면모인 것이다. 그래서 매번 보아 온 것이 아닌 자연스러움과 그만의 아이덴티티가 보인 진도북춤이라는 점에서 의미가 있다.

이 날 공연은 전통춤 공연에서 흔히 보이는 승무, 태평무, 살풀이와 같은 정형화된 춤이 없었다는 점에서 낯설음과 새로운 즐거움을 주었다. 이는 그가 지향하는 바에 대한 색깔 그대로의 모습이다. 그런 의미에서 진도씻김굿의 무대공연으로 재현이나 새로운 구성의 창작은 앞으로 그에게 주어진 몫일 것이다.

그렇지만 이 공연에서는 구성에 있어 치밀함을 보이지 못한 아쉬움이 있다. 씻김에 주력한 부분과 뒷부분이 분리되어 있어 전체 내용의 완결성에서는 부족한 면모를 보였기

박기량 〈복개춤〉 박기량 제공

때문이다. 다음 공연에서 진도문화의 원형을 드러내는 전체 구성으로 해보는 것도 의미를 지니며 또 다른 생산성을 보이지 않았을까 한다.

    이 공연은 정형화된 레퍼토리보다는 박기량 춤꾼만의 색깔을 보인 무대였다. 이건 〈복개춤〉, 〈진도북춤〉 등도 그러한 색깔을 드러내는데 일조하였을 것이다. 이것이 하나의 고정관념에서 출발하겠지만 그만의 색깔을 보인 무대이기에 다양한 비판이 들어갈 수 없는 부분일 수도 있다. 그렇지만 그 바탕은 구전심수에 의해 이루어진 춤이기에 자질구레한 부분에 대한 또 다른 시각의 조언과 고정된 것이 아닌 새로운 작품에 대한 창조변화는 남겨진 숙제일 것이다.

    그럼에도 불구하고 박기량은 자기만의 색깔을 가지고 앞으로 나갈 춤꾼이라는 점에서 항상 눈여겨 볼만하다. 진도씻김굿을 몸으로 이해하고 이를 새로운 생산성으로 풀 수 있고, 기법에서도 완성도를 이룰 수 있는 몇 안 되는 춤꾼이기 때문이다.

- 댄스포스트코리아, 2015.12.

06

한국 전통공연예술의 문화콘텐츠적 의미
—정동극장 〈MISO : 배비장전〉

외국 여행을 하다보면 짧은 시간이지만 그 나라의 문화를 경험하고 느끼려 노력한다. 문화유산 앞에서 열심히 사진을 찍고, 지역의 고유 음식도 탐닉하며 그 나라의 맛을 즐기려 할 것이다. 그러면서 가끔은 그곳에서만 볼 수 있는 공연예술 관람에도 시간을 할애하려 한다. 뉴욕에 가면 브로드웨이 뮤지컬을 일본에서는 가부키歌舞伎를 중국에서는 경극京劇 등 그 나라의 상징적인 공연예술을 제대로 보고 느끼려 한다. 그렇다면 한국에 오는 외국인들은 시간을 할애하여 어떠한 한국 특유의 공연예술을 즐기려 할까? 이러한 부분에 대해 그동안 일정 부분 책무를 다한 곳으로 정동극장과 그 상설공연 무대를 들 수 있다.

이 상설공연은 전통적 양식을 원형 그대로 보여주기 보다는 가무악歌舞樂 형식에 현대적인 감각을 융합한 창작 형식으로 나타나 〈MISO : 춘향〉으로 정제되었고, 2015년부터 2016년 1월 현재 〈MISO : 배비장전〉(정동극장, 2015.4.3.-2016.2.21, 이하 <배비장전>)으로 이어오고 있다.

'배비장전'은 이미 뮤지컬 〈살짜기 옵서예〉나 창극, 오페라, 연극 등 다양한 형태로 구현된 판소리계 소설이다. 이 '배비장전'이 공연으로 자주 무대화되는 건 아무래도 희극과 풍자가 어우러진 해학적 서사구조에 기인한다. 이러한 요소를 바탕으로 〈배비장전〉은 가무악에 기반을 두어 소리와 무용이 절묘하게 조화를 이루며 관객들의 흥을 돋는 무대로 승화하였다. 풍물의 기본적 음악 배경, 소리꾼의 도창導唱을 통한 장면 해설 그리고 제주 가는 바닷길에서 배우들의 역동적 몸짓, 뒷풀이의 사고무와 풍물은 즉각적인 감흥을 불러일으키게 작품 속에 내재화되어 있다.

또한 이 작품은 제주가 배경이기에 한국문화의 원형과 전형을 함께 보여주며 민족문화의 상징성을 드러낸다. 이는 2014년에는 하루방춤을 선보였고, 2015년에는 해녀춤을 넣어 말춤과 함께 제주민속문화의 일상과 원형적 모습을 표현하고자 한 것이다.

이렇게 〈배비장전〉은 한 시간 여 시간 안에 많은 걸 담아내다 보니 상징적 이미지가 두드러진다. 장면의 전환 등에 보인 영상을 통한 설명이나 제주도 가는 바닷길의 영상 배경도 그러하다. 그럼에도 분절된 장면에서 이미지화 된 표현에 치중하다보니 이야기 구조의 이해가 힘든 아쉬움이 나타났다. 이는 이 공연이 어디에 더 초점을 맞추어 표현하는가의 문제일텐데 '양반 배비장이 남성의 본능적 욕망에 이끌려 결국 망신을 당한다'는 기본 스토리로 표현하고자 하였지만 그런 해학이 뚜렷하게 이야기로 끌어내지는 못하였고, '배비장전'의 중요 인물인 애랑의 비중이 약화되면서 강한 극적구조로 이끄는 갈등구조도 뚜렷하지 못하였다.

게다가 〈배비장전〉은 짧은 시간 안에 많은 이야기와 볼거리를 통한 한국문화의 원형적 모습을 관객에게 전달해주어야 하는 부담이 존재하였다. 이는 단순한 이야기지만 그 곳에 담긴 의미를 제대로 전달할 수 있는 구조, 말 그대로 스토리텔링, Story(이야기구조)+tell(표현)+ing(현장의 소통)에 더욱 치중할 필요가 있었을 것이다. 이야기가 분절되더라도 장면 장면 밀집된 표현 방식을 통한 이미지화가 두드러졌다면 타자(他者)나 관객에게 더 효율적인 소통 방식으로 다가갔을 것이다.

관심도에서 〈MISO : 춘향〉에 미치지는 못했지만 〈MISO : 배비장전〉도 또 다른 가능성을 전달하고 2016년 2월 마무리된다. 다음 작품은 〈가온〉이다. 이에 안무자와 배역진도 많은 변화가 있을 듯 하다. 그래서 새로운 안무자에 대한 기대와 우려가 함께 한다. 이는 한국전통공연예술의 정체성, 그동안 정동극장이 쌓아올린 명성 그리고 문화콘텐츠로 의미, 상설공연의 작품이라는 여러 쟁점이 새로운 작품에 놓여있기 때문이다.

당연히 다름과 차이에서 새로운 문화전통의 생산물이 나올 것이다. 한국 전통공연예술의 대중화·세계화·명품화라는 취지의 정동극장 정신에 보편성과 주체성이 함께 하는 전형이 어떻게 생산될지 기대해 본다.

- 댄스포스트코리아, 2016.1.

07

융복합 공연에서 무용은 어떠한 존재인가?
—와이맵(YMAP) 〈마담 프리덤〉

요즘 융복합 공연을 무대에서 자주 접하게 된다. 이러한 공연은 전혀 다른 뿌리를 갖고, DNA가 다른 문화 간의 결합이기에 또 다른 열림의 공간을 관객에게 제공한다. 그렇다면 이런 융복합 실험의 배경은 무엇일까? 이는 낯익은 관습에 대한 자율적 반발에 바탕을 둘 수 있고, 과학문명의 발달에 따라 이에 의탁하여 새로움을 전해주고자 하는 창작 의지에서 비롯될 것이다.

무용에서도 최근 여러 장르와 통섭을 이루며 새로운 창조물을 양산하고 있다. 와이맵(YMAP)의 미디어 퍼포먼스 〈마담 프리덤〉(서울 cel스테이지, 2016.2.3.-6)도 그러한 범주에서 논의될 작품이다. 이 작품은 〈춤을 추며 산을 오르다〉(2005)에 기초하여 미디어와 결합되었고, 시대를 거듭하며 조금씩 변형되어 현재에 이르고 있다.

김효진 안무의 〈마담 프리덤〉은 앞부분 태평무의 정제한 몸짓 그리고 영화 〈자유부인〉과 중첩되어 나오는 남녀의 춤, 영상과 어우러진 춤꾼의 미니멀한 동작 등이 하나의 서사구조 속에서 표현된다. 특히 영화 〈자유부인〉의 재현과 홀로그램 등을 비롯한 무대 전방위로 사용되는 영상 등은 관객들에게 테크놀로지의 여러 기법을 흥미롭게 바라볼 수 있게 해준다. 이러한 작품 속 테크놀로지의 기법은 이 작품이 시간과 공간의 변화에 따라 새롭게 생산되었고, 더욱 진화된 모습으로 표현되어 왔다.

그럼에도 불구하고 이 작품은 그 처음의 번뜩임과 새로움이 '지금 이곳 여기'에서도 그대로 전해지고 있는가에 대해서는 의문을 던지게 한다. 우선 작품의 서사구조는 세 가지 이야기가 분절되어 전달된다. 그러다보니 제목 〈마담 프리덤〉에서 말하고자 하는 자유라는 것이 무엇인지에 대한 고민은 잘 드러나지 않는다. 현실과 영상 속 주인공의 그 넘나듦에서 그런 모습이 비추어지는지 모르겠지만 뚜렷한 의식 구조가 없다보니 그 의미는 제대로 전달되지 못하고 있다. 자유에 대한 갈증은 오히려 닫힌 공간 속에서 반복 복제되는 영상과 마지막 영상 속 오브제인 어항 속에 매몰된 듯 한 면모로 다가 서고 있다.

또한 이 작품은 미디어 퍼포먼스라는 장르로 미디어와 춤의 결합을 통한 웰 메이드에 우선을 둔다. 이는 어느 것에 우선을 두기 보다는 여러 장치와 예술 정신이 결합되어 합을 이루는 것을 지향하는데 있는 것이다. 그럼에도 〈마담 프리덤〉은 화려한 미디어 영상에 초점이 맞추어지다 보니 '춤이 제대로 보이지 않는' 모습으로 나타나고 있다. 이는 영상이 먼저 눈을 자극하다 보니 관객의 지향은 그쪽으로 향하게 된 데 기인한다. 영상 속 '나'와 지금 여기 함께 하는 '내'가 어느 것이 '참 나'인지는 차치하더라도 주인공, '마담 프리덤'이 공간 속에서 보이지 않는 현상이 나타나 공연예술로 두드러짐은 그리 크게 드러나지 못하였다.

융복합은 이미 퓨전, 통섭, 컬래버레이션 등 조금씩 이름을 달리하여 사회 전반에 걸쳐 문화를 이끄는 힘으로 나타났다. 이런 혼종은 자연스러운 결합 속에서도 물리적 정반합을 통해서도 이루어진다. 이러한 장르적 충돌 속에서 항상 생경한 깨달음을 전달해 준 대표적 예술가로 백남준을 꼽는다. 그는 비디오 아트 속에서 다양한 장르의 결합을 보여주었고, 플럭서스Fluxus를 통해 사회의 혁신을 일으켰다. 그런데 그의 예술에서 느낄 수 있는 것은 단순 볼거리를 제공한 것이 아니라 하나의 결집된 담론을 보여주며 혼종 속에서도 각각의 개성이 고스란히 살아서 숨 쉬고 있다는 점이다. 플럭서스에서 그가 중심이지만 요셉 보이스는 요셉 보이스의, 존 케이지는 존 케이지의, 머스 커닝햄은 머스 커닝햄의 모습이 분절됨에도 그들의 개성을 뚜렷이 발현되어 보인 것은 그러한 예이다.

〈마담 프리덤〉도 각각의 기술은 최적화되어 있다. 시공간에 따라 변용되어 나타나는 여러 통합운영의 기술은 융복합 퍼포먼스의 정점을 보여준다. 이는 체계화와 전문화를 이룬 구성원에서 나타난 당연한 결과이다. 그럼에도 미디어 내러티브에서 아날로그적 혹은 인간적 감동이나 느낌은 얻을 수 없는 것인지, 과학에 문외한인 필자로서는 아쉬운 부분이다.

바이올린 연주 능력에도 출중하였던 과학자 알버트 아인슈타인에게 음악과 과학 사이에 어떤 관련이 있느냐 물으니 '예술과 고차원적 과학의 그 밑바탕에는 조화로움이 깔려있다'고 말하였다. 결국 융복합의 기초는 조화로움에 있을 것이다. 색의 조화가 이루어진 가지런한 형태가 여지없이 섞여지는 비빔밥이 그 혼돈의 질서 속에서 나름의 질서를 찾아가는 것도 조화로움과 각각의 재료의 살아있음 속에서 이루어지기 때문이다.

- 댄스포스트코리아, 2016.2.

08

자기 정체성을 통한 발레 대중화의 들머리
— 와이즈발레단 〈Once upon a time in 발레〉

2009년부터 공연장 상주단체 육성지원 사업이 이루어지고 있다. 이러한 제도는 공연단체에게 안정적이고 지속적인 공연 활동을 돕고, 대중에게는 '우리 집' 근처에서 양질의 공연을 즐길 수 있는 공간을 마련해주는데 의미가 있다. 서울 마포문화재단 상주단체인 와이즈발레단도 이런 혜택에 힘입은 대표적인 단체 중 하나로 발레컬 〈Once upon a time in 발레〉(마포아트센터 아트홀 맥, 2016.2.27.-28)도 그러한 바탕에서 논의될 수 있는 작품이다.

이 작품은 '발레컬'이라 붙여진 이름에서 엿보듯 발레Ballet와 다른 문화Culture가 컬래버레이션collaboration을 이루며 새로운 형태의 공연 양식을 만들어낸다. 그런데 여기서 다른 문화라는 것은 물리적 결합이나 깊은 철학적 사고의 수용이 아닌 탭댄스, 비보이 등을 의미하는 것으로 어려움 없이 즐길 수 장르와 조화를 이루면서 대중에게 조금 더 쉽게 다가가려는 노력을 의미한다.

게다가 이 작품의 이야기 구조도 낯익고 복잡하지도 않다. 셰익스피어의 희곡 〈로미오와 줄리엣〉과 영화 〈웨스트 사이드 스토리〉에 바탕을 두어 앙숙 관계인 두 집안과 그런 가운데 사랑을 나누는 두 남녀의 안타까운 이야기 그리고 이 두 집안이 춤경연대회를 통해 대립하다가 종국에는 화해하여 행복한 결말을 맞이한다는 구조이기 때문이다. 이러한 이야기 구조는 이미 알고 있는 내용과 결말이기에 대중에게는 편안한 기대지평을 이끌고 있다.

또한 뮤지컬 요소와 영화적 기법이 혼용되어 관객의 흥미를 불러일으키는데 주크박스 뮤지컬처럼 대중에게 잘 알려진 영화 음악을 나열하고, 이 음악들이 하나의 모티브가 되어

와이즈발레단 〈Once upon a time in 발레〉 와이즈발레단 제공

한 편의 영화를 보는 느낌이 들게 편안함을 준다. 이러한 요소는 기법적인 측면에서도 춤추는 소녀를 엿보는 세르지오 레오네 감독의 〈Once upon a time in America〉를 차용한 첫 장면을 영상으로 보여주거나 마지막 장면도 음악이 흐르며 영화 엔딩 크레디트 형식을 차용하는 등 관객에게 영화 보는 듯 한 서사구조를 만든다.

이렇게 〈Once upon a time in 발레〉는 내용에서나 기법적인 측면에서 익숙한 구조를 조합하여 대중에게 다가서고 있다. 영화, 뮤지컬 요소가 구조나 내용적으로 적재적소에 적용되었고, 비보이와 탭댄스가 삽입되어 융복합이라기 보다는 서로의 능력을 극대화시켜 대중적 발레극의 전형성을 확보한 것이다. 이는 대중적 요소를 통해 감각의 자극이 아닌 보편성에 바탕을 두어 공감대를 형성하여 온 와이즈발레단의 그동안 노력과 이를 통한 발레의 저변확대의 지향점에서 얻은 결실이다.

어찌 보면 이들의 표면적인 모습은 단순하게 느껴질 수도 있다. 그렇지만 이러한 대중적 시각을 통한 해석의 연작들이 양산된다면 와이즈발레단만의 레퍼토리가 형성될 것이고, 이것이 또 하나의 고전이 될 것이다.

그리 경제적으로 여유롭지 못한 우리 발레계의 현실에서 발레단이 지향해야 될 점은 무엇인지 이 공연을 통해 와이즈발레단은 스스로 질문과 해답을 준다. 이는 자신의 달란트에 맞게 그 안에서 최고를 이룰 수 있는 요소에 집중하고 최적화하는 점에서 긍정적인 면모를 발견할 수 있다. 그들도 첫 시작에서 어떤 방향으로 갈 것인지, 미니멀리즘의 추구나 실험성, 아니면 대중성을 지향하던지 여러 방법론을 모색하였을 것이다. 이는 와이즈발레단이 국립발레단이나 유니버설발레단처럼 물질적으로 풍요롭지 못한데서 나온 자구책이다. 그럼에도 와이즈발레단은 그 가운데 대중성이라는 변별성을 통해 아이덴티티identity를 만들어내었고, 이들의 지향점과 마포아트센터 공연 상주단체라는 혜택을 통해 여러 관객 지향의 작품을 양산하는 긍정적인 면모를 보였다.

와이즈발레단은 고전 발레 〈호두까기 인형〉, 댄스컬 〈외계에서 온 발레리노〉, 창작발레 〈The Lasr EXIT〉 등을 마포아트센터 상주단체로 정착하면서 안정적인 공연을 펼쳤고, 그런 가운데 확실한 자기 색깔을 가진 발레단으로 조금씩 관객을 확보하고 있다. 이러한 대중성은 결국은 앞으로 더욱 탄탄한 작품을 만드는 배경이다. 그래서 격의 없이 편하게 지역 중심의 공연을 제공함으로 어느 정치인이 이야기한 '저녁이 있는 삶'의 한 축으로 의미를 확보해 나갈 것이다.

- 댄스포스트코리아, 2016.3.

09

전통과 현대,
그 문턱에서 새로운 질서의 창조 작업
―국립무용단 〈시간의 나이〉

국립무용단의 〈시간의 나이〉(국립극장 해오름극장, 2016.3.23.-27)는 국립무용단과 안무자 조세 몽탈보Jose Montalvo라는 양가성Ambivalence에서 출발하는 작품이다. 한국 문화원형을 전승하고 이를 새롭게 창조하는 국립무용단과 프랑스인, 게다가 현대무용에 기반을 둔 지명도 있는 안무가의 대칭적 결합 속에서 어떠한 정반합을 이룰지 처음부터 기대와 비판은 어느 정도 예상되기 때문이다.

〈시간의 나이〉는 크게 제1장 시간의 나이, 제2장 여행의 추억, 제3장 볼레로로 구성되어 있다. 제1장 시간의 나이는 한국무용에 대한 '기억을 해체하며 전통과 현대가 공존하는 시간성'의 대화라는데 초점을 맞추어 전개한다. 무용수들의 복장은 전통의상에서 일상복이나 채도 높은 원색으로 바뀌고 단순화하였고, '살풀이', '태평무', '한량무' 등의 전통춤들은 해체되어 새로운 감각을 전달하고 있다. 이는 북에 앉아 북을 치는 모습에서처럼 그동안 정형화되거나 조금은 고답적인 모습이 아닌 '다르게 생각하기'로 표현하려 한 것에서도 찾을 수 있다.

또한 이러한 분위기를 극대화하기 위해 조세 몽탈보 특유의 영상 기법도 관객을 자극한다. 영상 이미지가 무대 전면을 차지하여 무용수의 전통과 현대의 교차를 '따로 또 같이'로 보여준다. 이는 전통과 현대가 따로 떨어져있는 것이 아닌 원형을 간직하고 있지만 보이는 표상을 통해 '다름'을 전달해 준다.

제2장 여행의 추억은 〈하늘에서 본 지구〉로 알려진 얀 아르튀스 베르트랑Yann Arthus-Bertrand의 다큐멘터리 〈휴먼Human〉 영상의 일부가 배경이다. 조세 몽탈보는 여기서 모티브를 얻은 인류의 다양한 기호들을 느린 정조로 그려낸다. 배경에 흐르는 자전거로 바닷가를 느리게 달리는 모습과 무대 위 무용수들의 몸짓이 조화를 이루며 1장의 분주함은 숨을 고른다. 이는 삶이라는 긴 여정 속에서 생기는 여러 편린들이 일상으로 표현되고 보편적이며 짜인 동작 속의 움직임으로 재현된다.

제3장은 볼레로이다. '볼레로'만큼 강렬하게 재생 반복되지만 기승전결을 통해 엑스타시를 전달해주는 음악도 드물다. 그래서 이 음악은 저마다의 다양한 해석으로 표현되어 왔는데, 이번에도 조세 몽탈보의 시각에서 국립무용단의 춤으로 재해석되었다.

이렇게 이 작품에서 말하고자 하는 것은 전통과 현대의 대화, 거시적 시각으로 바라본 미시적인 삶의 담론 그리고 기쁨과 슬픔이 반복적으로 나타나는 인간내면의 표출들이다. 그런데 이 작품은 앞서 말한 대로 국립무용단의 작품임과 동시에 조세 몽탈보의 작품이다. 결국 이 이질적인 기호가 만났을 때 기대되는 것은 조세 몽탈보를 통한 한국춤의 새로운 담론 형성과 국립무용단을 통한 전통의 현대화라는 합집합이면서 교집합이다. 이는 국립무용단의 정체성을 그대로 간직하여야하고, 동시에 조세 몽탈보의 색채가 드러나야 하는 이중적 고민이 함께 배태되는 것이다. 그런 의미에서 이 작품은 그 경계를 넘나들며 두 가지를 만족시키려 노력한다.

그럼에도 불구하고 우선 이 작품에서 한국 문화전통의 해체와 새로운 질서라는 명제가 제대로 이루어졌는가에 대해서는 아쉬움이 남는다. 제1장의 한국 전통춤의 나열 그리고 대중에게는 '낯익은 것에 대한 낯섦'의 영상과 현실의 재현은 조세 몽탈보 특유의 해석을 통해 관객에게 흥미와 즐거움을 제공하고 있다. 이에 반해 2. 3장의 경우 인류의 보편성에 바탕을 두어 설명하고 있지만 이런 모습을 통해 국립무용단, 더 나아가 한국문화의 DNA가 드러났는가는 의문이다. 이는 영상 속의 인류의 여러 상징적 모습을 배경으로 무용수들이 쓰레기 봉지를 들고 완만히 걷는 추상적 몸짓에서 이 작품에서 지향하는 메시지가 무엇인지 앞장과 분절되어 표현되는 등 궁극적 메시지가 선명하게 드러나고 있지 않음에 기인한다.

게다가 쓰레기 더미 속을 걷는 아이나 수많은 사람들이 넘실대는 수영장의 풍경처럼 한국적이지 않은 모습을 한국적인 것으로 이미지화 한 부분은 거창하게 오리엔탈리즘적 시각을 거론하지 않더라도, 너무 단순화되고 상징화한 모습이다. 물론 '여행의 추억'이나

'볼레로'에서도 인류의 보편적 가치를 추구하는 모습이 강하게 보였다 할지라도 무용수의 몸짓이 타자의 눈에는 생경한 한국문화의 원형질로 보일 수도 있다. 그렇지만 그러한 요소가 제대로 된 전통과 현대의 재해석이라고 보기에는 대중에게 다가서는 지평이 너무 단순하게 나타났다. 또한 강하면서도 반복적인 음악을 바탕으로 나열되는 전통춤의 재현에서 어떠한 새로운 질서가 형성되어 상징화를 전해주었는가에 뚜렷한 의미 전달이 되지 않은 아쉬움을 가져다준다.

이 작품은 국립무용단과 조세 몽탈보의 만남과 함께 2015~2016 한불상호교류의 해 '한국 내 프랑스 해' 개막공연작으로 의미를 지닌다. 그래서 한국과 프랑스의 합작품이라는 측면에서 이 작품의 의미를 찾는다면 가장 적합한 구성이다. 제1장이 한국적 색채가 농후하게 나타난다면, 제2장은 중간자적 입장에서 인류를, 제3장이 프랑스가 자랑하는 모리스 라벨의 '볼레로'를 전면에 내세움으로 이 음악이 어떻게 타자(他者)(한국인)가 풀어내고 있는가를 바라볼 수 있는 작품이라는 점에서 그러하다.

그런 의미에서 이 작품은 대중에게 지속적인 움직임 속에서 분류의 재편성을 가져다주고, 기대지평을 열어준다는 측면에서 긍정적 요소가 다분하다. 이는 그동안 국립무용단의 제대로 된 해체를 가져다주지 못한 부분적 보상이 조세 몽탈보의 질서로 보이기 때문이다. 그래서 이러한 시도가 조세 몽탈보가 지향했던 창의적 시각에서 나왔다기보다는 그동안 창작의 부분 부분이 조합을 이루어 한국적 정서로 표현되었다는 점에서 프랑스 대중은 어떻게 받아들일지 자못 궁금한 대목이다.

기존의 질서를 뒤집어엎는 건 혁명이 가장 적합한 방법일 것이다. 그렇지만 예술에서, 현대에서 그런 방법은 쉽지 않다. 이에 현대에서는 질서를 해체하고 새로운 질서를 창조하는 포스트모던의 방법을 지향한다. 흔히 '하느님이 하늘과 땅을 창조한 이후 무엇이 새롭겠는가'라는 포스트모더니스트의 화두는 결국 전통의 전면적인 해체가 아닌 문화전통을 받아들이면서 보편성을 지향하는데 궁극적 목적이 있다. 〈시간의 나이〉에서 지향점도 전통과 현대의 그 문턱에서 조세 몽탈보의 전면적 해체가 아닌 새로운 질서의 재편에서 찾을 수 있다. 한국무용에 대한 전통과 현대의 대화를 통한 제시나 현대음악임에도 이젠 고전이 되어버린 '볼레로'의 선택도 다 그러한 배경에 바탕을 둔다.

이 작품을 통해 최근에 제기되었던 국립무용단의 정체성, 지향점에 대해서 많은 고민이 함께 한다. 언제나 그래왔지만 국립무용단의 현대화 작업에 대한 우려의 목소리는 잔존한다.

이러한 작업 뒤에는 '굳이 왜 국립무용단에서'라는 의문이 나오기 때문이다. 어찌 보면 이러한 화두는 그동안 국립무용단의 거듭나게 하는 매듭과 풀림으로 나타났다. 이러한 자극과 비판이 결국 창의적이며 생산적인 작품으로 나가는 거름으로 작용할 것이다. 또한 한국의 원형적 요소가 바탕이 되고 현대적 감각이 점진적으로 변용되는 무용극의 출현도 이러한 계기로 다시 생각하게 하는 부분이다.

-『댄스포럼』, 2016.4.

10

전통춤의 또 다른 전형성을 위하여
―예인열전 조갑녀 1주기 추모공연

한국 전통춤은 '만들어진 전통'The Invention of Tradition에 바탕을 둔다. 정재처럼 고래로부터 기록으로 전하는 경우를 제외하고 우리가 지금 공연에서 볼 수 있는 전통춤은 일제강점기 한성준에 의해 집대성되거나 그밖에 교방에서 내려오던 춤들이 구전심수로 혹은 공연으로 다듬어지면서 지금에 이른 것들이다. 이런 만들어진 전통은 에릭 홉스봄이 말한 '특정한 가치와 행위 규준을 반복적으로 주입함으로써 자동적으로 과거와의 연속성을 내포한다'는 말을 뒤집어 볼 때 왜곡된 문화 전승이 아닌 가장 핵심적인 DNA의 수용 양상인 것이다.

이러한 대표적인 유형으로 무형문화재의 전통춤 전승을 들 수 있다. 승무, 살풀이, 태평무 등이 그러할텐데 이러한 춤들은 전통적 요소가 충분하여 한성준 이후 그리고 문화재로 지정되고 한국의 전통으로 표징한다. 그런데 이런 춤들은 어느 순간부터 정형화되고 집중화되면서 그 외 춤들이 소외되고 도태되는 제로섬zero-sum의 모습을 드러내었다. 그러면서 소수의 지역 춤들이 공연으로 다듬어지지 못하여 공연무대에서 설 기회를 찾지 못하면서 대중에게는 점점 잊히게 되었다.

그런데 각 지역에서 그 전통의 맥을 이으며 전통춤의 미미한 움직임에 관심을 가지고 이를 무대에서 재생시키는 활동들이 꾸준히 이루어지면서 익숙한 것에 대한 새로움이 나타나게 되었는데 그 대표적인 경우로 조갑녀의 춤을 들 수 있다.

조갑녀는 남원권번에서 춤과 음악 등을 익히고, 1931년 제1회 춘향제 때 9살의 예기藝妓

로 춤을 춘 이후 매년 화무, 승무, 살풀이를 추어 '춤은 조갑녀'라는 말을 들은 전설적인 인물로 대중에 알려졌다. 그는 수십 년 활동을 접고 자신을 숨기고 살다가 1985년 정범태의 『한국의 명무』에서 존재확인을 한 이후 간헐적으로 활동을 하며 그녀의 춤을 대중에게 알리다가 2015년 4월 91세를 일기-期로 별세하였다.

그런 조갑녀 춤꾼을 기리고 1주기를 추모하는 공연 〈예인열전 조갑녀 1주기 추모공연〉 (한국문화의 집KOUS, 2016.4.5.)이 펼쳐졌다. 이날 공연은 김경란의 〈교방굿거리춤〉, 박월산의 〈학춤〉, 이정희의 〈입춤〉, 진유림의 〈허튼법고춤〉, 변인자의 〈장고춤〉 그리고 정연희, 김미선, 서정숙, 이계영의 〈승무〉와 조갑녀의 딸인 정명희의 〈민살풀이춤〉이 관객과 소통하였다. 여기서 논의할 수 있는 춤은 아무래도 조갑녀류 〈승무〉와 〈민살풀이춤〉이다.

조갑녀류 〈승무〉는 다른 승무와 조금은 다르게 종교적이거나 심오한 진리도 내재하고 있지만 타령장단과 흥겨운 서사구조의 구성이 변별적 특징을 지닌다. 이 공연에서도 '상대하대'와 '사방치기'를 넣어 복원한 완성본을 헌정하는 자리라는 점에서 의미가 있었고, 그동안 이 춤을 연마하던 세 명의 춤꾼이 하나로 합을 이루지만 서로의 기량을 뽐내는 자리였다는 점에서 주목할 수 있었다.

또한 〈민살풀이춤〉은 살풀이춤이지만 수건 없이 한다하여 민살풀이라는 이름이 붙은 것에서 보듯, 흔히 말하는 손춤의 대표적인 춤이다. 게다가 그 동작이나 공간 활용이 적어 관객들도 긴장감 속에서 춤에 집중하여 긴 호흡을 갖게 하는 춤이다. 이러 저러한 이유로 흔히 이춤을 할머니춤이라 평가하는 사람들이 많다. 동작이 적은데다가 내공이 있는 연유에 할 수 있는 춤이라는 점에서 그러하다. 이는 한동안 춤계에서 벗어나 있던 그의 춤을 다시 본 게 말년이었던 점도 그리 말하는 이유일 것이다.

그런데 이번 공연에서는 가장 가까운 거리에서 춤을 익히고 보았던 정명희에 의해 살풀이춤이 펼쳐졌다. 조갑녀 춤꾼보다는 신장에서나 동작에서 차이가 있어 그런 점이 오히려 생경할 수 있지만 민살풀이춤도 원형이 있고, 개개인의 개성에 맞게 변용되듯 정명희 춤꾼에게서도 또 다른 춤의 매력과 긴장감이 보인다. 그런 의미에서 이 춤의 생명은 지금부터 전승한 춤꾼들의 노력과 구전심수에 달려있을 듯 하다. 조갑녀 춤을 그대로 따라 하기보다는 '만들어진 전통'처럼 가장 중요한 DNA의 전승이 중요하기 때문이다.

정형화된 춤에서 벗어나 여러 개성들이 있는 지역춤들이 모일 때 한국 문화전통의 다양성은 확대될 것이다. 그런 의미에서 조갑녀 춤의 전승은 갑작스럽게 나온 것이 아닌 누대에 걸쳐 원형이 확보되었고, 거대한 춤꾼에 의해 단번에 폭발하였듯 이 춤의 생명은 여러 파생적인 활동으로 또 다른 생산성이 나올 수 있을 것이다. 그런 의미에서 앞으로 조갑녀 춤의 문화전통 맥이 어떻게 흐르는지 기대를 가져본다.

- 댄스포스트코리아, 2016.4.

11

포스트모던시대의 실존적 회의 그리고 새로운 질서 속 생산성을 위하여
—크리틱스 초이스 2016

크리틱스 초이스는 무용계에서 어떠한 의미를 지닐까? 여러 논의들이 있겠지만 '통과의례'라는 키워드로도 설명될 수 있지 않을까? 통과의례가 사람이 태어나 죽을 때까지 매듭과 풀림의 그 순간 넘어야 되는 의식이라고 했을 때 크리틱스 초이스는 젊은 안무가의 이니시에이션initiation의 공간으로 의미를 지닌다. 그렇다고 이 문턱이 모두가 선택되는 의례는 아니다. 평론가들이 젊은 안무가들의 과거와 현재 그리고 미래까지 예지한 선택이기에 평론가나 안무가 모두에게 책임과 의무가 따르는 공연으로 이 무대에 선다는 것은 기쁨과 두려움이 함께 한다.

19번째를 맞은 크리틱스 초이스 2016(아르코예술극장 대극장, 2016.4.2.-10)은 예년에 비해 이른 시기인 봄에 이루어졌다. 여러 가지 사정이 있은 뒤 나온 급작스런 결과였기에 주최한 댄스포럼도 난감했겠지만 가장 당황한 것은 안무가들이었을 것이다. 무용수들을 구하는데 어려움이 따랐고, 무대 구성을 위해 경제성과 효율성을 따지며 동분서주하는 과정에서 많은 것을 배웠다는데 의미를 두자 말한다면 너무 무책임한 구경꾼의 발언이겠지만 통합적으로 무대를 바라보는 안무가로 첫 발을 딛는다는 점에서 이 시공간은 앞으로 소중한 자산으로 자리할 듯 하다. 또한 크리틱스 초이스는 경합의 형식을 띠지만 그와 별개로 나와 투쟁 속에서 고민하고 자신의 이름을 걸고 아르코예술극장 대극장 무대에 안무 작품을 올린다는 점에서 이 문턱은 뜻이 깊다.

9명의 작품을 공연 순서대로 복기하며 미시적으로 이야기를 해보자.

김윤아 안무의 〈The Dinner〉는 고급스러우면서도 이국적 분위기가 물씬 묻어나는 작품이다. 이는 작품 안에 흐르는 현악기의 긴장감과 타자에겐 생경한 외국어가 철학적 사유를 담아내며 흐르기 때문일지도 모른다. 그렇지만 이 작품은 웰메이드의 전형성을 보여준다. 구성하나 하나가 안무자가 이야기하고자한 절대 고독을 지시하고 있고, 식탁이라는 제한된 공간에서 무용수 각각의 몸짓이 함께 움직이지만 그 하나하나가 분절되어 혼자임을 드러내는 등 구성과 안무에서 조화로움을 보이기 때문이다.

변재범 안무의 〈방랑〉은 균정한 한국무용의 춤사위에 기저하면서 실존의 의미를 우리네 표현방식으로 풀어놓는다. 산꼭대기로 커다란 바위를 밀어 올리는 그리스 신화의 시지프를 연상시키듯 이 작품에서 돛대를 맨 인물은 불안한 미래로 길을 떠나며 작품의 방향성을 제시하고 있다. 그럼에도 작은 희망을 간직한 채 나아가는 그 여정은 그저 인생의 한 부분을 표현하며 안정감 있는 마무리로 관객과 소통한다.

허은찬 안무의 〈어제를 위한 오늘〉은 말 그대로 춤을 추는 춤을 위한 작품이다. 강렬한 음악 속에서 반복행위의 몸짓이 나타나고 지난 세월에 대한 편린은 20세기의 대중음악이 저변에 놓이며 무의식 속의 흐름으로 나아간다. 그렇지만 다시 현실은 또 다른 과거를 만들고 컨템포러리contemporary가 또 다른 기억으로 흐르듯 동시대성의 움직임은 일상 그대로의 모습으로 표현되고 있다.

이지희 안무의 〈기억의 숲에는 메아리가 없다〉는 내가 나를 기억하는 모습이 '참 나'인지 다른 사람의 기억 속에서 재생되는 나는 누구인지를 화두로 던진다. 이는 오브제를 사용한 비닐터널의 그 기나긴 길을 통해서도 대나무 사슬의 번뇌를 끊어냄에서도 비장미를 드러내지만 오히려 관객에게는 내면적 성찰을 통해 숭고미를 전해준다.

박윤지 안무의 〈이상한 나라의 웬즈데이〉는 관객을 불편하게 만든다. 초반의 그 암전과 소음이 그러하고, 반복적으로 되뇌는 읊조림도 그렇다. '누구나 더 이상 숨을 쉴 수 없는' 뉴스 속의 현실은 지금 이 곳 우리의 문제임을 묘사하였고, 그 문제는 후반부의 강렬한 몸짓으로 잠시나마 해소하고자 하였다. 그렇지만 그 몸짓은 카타르시스가 아닌 영속적인 고민을 전달해준다는 점에서 치기를 느끼기 이전에 아픔으로 다가온다.

이동준 안무의 〈타인의 방, 그 너머〉는 '처용', 이상의 날개 그리고 지금 이곳 여기라는 공간 구조 속에서 이야기를 구성한다. 방조자이면서 어찌 보면 초월 의지를 지닌 시대 인물과 그 분신들을 통해 이면적인 주제를 떠나 무용극을 보는 듯 감정선을 이끌었다.

특히 전통적 춤사위에 바탕을 두면서도 남자 무용수들의 절도 있는 각군무의 합은 안무가의 대중지향적 무용관과 맞닿아 있는 부분이다.

윤하영 안무의 〈연然·연緣—자연에 가 닿다〉는 생태적 의미의 여러 관계 속에서 생성된 자연의 패러다임을 표상으로 한 작품이다. 원초적인 모습에서 인류가 자연발생적으로 공존하는 여러 의미망을 나무, 구름, 새 등의 오브제로 균제하고 통일된 움직임으로 안무한다. 특히 모노톤의 흑과 백 대비와 한국무용 춤사위의 리드미컬한 변화와 반복은 생음악 연주와 함께 관객에게 원초적 순수성을 전해준다.

이동하 안무의 〈Guernica Again〉는 제목 그대로 피카소의 '게르니카'의 차용 혹은 오마주이다. 스페인 내전을 입체적으로 그려낸 이 그림에 대해 안무자는 '지금 이 순간 여기 우리'에 대입하여 시대성을 그려낸다. 특히 단일 조명에서 군무와 쓰러져가는 영혼들의 몸부림은 이 작품에서 가장 인상적인 장면으로 이쾌대의 그림 〈군상〉을 연상시킨다. 이는 안무자가 생각한 동시대 사회적 리얼리티의 객관적 표현과 있는 그대로의 극단적 상징성이 함께 어우러진 모습이다.

장혜림 안무의 〈심연〉은 한의 상징성을 배라는 오브제로 투영하고, 여러 몸짓을 통해 씻김으로 푼 작품이다. 안무자는 작품을 만들어 낼 줄 아는 종합적 구성력을 지녔다. 무용수들의 공간 활동도 그렇고, 음악의 조화도 단순하게 한국적인 해석이 아닌 현대적인 정서로 풀어놓은 것도 그렇다. 그래서 후반부 바이올린, 신시사이저, 드럼으로 이루어진 음악과 무용수들의 동작을 통해 유현幽玄적 의미를 보여준다.

이번 크리틱스 초이스 2016에서 구현된 전체적인 작품의 경향은 일관되거나 한 방향으로 흐르지 않는다. 각각의 개성을 통해 작품의 완성도에 치중하였고, 안정적인 서사구조로 작품의 내실을 기하고 있다. 그러면서 이 시대 청년들의 뇌와 피 속에 흐르고 있는 일상적 고뇌를 부지불식간에 드러낸다. 전체 작품들의 합집합이 고독, 인생, 기억, 불안한 현실과 일상 그리고 씻김이라는 주제가 숨겨져 있는 걸 보면 지금 젊은 안무가의 고민은 '포스트모던시대의 실존적 회의'라는 측면으로 교집합을 내릴 수 있을 듯 하다.

그래서인지 '크리틱스 초이스 2016'에 드러난 의식은 치기나 역동적 실험성보다는 문제의식을 슬며시 던지고 고민한다는 장점과 단점을 함께 지닌다. 이는 공연 시기가 앞당겨져 짧은 시간 안에 작품의 완성도에 치중한 측면도 있고, 요즘 사회적 분위기에 따른 젊은 안무가들의 의식을 느낄 수 있는 표징이다.

장혜림 안무 〈심연〉 댄스포럼 제공, 옥상훈 사진작가

    크리틱스 초이스는 젊은 안무가들이 오롯이 자신이 안무하고, 통합적인 측면에서 30여 분 긴 호흡의 작품을 책임지어 완성하고 이를 관객과 소통한 무대이다. 결국 이러한 경험은 또 다른 생산성을 위한 토대이고, 기존의 질서에서 탈피하고 새로운 질서를 만들어가는 문턱을 넘어선 순간일 것이다. 이제 또 다른 질서를 해체하고 창의적 생산성을 지향하는 9명의 안무가의 변모를 기대해 본다.

-『댄스포럼』, 2016.5.

12

천안시립무용단의 10년 그리고
또 다른 10년을 위하여
─천안시립무용단 창단 10주년 특별공연

최근 지역 공립무용단에 대한 여러 쟁점이 하나둘씩 수면 위로 오르고 있다. 지역 문화발전을 위해 설립된 무용단들이 그동안 어느 정도 전통과 역사를 이어왔지만 관에서는 문화단체에 대한 홀대와 예산 삭감 그리고 이러한 배경에서 파생된 노조와 갈등, 단원의 노령화 등 다양한 문제들이 발생하였기 때문이다. 그런 가운데 무용단은 한계점에서 자율적인 발전을 위해 힘을 쏟고 있으며 지역 예술 발전 보루로 자존심을 지키려 노력하고 있다.

천안시립무용단(상임안무자 김종덕)이 창단 10주년과 이를 기념하는 제14회 정기공연을 가졌다(천안예술의전당, 2016.4.22). 천안시립무용단도 여타 공립무용단과 마찬가지로 앞서 말한 부분에서 자유로울 수 없겠지만 그럼에도 불구하고 10여 성상星霜 동안 그들의 색깔을 지키며 현재에 이르렀다. 지금의 모습은 지원을 아끼지 않은 천안시와 많은 작품에 참여한 단원과 상임안무자들의 노력 그리고 시민들의 성원에 의해 이룬 결과이다.

이날 공연은 1부 'ALIVE 2016(천안)'이라는 주제로 청주시립무용단(상임안무자 박시종)의 〈울림〉, 대구시립무용단(예술감독 홍승엽)의 〈벽오금학〉, 광주시립발레단(예술감독 신순주)의 〈천학의 비상〉 그리고 2부 천안시립무용단의 〈내 젊은 날의 초상〉으로 이어졌다. 1부는 시립무용단들의 생산적 품앗이와 협업 형태의 공연으로 한국무용, 현대무용, 발레의 세 장르가 한 무대에 오르며 대중에게 즐거움을 주는 시간이었다. 이러한 공생의 공연은 공립무용단 네트워크의 강화와 상호텍스트성을 통한 자생적 발전을 가져온다는 점에서 앞으로도 지향해야 될 모습으로 자리 한다. 이어 선보인 2부 천안시립무용단의 〈내 젊은 날의 초상〉은 한 여인의 일생을 기억과 회상 그리고 현실이라는 서사 구조 속에서 한국적 정서에 바탕을 두어 풀어낸다. 사람이 한 평생 거쳐야 하는 통과의례의 상징성을 문이라는 문턱이미지로 삼았고, 네 가지의 이야기를 지금이라는 시점에서 회상을 통해 전개한다. 이런 넘나듦의 구성은 홀춤 한량무의 기본적 서사구조인 인생을 반추하며 '옛날, 그 좋았던 시절'에 대한 기억이라는 형식적인 면을 연상시킨다.

이 작품에서 인생에서 가장 좋았던 기억에 대한 찰나는 결국 자신의 의지대로 나래를 펼치고, 사랑을 하는 그 순간임을 묘파하며 이러한 감정을 시적 정조로 표현한다. 이는 어떠한 장치보다도 무용수의 의식의 흐름에 의탁하였고, 독무와 군무의 장면을 뚜렷하게 나누어 관객의 감정선을 이끌고 있다.

젊은 주인공 역할을 맡은 김진아는 자연스럽고 유동적 동작으로 마음을 그려내며 인생에서 가장 아름다운 순간을 잔잔하지만 때로는 역동적인 모습으로 표현한다. 노년의 주인공 역할을 맡은 오현애도 순종적인 우리의 어머니 모습을 담담히 그려내면서도 후반에서는 격정적인 모습을 표출하여 오히려 그 몸짓에서 애잔함을 전해준다.

〈내 젊은 날의 초상〉은 김종덕 안무자가 추구한 인문학적 감성의 종합적 시각과 궤를 같이하는 무대다. 그동안 철학적 사유와 문학적 해석을 통한 구성으로 자신만의 색깔을 구축한 안무가의 방향성은 이 작품에서도 그대로 적용되었다. 이는 인문학적 감성을 무용에 표출한 개인 작품에서도 그러하였지만 그가 천안시립무용단에서 안무한 〈석오 이동녕 100년의 꿈〉(천안예술의 전당, 2014.12.14.-15), 〈색춘향〉(천안시청 봉서홀, 2015.4.10) 등에서도 그대로 녹아들어 천안시립무용단의 정체성을 새롭게 다지는 한 축이 되었다. 그래서 이 작품에서도 인생을 반추하는 그 순간순간을 서정적이면서도 토속적 정서를 그려내어 관객에게 카타르시스를 주고 있다.

천안시립무용단은 여타의 무용단에 비해 단원이 그리 많지 않은 한계가 있다. 그렇기에 주역 무용수와 군무로 토대를 마련하고, 분절된 장면에서는 객원무용수를 적절히 활용하였는데 이 작품에서도 그런 효율적인 구성이 적절히 나타났다. 여기에 연출과 대본 등은 공연예술의 폭넓은 이해를 가진 전문가가 맡아오는 등 최적화된 형태로 운영되는데 도움을 준다.

그럼에도 불구하고 아직은 천안시립무용단만이 가지는 이미지 브랜드가 부족한 점은 아쉬움으로 남는다. 그동안 좋은 작품을 양산하였지만 천안시립무용단하면 떠오르는 브랜드 레퍼토리가 없다는 점에서 지내온 만큼 기간에 채워야 할 숙제로 남는다.

    천안시립무용단은 10여년의 역사에 불과하지만 그동안 지역문화예술 발전의 첨병이며 시민을 위한 문화생활의 도우미 역할을 담당하였다. 특히 전통 콘텐츠가 내재된 천안흥타령축제라는 어느 지역도 가지지 못한 절대적 인프라를 지녔기에 천안시립무용단의 존재가치는 더욱 배가 된다. 이러한 기본적 토대와 결합된 여러 활동을 통해 천안시립무용단이 공립무용단의 모범 답안으로 발전하기를 기대해 본다.

-『댄스포럼』, 2016.5.

13

진주 교방춤의 아이덴티티와
춤꾼의 개성이 융합된 무대
―서진주 〈논개삼첩〉

　서진주의 이력은 그리 화려하지 않다. 그는 전통춤꾼들의 기본 바탕인 문화재 이수나 전수도, 무용 콩쿠르 등의 입상 경력도 뚜렷이 없는데다가 학연을 중심으로 활동하지도 않는다. 그렇지만 서진주는 경기도립무용단 훈련장을 거쳐 선무용단을 이끌며 공연 활동과 후진 양성에 힘을 쏟아왔고, 서울교방에서 춤을 익히며 이미 네 번의 개인 무대와 여러 무대에서 공연을 펼친 내공 있는 춤꾼이다.

　이번에 그는 다섯 번째 개인 무대인 '서진주 춤판 〈논개삼첩〉'(성암아트홀, 2016.3. 27)을 선보이며 관객과 오랜만에 소통의 시간을 가졌다. 이 춤판은 제목에서 드러나듯 김수악에 의해 전승되고 변용된 진주 교방춤의 대표적인 세 가지 춤, 교방굿거리춤, 구음검무, 적살풀이를 한 자리에서 선보인 흥미로운 무대였고, 서울교방 동인과 그의 제자들과 함께 한 공연이었다.

　진주 교방춤은 김수악에 의해 집약된 춤으로 지역춤이라는 한계가 있음에도 1980년대 이후 김수악에 의해 널리 알려졌고, 김경란이 이끈 서울교방 춤꾼들을 중심으로 무대화하면서 인지도를 높인 춤이다. 특히 이 세 춤은 '만들어진 전통'으로 스토리텔링을 통한 전통의 재해석이란 측면에서 의미가 깊은데 이 날 공연은 진주교방굿거리춤, 구음검무, 논개살풀이의 흐름으로 하나의 서사구조를 만들어 관객에게 감흥을 주었다.

　교방굿거리춤은 굿거리장단과 자진모리장단의 구성과 미색 저고리에 남색 치마 등에서 보이는 공감각적 이미지가 발산되어 관객에게 화사함과 편안함 그리고 흥을 전달해주는 춤이다. 그런 허허로운 춤을 서진주는 자율적 해석을 통해 깔끔하게 다듬거나 규격화하지 않고 즉흥적 요소를 최적화하여 관객과 소통하려 한다. 특히 소고춤의 빠른 장단에서는 내적 가변성으로 인해 드러난 즉흥성으로 신명을 불러일으켰다.

구음검무도 마찬가지이다. 검무가 군무를 통해 그 화려함을 극대화하는 것이 특징이라면 서진주의 홀춤 구음검무는 맨손춤과 칼춤의 부드러움과 강함이 조화를 이루면서 교방의 이미지를 그대로 재현하여 긴장과 이완을 보여주었다. 마지막 구성인 적살풀이는 논개의 원혼을 달래면서 춤꾼 스스로가 논개로 이입된 몰아의 경지로 나아가 장자의 호접몽을 연상시키게 한다. 그래서 마지막 장면에서 흐르던 눈물도 논개의 눈물임과 동시에 그에 이입된 춤꾼의 눈물로 상징적 의미를 드러낸다.

교방굿거리춤의 생명은 긴장과 이완의 월경越境과 즉흥성에 둘 수 있다. 이를 초월의지 혹은 거리낌 없이 논다는 장자의 '소요유' 철학과 맞닿아 이야기한다. 이러한 맥락은 서양

서진주 〈적살풀이〉 선무용단 제공, 조태민 사진작가

문예미학에서 '호모 루덴스'와도 같은 맥락이다. 또한 구음검무는 교방의 제한된 공간에서 파생된 형식미와 절제미가 우선되고, 적살풀이는 스토리텔링을 통한 비장미와 지평의 전환보다는 친숙한 극적 지평을 통해 카타르시스로 이끄는 춤일 것이다.

서진주의 교방굿거리춤, 구음검무, 적살풀이가 춤꾼들 중에서 가장 으뜸이었는지는 모르겠지만 이 춤이 지니는 아이덴티티와 춤꾼의 개성이 융합되어 새로움 전형을 만들었다는 점에서 혹은 서진주 만의 색깔을 보여주었다는 점에서 이 공연의 의미를 둘 수 있다.

-『댄스포럼』, 2016.5.

14

대중과 함께 소통한 발레축제의 두 공연
— 임혜경 Le Ballet 〈이야기가 있는 발레〉, 다크서클즈 컨템포러리 댄스 〈노련한 사람들〉

제6회 대한민국발레축제(2016.5.13.-29)는 다양한 볼거리를 주며 대중에게 다가섰다. 이번 축제는 대한민국발레축제 조직위원회와 예술의 전당이 공동 주최하며 예술의 전당 오페라극장, CJ토월극장, 자유소극장, 야외무대까지 여러 공간으로 확대되어 대중과 소통하려 하였다. 특히 티켓 가격을 낮추어 발레공연 관람의 높은 벽을 허물고 양질의 공연으로 관객에게 다가서려 한 점은 이번 행사의 보이지 않는 장점이다.

또한 공모작 선정을 통해 올린 여섯 작품은 작품성과 대중성을 함께하였는데 임혜경 Le Ballet의 〈이야기가 있는 발레〉와 다크서클즈 컨템포러리 댄스의 〈노련한 사람들〉(예술의 전당 자유소극장, 2016.5.20.-21)은 성격은 다르지만 발레의 매력을 정확하게 전달해주기에 충분한 공연이었다.

임혜경 Le Ballet의 〈이야기가 있는 발레〉는 4개의 소품을 임혜경의 설명으로 관객과 소통하며 쉽게 다가선 공연이다. 〈기도〉는 바흐의 무반주 첼로 조곡이 전반에 흐르는 발레 클라스이다. 첫 장면은 커튼콜 장면을 관객석이 아닌 무대의 관점에서 바라보고, 그 화려함을 뒤로 한 이면의 발레리나 모습을 대비하여 보여주고 있다. 무대에서 가장 아름답고 최상의 모습을 보여주고자 하는 그 노력은 가장 기본적인 연습에서 나온다는 발레리나 일상의 드러냄이다.

두 번째 작품 〈Middle of Nowhere〉(슬픔과 무거운 마음의 눈물)는 차이코프스키의 '피렌체의 추억'이 흐르며 슬픈 파드되가 중심을 이룬다. 남녀가 함께 있지만 그들의 몸짓은 울고 있고, 표정 또한 무감하게 애증으로 표출된다. 그렇지만 지금 이 순간 바로 여기가 나를 사랑하고 가장 최고임을 인식하며 파드되이지만 의탁이 아닌 나와 서로를 인정하는 표현으로 작품을 해석하고 있다.

〈Y.S. Wonderful〉은 조지 거쉬인의 피아노(송효연) 음악에 발레리노 용기의 몸짓에서 상큼함을 더해준 작품이다. 특히 바리에이션에서는 관객들도 숨죽이며 함께 호흡하였고, 몰입과 해소 그리고 전율을 공유한 무대이다.

마지막 〈무무 Passacaglia〉는 헨델의 파사칼리아의 서사구조에 두 발레리나의 유동적 몸짓이 표출된 작품이다. 이는 무당춤을 재해석하여 헨델의 선율에 맞추어 표현한 것으로 나와 같은 그렇지만 또 다른 나의 두 모습을 통해 긴장감 속 조화를 드러내고 있다. 또한 다른 현악기의 선율이 무거움과 날카로움으로 대비되다가 그 충돌이 엑스타시를 일으키고 마지막 장면에서 관객과 포옹은 해소와 감사로 다가선다.

이 공연은 기법만을 표현하는 것이 아닌 안무자의 혹은 발레리나의 삶을 이야기하고 그것을 음악에 맞추어 표현함으로 마음을 움직인다. 이는 네 작품이 떨어져 있는 것이 아닌 삶과 일상의 여러 연결 고리 속에서 수직적 수평적 서사구조를 그대로 보여주기에 가능하였다. 기본에 충실한 빈틈없는 구성, 음악에 대한 높은 해석력 그리고 작품의 스토리텔링 등을 보았을 때 임혜경의 긴 호흡 안무 작품이 기대를 갖게 만든다.

다크서클즈 컨템포러리 댄스의 〈노련한 사람들〉(안무 김성민)은 발레가 어렵다는 편견을 여지없이 무너뜨린 작품이다. 이 작품은 이미 서울문화재단 예술창작지원 선정작으로 뽑혔고, 여러 무대에서 대중과 만남을 가졌다. 이들은 고전 발레에 기본을 두지만 그런 격식보다는 동시대contemporary적 감각과 조화를 강조하며 관객을 이끌고 있다.

이 작품은 첫 장면부터가 심상치 않다. 남자무용수의 10CC의 〈I'm not in Love〉 립싱크가 흐르고 선글라스를 쓴 아마조네스의 무리가 권력자와 함께 등장하며 집단의 갈등 구조를 상징적으로 표현한다. 이 작품이 이야기하고자 하는 소통의 부재는 경계의 허물어짐에서 이해되고 오해된다. 그러면서 노래를 부르다 남녀의 역할이 바뀌는 전환점에서 남자 무용수의 지젤 바리에이션은 그로테스크하지만 슬픔보다는 코믹하게 상황을 풀어내고 있다.

이어 바흐의 'J선상의 아리아'에서 차이코프스키 '바이올린 협주곡'으로 이어지는 긴 장정은 이 작품의 정점이자 해소의 공간이다. 이들이 노련한 사람들이 되어 능숙한 소통 구조를 만들었는지 의문이지만 강렬한 몸짓 속에서 잠시나마 해소된 착각의 현실로 나타나 관객에게 작은 카타르시스를 전해주고 있다.

다크서클즈 컨템포러리 댄스의 앞으로 행보는 지켜볼만 하다. 이들의 치기어리지만 일상을 고민한 일련의 작품 속에서 동시대 한국무용의 현장성과 대중성 그리고 시대성을 함께 엿볼 수 있기 때문이다.

- 댄스포스트코리아, 2016.5.

15

'엣지'의 날카로움과 '원'의 원만성 그리고 그 콘트라스트

―허용순 〈콘트라스트〉, 〈엣지 오브 써클〉

박영인(일본명 쿠니 마사미, 邦正美)은 한국근대무용사에서 독특한 무용가로 기억된다. 그는 일제강점기에 이 땅에서 공연을 한 번도 한 기록이 없음에도 1930년대 후반 최승희, 조택원과 함께 시대를 상징하는 무용인으로 언론에서 다루어졌다. 이러한 배경은 그가 일본을 거쳐 근대춤의 본향인 유럽으로 가 헝가리 부다페스트 오페라극장 발레부에서 발레를 공부하고, 독일무용학교 강사로 당대 동양인으로 드물게 유럽 무용계의 중심에서 역동적인 활동을 펼친 것에 기인한다. 또한 최승희, 조택원의 해외 진출이 순회공연이나 외유의 성격이 강했던데 반해 박영인은 유럽무대에서 제대로 그들과 어깨를 견주었기에 일제강점기 자긍심을 불러일으킨 시대표상으로도 평가받을 수 있다.

이후 수많은 한국 무용인들이 서양무용의 본거지에 진출하여 활발하게 활동을 전개하였다. 발레도 서양에서 발원한 무용임에도 불구하고 한국 무용수들은 끊임없는 노력으로 그 무대에서 인정받는데, 허용순도 그러한 범주에서 깊이 논의될 인물이다. 그는 독일 프랑크푸르트발레단, 스위스 취리히발레단, 독일 뒤셀도르프발레단 수석 무용수, 발레마스터를 거쳐 뒤셀도르프발레단 발레학교 교사로 활동 중인데 특히 안무가로 30여 편의 작품을 안무하여 그 폭을 넓혀나가고 있다. 그동안 많은 한국무용수들이 발레리나로만 크게 나래를 펼쳤던데 반해 허용순은 독일에서 발레리나와 안무가로 영역을 확대하였고, 그가 안무한 작품이 여러 발레단에서 공연된다는 점에서 그녀의 능력을 높게 인정할 수 있다.

제6회 대한민국발레축제에 허용순은 해외안무가 초청공연으로 그의 안무작 〈콘트라스트Contrast〉와 〈엣지 오브 써클The Edge of the Circle〉을 선보였다. (예술의 전당 CJ토월극장, 2016.5.24.-25) 〈콘트라스트〉는 2014년 미국 툴사발레단에 의해 초연된 작품으로 공항과 집이라는 두 공간의 대조를 통해 여러 이야기를 담아내고 있다. 이는 그가 공항에서 스쳐지나가는 사람들을 스케치하여 주체가 아닌 관조자의 입장에서 바라본 모습과 그들이 그들만의 공간에서는 어떤 모습일지를 유추하여 풀어낸 것이다. 그래서 첫 장면부터 무용수들은 캐리어를 끌고 바삐 움직이고, 만나고 헤어짐을 반복하는 복잡한 일상 속에서 빠른 리듬으로 움직임을 거듭한다. 영화 〈러브 액츄얼리Love Actually〉의 마지막 장면에서 공항은 만남의 장소로 풀어놓은데 반해 이 작품에서 공항은 분주함의 연속으로 풀이한 것이다.

이는 편안함과 고독이라는 이중적 구조를 내포하는 집과 대조contrast의 양상으로 나타난다. 특히 오브제가 가방에서 의자로 변환되면서 집의 공간 구조 속 역동적인 움직임은 인간 내면의 움직임으로 바뀌어 의식의 흐름을 표현한다. 이는 음악(존 애덤스, 사카모토 유이치)에서도 전자음과 피아노 음악의 대조를 통해 무용수들의 움직임이 유동미를 나타내며 안무자가 지향하는 바와 관객의 지평이 궤를 같이 하며 흐르고 있다. 그런 의미에서 이 작품은 극적 구조의 스토리텔링보다는 모티브에 주목하고 여러 대조의 조각을 전달하고 있다.

〈엣지 오브 서클〉은 독일 칼스루에발레단 예술감독이며 Mannheim university of music and art 교장인 비르기트 카일Birgit Keil의 의뢰로 만들어져 2015년 슈투트가르트극장에서 초연된 작품이다. 이 작품은 사람들의 관계 상징성을 원으로 풀어낸 것으로 '원의 날카로움' 즉 부드럽게 보이지만 여러 각들의 교집합으로 이루어진 복잡한 도형 같은 인간의 관계를 다섯 커플의 움직임으로 풀이하고 있다.

이 작품은 현악기의 폭풍 같은 리듬과 추상적인 이미지의 표현 그리고 파드되의 연속성으로 작품을 구성한다. 또한 이 작품에서는 발레와 현대무용의 움직임이 뒤섞여 안무자가 지향하는 발레의 수직적 움직임과 현대무용의 수평적 움직임이 조화와 대칭을 이루고 있다. 이는 '엣지'의 날카로움과 '원'의 원만성의 변별과 융화 속에서 한 작품의 안무가 완성되는 과정의 상징이며 비르기트 카일 그리고 안무자 자신의 여러 페르소나가 투영된 추상적 움직임을 통한 내면의 극대화이다.

이 두 작품은 대중에게 있어서 쉬운 작품은 아니다. 그렇지만 이러한 어려움은 김주원, 윤전일, 이선태 등 대중적으로 인지도가 높은 무용수와 황혜민, 임재용, 이원철, 한류리, 조현상, 임샛별, 김다애처럼 정점에 다다른 무용수들을 통해 편안함으로 다가서고 있다.

이는 안무자가 지시하는 지평을 관객이 따라가지 않더라도 관객 스스로 기대지평을 확장시켜 새로운 의미를 수용할 수 있게 만든 것이다. 또한 전통 발레의 기법에만 머문 것이 아닌 발레의 동시대성과 현장성에 기반을 둔 안무 색깔은 현대무용가의 참여로 많은 부분 보완되어 특이성을 보여준다.

허용순의 해외 진출과 안정적인 정착 그리고 안무가로 활발한 활동은 한국의 무용수와 안무자에게 하나의 워너비wannabe라 할 수 있다. 그래서 아직까지 한국무용계의 확장과 깊이가 전방위로 확대되지 못하는 시점에서 그녀의 잰걸음은 당분간 하나의 바로미터로 작용할 듯 하다.

-『댄스포럼』, 2016.6.

16

이미지와 본질, 창작과 전통을 함께 겸비한 춤꾼을 기대하며

―이동준 〈이동준의 춤, 희노애樂〉

판소리를 집대성한 신재효는 '광대가'에서 광대가 갖추어야 할 조건으로 인물치레, 사설치레, 득음, 너름새 이 네 가지를 이야기한다. 그런데 신재효는 그 중 가장 으뜸으로 인물치레를 꼽는다. 다른 것은 노력으로 이룰 수 있지만 인물은 '천생'天生이기 때문이다. 이는 생긴 것이 가장 우선되는 것은 아니지만 이것이 우선된다면 더 말할 나위가 없음을 말하는 것이다. 어쩌겠는가, 잘 생기고 예쁘게 태어난 것을. 그게 어떤 경우 마이너스일 수도 있지만 예인에게 있어서 인물치레는 표상으로 중요하게 작용한다.

이동준도 우선 인물치레로 기억되는 춤꾼이다. 그는 경기도립무용단 〈달하〉의 주인공으로 인지도를 높였고, 한국무용 전공자로는 드물게 '댄싱 9'에 출연하는 등 큰 키에서 뿜어 나오는 강렬한 몸짓으로 대중에게 강한 인상을 주었다. 그렇다고 그가 그러한 이미지에만 의탁하는 무용수는 아니다. 경기도립무용단을 나와 독자적인 활동을 하면서 안무하고 출연한 〈페르소나, 당신의 꼭두각시〉는 2015년 M극장 베스트 레퍼토리상을 받았고, 2016 크리틱스 초이스에 선정된 〈타인의 방, 그 너머〉로 깊이 있는 그의 안무 세계를 보여주는 등 계속 진보하는 모습을 보였다.

그런데 그의 바탕은 창작이나 안무보다는 전통춤에서 출발하는데 이번에 그는 첫 번째 전통개인발표회 〈이동준의 춤, 희노애樂〉(2016.5.21., 국립민속박물관 강당)을 선보이며 또 다른 춤 세계를 펼쳤다. 이번 무대는 그가 중심에서 보여준 〈한량무〉, 〈사랑가〉, 〈아박무〉 그리고 그의 선배, 후배들이 공연한 〈조갑녀류 살풀이〉, 〈구음검무〉, 〈조갑녀류 민살풀이〉, 〈진도

이동준 〈한량무〉 이동준 제공

북춤〉으로 구성되었다.

　이동준은 그동안 〈한량무〉로 자기 세계를 구축하여 왔다. 기존의 한량무가 젊은 날을 회상하거나 선비춤의 성격이 강한 고상한 한량이었다면, 그의 한량무는 치기어린 한량 그대로의 모습을 투영하며 그저 놀아보자는 모습을 보여준다. 갓 테두리를 만지며 사방을 활용하는 모습이나 껑충껑충 뛰노는 모습에서는 기존의 한량무에서 벗어나 수직 공간 활용과 다양한 무대 구성력을 만들어냈다. 이는 그의 한량무가 어떤 유파에 치우치지 않고, 자신만의 색깔에 맞게 드러냈기에 가능한 부분이다. 이 춤은 '이동준류 한량무'라 칭하여도 부담이 없게 독특한 한량무의 전형성을 만든 것이다.

　이와 함께 서울시무용단 무용수 박수정과 함께 한 〈사랑가〉는 몽룡과 춘향으로 이입된 두 선남선녀의 몸짓과 연기에서 관객은 미소를 짓게 만들었고, 창작 무용인 〈아박무〉에서는 강렬한 몸짓과 그 역동적 구조로 또 다른 느낌의 이동준의 춤세계를 보여주었다. 이러한 레퍼토리 선정은 이 공연이 다른 공연에 비해 일반 관객이 많은 국립민속박물관 상설무대이기에 조금은 대중적인 레퍼토리로 소통하기 위함에서 비롯되었을 것이다.

　그렇지만 이번 무대에서 오롯이 그의 전통춤을 보여준 것이 〈한량무〉로 그쳤다는 점은 아쉬움으로 남는다. 물론 그가 현재 수련하는 전통춤들이 있겠지만 한량무 만큼 본인의 색깔을 상징할 전통춤 한 두 가지가 더 이번 무대에 있었다면 무게감이 더 하지 않았을까한다. 이러한 모습은 이번 무대에 그를 응원하기 위해 함께 한 선배 춤꾼들이 두 종목씩 도맡아 진중한 춤세계를 보여줌으로 이 공연의 수준을 더욱 높였듯 그도 전통춤 한 두 가지를 더 명확히 한다면 전통과 창작을 겸비한 몇 안되는 춤꾼으로 기억될 수 있을 것이다.

　그런 의미에서 그의 또 다른 전통춤이 어떨지 기대를 갖게 한다. 대중적 매력을 지닌 그가 그동안 창작 무용에서 보인 작품 해석력과 구성력, 그리고 새로운 구성을 통한 한량무의 도전을 통해 유추한다면 이동준의 색깔에 맞는 새로운 전통이 구현될 수 있기 때문이다.

-『댄스포럼』, 2016.6.

17

전통과 춤을 알아가는 공연
—한국문화의 집KOUS 〈지무知舞〉

한국문화의 집(코우스, KOUS)은 전통 문화전승과 전통공연예술의 보루이며 첨병이다. 이는 지속적인 문화유산교육이 이루어짐과 함께 거의 매일 다양한 전통 공연이 이루어지기 때문이다. 특히 한국무용 공연도 이 공간에 힘입은 바가 크고 춤꾼들이 통과의례처럼 서는 무대 혹은 가장 두려운 무대로 자리한다. 이는 그동안의 명성에서 비롯된 코우스의 상징성과 경쟁 아닌 경쟁의 무대 기획에 의해 춤꾼이나 관객의 긴장감을 불러일으키는데 원인이 있을 것이다.

이러한 대표적인 무대로 〈팔무전〉, 〈팔일八佾〉을 들 수 있다. 이 무대는 류파별로 전승된 춤의 원형적 모습을 원로들에 의해 혹은 가장 절정에 오른 춤꾼들을 중심으로 펼쳐지는 공연이다. 특히 그 유파에서 어느 정도 실력과 인지도가 있고, 흥행성까지 겸비한 춤꾼의 무대이기에 처음 보는 춤꾼의 공연이라도 긴장감을 불러일으키기에 충분함을 준다.

이러한 공연 흐름에서 2015년 기존의 방식에서 변용된 〈지무知舞〉 공연이 이루어지고 있다. 이는 팔일에서 검증된 인물을 중심으로 그 정점에 오른 전통 춤꾼 4명이 한 무대에 서는 형태로 말 그대로 춤을 맛을 이제 알아가는 이들의 공연을 말한다. 또한 이 무대에서는 40~50대 가장 춤이 무르익은 춤꾼들이 팔일에서 한 종목만 선보인 아쉬움을 벗어나 두 개의 레퍼토리를 펼치면서 춤꾼 스스로도 또 하나의 문턱을 넘어 스스로와 경쟁하는 무대라 할 수 있다.

2016년에도 〈지무〉는 5주에 걸쳐 20명의 춤꾼들의 무대가 펼쳐졌다. 이 자리에서는

2016년 첫 주 공연을 중심으로 단상을 적고, 다른 주 공연에서 느낀 장광설을 늘어놓고자 한다.

첫 주(20016.6.7) 공연은 강은영, 김호동, 나인선, 이미주의 무대로 이루어졌다. 강은영의 무대는 〈지전춤〉과 〈진도북춤〉으로 꾸며졌다. 두 춤에서 드러나듯 춤꾼에게는 진도 본연의 춤사위가 드러났는데 특히 진도북춤의 경우 투박하지만 진도민속춤의 DNA가 그대로 표출된 무대였다. 그동안 무대공연예술로 조탁된 진도북춤의 모습, 특히 첫 대목부터 미소를 띠우며 등장하는 정형화된 모습이 아닌 민속적 요소가 살아났기에 오히려 원형적 모습에서 새로움을 느낄 수 있었다.

김호동은 〈승무〉와 〈한량무〉를 선보였다. 이매방에게 사사한 춤꾼은 이매방류 춤의 맺음과 풀림에서 드러나는 미묘한 긴장감 그리고 교태와 절제가 혼합된 춤이 아닌 춤꾼의 체구에서 드러나는 호방한 기운으로 새로운 느낌의 춤을 전달해주었다. 춤꾼의 내공도 그러하지만 무대 장악력이 앞서며 관객과 호흡을 같이한 무대였다.

나인선은 〈논개살풀이춤〉과 〈교방굿거리춤〉의 김수악류 춤을 펼쳐보였다. 몸태에서 나오는 고운 선과 유동적 움직임은 교방춤의 매력을 보여주는데 적합한 춤사위를 보였다. 그런 양태는 논개살풀이춤에서 작품 전체에 감정이 깊이 이입되거나, 진주교방굿거리춤에서는 스승인 김경란의 모습이 비추어지는 등 서울교방 소속 춤꾼의 색깔을 그대로 드러내었다.

이미주의 〈무산향〉과 〈살풀이춤〉은 정재와 민속춤을 한 자리에서 보여주었다는 측면에서 새로움을 주었다. 두 춤 다 정제되어 있는 춤이다 보니 감정선의 변화가 그리 크지 않은 가운데 담백한 표정으로 관객들에게 춤을 몰입하게 만들었다.

전혀 다른 색깔을 지닌 춤꾼 4명이 본인을 제대로 보여줄 춤 두 종목을 춘다는 것은 그리 쉬운 일은 아니다. 그런 의미에서 이 무대는 춤꾼들에게도 의미가 있을 것이고, 대중에게도 흥미를 주기에 충분한 무대였다.

그런데 지무 공연에서 이런 긴장감이 항상 유지되기는 쉽지 않을 듯 하다. 아무리 과거에 어느 정도 검증되고 그 유파에서 대표되는 춤꾼이라 하더라도 지무 무대에 설만큼 두 종목이 완성되어 공연으로 보여주는데는 예상치 못한 결과가 나타나기 때문이다. 예를 들어 셋째 주 공연은 악사와 춤꾼이 합이 맞지 않아 일어난 작은 해프닝도 발생하는 문제 등을 비롯하여 전체적으로 관객에게 그리 만족스러운 무대를 보여주지 못하였다. 레퍼토리가 〈살풀이춤〉이 반복되는 정적인 종목의 반복하는 것은 차치하고, 전체적인 분위기가 춤꾼에게는 최선을 다한 무대였겠지만 관객과 소통이 없이 흥이나 카타르시스도 제대로 일으켜지지 않은 내용은 여타의 다른 곳에서 행하는 전통 공연과 크게 다르지 않은 모습이었다.

　일 년도 채 안된 공연 형태를 가지고 왈가왈부하는 것은 문제겠지만 코우스의 상징성 혹은 항상 그래왔듯 대중이 믿을 수 있는 코우스의 기획 공연으로 자리잡기 위해서는 여러 가지 또 다른 변화가 필요할 듯 하다.

- 댄스포스트코리아, 2016.6.

한국춤의 원천과 현재성 그리고
그 전승 방법론
—국립국악원 무용단 〈무원舞源〉

그동안 국립국악원 무용단은 그 정체성을 뚜렷하게 보여주지 못한 것이 사실이다. 이들이 국립국악원의 산하 단체이지만 단체명에 들어있는 '국악' 그리고 '전통'에 우선 초점이 맞추어지다보니 무엇을 어떻게 공연하는지 쉽게 이해하지 못하는 부분도 존재하였다. 그래서 국립국악원 무용단이 궁중무용에 집중하는 단체인지 아니면 민속춤도 포괄하는 단체인지 혹은 창작춤도 공연하는 단체인지 그 경계선에 대해 뚜렷하게 인식하기 힘든 부분이 존재하였다. 또한 대중이 이들의 비교 대상으로 국립무용단을 놓을 경우, 변별성에서 어떤 부분을 강조하여야 할 것인지도 잠시 고민할 수밖에 없었다. 그런 의미에서 2016 국립국악원 무용단 정기공연 무원舞源(국립국악원 예악당, 2016. 6.17.-18)은 이러한 여러 고민과 담론을 함께 풀고 해쳐놓은 공연이었다는 점에서 집중해 살펴볼 수 있다.

우선 이 공연은 '국립국악원 무용단'과 이번 공연의 총 안무와 구성을 맡은 '조흥동'이라는 두 키워드의 합을 통해 어떠한 결과물이 나올 것인지 기대지평을 가지게 하는 공연이었다. 이 공연은 제1막 무혼舞魂, 제2막 무맥舞脈으로 나누고, 앞부분은 국립무용단이 전통의 원형을 어떻게 해체하여 새로운 질서로 보여주는지, 뒷부분은 조흥동의 그 다양한 대극장용 레퍼토리가 국립국악원 무용단에 의해 어떻게 해석하고 표현하는지를 살피는 것이 초점이었다.

무대를 연 공연은 '선유락'이었다. 선유락은 어부사에 맞추어 여러 여령들이 춤을 추고, 동기童妓 두 명이 함께 출연하는 대규모 향악정재로 문헌에 전하던 것을 1980년대 국립국악원에 의해 재현한 춤이다. 그런데 이 화려한 춤을 춤의 공간과 색의 공간으로 나누고 의상도 무채색으로 처리하여 담백한 정조를 그려내면서 이 공연이 지향하는 화두를 그대로 드러내었다. 이는 고급스럽고 화려하게 작품을 꾸며내기 보다는 우리 춤의 색채를 담담하지만 유려하게 표현하여 색감과 정조의 방향성과 통일성을 읽어낼 수 있었기 때문이다.

이어진 '처용'은 우리가 잘 알고 있는 삼국유사에 전하는 처용 이야기이다. 그런데 대부분 처용 이야기는 처용에 중심을 두고 표현했던데 반해 이 무대에서는 역신과 처용의 처를 중심에 놓고 스토리텔링한다. 이를 표현한 두 젊은 춤꾼 이동준, 장혜림은 짧지만 강렬하게 그 계기적 사건을 긴장감 있게 표현하였고, 밀고 당기는 애정의 모습과 역신이 처를 범하는 장면으로 이어진 서사구조는 짧은 모티프 속에서 기승전결을 잘 드러내 주었다. 또한 오방색의 강렬함이 아닌 흰색 모노톤으로 처리한 탈과 의상을 입은 처용의 모습은 몰래 훔쳐보기의 모티프와 함께 강한 인상을 심어주기에 충분하였다.

'불佛, 사람의 길을 전하다'는 나비춤, 바라춤, 가무보살, 승무 등 불교와 관련된 여러 춤이 한자리에 모여 견성에 대한 여러 수행의 길을 표현하고 있다. 그럼에도 이러한 춤들이 대부분 불교의식무라는 점도 있었겠지만 이 공연에서 유일하게 여러 춤이 한 공간 안에 놓여 있었음에도 춤의 나열에만 그친 아쉬움이 있었다. 이런 부분은 황색으로 색감의 정조를 이루고 있지만 전체적으로 통일감이 없는 흐름과 불교무를 통해 드러내고자 하는 주제의식이 선명하지 못한 점에 원인이 있을 듯 하다.

제2막 무맥舞脈은 다양한 전통춤들, 특히 조흥동에 의해 그동안 수없이 다듬어지고 무대 공연으로 올린 춤들이 국립국악원 무용단에 의해 새로운 색깔로 표현되었다. '꽃으로 피어나라'에서의 부채춤도 앞서 표상적 색감과 마찬가지로 화려함보다는 단아한 아름다움을 보여주었다. 옅은 분홍색으로 표출된 그윽한 표현 방식은 부채춤이 지니는 원만성과 더불어 환상적 이미지를 표현하는데 적합하였다.

'풍류남아'에서는 조흥동의 가장 대표적인 춤 한량무의 군무를 통해 선비의 기개와 곧은 마음을 표현하고 있다. 조흥동의 한량무는 선비춤이라 칭할 정도로 고고함과 절제된 풍류의 서정성이 가장 두드러진 모습일텐데 이러한 모습은 젊은 춤꾼들에 의해서도 그대로 구현되었다.

'아름다움으로 승화된 홍의 몸짓'은 장구춤으로 관객의 어깨를 들썩이게 만들었다. 채부터 치마까지 통일된 강렬한 빨강색 그리고 종횡무진 가로지르며 뛰고 춤추고 장단을 맞추는 모습에서는 관객의 몸 속 피를 끓게 만들고 엑스타시로 이끌어 간다. 이어진 '신명의 소리'도

태평소의 강한 음색과 풍물에서 나오는 단순하지만 오묘한 장단이 연풍대를 도는 남성무용수와 조화를 이루며 신명을 불러일으킨다.

'내 안의 기를 노래하라'는 이번 공연에서 새롭게 선보인 조흥동의 레퍼토리 중 하나다. 이 춤은 김진걸류 산조춤을 배운 조흥동이 본인의 색깔에 맞게 구성하여 새롭게 안무한 작품이다. 김진걸류 산조춤이 유동적 이미지와 맺고 끊음에서 오는 맛이 있었다면 조흥동의 산조춤은 단아하면서도 내면의 깊이를 표현하려 하였다. 그래서 김진걸 산조의 원제가 '내 마음의 흐름'이었던데 반해 이번 공연에서의 산조춤은 '내 안의 기를 노래하라'라고 상징적인 제목을 붙이고 있다.

'한을 딛고 날아오르다'는 중부살풀이춤이라 일컫는 조흥동류 살풀이춤을 독무로 무대를 꾸민 시간이었다. 경기 도당굿에 연원을 둔 중부(경기)살풀이는 긴 수건과 함께 역동적인 몸짓을 통해 한의 씻김이 강하게 드러나는 춤이다. 앞서 여러 시공간에서 군무가 다양하게 이루어짐에 반해 살풀이는 독무로 추어져 조금은 공허함을 느낄 수 있었지만 맺음과 풀림을 위한 새로운 흐름을 위한 마디였다는 점에 의미를 둘 수 있다.

마지막 무대인 '생명의 울림'은 오고무를 통해 관객에게 강렬함과 카타르시스를 전달해준다. 앞서 전체적으로 의상과 조명이 주는 담백함은 사라지고 화려한 의상과 남성 무용수가 가운데에 서고 여성 무용수가 그 좌우로 배치도 그 역동적 모습을 느끼기에 충분하였다.

전체적으로 이 공연에서 느낄 수 있는 모습은 국립국악원 무용단다운 공연을 보여주었다는 점이다. 현대적인 전통의 모습을 구현할 수 있었겠지만 국립국악원 무용단의 정체성에 맞게 구성되었고 표현되었다는 점은 긍정적이다. 또한 전체를 아우르는 채도와 명도를 낮춘 의상과 그에 맞는 조명도 관객에게 편안함을 주었고 과도한 오방색만이 한국의 색감으로 인식하고 있는 고정관념에서 벗어남과 동시에 안정감 있는 공연을 보여주었다.

이러한 모습은 국립국악원 무용단이 고정된 레퍼토리에만 의존하는 무용단에서 벗어나 자율적으로 그들만의 색깔을 만들어낸 결과이다. 이는 그들이 다양한 정재 공연을 통한 상설 공연무대 그리고 2015년부터는 풍류사랑방 수요춤전에서 다양한 프로그램을 통해 전통의 전승과 대중성이 무엇인가를 터득한 것에서 비롯되었다. 여무전, 남무전과 같은 배틀 형식을 도입한 류파별 춤의 정리 등은 이들이 단순하게 궁중무용만을 하는 단체가 아닌 전통을 계승하고 이를 무대화하는 노력을 보여준 것이다.

이번 공연은 흔히 조흥동의 안무와 구성에 의해 만들어진 작품이다 보니, 이전 경기도립무용단의 공연, 국립무용단의 〈향연〉 공연과 비교할 수도 있을 것이다. 그렇지만 이전 공연도 그랬지만 이는 서로 비교 대상이라기보다는 조흥동의 춤이 어떻게 구현되고 그들의 정체성이 어떻게 나타나는가의 문제에 귀결될 수 있다. 그만큼 조흥동 류의 다양한 춤들은 이번 공연을 통해 '만들어진 전통'으로 전승 의미와 현재성을 또 다시 확보한 공연이라 할 것이다.

-『댄스포럼』, 2016.7.

19

융합과 복합을 통한
새로운 실험 정신의 바로미터
—2016년 파다프(PADAF)

'융복합'은 이제 그리 낯선 용어가 아니다. 아니 모든 분야에 융복합이 요구되고, 현 정부가 지향하는 창조경제에도 융복합이 자주 붙는 접두어로 쓰이다 보니 오히려 흔한 말처럼 느껴진다. 그만큼 융복합은 문화뿐만 아니라 21세기 사회 각 분야에서 생존 수단을 위한 하나의 방법론으로 인식된다.

이미 이러한 융복합의 형태는 예술에서 끊임없이 이루어져 왔다. 예술분야에서는 '항상 새롭게 하라'라는 모토 속에서 그 방법론을 찾았고, 각 장르에서 표현되지 못하는 부분에 대해 다른 문명을 접목하며 새로운 장르를 생산해 냈다. 그런 새로운 장르적 생성의 대표적인 예가 영화이고, 뮤지컬일 것이다. 그런데 이런 장르도 생성된 지 한 세기가 넘다보니 창조적 예술가들은 기존의 방식에 안주하지 않고 조금 더 다른 분야, 특히 테크놀로지와 결합을 꾀하며 새로운 첨단 문화 창조를 위해 노력 중이다.

무용도 융복합을 모색하며 새로움을 찾고자하는 노력이 지속적으로 이루어지고 있고, '파다프'처럼 전체 공연이 융복합을 지향하는 행사도 나타났다. 파다프PADAF는 즉 Play Act Dance Art-Tech Film Festival의 준말로 무용과 연극 등의 무대공연예술과 영상, 기술 등의 만남을 지향하는 공연으로 2016년도에도 6월 21일부터 26일까지 서울 대학로 상명아트홀과 갤러리에서 다양한 공연이 펼쳐졌다.

개막작과 국내초청작 그리고 신진예술가 등 20개 팀이 공연한 행사 중에서 여기서는 6월 25일 상명아트홀 갤러리에서 열린 전예화의 〈혼자 때로는 둘〉, 권선화의 〈사물의 시선드로잉 기법〉, 정홍재의 〈Table〉, 전미라의 〈Triangle room〉을 대상으로 융복합 공연에 대한 미시적 거시적 이야기를 풀어보고자 한다.

전예화의 〈혼자 때로는 둘〉은 관계에 대한 이야기다. 공연에 앞서 입장하는 관객들을 하나의 줄에 묶어 공연장의 한 공간에 머물게 만든다. 이건 좋건 싫건 간에 대중은 보이지 않는 관계 속에서 살아가고 있음을 상징적으로 전달하려 한다. 또한 이 작품에서 무용수는 실제 등장하지 않고 영상 속에서만 나온다. 영상 속에 여러 무용수들의 몸짓 속에서 관계성과 현실 속 익명의 관계는 결국 분리되지 않고, 하나임을 표현하고 있다. 마지막 한 장면 정도 무대에 무용수가 실제 움직임을 보여주었으면 어떠했을까 하는 아쉬움이 남지만 이것도 어찌 보면 틀에 박힌 방식이 될 수 있을 듯 하다.

전미라의 〈Triangle room〉은 권태가 주제이다. 모든 예술의 출발은 배고픔이나 절박함에서도 나오지만 권태에서도 그 의미를 찾을 수 있다. 이상의 수필 〈권태〉에서도 단조로움 속에서 일상의 여러 이야기가 나오고 권태 속에서 쓸데없는 상상이 나옴을 서술한다. 〈Triangle room〉에서도 일상적 영상 장면과 영화감독과 무용가의 대화 그리고 이런 지리함을 풀고자 하는 안무가의 몸짓이 조화를 이루고 있다. 그래서 이 작품에서는 권태를 해소하

전예화 안무 〈혼자 때로는 둘〉 전예화 제공

고자 하는 장치로 욕망을 모티프로 하고 강렬한 몸동작과 색조를 통해 그 맺음을 하고자 한다.

정홍재의 〈Table〉은 영상과 모티프의 반복을 통해 일상과 젊은이들의 사회 의식을 풀고자 한 작품이다. 전달하고자 하는 주제 의식과 표현 방식에서 부분적으로 단절되어 나타나지만 관점을 달리하는 여러 시각에 초점을 맞추다 보면 기존의 형식에서 탈피하고자 하는 의도를 엿볼 수 있다.

권선화의 〈사물의 시선_드로잉 기법〉은 공간 속 여러 의식의 흐름을 분절하여 표현하고자 한 작품이다. 여러 오브제를 활용하고, 서예가의 퍼포먼스 등을 활용하는 등 작품 전체에서 융복합을 시도하려 한 노력을 보이고 있다.

그런데 이 네 작품으로 2016년 파다프 전체를 판단하는 것은 무리겠지만 이 작품들이 결국 현재 융복합 공연의 바로미터로 작용할 수 있다는 점에서 몇 가지 논의를 제공한다. 우선 공연에서 기법과 모티프에서 어떠한 실험정신이 추구하였는가라는 점이다. 융복합에서 요구되는 것은 과학정신과 실험성일텐데 그런 부분에서 무용의 부족한 표현 방식을 채우고 무용을 극대화하여 보일 수 있는 장치가 제대로 구현되었는가 질문을 던지게 한다. 그런 측면에서 이번 작품들은 여러 장치들이 복합을 이루었지만 융합이란 측면에서 '이것이다'라 말하기에는 완만한 면이 없지 않았다. 이는 소재에서도 사회적 분위기 때문이겠지만 일상성에 치중하여 뚜렷한 사회의식을 찾거나 무얼 이야기가 하고자 하는지 주제의식을 쉽게 찾을 수 없다는 점에서 앞으로 융복합 창작에서 고민할 부분으로 남을 것이다.

이는 융복합이라고 했을 때 요구되는 고정관념 중 하나가 새것 콤플렉스일 수도 있겠지만 치기어린 모험과 진보적인 도전 속에서 또 다른 화두가 나올 수 있다는 점에서 안무가에게 요구되는 사항일 것이며 앞으로 파다프가 지향하는 바도 이러한 담론 속에서 고민하여야 할 것이다.

- 댄스포스트코리아, 2016.7.

20

고전의 해체 그리고 매튜 본의
새로운 질서를 통한 스토리텔링
—매튜 본 〈잠자는 숲속의 미녀〉

매튜 본Matthew Bourne은 동시대 무용을 논할 때 빠뜨릴 수 없는 존재이다. 〈백조의 호수〉에서 나타난 고전의 해체는 무용에서 포스트모더니즘을 적용시킬 때 가장 적합한 텍스트이고, 매튜 본의 도전이 무용 대중화의 바로미터로 여겨질 정도로 많은 이들이 그의 작품에 관심을 기울인다. 이러한 바탕은 기존의 질서를 해체하여 매튜 본만의 새로운 텍스트를 만들어내는 독특한 스토리텔링과 안무법에 그 원인을 찾을 수 있다.

매튜 본의 댄스뮤지컬 〈잠자는 숲속의 미녀Sleeping Beauty〉가 서울 LG아트센터(2016.6.22.-7.3)에서 공연되었다. 이 작품도 이전 차이코프스키 작곡 고전 발레에 바탕을 둔 매튜 본의 연작 시리즈와 같이 '매튜 본의 잠자는 숲속의 미녀'로 재생산되었다.

그의 작품은 '댄스뮤지컬'이라 칭한다. 이는 춤을 통해 표현되는 음악극이란 점에 초점을 맞출 필요가 있다. 그의 작품은 발레 기법에 토대를 둔 기교의 무용극이라기보다는 이야기 구성에 초점을 맞추고 춤은 서사구조를 끌고 풀어가기 위한 방법으로 표현되고 있다. 이는 음악에 바탕을 두고 이야기를 풀어나가는 방식을 취하다 보니 관객은 집으로 돌아가 화려한 몸짓도 그렇지만 서사구조에서 재미를 얻고 기억하기에 무용극이라고 칭하기보다는 댄스뮤지컬로 표현하는 것이 더욱 합당할 듯 하다.

이는 아무래도 매튜 본의 예술 입문 과정과 무관하지 않다. 그는 어린 시절 뮤지컬과 영화의 광팬이었고, 성인이 된 이후 라반센터에서 무용을 접하게 된다. 이러한 경로는 그의 작품이 서술되지 않은 담화discourse보다는 존재하는 이야기story에 우선을 두는 창작방법론에 기초를 두게 한다. 이는 많은 무용가들이 안무를 짠 다음 서사구조를 만드는 것이 아닌 기존에 존재하는 이야기와 음악에 매튜 본의 언술로 새롭게 해석하여 풀어내는 것이다.

〈잠자는 숲속의 미녀〉도 기존의 이야기를 그대로 수용하면서도 지금 여기 이곳이라는 현실적 요소도 시대 배경으로 삼는다. 이는 인물 구성에서도 정형화된 인물 구성이 아닌 마녀의 아들과 왕자에서 정원사 청년으로 치환시킨 캐릭터 생성 그리고 뱀파이어 이야기를 접목시켜 현실적이면서도 영화적 판타지까지 수용하여 과거와 현재를 넘나든다. 이러한 흐름은 고전이 지시하는 고정된 방향으로 관객이 따라가는 것이 아닌 관객 스스로가 상상을 하며 이야기를 구성하여 만들게 하는 매튜 본 특유의 스토리텔링과 치기어린 모티프에서 비롯된다. 그래서 매튜 본의 작품은 발레라는 생각보다는 영화를 현장에서 보는 듯 한 느낌의 무대공연예술, 즉 댄스 씨어터Dance Theatre라는 생각도 이런 점에서 출발한다.

또한 그의 작품은 관객의 웃음 코드가 무엇인지를 인지하고 서사구조에 절묘하게 집어넣어 흥미를 유발시킨다. 〈잠자는 숲속의 미녀〉도 엄숙할 것 같은 공연 안내 멘트부터 재치가 엿보이고, 당연히 동화라 인지하고 작품을 기다리는 관객에게 '옛날에'로 시작하는 자막으로 허를 찔러 이 작품은 편하게 쉽게 기대지평을 열고 따라가라 지시한다. 이는 매튜 본의 작품에 무용 팬들도 있지만 무용에 문외한인 대중이 다수를 차지하는 것도 작품이 신선하지만 이런 어렵지 않은 기호가 있기 때문이다.

매튜 본의 작품에서는 발레에서 나타나는 고도의 기술이 쉽게 발견되지는 않는다. 이는 발레에 기초를 두지만 춤은 이야기를 풀어가고 표현하기 위한 가장 최적의 방법으로 사용된다. 그렇지만 1막에서 요정 6명이 추는 솔로 장면은 낭만발레의 여러 요소가 발견되고, 제2막 왈츠를 추는 장면에서도 〈잠자는 숲속의 미녀〉가 고전에 근원을 두고 그것에서 출발하고 있음을 나타내고 있다. 게다가 과거와 현재의 징검다리인 제3막의 몽환적 구조가 이사도라 덩컨에게 영감을 받아 오로라의 성격과 자유로운 영혼을 춤으로 모티프를 삼았다는 점에서도 이 작품의 중심 구조와 의식의 흐름도 무용에서 연원을 두고 있음을 알 수 있다.

〈잠자는 숲속의 미녀〉의 구성은 기승전결의 기본적 구조를 따른다. 기에서는 이미 우리가 알고 있는 구조를 쉽게 위트 있게 풀어놓는다. 마리오네트로 재미있게 표현된 공주의 아기 시절 모습과 요정의 등장은 관객들에게 편안함을 제공하다가 여기서 앞으로 사건을 암시하는 여러 문제를 제시함으로 결론으로 향하는 열쇠를 전달한다. 또한 이러한 연결고리를 시대적 변화에 따라 사건을 풀어나가고 분절되어 있지만 각각의 이야기 속에서 하나의 모티프를 제시하여 이를 무용수들의 감정선을 통해 이끌어 간다. 이렇게 매튜 본의 〈잠자는 숲속의 미녀〉는 각 시퀀스들이 4막의 바쁜 움직임으로 구성되어 지루하지 않은 구조를 이루고 있다.

댄스 뮤지컬 〈잠자는 숲속의 미녀〉는 차이코프스키 음악에 힘입은 바가 크다. 이는 기존 음악에 매튜 본의 스토리텔링만이 필요하기에 포스트모더니즘에서 이야기하는 중심에 바탕을 둔 새로운 질서가 요구되기 때문이다. 그는 가장 극적인 구조를 완성하는 바탕은 차이코프스키 음악이라 말하고 음악이 대본이라 이야기한다. 그렇지만 음악이 있다고 새로운 해석이 가능한 것은 아니다. 이는 결국 매튜 본의 창의적 상상력에서 나온 결과이고, 여러 사회적 모티프가 결합되었기에 무용에서 벗어난 대중도 그의 작품에 환호하게 되는 것이다.

매튜 본에 대해 무용계의 이단아라 말하고 백안시하지만 또 속내는 그의 창의성과 대중성에 부러워하는 면이 더 크다. 그의 창작 방법론은 여러 면에서 이젠 또 다른 고전이 되어 버렸다. 그만큼 그의 작품은 다양한 시각에서 동시대 무용의 방향성을 제시하였기 때문이다. 이는 기법적인 측면을 떠나 관객에게 무용을 어떻게 전달할 것인가 화두에 집중한 결과이다. 그래서 하늘과 땅이 창조된 이후 새로울 것이 없다는 포스트모터니스트의 화두가 아니더라도 창의적 상상력 그리고 사회성 있는 모티프에 바탕을 둔 스토리텔링이 한국 무용이 나아갈 방향 중 하나라는 간단한 진리를 댄스뮤지컬 〈잠자는 숲속의 미녀〉에서도 그대로 전달해 주고 있다.

-『댄스포럼』, 2016.8.

21

젊은 예술인들의 치기 어린 무대 공간, 주말극장 in 문래예술극장

—코리아댄스컴퍼니 결 〈큐브°C(큐브도시)〉

무용공연이 자유 의지만 있다고 할 수 있을 것 같지만 그러지 못하는 것이 현실이다. 이는 경제적 측면을 떠나 우선 유파나 사제 관계가 중심에 놓이고, 대학이라는 조직이 더욱 큰 영향력을 발휘하기에 이러한 환경 속에서 젊은 춤꾼들은 자유롭지 못하다. 국립발레단 초창기를 이끌던 임성남이 '한창 활동기의 무용수들이 대학에 재학 중인데도 교외활동을 제약하는 바람에 무용수의 부족을 극복할 수 없어 발레가 부진을 면치 못한다.'는 개탄은 현재도 그대로 이어진다.

게다가 이러한 관계에서 벗어나더라도 젊은 춤꾼들은 자유롭게 공연할 공간이 태부족이라 자신의 개성을 추구하기란 쉽지 않다. 젊은 춤꾼들은 조금은 과감하게 도전하고 싶어 한다. 그게 치기일수도 있지만 제대로 갖추어진 공연에 앞서 자신을 돌아보면서 수련의 과정 속에서 자신을 굳건하게 하고 싶기 때문이다. 그런데 이런 실험은 어찌 보면 무용계 내부보다는 예술 전반의 공간으로 눈을 돌려보면 가끔은 해답을 나올 수 있다.

'주말극장 in 문래예술극장'도 그러한 젊은 춤꾼들의 다양한 실험이 이루어지고 있는 공간이다. 이곳은 주말에 젊은 예술인들이 다양한 장르를 통해 그들의 끼를 발산하는 곳으로 문래동이라는 실험적 상징성이 그 의미를 배가 시켜준다. 이러한 '주말극장 시즌 3 스물여섯 번째 공연'으로 코리아댄스컴퍼니 결의 〈큐브°C(큐브도시)〉(문래동 요꼬스튜디오, 2016.8.6.)가 관객과 함께 하였다.

코리아댄스컴퍼니 결은 한국무용의 원형적 특징 중 하나인 정중동의 정서적 흐름 속

코리아댄스컴퍼니 결, 큐브도시   코리아댄스컴퍼니 결 제공

 그 선의 움직임을 몸으로 표현하는 한국무용 창작 퍼포먼스 단체로 한국무용의 대중성과 타 장르와 결합을 통해 새로운 예술을 창조하는 집단이다. 이날 레퍼토리는 〈푸르름은 없다〉, 〈불여귀〉, 〈부채산조〉, 〈흐름〉, 〈구음검무〉, 〈동동〉, 〈화관무〉 등으로 창작에서 전통까지 다양한 내용으로 그들의 색깔을 보여주었다. 우선 이 공연에서는 전통을 기반으로 하지만 전통의상을 벗고, 연습복이나 가벼운 의상으로 움직임을 보여주어 동작에 대한 집중을 하게 만들었다.
 〈불여귀〉에서는 인간이 되고 싶은 늑대인간의 이야기를 모티프로 그리 체구가 크지 않은 무용수(이상세)였음에도 역동적인 움직임을 통해 그 내면을 드러내기에 충분한 모습을 보여주었다. 이어 〈흐름〉은 부드러움이 강함을 이긴다는 의식의 흐름 속에서 동작을 이어간 작품이다. 그럼에도 워낙 무용수(이동준)의 기가 강하게 나타나다 보니 움직임 흐름의 강약조절에서 유동적이지 못한 아쉬움이 들었다. 또한 다년간 전통무용의 훈련 속에서 진중한 몸짓을 보인 무용수들의 작품들이 더 다듬어져 완성도 있는 작품으로 나아갈 바탕이 된 공연으로 비추어졌다.

　사족일지 모르겠지만 이 날 공연은 관객이나 무용수의 입장에서는 괴로운 시간이었다. 이는 공연 내용에 있는 것이 아니라 공간 외적 문제에서 비롯된다. 염천에도 불구하고 선풍기 몇 대로 그 좁은 공간의 더위를 식히기에는 무리였다. 물론 그리 풍족한 환경은 아니더라도 이것은 우선 공연자와 이곳을 찾은 관객에 대한 배려라는 측면에서 시급히 개선되어야 될 부분이다.

　이러한 문제는 더위 때문이겠지만 공연 전 극장에서 주최 측과 참여자가 목소리를 높이는 모습을 목도하면서 어느 정도 예상되었다. 극장에서 공간을 제공했으니 그것에 맞추어 공연하라는 생각에서 비롯되었는지는 모르겠지만 공연 바로 전 무대 분위기는 그리 편하지 않았기 때문이다. 젊은 예술인들의 창작 활동에 이러한 공간이 있다는 것만으로도 대단히 다행스러운 일이지만 그럴수록 더 좋은 환경에서 젊은 예술인들이 구조적인 문제에서 떠나 무대에서 끼를 발휘할 수 있도록 소프트웨어와 하드웨어가 함께 이루어지길 바란다.

- 댄스포스트코리아, 2016.8.

호접몽, 매트릭스 그리고 몸짓을 통한 가상현실의 표현
― 박명숙댄스씨어터 〈시간과 방을 위한 네 개의 풍경〉

〈장자〉에 호접몽胡蝶夢이란 말이 있다. 장자가 어느 날 꿈을 꾸었는데, 꿈 속에서 나비가 되어 날아다녔고, 꿈에서 깨니 다시 인간 장주로 돌아왔다. 결국 이는 나와 나비 사이에는 구별이 있지만 이것은 현상계에 있어서 한 때의 모습일 뿐이라는 것이다.

이러한 철학은 가상현실Virtual Reality이라는 개념과 맞닿아 있다. 이는 가상의 현실 세계가 존재하여 진짜로 받아들여지는 세계가 존재한다는 것이다. 그렇다면 이러한 양상은 실제인지 아니면 허구의 세계인지 아니면 가짜이지만 기계에 의해 우리의 머릿속으로 받아들일 수 있는 시공간이 존재한다는 것인가? 이는 영화 〈매트릭스〉에서 인간의 기억을 지배하는 기계 그리고 가상현실(매트릭스)에서 살아가는 인류, 이러한 상황에 저항하는 인류의 현실 세계가 충돌하는 모습을 그려내어 가상현실에 대한 담론을 보여준 바 있다.

그런데 이러한 가상현실에 대한 콘텐츠는 이제 영화 속 상상에만 그치는 것이 아니라 게임이나 의료, 스포츠, 국방 등 다양한 분야에 적용되었고, 예술에서도 다양한 접목을 통해 실험되고 있다. 그렇다면 무용과 가상현실 세계는 어떠한 이야기를 만들어낼 수 있을까? 그런 의미에서 2016 박명숙의 춤 박명숙 댄스씨어터의 VR · MEDIA · PERFORMANCE 〈시간과 방을 위한 네 개의 풍경〉(나루아트센터 1층 갤러리, 2016.8.20.-28)은 IT 기술과 미디어 그리고 무용과 가상현실의 만남이란 측면에서 주목할 수 있는 작품이다.

이 작품은 쉽게 말해 극장과 갤러리, 자연에서 행해진 공연 장면을 영상에 담아 VR영상, 미디어 영상 그리고 실제 퍼포먼스로 작품을 보여주는 방식을 취하고 있다. 이는 사랑과 애증, 인간관계, 삶과 죽음의 순환성, 구원 등 주제와 형식이 다른 4개의 에피소드로 구성되어 대중과 만나고 있는 것이다.

에피소드 1 '빈방의 빛'은 초현실적 흐름으로 일관한다. 여기서는 시간과 공간에 따라 인간의 관계와 만남이 이어지고, 그러한 만남과 경계가 또 허물어지는 윤회적 관계를 묘사하고 있다. 이러한 장치는 선명한 영상과 또 평면이 아닌 분리된 갤러리의 스크린을 통해 또 다른 공간 속에서 또 다른 시각을 만들어낸다.

에피소드 2 '커튼과 거울 사이'는 무대에서 움직임을 통해 거울이라는 또 다른 공간 속 우리를 바라보며 나와 비아의 갈등과 그 고민을 해소하려 하려 한다. 연습과 공연이 혼재된 모습 속에서 커튼과 거울을 통해 닫히고 또 다른 열린 공간으로 나아가려 하고 있는 것이다.

에피소드 3 '유예된 시간'은 갯벌에서 무용수들이 즉흥적 움직임을 통해 실존의 문제를 표현하려 한다. 극한의 상황 속 인간의 본성이 어떻게 표출되는지 갯벌이라는 상징적 공간 속에서 원초적 몸짓을 보여준다.

에피소드 4 '세상 끝의 풍경'은 충돌이 하나의 모티프이다. 이는 제한된 공간 속에서 일상의 여러 충돌이 뫼비우스의 띠와 같은 삶으로 그려내고 있다. 이는 원형과 사각이라는

박명숙댄스씨어터 〈시간과 방을 위한 네 개의 풍경〉 박명숙댄스씨어터 제공

표상을 통해 삶과 죽음의 상징적 묘사가 표현되지만 순환적 이미지로 인간의 삶을 묘파하고 있다.

이 작품은 무용수와 스텝의 엄청난 노력에서 이루어졌음을 느끼게 하는 작품이다. 이러한 모습은 눈에 보이지 않지만 머릿속에서 그대로 그려지고 있다. 이는 눈으로 그려진 가상현실이 제한된 뇌 속에 남아 인식되지만 상상의 공간 속에 그대로 담겨진다. 게다가 이러한 모습은 HMD(Head mounted Display)를 통해 4D의 입체감으로 표현되었고, IT기기의 결합을 통해 신비감을 전달해주고 있다. 이는 이러한 장치가 수용자로 하여금 실재實在(existence)처럼 느껴지게 만드는데 목적이 있고, 앞서 이야기한 그 상황이 머릿속으로 그려지는 가상현실이라는 실제實際(reality)를 만들어내고 있다. 이는 결국 현실의 상황을 현실보다 더욱 현실처럼 만드는 것이 가상현실이라는 명제에서 이 작품은 그 맥락을 제대로 읽고 있다고 할 수 있다.

또한 이 작품의 시도는 태초에 몸짓이 있었기에 무용은 그 원형적 코드로만 표현될 수 있다는 고정관념을 깨며 또 다른 시공간으로 표현될 수 있음을 증명하였다. 이러한 시도는 이미 백남준의 비디오아트 〈굿모닝 미스터 오웰〉(1984)에서 머스 커닝엄Mercier Philip Cunningham의 퍼포먼스에서 시공간을 초월하여 몸짓이 펼쳐질 수 있음을 보여주었는데 이 작품도 갤러리라는 공간에서 시공간을 허물며 대중과 만났다는 측면에서 긍정적인 효과를 얻어내고 있다. 이는 박명숙 댄스씨어터가 광진문화재단 상주단체로 선정되어 대중과 만나는 첫 시도로 무용과 첨단과학의 만남을 시도였다는 측면에서도 그러하다.

이 작품에서 표현하려 한 것은 일정한 서사구조를 통한 추상적 표현이다. 그러다 보니 아직까지는 공연 영상을 담고, 이를 미디어를 통해 영상으로 표현하는데 그치고 있다는 점은 아쉬움으로 남는다. 이는 이 작품에서 현실과 가상현실의 차이가 제대로 드러났다면 어떠하였을까하는 생각이 들기 때문이다. 이것이 요즘 '포켓몬Go'로 회자되는 또 다른 일부 세계를 만들어낸 증강현실AR, Augmented Reality은 아니더라도 무용이 나아갈 수 있는 또 다른 표현 양식으로 표현되어 하이퍼 리얼리티Hyper reality에 귀착될 수 있지 않을까 하는 상상에서 비롯된다. 그럼에도 아직까지 이러한 VR과 미디어 퍼포먼스가 제대로 이루어지지 못한 현실에서 이 작품의 이러한 시도는 많은 숙제를 던져준다는 점에서 선구적 작품으로 논의할 수 있을 것이다.

-『댄스포럼』, 2016.9.

23

우직한 행보를 통한
다양한 전통춤의 눈높이 만남
―경기도립무용단 〈환희, 그 미래를 보다〉

국공립무용단은 이 시대 어떠한 책무를 지니고 있을까? 한국문화, 혹은 지역문화의 정체성을 예술미학으로 담아내는 것이 하나일 것이고, 각종 지역 행사에서 좋은 분위기를 이끄는 것도 이들의 몫이며 또 대중에게 쉽게 문화 향유를 하게끔 돕는 것도 이들을 통해서 이루어지는 모습일 것이다. 어찌 보면 국공립무용단의 활동 공간은 극단(極端)에서 극단으로 종횡하며 문화지킴이의 역할을 담당한다.

그렇지만 요즘 국공립무용단에 대한 여러 논의가 심심치 않게 들려온다. 특히 경기도립무용단의 변화에 대한 이야기가 입에 오르내리며 이들은 주목의 대상이 되었다. 경기도립무용단처럼 규모가 크면서도 활발한 활동을 펼치는 무용단에게 변화가 요구되었으니 내부에서도 그렇지만 외부에서도 향후에 도래할 여러 문제로 걱정 어린 눈빛으로 바라본 것이다.

그럼에도 불구하고 경기도립무용단은 맡은 바를 충실히 다하며 앞으로 나아가고 있다. 이러한 흐름 속에서 경기도립무용단의 2016 기획공연 시즌 두 번째 무대 〈환희, 그 미래를 보다〉(경기도문화의전당 소극장, 2016.8.20)가 펼쳐졌다. 올해 다섯 번에 걸쳐 이루어진 이 기획공연은 수년째 한국 전통춤의 맛과 멋을 보여주며 경기도립무용단만의 색깔을 표출하고 있다.

이 공연은 무용수에게나 관객에게 깊은 내공이나 심오한 무용철학을 요구하지는 않는다. 대중이 이 춤을 보고 순간의 감동과 흥겨움을 느낄 수 있었다면 그것으로 필요조건이 충족되기 때문이다. 그렇지만 이들의 공연은 경기도립무용단을 상징하는 브랜드공연이기에 다양성을 보이며 관객에게 다가섰다.

경기도립무용단 〈환희 그 미래를 보다〉 경기도립무용단 제공

　이날 공연에서는 '모듬북', '여인의 고정', '승무', '부채춤', '진도북춤', '장고춤', '한량무', '오고무' 순으로 진행되었다. 올해 선보인 레퍼토리는 21개로 그 중 취사선택하여 매번 그 색깔을 달리하는데 국공립단체에서 이런 전통춤의 여러 레퍼토리를 지속적으로 보여주는 것이 쉽지 않은 현실에서 이들의 이러한 최선의 노력은 박수 받을 일이다.
　첫무대는 전통 가락과 서양 북의 울림으로 관객의 흥을 불러일으키며 시작되었다. 이어 '여인의 고정'에서는 여인의 부드러운 춤사위와 북과 반고(작은북)의 조화를 이루며 유려한 아름다움을 보여주었다. 이러한 모습은 '부채춤'에서 극대화된다. 부채춤은 우리에게나 타자他者에게도 한국의 미를 가장 강하게 심어주는 춤이다. 그렇지만 이것이 제대로 조화와 합을 이루지 못한다면 싫은 소리를 들을 수 있는 춤인데, 경기도립무용단의 오랜 수련으로 인해 화려하고 아름다운 꽃의 형상을 관객에게 제대로 보여주었다.
　'진도북춤'은 원래 민속놀이에 연원을 두는 춤이기에 자유분방함과 함께 역동적 모습이 생명인 춤이다. 그러던 춤이 무대공연예술로 들어오며 남자보다는 여자들에 의해 변용되어 대중에게 익숙해지고 있다. 그런데 경기도립무용단에서는 7명의 남자무용수들로 꾸며진 무대를 선보였다. 이 무대가 남자들만으로 꾸며진 낯익은 것에 대한 낯섦으로 다가왔지만 원형적인 투박함을 주며 즐거움을 주었다.

    이 날 극장을 찾은 마니아도 있을 것이고, 처음 전통무용을 본 관객들도 있을 것이다. 매번 새로운 레퍼토리를 요구하는 관객에게는 경기도립무용단 레퍼토리의 다양성을 느꼈을 것이고, 혹은 '얇은 사 하이야 고깔은 고이 접어서 나빌레라 …'의 〈승무〉를 시로만 기억하던 분들에게 '나빌레라'가 무슨 의미인지 몸으로 느끼는 시간이었을 것이다.

    또한 이 공연은 국립무용단의 '향연'과 국립국악원 '무원'의 원형적 모습을 보는 무대라는 측면에서도 의미가 있다. 까치걸음의 그 독특한 발놀림과 경쾌한 장단 그리고 상하 좌우 대칭을 이루며 무대 공간을 활용하는 장고춤은 이미 경기도립무용단에서 중요 레퍼토리로 수년 째 이어오고 있고 한량무의 기품 있는 선비춤도 이 곳에서 원형을 발견할 수 있다.

    이러한 모습은 조흥동 예술감독에 이어 경기도립무용단을 맡은 김정학 예술감독의 우직한 노력에서 비롯되었다. 이미 제주도립 상임안무, 경기도립 상임안무, 서울예술단 조감독을 비롯한 여러 무용단을 거친 경험과 전임자의 통해 다져진 여러 기반을 그대로 이으면서도 자신의 색깔을 세심하게 드러내며 새로운 질서를 보여주고 있기 때문이다. 이는 다섯 번에 걸친 기획공연에 매번 오는 관객에게 즐거움을 줄 수 있게 변별된 레퍼토리를 선정하는 모습이나 투박하지 않고 고급스러우면서도 무용수를 돋보이게 하는 의상 등 미세하지만 예술감독의 철학을 느낄 수 모습이 곳곳에서 드러나고 있다.

    이 기획공연은 앞서 이야기했지만 최상급의 공연은 아니다. 전문인들이 보았을 때 기교에서나 몰입에 있어 부족한 부분이 보일 것이다. 그렇지만 관객은 무용인만 있는 것은 아니다. 무용이 대중과 함께 하였을 때 그 영속성이 제대로 이어지듯 이 공연이 대중의 눈높이에 맞춘 공연이란 측면에서 최상급greatest은 아니지만 좋은good 공연으로 의미를 둘 수 있다. 눈높이가 높은 공연은 이들의 정기공연에서 기대하면 될 듯 하다.

    경기도립무용단의 향후 일정을 잠시 살펴보니 노인복지관 공연부터 미국 초청 공연까지 다양하다. 이들은 문서 상에 나와 있는 예산을 뛰어넘는 부가가치의 일들을 펼치고 있다. 그런 의미에서 이들의 영속적인 지원 속에서 경기 문화의 가치를 높이는 일을 기대해본다.

-『댄스포럼』, 2016.9.

24

항상 새롭게 하라, 또 그 담론을 깨고
새로운 질서를 위한 도전
— 국립현대미술관과 국립현대무용단 퍼포먼스 〈예기치 않은〉

모더니즘은 '항상 새롭게 하라'라는 기본적 모토가 있다. 그래서 모더니즘은 독창성에 바탕을 두어 창조적 행위에 주력한다. 이러한 움직임은 아방가르드와 결합하며 더욱 빛을 발하였고, 현대사회를 발전시키는 예술운동으로 자리한다. 이에 반해 세기말에 접어들면서 기존의 질서를 해체하고 새로운 담론을 만들어내는 움직임이 나타났는데 이를 포스트모더니즘이라 부른다. 이들은 '하느님이 하늘과 땅을 창조한 이후에 무엇이 새롭겠느냐?'는 생각을 중심으로 탈중심의 사고방식을 무장하였고, 경계를 넘어서는 다양한 활동으로 인식의 범위를 확장시켰다.

그래서 이러한 사조가 사회와 충돌하던 1960년대와 1970년대는 그 참신성이나 탈중심적 행위로 인해 현대예술의 여러 기호들이 창출되었다. 앤디 워홀의 '팝아트'나 백남준이 참여한 플럭서스, 비디오아트도 그러한 대표적인 예다. 이들의 특징은 여러 장르가 결합하여 시너지를 보았다는 점에서 의미가 있으며 이러한 융복합이 장르 간 정반합을 통해 부족한 부분을 채우고 새로운 문화를 만들어냈다는 점에서 긍정적인 효과를 가지고 왔다.

이러한 통섭은 세기가 지난 현재까지도 이어지는데, 국립현대미술관과 국립현대무용단이 함께 한 퍼포먼스 〈예기치 않은〉(국립현대미술관 서울관, 2016.2016.8.17-10.23.)도 그러한 대표적인 만남으로 주목할 수 있다. 이 행사는 매년 이루어지는 다원예술프로젝트의 하나로 장르 간 교류와 실험을 통해 새로운 가치를 추구하며 젊은 작가들의 치기어리지만 창의적 행위를 지켜보는데 의미가 있다. 올해는 '예기치 않은'이란 제목에서 드러나는 것처럼 행위를 통해 나타나는 우연성, 즉흥성, 비결정성, 불확정성에 바탕을 두어 13개 팀에 의해 다양한 퍼포먼스가 펼쳐지고 있다.

　이 중 옥정호의 〈미술관 무지개〉(1층로비·공용공간, 2016.9.10,17,24)는 무지개로 상징되는 의상을 입은 두 명의 무용수(김도연, 김봉수)가 미술관의 곳곳을 다니면서 무지개의 형상을 움직임으로 표현한 퍼포먼스이다. 야외에서 시작된 퍼포먼스는 미술관의 여러 공간을 다니는데, 관객은 저 너머 무지개를 시원을 쫓아가듯 행위를 따라가고 있으며 그 주위의 여러 전시나 환경도 새롭게 느끼며 순간을 공유한다. 또한 무지개 행위도 단순하게 이루어지는 것이 아닌 각각의 공간에서 다른 움직임으로 표현되어 관객에게 새로운 느낌의 무지개를 바라보게 만든다.

　무지개를 싫어하는 사람이 있을까? 무지개는 희망의 상징으로 비추어지기도 하고, 이젠 무지개가 뜨는 것이 뉴스의 중요 기사로 오를 만큼 각박한 세상에서 위안거리로 수용된다. 그렇지만 미술관에서 퍼포먼스로 표현된 무지개는 관객에게 새로움으로 느껴질 수도 있고, 단순한 몸짓의 하나로, 무의미한 행위로 수용될 수도 있다. 이러한 것이 결국 이 퍼포먼스가 지향하는 무정형성의 기대지평 확산 혹은 어렵지 않게 받아들일 수 퍼포먼스였다는 측면에서 대중에게는 여러 의미를 전해 준다.

　또한 진달래·박우혁의 〈움직이는 현재〉(멀티프로젝트홀, 2016.9.20.-25)는 앞서의 〈미술관 무지개〉가 대상을 표현하려 하였던데 반해 설치된 미술에서 연결된 시간과 운동 그리고 찰나 속에서 여러 의미를 찾으려 한 작품이다. 특히 움직이는 것과 움직이지 않는 것의 운동성은 퍼포먼스를 통해 구현되었고, 규칙성과 부정확성의 소리가 공간 안에서 합을 이루며 시공간을 함께 공유할 수 있게 만들었다. 이는 스티븐 컨Stephen Kern이 말한 '사람들은 저마다 상이한 시간적·공간적 경험을 하는데 비록 무의식적인 것이라 할지라도 그에 대한 관념을 갖게 마련이라는 것'이라는 명제를 그대로인 행위예술로 구현되었다. 이렇게 이번 프로젝트는 '예기치 않은'이란 주제로 다양한 퍼포먼스가 대중과 소통하려 한다. 이러한 소통 작업은 결국 무용의 새로움을 보여주기 위한 자극과 새로운 모티프의 발견으로 의미가 있을 것이고, 또 다른 생산성을 위한 토대가 되었을 것이다.

　그런데 요즘 몇몇 작품들을 보면 기법에서도 특별함이 없고, 참신함에서도 무언가 두드러짐을 발견하기 힘든 경우를 종종 보게 된다. 현대무용이라고 하지만 그게 그것 같고, 오히려 실험성은 점점 퇴보하는 듯 한 느낌을 주는 경우가 허다하다. 그렇다고 일상을 묘사하거나 사회의식을 반영하여 대중에게 무언가 메시지를 주며 공감대를 형성하는 경우도 쉽게 찾기 힘들다. 그만큼 우리 사회가 혹은 예술이 새로움을 주기에는 사회가 너무 무뎌져 있고, 포스트모더니스트의 선언처럼 이제 더 이상 새로움도 자극도 나올 수 없음에도 원인이 있을 것이다.

그런 측면에서 지금은 오히려 모더니즘의 정신을 구현하는 것 혹은 1960, 70년대를 반추하며 그 시기 혁명적 정신을 다시 한 번 되새겨 볼 필요가 있다. 백남준이 자신의 예술을 '자유를 위한 자유의 추구이며, 무목적적인 실험'이라 말한 것처럼 공연을 위한 공연이 아닌 실험성을 통해 자유로운 의지의 표현이 오히려 지금 이 시대 더욱 요구된다. 이는 백남준의 퍼포먼스가 지금 보아도 시대에 뒤쳐지지 않고 감흥을 주는 것은 바로 이러한 도전정신과 참신성에서 비롯되기 때문이다.

- 댄스포스트코리아, 2016.9.

25

동시대 전형성과 고유성의 경계에서 넋두리
—댄스씨어터 창 〈EYE〉, 〈씻김PLAY〉

무용을 관람할 때는 서사구조와 담론에 집중해야 할까 아니면 무용수의 몸동작에 초점을 맞추어야 할까? 참 어리석은 질문이다. 당연히 어떤 주제의식을 가지고 그 의식의 흐름을 몸으로 표현하는 것 결국 이 두 가지가 조화를 이룬 것이 가장 좋은 춤이란 모범 답안이 존재하기 때문이다.

그렇지만 이 두 가지 요소의 50대 50 물리적인 결합은 힘들며 그것이 완벽하게 이루어진다고 좋은 작품이 나오지도 않을 것이다. 이는 추구하는 바가 어디에 있느냐에 따라 개성이 발현되고, 물리적 융합이 아닌 두 감정선을 지시하는 방향으로 이끌어 가 관객에 수용될 때 감흥을 일으키게 된다. 이러한 흐름은 서사가 춤을 이끌고 춤이 서사를 만들어낸다는 간단한 진리에서 출발을 한다.

김남진과 댄스씨어터 창은 그동안 뚜렷한 주제의식과 연극적 서사구조에 기반을 둔 무용언어를 조화롭게 표현한 단체로 이번에 10주년을 맞아 〈EYE〉, 〈씻김PLAY〉를 무대에 올리며 그동안의 활동에 대해 반추하는 시간을 가졌다. (아르코예술극장 소극장, 2016.9.24.)

김남진은 원형과 전형의 교착점에서 새로운 현대무용 언어를 만들어낸 안무가로 평가할 수 있다. 아무래도 이러한 근원적 생각은 그가 유럽에서 활동하며 느낀 '한국적인 것이 가장 세계적일 수 있고 보편성과 특수성을 지닌다'는 명제에서 출발할 것이다. 결국 동시대의 보편적 정서 속에서 한국인만의 정체성 표출에서 무용언어의 유희를 발견할 수 있다는 깨달음에서 의식하지 않더라도 그의 작품 속에는 한국적 정서가 내포되어 있다.

게다가 김남진은 대학에서 전공이 무용이 아닌 연극에 기반을 둔 공연예술에서 출발한다는 큰 자산을 가지고 있다. 먼저 몸으로 안무를 꾸미는 것이 아닌 뚜렷한 주제의식을 가지고 머릿속으로 이야기를 그려내며 이를 움직임으로 표현한다. 그럼에도 그의 연극적 무용언어는 기승전결의 극적 구조를 지향하지 않는다는 특징도 눈에 뜨인다. 주제의식의 표출에 매몰되기보다는 중간 중간 시퀀스의 전개에서 강조점을 두어 관객에게 그 의미를 전달한다.

이런 면모는 이번에 공연된 두 작품에서도 그대로 드러난다. 〈EYE〉는 그 모티프를 연극 〈에쿠우스〉에서 가져 온다. 그런데 이 작품은 연극에서 보인 광기의 정신분열보다는 이니시에이션initiation의 문턱에서 고민하는 인간의 모습을 상징적으로 그린다. 첫 장면에서는 힘없는 마리오네트에게 이끌리고 위안을 받는 인간의 나약한 모습을 표현하고 있고, 아이의 눈을 통해 바라본 사회의 어지러움이 묘사의 복합성을 통해 분출되어 폭발하고 있다. 이는 김남진의 안무법이 작품의 통일성보다는 그 인물의 성격에 흐름을 맡겨 복합구성으로 이끌어 가는데 있다. 이는 원형적 보편성에 기반을 두고 있지만 '에쿠우스'나 귄터 그라스의 '양철북'의 모티프인 기성사회에 대한 비판과 함께 실존적 의지를 표현하고 있다.

이에 반해 〈씻김PLAY〉는 한국적 원형과 동시대 중년 남자의 외로움이 그대로 드러난다. 〈씻김PLAY〉는 돌아가신 아버지에 대한 씻김과 동시에 40대 후반의 자신에 대한 '산씻김'이다. 이 작품은 돌아가신 아버지에 대한 회한과 안녕을 비는 제의적 행위가 중심을 이루고 있다. 그렇지만 거울 속을 보고 '오늘 아버지 얼굴이 참 좋으시네예'라는 말처럼 거울 속 아버지의 회상임과 동시에 아버지의 얼굴 그대로인 자신의 모습을 통해 40대 중반 남성, 무용수 자신의 현재의 모습에 넋두리하고 있다.

그러다보니 이 작품에서 씻김은 부정不淨을 정화하는 것이 아닌 아버지에 대한 화해와 애절한 그리움에서 출발한다. 기억 속에 남아 있는 아버지보다도 더 나이가 든 자아를 돌아보며 아버지에 대한 이해 그리고 이는 자연스럽게 스스로에 대한 회한으로 치환되고 있다. 그래서 마지막 장면에서 흐르던 기타연주와 노래로 흐르던 양희은의 노래 〈사랑, 그 쓸쓸함에 대하여〉가 절절하게 느껴지는 것도 그러한 40대 무용수, 일상으로 돌아가 아들로 남편으로 아버지라는 무거움을 짊어진 채 마지막에는 '산씻김'하였지만 그저 일상으로 돌아가는 것이다. 이는 '누구나 사는 동안에 한번 잊지 못할 사람을 만나고 잊지 못할 이별도 하지'이란 가사도 순리를 따르는 우리네 인생을 드러낸다.

김남진의 작품은 투박하지만 진솔함이 묻어난다. 또한 로컬리티가 발견되지만 보편적 전형성도 드러난다. 그렇기에 그의 작품은 로컬라이제이션, 즉 고유성固有性과 세계성을 함께 공유한다. 아마 이런 모습은 나이가 들어감에 따라 표현될 수 있는 정서와 한국적 원형의 깨달음을 통해 앞으로도 구현되리라 기대한다.

-『댄스포럼』, 2016.10.

26

양질의 보편 지향의 페스티발을 기대하며
—김용걸 댄스 씨어터 〈수치심에 대한 기억들〉, 댄스프로젝트 뽑끼 〈75분 1초〉,
다크서클즈 컨템포러리 댄스 〈노련한 사람들〉, Ninety9 Art Company 〈심연〉

서울국제공연예술제(Seoul Performing Arts Festival, SPAF)는 말 그대로 양질의 연극, 무용 등 공연예술을 한데 모아 대중과 만나는 축제의 한마당이다. 올해로 16번째 맞이한 이 페스티발은 해외초청작, 국내선정작, 합작프로젝트, 창작산실 in SPAF, 제10회 서울댄스컬렉션&커넥션 등을 비롯하여 다채로운 행사들이 펼쳐졌다. 이 중 국내 작품은 공모를 거쳐 트러스트무용단의 〈자유를 위하여〉 외 4편이 선정되었는데, 이 중 대학로의 두 공간(아르코예술극장 대극장, 대학로예술극장 대극장)에서 하루(2016년 10월 15일)동안 시차(3시, 5시)를 둔 대극장의 네 공연을 통해 이 행사의 의미를 풀어보고자 한다.

김용걸 댄스 씨어터의 〈수치심에 대한 기억들〉(아르코예술극장 대극장, 2016.10.14.-15)은 Reflection으로 시작하여 'Trust', '애愛', 'Friend', 'In the Dark', '굿' 등에 이르기까지 우리 사회가 잊고 싶은 그러나 현실이었던 이야기를 춤으로 반추한다. 여기서는 부끄러움과 죄의식으로 남아있는 사회적 문제들, 위안부 문제, 삼풍백화점 참사, 성수대교 붕괴, 대구지하철 화재참사 등의 집단적 사건과 동물 학대, 공부로 인해 자살한 청소년의 이야기 등의 미시적 담론까지 부분부분 주제로 담아낸다.

이러한 주제 의식은 영상을 통해 관객에게 표면적 의미를 전달하고 그 주제의식을 춤으로 풀어놓으며 관객과 함께 고민하게 만든다. '중립'에서는 무음악 속에서 절규하고. '굿'에서는 검은 옷을 입고 동물의 탈을 거꾸로 쓴 무용수들의 모습을 통해 우리의 뒤틀어진 자화상에 대한 씻김을 이야기하고 있다.

이 작품은 발레를 통한 사회의식의 발현이란 측면에서 주목할 수 있다. 발레는 낭만적이고, 고전적이고, 추상적이란 고정관념에서 이 작품은 벗어나 있다. 그래서 주제나 의식의 표현이 아닌 사회의 고민을 그대로 드러내었다는 점에서 의미 있는 작업으로 평가할 수 있다. 게다가 커튼콜 없이 마무리한 점은 우리 시대에 사회 윤리가 존재하는가에 대해 관객에게 묻고 같이 생각하고자 한다는 점에서 잔잔한 충격을 준다.

이어 세 개의 작품이 한 공간 안에서 공연되었는데 댄스프로젝트 뽑끼의 〈75분 1초〉, 다크서클즈 컨템포러리 댄스의 〈노련한 사람들〉, Ninety9 Art Company의 〈심연〉(대학로예술극장 대극장, 2016.10.15.-16)으로 무용단의 색깔을 그대로 드러낸 수작들이다. 이 세 작품은 이미 2015, 16에 초연이 이루어진 작품이지만 미세하게 변용되어 새롭게 관객과 만난다.

〈75초 1초〉(이윤정 안무)는 균형을 표현한 작품이다. 여기서는 이러한 표현이 몸에 대한 균형이지만 마음에 대한 균형이고, 일상 그 자체에 대한 균형을 주제로 담고자 한다. 무용수들은 옆으로 비틀거리며 외줄을 타듯 걷고 뒤로 걷고 제대로 걸으려 하지만 시종일관 쓰러지고 일어서려는 움직임을 보인다. 이는 물리적으로는 관성으로도 이야기되고, 기계적으로 온on/오프off 상태의 경계에서 그 찰나에 대한 고민과 생존이다.

이러한 표현은 후반에 한데 뒤엉켜 함께 움직이고, 따로 천천히 걸으며 자존을 찾으려는 모습으로도 표현하며 삶의 반복적 패러다임을 이야기한다. 그런 의미에서 이 작품은 추상적인 주제이지만 명확한 움직임, 찰나, 온/오프라는 균형의 문턱을 묘파하며 관객에게 실존에 대한 주제의식을 명확하게 전달한다.

다크서클즈 컨템포러리 댄스의 〈노련한 사람들〉(김성민 안무)은 재미있는 무용극이다. 코믹하면서도 열정이 있고 움직임도 유동적이다. 게다가 중간 중간 등장하는 익숙한 음악 속 몸짓은 서사구조를 만들며 이야기를 이끌고 간다. 바흐의 'G선상의 아리아'로 시작하여 차이코프스키 바이올린 협주곡으로 마무리 짓는 후반부의 움직임은 장중하지만 가볍고, 집중시키지만 여유로움이 가득하다. 굳이 제목과 내용을 맞추려 하지 않더라도 고정 레퍼토리로 관객과 지속적인 만남이 이루어질 듯 하다.

Ninety9 Art Company의 〈심연〉(장혜림 안무)은 잘 짜인 구성에 안무 뿐만 아니라 여러 가지 요소들이 합을 이룬 작품이다. 지향점은 제의적이지만 움직임은 유려하여 그 주제의식을 마음으로 전달하며 미학적 의미를 발현한다. 또한 몽환적 목소리의 소리꾼은 베이스 기타처럼 중심을 잡고 현악기와 프로그레시브 록Progressive rock 음악은 절정 부분에서 반복적 리듬 속 움직임을 통해 한풀이의 황홀경을 넘어 작품이 끝난 이후에도 델리케이트한 감흥을 전달해주고 있다.

　네 작품은 모두 완성도 있는 작품들이다. 게다가 한번 씩 검증을 거친 작품이 많다 보니 실험성보다는 관객에게는 편안함을 줄 수 있는 무대였다. 이는 서울국제공연예술제의 지향점에서 바탕을 둘 수 있다. 이러한 지향점은 관객이 아닌 평생 무용을 보지 않았던 대중에게 더 소통할 수 있으리라 기대된다. 이를 통해 뚜렷한 주제나 보편적이지만 양질의 공연을 통해 대중에게 다가서기를 바란다.

- 댄스포스트코리아, 2016.10.

27

고전, 그 후일담을 통한 상상력의 자극
—댄스시어터샤하르 〈한여름 밤의 호두까기 인형〉

고전은 시대를 넘어 항상 새롭게 읽힌다. 고전은 널리 오랫동안 대중에 수용되는 모범적 작품이지만 작품에 드러나는 그 텅 빈 공간으로 인해 대중에게 항상 새로운 해석을 가져다준다. 이러한 바탕은 꼼꼼한 수용자가 새로운 생산자가 되어 새로운 담론을 창출하는데 이는 리메이크remake되기도 하고 새로운 질서를 통해 패러디되기도 한다.

또한 고전은 새로운 가능성을 항상 열어둔다. 이는 원전의 서사구조를 유지한 채 그 종결된 이야기가 어떻게 되었을지 궁금증을 던지며 또 다른 이야기로 확장시키기도 하는데 이를 '후일담'이라 말할 수 있다. '행복하게 잘 살았습니다. 그런데 …'라는 쓸데없는 상상력은 생산자의 확장 의식과 관객의 기대지평이 만나 지평의 전환을 만들며 또 다른 질서를 구축하게 되는 것이다. 지우영이 안무를 맡고 댄스시어터샤하르가 공연한 〈한여름 밤의 호두까기 인형〉(LG아트센터, 2016.10.18.-19)는 고전 〈호두까기 인형〉의 후일담을 통해 관객에게 흥미를 불러일으키는 작품이다.

이 작품의 내용은 그리 복잡하지 않다. 호두까기 인형의 주인공인 클라라는 어른이 되어 생물학자인 남편 플리츠 박사 그리고 딸 마리와 함께 행복한 가정을 이루고 있다. 그러던 어느 날 남편의 실험실에서 사고로 인해 인간도 쥐도 아닌 돌연변이가 만들어지고, 남편과 딸은 그들에 의해 납치당한다. 클라라는 이러한 사건이 벌어지자 그의 페르소나 호두까기 인형으로 변하고, 호두파이 여왕에게 검을 받아 힘을 얻으며 그들을 구하는 여정을 나선다. 그러면서 그녀는 돌연변이들과 싸워 승리를 하고 남편과 딸을 구출하여 다시 행복한 일상으로 돌아온다는 이야기이다.

이 〈한여름 밤의 호두까기 인형〉은 이미 2014년 아르코예술극장에서 초연한 이래 매해 관객과 소통하는 무용단의 고정 래퍼토리이다. 이 작품은 기존의 〈호두까기 인형〉에 대한 후일담이지만 기존의 질서를 많은 부분 수용하고 있다. 일상에서 출발하여 환상적 분위기로 나아가고 호두까기 인형과 쥐들의 싸움으로 갈등을 빚다가 결국 승리한다는 서사 구조는 고전의 흐름 그대로이다. 이에 관객은 전작과 다른 모티브를 찾아내며 지평을 열고자 하는데 이 작품에서는 클라라를 무용극 전면에 내세우며 적극적인 캐릭터로 표현하고 있다는 점에서 특징적 면모를 드러낸다.

그래서 1막에서는 그러한 연결고리에 대한 설명과 이에 따른 움직임이 세세하게 표현되고 있다. 이는 일상 속에서는 아내이자 엄마인 클라라이지만 항상 마음 속에 담아놓고 있는 호두까기 인형에 대한 실존이 교차되었고, 호두까기 인형으로 변신하는 독무에서 그대로 드러난다. 그렇지만 서두에서 관객에게 전작과 이런 부분에서 달라졌다는 알려주다 보니 지루한 감이 없지 않았다. 게다가 주인공의 독무로 많이 표현되어 조금은 공허하게 비추어지고 있었다. 이는 연구실에서도 많은 무용수들이 등장하지만 뚜렷한 움직임 없이 진행된 점도 관객의 몰입 속도를 더디게 하였다는 점에서 아쉬움으로 남는다.

그렇지만 한 박자씩 느린 구조는 갈등의 양상으로 들어가면서 집중시킨다. 클라라가 호두까기 인형으로 변신하고 이어지는 우산 장면의 환상적 구조와 호두파이 여왕에게 검을 받는 장면 등은 인터미션 이전 관객들에게 이후 이야기에 대한 기대감과 함께 극의 구조에 적극적으로 편입시키고 있다.

2막에서는 익숙한 차이코프스키 〈호두까기 인형〉 조곡을 적절히 차용하여 관객에게 편안함과 즐거움을 준다. 그러면서 사건을 해결하기 위한 적극적인 클라라의 모습을 통해 이 작품이 단순하게 환상성만 강조하는 것이 아닌 페미니즘 측면에서도 새로운 해석을 가지고 올 수 있게 흐름을 이끈다. 이는 전작에서 이어진 갈등의 끈들이 이 작품에서도 연결되었고, 이러한 문제는 클라라만이 해결할 수 있기에 역동적인 움직임과 군무 그리고 영상을 통해 구현되며 해소를 가지고 온다. 이에 따라 이어서 표현된 이 작품의 하이라이트 클라라와 플리츠 박사의 파드되가 관객들로 하여금 발레를 향유하고 있음을 공유하며 감동을 주고 있는 것이다.

이 작품은 고전이 지니는 여러 모티브를 차용하면서 관객들에게 지평의 전환을 주었고,

발레의 여러 기법을 적재적소에 강조하여 새로운 발레언어를 보여주었다. 이는 그동안 일련의 작업을 통해 지우영 DTS발레단만의 색깔을 다져나가는 과정에서 드러났던 모습 그대로이며 무용극을 지향하는 발레단의 정체성이 잘 드러난 공연이었다.

 이 작품에서 대중이 주목한 것 중 하나는 클라라 역할을 맡은 스테파니 킴에 있다. 그녀는 여자 아이돌 그룹 '천상지희 그레이스'의 멤버로 인지도가 높은 연예인이지만 LA발레단에서 활동한 발레리나 출신으로도 알려져 있다. 그러다보니 자연스럽게 이번 무대에서 주역을 맡았는데, 이는 무용에서 스타시스템의 하나의 방법론이란 측면에서 주목할 수 있다. 요즘 많은 공연예술에서는 스타시스템을 통해 관객을 불러 모은다. 대표적인 예로 뮤지컬을 들 수 있다. 몇몇 배우들이 출연하는 작품은 티켓 오픈 10여 분만에 매진되거나 일군의 팬덤을 형성하며 티켓파워를 보여준다.

 무용계에서는 이런 부분은 물리적으로 힘들다. 무용이라는 전문성으로 인해 쉽게 이 무대에 중심으로 서는 것은 무리이기 때문이다. 그런 의미에서 이번 공연은 가능성과 의문점을 함께 던져둔다. 그래서 발레를 전공한 아이돌 스타의 도전에 마음 속 깊은 박수와 함께 일회성에 그치는 것은 아닌지 걱정도 함께 교차한다.

-『댄스포럼』, 2016.11.

몸이 다하여 정신이 쇄한 것인가 아니면 정신이 다하여 몸이 쇄한 것인가?

—국립현대무용단 〈춤이 말하다〉

국립현대무용단 대표 레퍼토리 렉쳐 퍼포먼스 〈춤이 말하다 2016〉은 말 그대로 춤에 대한 이야기이다. 춤과 관련된 여러 이야기를 진솔하게 그렇지만 단순하게 말에 의존하는 것이 아닌 움직임을 말로 설명하고 말을 움직임으로 표현한다. 2013년 이 퍼포먼스가 생긴 이래 관객은 무용수가 가지는 고민을 공유하며 몸이 지니는 여러 가치를 이해하려 한다.

2016년에는 2013년에서 2015년 〈춤이 말하다〉에서 고민한 여러 흔적들, '오늘의 춤', '소진되는 춤', '스튜디오의 안과 밖'의 문제를 다시 되묻고 이에 대한 변화와 차이를 11명의 무용수의 목소리로 풀어놓았다.(예술의 전당 CJ토월극장, 2016.10.28.-30) 여기서는 10월 29일에 논의된 「2014년 버전 '소진되는 몸'을 이야기하다」를 중심으로 이야기하고자 한다.

현대무용가인 차진엽이 이날 말하고자 하는 화두 중 하나는 '~답다'이다. 그녀는 예전에 남자들을 이기려고 조금은 역동적이고 큰 동작의 '남성적 춤'을 추었다 한다. 그렇다면 여성이 역동적인 춤을 춘다면 그건 남성춤인가 여성춤인가? 이러한 고민은 결국 여자다운, 남자다운이 아니라 자신답게 춤을 추는 결론에 이름을 말하고 있다. 이러한 고민은 소모적인 일로 진정한 소진이 필요한 부분이라 말할 수 있다.

여기서 소진消盡이란 정신적으로나 몸이 다하여 쇄한 상태를 말한다. 그렇다면 몸이 다하여 정신이 쇄한 것인가 아니면 정신이 다하여 몸이 쇄한 것인가? 이런 질문은 동서양 철학자들의 여러 고민 속에 표출된 문제로 모리스 메를로 퐁티Maurice Merleau Ponty가 논의한 몸인 나와 몸을 가진 자의 양면성의 문제 혹은 이기일원론理氣一元論의 측면에서도 논의될 수 있다. 그렇다면 무용에서는 몸이 어떻게 움직이고, 그것이 어떠한 정신을 이끌 수 있을까?

한국 무용가인 오철주는 이러한 몸의 유동적 흐름과 상관하는 한국무용의 철학적 의미를 논의한다. 오철주는 한국무용의 대표적 마스터이다. 절제되어 있는 그의 춤은 이미 일가家를 이루었고 그에게 많이 이들이 춤을 배우고 싶어 한다.

그런 그는 풀치마를 입고, 신체 부위 하나하나를 들어 움직임의 유동성을 설명한다. 이러한 생각은 몸의 움직임을 가장 잘 쓰는 사람이 춤을 잘 출 수 있다는 생각에서 비롯된다. 그렇지만 그는 이러한 이기일원론적 시각에 대해서는 설명하지 않는다. 한국무용에서 흔히 이야기하는 정중동 동중정靜中動 動中靜에 대한 언급도 없다. 이는 이번 공연의 주제가 몸의 소진이란 측면도 있지만 굳이 이를 설명하지 않더라도 결국 제대로 된 몸의 쓰임이 정신을 이끌어 간다는 인식과 이를 자연스럽게 몸으로 체득한다면 본능적일 수밖에 없는 한국무용의 정도正道를 설명하고 있는 것이다.

스트릿 댄서 디퍼는 몸에 대한 직설적인 이야기인 부상과 상해에 대하여 언급한다. 스트릿 댄스처럼 부상이 많이 발생하는 춤도 또 있을까. 그는 어깨가 좋지 않은 상태임을 주치의 인터뷰를 영상으로 보여주며 '만약에 춤을 출 수 없다면'이라는 가정 아래 한쪽 팔에 팔걸이 깁스 보호대를 춤을 추어 춤꾼의 열정을 그대로 보여주었다. 평생 춤만 살아온 이들에게는 짠한 마음을 전해준다.

김설진은 대중에게 익숙하고 춤 잘 추는 무용가이다. 어눌한 듯 말하지만 그의 말은 설득력이 있고, 대중성을 지니기에 관객들도 그의 말에 귀 기울인다. 그는 몽환적 상태에서 춤을 추는 모습을 재현하며 움직임의 질감에 대한 문제를 말하고 자신의 콤플렉스를 들추어내는 등 무용수에게 본질적인 고민을 쏟아내며 진솔한 몸짓을 보여준다.

이렇게 무용에서 몸은 절대불가결한 요소이다. 그렇다면 그 몸은 어떻게 표현되고 수용될 것인가? 이러 저러한 요설 속에 절대 진리란 없겠지만 결국 머리로 걷는 것도 아니지만 그렇다고 발로 생각하는 것도 아닌 머리나 발이 모두 몸의 한 부분임을 인식해야 할 것이다. 이러한 인식은 결국 지식과 경험 그리고 체화體化된 사상 속에서 춤이 나옴을, 단순하게 몸으로만 익히는 것이 아님을 이들의 목소리, 춤이 말함을 통해서도 얻을 수 있다.

- 댄스포스트코리아, 2016.11.

29

진부한 시대 새로운 담론을 기대하며
―제37회 서울무용제

제37회 서울무용제가 아르코예술극장 대극장에서 11월 3일부터 24일까지 펼쳐졌다. 서울무용제는 한국무용협회가 주최하는 행사로 '장르를 구별하지 않고, 젊은 무용가들부터 중견무용가들까지 다양한 민간예술단체가 참여하며, 우수한 창작무용작품의 탄생과 안무가 및 무용수 발굴, 대중들의 무용예술 향유 확대를 도모'함을 취지로 열리고 있다. 37년 동안 다채로운 작품을 통한 배출된 면모는 행사 동안 아르코예술극장에 걸린 서울무용제 역대 수상자들의 얼굴에서 그대로 드러나듯 서울무용제가 한국창작무용의 역사라고 말할 정도로 중요한 의미를 둘 수 있다.

게다가 서울무용제는 당대 무용의 흐름을 조망하고 무용을 통해 그 시대상을 파악할 수 있다는 점에서도 주의 깊게 바라볼 필요가 있다. 이 글에서는 자유참가부문 6작품, 경연대상부문 6작품을 중심으로 현재 한국 무용의 흐름과 동시대 다양한 무용 담론을 풀어보고자 한다. 이미 수상자는 결정되었지만 이와는 상관없이 이 글에서는 세심하게 작품을 분석하기 보다는 전체적인 스케치를 통해 이번 서울무용제를 바라보고자 한다.

자유참가부문에서 SEO(서) 발레단의 〈NO 人(인간이기를 포기 한 자)〉은 '돌연변이처럼 절대적인 능력을 가진 어린이의 등장으로 어른들의 세계가 무너지면 어떨까'라는 발상에서 시작된 무용이다. 그래서 맑은 영혼의 어린이가 세상을 지배한다는 표현은 여기에 출연한 많은 어린이들의 행동에서 그대로 반영되었다. 하지만 무대공연에 익숙하지 않은 어린이들의 자유로움으로 인해 주제 의식이 제대로 드러나지 못하였고, 전체적으로 무용수들의 움직임이 집중되지 못한 한계를 보였다.

코리안댄스컴퍼니 결의 〈타인의 방, 그 너머〉은 다섯 남자 무용수의 역동적인 움직임 속에서 처용과 이상의 소설 〈날개〉의 주인공 나를 상징적으로 표현하고, 이들의 초월의지를 씻김으로 마무리한 작품이다. 초반 힘을 뺀 유동적 몸짓은 후반으로 갈수록 힘을 더해 관객에게 감흥을 주기에 충분하였지만 관객이 스토리텔링을 모른 채 보았을 때 어떤 의미를 전해줄 것인지 의미파악이 쉽지 않은 작품이다.

더투비댄스컴퍼니의 〈턱을 괴다 그리고 뒷짐을 지다〉는 엄마와 딸의 이야기를 일상적으로 풀어낸 작품이다. 이는 무용수들 개인이 겪은 이야기를 대사로 설명하고 움직임을 통해 표현하고 있다. 특히 공간 구성에 따른 무용수의 분절과 흐름은 조화를 이루고 있어 편안함을 주지만 예상되는 결말과 주제로 작품을 이끈다는 장점과 단점을 함께 지니고 있다.

movement J의 〈소마soma〉는 '소마', 말 그대로 몸과 정신이 하나 된 의미의 신체에 관한 이야기를 풀어놓는다. 전체적으로 유려한 흐름과 무용수 한명 한명의 이미지화된 움직임에 집중하며 관객에게 현대무용의 미학을 전달해 주는 작품이다. 그렇지만 현대무용에서 간혹 보이는 뚜렷한 주제의식의 표현보다는 움직임의 연속성으로 인해 감정선이 단조롭게 흐를 수밖에 없었던 작품이다.

상명 한오름무용단의 〈황금연못〉은 황금연못이라는 상징적인 장치를 통해 양수가 갖는 신성성과 창조성을 그려낸 작품이다. 의도에 비해서 표현이 한국무용이 갖는 고정화된 방법에 머무르고 완만하게 표현되어 주제의식을 드러내기에는 부족함이 있었다.

발레 아이리스의 〈Energy Bus(에너지 버스)〉는 흥겨운 발레 작품이다. 버스라는 공간 속에서 일어나는 여러 감정이 긍정적인 에너지를 통해 발산되어 관객에게 즐거움을 준다.

경연대상부문 6작품을 살펴보면 (사)리을춤연구원의 〈내 딸내미들〉은 한국적 정서를 한국적 의미로 풀어낸 작품이다. 질곡의 세월을 산 전형적인 한국 어머니의 모습은 커다란 외투를 오브제로 활용하며 그 의미를 전달하려 하였다. 안고 있는 아기의 모습이 되었다 등에 업은 포대기가 되는 등 시간의 변화를 오브제로 표현한 기법은 관객에게 쉽게 그 의미가 전달되었지만 지극히 한국적인 정서와 비슷한 흐름으로 풀어낸 음악이 오히려 이 작품의 의도를 새롭게 표현하지 못한 스스로의 한계가 되었다.

유장일발레단의 〈트리스티스(슬픈회귀)〉은 서양에서 익숙한 사랑이야기인 켈틱신화 트리스탄과 이졸데를 모티브로 한 작품이다. 그래서 이 작품은 단순한 사랑 이야기에 매몰될 수 있지만 오히려 기본적 서사구조를 그대로 가지고 오고, 고전발레와 모던발레의 여러 기법을 정공으로 활용하고 있다. 앞으로 고정 레퍼토리로 공연 가능한 완성도가 있는 작품이다. 전체적으로 무용수의 실력이 고른 점도 이 작품을 집중시킨 장점으로 이야기할 수 있다.

BALLET NOVA&김은미무용단의 〈공존共存〉은 인간적 삶과 기계적 삶의 충돌에 대한 회의에서 출발한 작품이다. 거울을 활용한 오브제, 여러 기계음 등은 이 작품에서 표현하고자 하는 의도를 그대로 드러낸다. 화려한 의상과 고전 발레음악에 맞춘 군무는 관객에게 흥미를 주었고, 특히 여자 주역 무용수(서지희)의 움직임은 작품의 주제를 돋보이게 하였다.

장은정무용단의 〈비밀의 정원〉은 프랜시스 버넷의 동화 '비밀의 화원'을 모티브로 한 작품이다. 그래서 전체적인 분위기는 환상적이다. 공연이 시작되면서 떨어지는 수많은 공은 이 작품이 이러한 분위기를 만드는데 더욱 배가 시키고, 작품 전체가 어떻게 흐를지 기대감을 갖게 만든다. 이러한 환상적 요소는 무용수들의 활동 범위를 제한시키지만 오히려 이러한 범위에서의 움직임은 더욱 역동적으로 비추어졌고, 특히 남자 무용수(최진한)의 끊임없는 움직임은 주목할 만하다.

백현순 무용단의 〈별의 여행자〉는 지구에 살고 있는 우리도 어쩌면 난민일 수 있다는 거시적 인식에서 출발한 작품이다. 그래서 첫 장면에서 나오는 영상과 무용수들이 힘겹게 하얀 물건을 머리에 이고 오는 모습에서 그러한 주제의식을 전달하려한다. 이 작품은 주역무용수와 이를 뒷받침해주는 무용수의 조화로 인해 작품이 더욱 돋보이게 하였다.

현대무용단 자유의 〈광장〉은 이국적인 정서와 현대인의 고독이 공존하며 일상적인 이야기를 깊이 있게 다룬 작품이다. 이는 무용수의 시각이라기보다는 안무자가 1인칭 관찰자 시점에서 바라본 광장의 의미를 무질서하지만 이러한 요소가 또 다른 규칙을 만들어내는 것을 몸짓으로 표출하고 있다. 특히 이 작품은 무용수들이 고른 능력을 갖추고 있기에 작품의 완성도를 높이고 있다.

조성민무용단의 〈인간의 시詩〉는 메마른 현실 속에서 함축적인 언술로 서로를 보듬으려는 생각에서 출발한 작품이다. 이러한 모습은 큐브 모양과 일직선으로 파장되어 비추어지는 조명이 관객의 시각을 집중시키게 하며 인간의 내면을 상징적인 표현하는데 도움을 준다.

박근태 안무 〈광장〉   박근태 제공

 댄스시어터샤하르의 〈기적의 새Miracle Bird〉는 분단으로 헤어진 조류학자 원병오와 그의 아버지 원홍구 그리고 남북한을 철책을 넘어 그들을 이어준 철새를 스토리텔링하여 구성한 작품이다. 이번 서울무용제에서 가장 대중적인 소재와 표현으로 단체의 지속적인 레퍼토리로 가능성을 실험한 무대였다.
 이렇게 열두 작품이 37회 서울무용제의 무대를 통해 관객과 소통하였다. 전체적인 작품의 경향을 살펴보면 우선 서울무용제의 성격을 생각하고 이야기를 하는 것이 좋을 듯 하다. 서울무용제는 대중지향이라기보다는 경연무대에 초점이 맞추어진다. 그래서 대중을 중심에 두기 보다는 관객과 대화한다. 여기서 관객이라 함은 극장 안에 있는 제한된 인원, 게다가 무용과 관련된 혹은 심사위원들을 이야기할 수 있다. 이런 이유 때문인지 전체적으로 주제에 있어서 새롭거나 실험적 정신을 모험하려 한 작품은 드물었다. 대부분 예상되는 구조 안에서 표현하여 내실을 기하는 안전한 방법을 취하였다.
 이러한 모습은 이번에 공연된 작품에서 대부분 드러나는 문제로 번뜩이는 사회인식이나 새로운 공부 없이 기존의 무용계가 취해 온 방식을 조금 변용시키거나 조명, 무대미술 등에서 변화를 준 것에 그치는 한계에서 비롯된다. 그래서 몇몇 작품은 눈에 띠지만 전체적으로 만족할 만한 수준은 아니라는 생각이 강하게 남는다.

이러한 점은 첫 장면에서는 번뜩이며 기대감을 갖게 하지만 그러한 강한 인상을 끝까지 이어가는 지구력은 부족한 점에서도 예증된다. 이는 표현하려 했지 전달하려 하지 않은 인식에 원인이 있다. 처음에는 작은 감탄사가 나오지만 마지막에는 그 감흥이 제대로 이어지지 못한 것이다.

이런 문제를 제작비로 핑계 삼기에는 문제일 수 있다. 무용은 고비용 저효율의 비생산적인 구조이다. 하루, 이틀의 공연을 위해 엄청난 인원의 열정과 비용이 들어간다. 이는 돈을 많이 들이면 그만큼 좋은 공연이 나올 수 있다는 자조적인 인식을 지배케 한다. 그렇지만 돈을 많이 들인다고 모두 좋은 작품이 나올 것이라는 개연성을 이번 무용제에서는 쉽게 성립되지는 않을 듯 하다. 이번 무용제가 완성도 높은 작품이 드물다는 이유가 이에 해당된다. 어찌 보면 여기 나온 작품에 해당하는 말임과 동시에 동시대 한국 무용계의 한계점일 수도 있기에 깊이 있는 성찰이 필요할 것이다.

앞서 언급하였듯이 서울무용제는 한국 창작무용의 바로미터이며 많은 무용인들이 도전하고픈 목표 중 하나이다. 그런 의미에서 무용인 스스로 발상의 전환, 원형의 깊이 있는 탐구 그리고 순응이 아닌 사회를 이끌 수 있는 힘을 기르는 공부와 자성이 필요할 것이다.

-『댄스포럼』, 2016.12.

30

미시적인 한국의 의식, 그럼에도 가장 보편적 일상적 담론
― 국립무용단 〈Soul, 해바라기〉

최근 공연예술을 보면 건조하다는 느낌을 강하게 받는다. 표현도 그렇고 전달하는 주제도 무언가 새로움을 주지 못하다보니 공연을 보고 일상으로 돌아오는 길도 무감하다. 하늘 아래 새로울 것이 없지만 자극을 주며 사회적 관심을 끌어내는 공연이 드물다는 것은 자성이 필요한 부분이다. 그렇다고 이러한 원인을 사회적 분위기로 돌리는 것도 예술의 책무를 망각한 무책임한 말이 될 수 있을 것이다.

이럴 때 가끔 선험적 지평을 열었던 선도적 작품을 다시 보게 되면 오히려 새로움과 깨달음을 얻는다. 국립무용단의 〈Soul 해바라기〉도 그러한 범주에서 이야기할 수 있는 대표적 작품이다. 국립무용단에서 2006년 초연되어 호평을 받은 이 작품은 10여 년 만에 다시 국립무용단 레퍼토리시즌 2016~2017의 하나로 무대에 올려졌다.(국립극장 해오름극장, 2016.11.18.-20)

전통의 현대화란 화두에서 논의될 수 있는 〈Soul 해바라기〉는 그러한 시도의 첫 작품은 아니다. 이미 전통의 현대화 작업은 배구자, 최승희 등에 의해 실험된 이후 한국무용에서 꾸준하게 고민되고 표현되었기 때문이다. 그렇지만 이 작품은 전통의 재해석이 응축된 이후 전통의 전형성을 새롭게 제시하였다는 측면에서 의미를 지닌다.

〈Soul 해바라기〉는 세상을 떠난 아들에 대한 어머니의 그리움과 진오귀굿을 통해 아들의 영혼을 달래며 이승에서의 영영이별과 진혼굿을 슬프지만 흥겹게 보여준 작품이다. 그래서 자식을 먼저 떠나보낸 참척慘慽, 말 그대로 가슴에 못을 박는 아픔은 전체적인 서사구조를 애조 띠게 만든다. 이러한 구조는 어찌 보면 틀에 박힌 이야기일지 모른다. 그러한 요소를 탈피하기 위하여 이 작품에서는 이질적이며 생경한 재즈 음악을 배경으로 새로움을 전달한다.

1막 '살아있는 자들의 그리움'의 첫 장면은 바이올린과 피아노, 더블베이스, 색소폰이 민요를 연주하고, 이에 맞추어 무용수들이 살풀이를 추어 생경한 느낌을 전달하는데 이런 부조화 속 조화는 절묘하게 합을 이룬다. 재즈는 흔히 기름진 음악이라고 인식된다. 미국 뉴올리언스 백인들에 의한 생성된 재즈블루스는 담배 연기 자욱한 공간에서 비스듬히 기대어 맥주 한 잔 들이키며 향유의 기호로 받아들여지기 때문이다. 그렇지만 재즈의 근원은 아프리카계 미국인African American의 애환과 영혼, 즉 소울에서 출발하는데 이러한 정서적 동질감은 〈Soul 해바라기〉가 지향하는 지평과 맞닿아 있다. 또한 이러한 슬픔과 대칭되는 흥청거림은 우리에게도 타자에게도 공감대와 다름의 미학을 공유할 수 있는 장치로 극대화된다.

제2막 '죽은 자의 그리움'에서 재즈 선율은 표면화되기 보다는 작품에 체화되었고 한국적 정서에 스며들어 무용수들이 표현하고자 하는 바를 자유롭게 하게끔 돕는다. 그러한 매개는 무당의 몸짓을 통해서도 이루어지는데 진오귀굿을 현대적으로 해석한 여러 시퀀스는 맺음과 풀림의 굿 형식 그대로이고 재즈 음악의 즉흥적 구조와 조화를 이룬다. 이러한 흐름 속에서 제를 통해 혼령을 불러내는 역동적 박수무당의 몸짓과 손뼉춤, 아박무, 북어춤, 부채방울춤으로 이어지는 군무를 통한 이완의 장치는 바로 엑스타시로 이끈다. 굿의 그 기나긴 서사구조에서 울음과 한으로만 점철된다면 산자에게도 죽은 자에게도 고통일 것이다. 그러한 모습 속에서 재치 있는 장치를 삽입하여 잠시 쉬어가지만 긴장감을 잃지 않게 만들고 있다.

이러한 정화된 공간 속에서 어머니와 아들의 해후 그리고 화려한 재즈 선율로 이어지는 해소의 장은 죽은 자에게는 씻김이고 살풀이지만 산자에게는 또 다른 열린 공간이며 축제를 통한 일상으로 복귀이다. 이는 삶과 죽음이 단절이 아닌 순환적 패러다임에 대한 산자와 죽은 자를 위한 진혼이다.

그래서 마지막 장면의 별리 이후 그 축제적 분위기는 공포와 연민에서 카타르시스의 해소를 가지고 오며 흩날리는 종이가루 아래서 관조자가 아닌 심정적인 동참자가 된다. 그런 가운데 그 축제 중 한 편에서 어머니와 무당의 가슴 울음 프레임은 산자의 고통 그대로이다.

이렇게 이 작품이 지향하는 것은 한국적 정서의 풀이를 재즈라는 이국적인 감성으로 해석하고자 한다는 점에서 한국인에게나 타자他者가 함께 즐길 수 있는 특징이 있다. 물론 그동안 이런 주제로 다른 장르에서도 새로운 해석을 내린바 있다. 연극 〈오구, 죽음의 형식〉

에서도 죽음에 대한 엄숙함을 해체하고 굿에 나타난 제의적 요소와 생활 속에 보이는 놀이정신을 전통성과 일상성으로 풀이하였고, 임권택 감독의 영화 〈축제〉, 박철수 감독의 〈학생부군신위〉에서도 죽은 자와 산자들에 대한 여러 담론을 영상으로 풀어내었다. 그렇지만 대부분의 작품이 현대적 일상 속에서 사실적 표현에 치중하였다면 이 작품은 가장 한국적인 것이 가장 세계적일 수 있다는 보편적 진리 속에서 출발하여 이미지화하고 있다.

〈Soul 해바라기〉는 흔히 이야기하는 한국문화의 보편성과 특수성에 바탕을 둔다. 한국에서는 이 작품을 재즈라는 생경함을 통해 한국적 정서를 흡입할 것이고, 타자에게는 한국문화의 원형적 이미지 속에서 새롭지만 보편적 담론을 읽어낸다. 그런 의미에서 이 작품은 시대를 초월한 인간의 보편적 정서와 한국문화 DNA가 내재되어 한국 문화전통의 전형성을 표출한다는 점에서 가치가 있다.

요즘 전통의 현대화 작업은 정체되어 있는 느낌이다. 몇몇 기관에서 상설공연으로 펼쳐지는 공연은 새롭거나 우리네 모습을 제대로 보여주지 못하고 있고, 무용이 국가브랜드의 의미로 사회적 담론을 형성하는 경우도 쉽게 보이지 않는다. 이러한 세태는 대부분 융복합이라는 이름으로 이도저도 아닌 작품을 양상하거나 진부한 표현으로 인해 우리에게나 타자에게나 외면을 받고 있다.

이러한 측면에서 다시 민속에 대한 심층적인 탐구가 필요할 것이다. 현세가 인터넷이나 디지털의 문명이 지배하는 시대처럼 비추어지지만 그 근원적 바탕은 민속, 구비문학에서 연원을 둔다. 그렇기에 오히려 현 시대의 창작 원천 소스는 문화원형에 대한 깊이 있는 공부로부터 출발하며 이것이 새로운 전형성을 확보하는 지름길이 될 수 있을 것이다. 민속이란 누대에 걸쳐 내려온 기층문화의 엑기스이기에 그것에는 그 민족의 아이덴티티와 더불어 인간의 삶을 상징하는 일상성이 고스란히 녹아있어 창작무용을 위한 기본인 것이다.

이러한 방법론은 그동안 배정혜가 인식한 무용관인 글로컬리즘, 결국 가장 한국적인 것이 세계에서도 통용될 수 있다는 간단한 진리에서부터 출발하는 것과 맞닿아 있다. 그런 의미에서 배정혜의 일련의 작업은 한국무용사에서 하나의 독보적 획을 그었다는 점에서 딛고 일어설 전범典範으로 기억될 수 있다. 결국 〈Soul 해바라기〉가 2016년 지금에도 진부하지 않게 느껴지는 것도 이러한 영원회귀의 주제와 시대를 초월한 사회적 리얼리티의 객관적 정서가 함께 이루어지고 있기 때문일 것이다.

-『댄스포럼』, 2016.12.

31

빈 공간 채우기와 새로운 생산성을 위한 레퍼토리를 위하여
―국립발레단 〈잠자는 숲속의 미녀〉

흔히 차이코프스키 작곡의 3대 고전발레로 〈백조의 호수〉, 〈호두까기 인형〉, 〈잠자는 숲속의 미녀〉를 꼽는다. 이 세 작품은 고전발레의 정형성과 낭만적 요소가 가미되어 발레의 대명사로 대중에게 인식된 작품들이다. 이 중 〈백조의 호수〉는 그 첫 번째로 손꼽힌다. 국립발레단에서 고전 발레 〈백조의 호수〉 전막 공연을 1977년 처음 올릴 때 작품의 완성도를 떠나 공연 자체를 올릴 수 있다는 자긍심과 입석까지 들어찬 관객의 호응도를 보면 과하게 이야기하여 '발레 늑 백조의 호수'라는 공식은 그대로 수용해도 될 듯 하다.

또한 〈호두까기 인형〉은 연말에 교향악단이 베토벤 교향곡 9번 합창을 정례적으로 연주하는 것처럼 크리스마스 시즌 당연히 보아야할 발레로 브랜드 가치를 지니며 국립발레단을 비롯한 많은 발레단에서도 공연하는 작품이다.

그런데 그동안 〈잠자는 숲속의 미녀〉와 국립발레단의 인연은 쉽게 맺어지지 않았다. 국내에서는 도쿄시티발레단이 1977년 선보인 이래 영국 로얄발레단, 키로프발레단 등 여타 발레단에서 공연하였지만 국립발레단에서는 2004년 루돌프 누레예프 안무 버전으로 처음 공연한 이후 10여년 만에 이번 마르시아 하이데 안무로 제167회 정기공연에서 〈잠자는 숲속의 미녀〉(예술의 전당 오페라극장, 2016.11.3.-6)를 공연하기에 이르렀다.

〈잠자는 숲속의 미녀〉 이야기는 오히려 앞서 두 작품에 비해서 잘 알려져 있다. 프롤로그에서 오로라공주가 탄생하여 축복을 빌기 위해 6명 요정이 초대 되지만 초대되지 못한 카라보스는 16세 되는 해에 공주가 바늘에 찔려 죽게 될 것이란 저주를 내리며 시작한다.

제1막은 오로라 공주의 16번째 생일잔치가 열리고, 카라보스는 공주에게 바늘이 들어있는 장미꽃을 선물하여 그녀를 죽음으로 이끈다. 이에 라일락 요정의 마법으로 100년의 깊은 잠 속으로 참석한 모든 사람들이 빠져든다. 2막에서는 라일락요정이 데지레 왕자를 인도하여 오로라 공주를 잠을 깨우게 하여 카라보스의 저주를 풀게 만든다. 제3막은 오로라 공주와 데지레 왕자의 결혼식 장면으로 축하하러 온 많은 사람들이 동화 속 주인공으로 변신하여 축복을 주고, 둘은 행복하게 혼인을 하고, 카라보스는 질시의 눈으로 두 사람을 바라본다는 이야기이다.

이러한 기본적인 구조에 안무를 맡은 마르시아 하이데는 몇 가지 점에서 본인의 색깔을 더하여 발레 〈잠자는 숲속의 미녀〉를 돋보이게 만드는데 그 첫 번째 시각은 선악의 대비를 뚜렷하게 드러낸다는 점이다. 이를 위해서 먼저 카리보스의 성격을 뚜렷하고 강한 이미지로 그려내고 있다. 강하고 역동적인 움직임을 통해 사악한 이미지가 아닌 강력한 저주의 모습을 상징적으로 표현하고 있다. 이러한 요소는 라일락 요정과 극단적으로 비교 대조되어 그의 존재감이 더욱 무게를 더한다.

또 눈에 들어오는 것은 의상이나 무대장치에서 나오는 색감이다. 프롤로그에서 6명의 요정이 무지갯빛 클래식 튀튀를 입고 군무를 펼치는 장면이나 카리보스가 나올 때 진한 코발트블루가 뒤덮이고, 달빛 아래 유연하게 움직이는 백색 튀튀를 입은 요정들의 움직임 등 전체적으로 파스텔톤의 색감을 유지하며 전체적인 분위기를 주도 하고 있다.

〈잠자는 숲속의 미녀〉의 흐름 속에서 또 다른 재미는 디베르티스망이다. 왕자와 공주의 결혼식에 축하해주러 온 여러 익숙한 인물들의 춤은 관객에게는 흥미를 일으키는 장치이고, 축제의 마당으로 이끄는 풀림의 장치이다. 특히 장화신은 고양이와 레이디 캣, 빨간 모자와 늑대, 플로린 공주와 파랑새 등의 모습에서는 앙증맞게 표현되거나 미소를 머금게 만들어 캐릭터의 성격을 잘 살린 연기력과 그에 걸맞은 동작으로 편안함을 안겨주었다.

이렇게 성대한 의례를 마치지만 카리보스는 여기서 떠나지 않고, 왕자와 공주 그리고 관객을 응시하며 막을 내리는데 이러한 장치도 이 이야기 단순한 해피엔딩이 아닌 또 다른 열린 공간으로 나아가는 미정형의 끝맺음으로 이끌어 간다.

이번 국립발레단의 〈잠자는 숲속의 미녀〉는 일정 부분 국립발레단의 기준치를 넘어서는 성과를 거두었다. 이가 빠진 동그라미처럼 빈 공간이었던 차이코프스키 고전 발레 3부작의 하나인 〈잠자는 숲속의 미녀〉를 채워 넣음으로 지속적인 레퍼토리의 확대를 가지고 왔다는 점에서 긍정적이다. 이러한 점은 다른 발레에 비해 뚜렷한 선악 구조와 디베르티스망에 등장하는 여러 인물군의 성격 창조에서 국립발레단을 스스로 성장시키는 레퍼토리로 혹은 관객에게도 티켓파워 레퍼토리로 손색이 없을 듯 하다.

또한 이 작품은 2016년 다양한 레퍼토리를 선보인 국립발레단 활동의 정점에서 논의할 수 있다. 〈라 바야데르〉, 〈세레나데&봄의 제전〉, 〈해설전막 돈키호테〉, 〈말괄량이 길들이기〉, 〈스파르타쿠스〉 그리고 앞으로 공연될 〈호두까기 인형〉까지 국립발레단은 올해 쉼 없이 달려왔다. 그 내용을 보아도 편중되지 않고 안정적이고 다양한 레퍼토리를 선보였다는 점, 그리고 이러한 축적된 작품들이 새롭게 재생산되어 또 다른 의미를 만들었고, 〈잠자는 숲속의 미녀〉의 새로운 버전의 초연이었다는 점에서 긍정적이다.

대중은 국립발레단에게 두 가지를 바랄 것이다. 수준 높은 공연과 쉽게 다가오는 대중적인 공연일 것이다. 모순되는 이 화두는 어찌 보면 국립발레단이 짊어가야 할 정답 없는 질문이다. 이러한 모순된 질문에 대해 〈잠자는 숲속의 미녀〉가 하나의 방향성으로 생각할 수 있는 작품으로 또 다른 생산성을 낳기를 기대해 본다.

-『댄스포럼』, 2016.12.

32

몸과 마음을 움직이는 역동적 시공간
─앰비규어스 댄스 컴퍼니 〈바디 콘서트〉

가장 좋은 춤은 어떤 것일까? 보통 사람이 범접할 수 없는 춤을 추어 경외감을 주는 것일까 아니면 저 마음 깊은 곳의 응어리를 풀어주어 눈물짓게 만드는 것일까? 혹은 전문가들만이 느끼는 기법적인 측면에서 몸을 잘 움직이는 것, 아니면 관객의 어깨를 들썩거리게 만드는 것이 좋은 춤일까?

어리석은 질문이다. 그렇지만 몸과 마음, 즉 인간이 살아가게끔 만드는 두 요소에 반응을 일으키게 한다면 그게 좋은 춤이란 지극히 상식적인 모범답안을 만들어 낼 수 있다. 이게 예술성과 대중성이란 이름으로 이야기될 수도 있고, 배설과 정화라는 이중적 의미를 지닌 카타르시스라는 말로도 해석될 수 있다.

그런 측면에서 김보람이 이끄는 앰비규어스 댄스 컴퍼니는 이러한 경계에서 두 가지를 충족시키는 단체 중 하나로 이해할 수 있다. 이는 김보람이 한국무용계가 지닌 엄숙한 아카데미즘을 넘어서 마음과 몸을 움직이는 춤의 본질적 요소를 그대로 보여주는데 있다. 이런 그의 무용관을 보여주는 대표적인 작품 중 하나인 〈바디 콘서트〉가 '페스티벌 284 영웅본색' 행사의 일부로 문화역서울 284에서 펼쳐졌다(문화역서울 284, 2016.12.3.-4) 이 작품은 2010년 크리틱스 초이스 최우수작품상을 받은 작품으로 2016년 안산문화예술의 전당 달맞이극장(2016.12.15., 17)에서도 공연장 상주단체 육성 지원사업 공연으로도 이루어졌다.

김보람의 안무 작품은 몇 가지 키워드로 설명할 수 있다. 먼저 역동성이다. 그의 작품은 무용수들의 동작이 크니 활력이 있고 절도가 넘친다. 신장을 떠나 모든 무용수들이 같은 움직임으로 역동적 동작을 일으키니 집단적 동력을 만들며 생기 있는 분위기를 조성하여 간다.

그렇지만 그런 강함은 그로테스크 상황이나 동작으로 블랙코미디 요소를 만든다. 서로를 응시하며 혹은 일렬로 선 무용수들이 같지만 다른 동작을 할 때는 동력은 멈추고 잠시 휴지(休止)의 시간을 만들어낸다. 그렇지만 이런 쉼은 이야기를 잇고자 하는 시퀀스로 작용하여 맺고 풀림의 장치로 활용된다.

또한 〈바디 콘서트〉는 앵콜까지 포함하여 10개 이야기가 분절되어 있으면서도 분절된 조각의 단편들이 모여 하나의 이야기를 만들어낸다. 그게 미세한 기승전결의 구조로 녹아있고, 조각난 퍼즐들이 하나로 응집되어 이들이 이야기하고 싶은 '다채로운 음악을 배경으로 춤을 통해 형용할 수 없는 감동을 주는 것'을 지향한다.

그런 측면에서 김보람 안무 작품은 대중 지향적이다. 이러한 요소를 가장 극명하게 드러내는 것은 음악이다. 헨델의 '울게 하소서'와 바흐의 '골드베르그 변주곡'과 같은 바로크 음악부터 앰씨 해머, 비욘세 등의 댄스음악 그리고 박지윤의 '바래진 기억에'까지 음악은 혼종 속에서 나열된다. 익숙한 음악일수도 그렇지 않을 수도 있지만 음악에 맞추어 춤추기 보다는 춤에 맞게 음악을 편성하였다는 생각이 들 정도로 몸짓이 유려하고 아름답다고 느끼게끔 음악은 그들의 춤을 그저 도울 뿐이다.

춤이 갖는 특징은 거짓이 없다는 것이다. 말은 꾸밈이 있을 수 있지만 춤은 마음에서 나오는 솔직한 반응 그대로이다. 그래서 〈바디 콘서트〉는 거짓 없는 본능의 몸짓 그리고 그걸 그대로 받아들이는 관객이 하나 되는 무대로 이해할 수 있다. 그래서 현대무용의 폭을 넓히는 것이 아닌 대중이 이해하고 즐길 수 있고 머리로도 무언가 느낄 수 있는 시공간으로 〈바디 콘서트〉는 카타르시스를 전해준다.

- 댄스포스트코리아, 2016.12.

제2장

리뷰
—2017

김설진 안무 〈볼레로 만들기〉 국립현대무용단 제공, 박귀섭 사진작가

01

여기에 있는 것은 저기에도 있고, 여기에 없는 것은 저기에도 없다

— 황재섭무용단 〈유리〉

문학은 작가의 상상력을 문자로 기록하는 행위이다. 그것이 발로 기억한 것이건 추체험에 의한 것이 건 머릿속에 그려진 있을 법한 이야기는 작가의 상상력에 의해 표현된다. 그러한 문자의 기록은 독서를 통해 다른 수용자에 의해 재생산된다. 특히 이러한 소통 구조는 가장 꼼꼼한 독자인 새로운 창조자에 의해 장르를 달리하여 새롭게 구현되어 또 다른 창조물을 만들어낸다. 그런데 그 새로운 창작 행위는 서사구조의 수용에서도 나타나지만 의식의 흐름을 통한 모티브의 변용에서도 적용된다.

황재섭무용단은 그동안 문학과 춤의 만남시리즈를 통해 다양한 작품을 무대화하였는데 이번에는 박상륭 소설 〈죽음의 한 연구〉를 〈유리〉라는 이름으로 새롭게 해석하여 춤으로 표현하였다. 박상륭의 소설은 난해하다. 그의 소설은 의식의 흐름과 더불어 『벽암록』만큼이나 많은 선문답과 화두가 난무하기에 고도의 집중과 독해력이 필요하다. 그렇지만 이러한 난독성은 꼼꼼한 수용자가 느낀 감정을 몸짓으로 표현하기에 오히려 가장 적합한 제재일지 모른다. 그런 의미에서 황재섭 안무의 〈유리〉는 〈죽음의 한 연구〉의 기본 서사구조를 단순화시키고, 전하고자 하는 메시지를 무용수의 표현주의적 몸짓에 집중되어 관객에게 새로운 의미를 심어준 작품이다.

황재섭 안무의 〈유리〉(대학로예술극장 대극장, 2016.12.22.-23)는 프롤로그로 시작하여 제1장 유리, 제2장 마른 늪에서 고기 낚기, 제3장 육조, 제4장 수도부, 제5장 인신공희, 제6장 옴마니팟메 홈 그리고 에필로그로 구성되어 있다. 초반은 이야기를 설명한다기보다는 추상적 표현

황재섭무용단 〈유리〉 황재섭 제공

에 의해 이 작품이 의도하는 바를 이미지화시키고 있고, 후반부로 갈수록 극적 전개에 의해 해석적 가설을 열어주고 있다.

그래서 가면을 쓴 인물들의 집단적 움직임과 광기狂氣 그리고 팔과 팔을 이어 일개인이 모여 하나의 동체로 표현되거나 남녀가 순차적으로 대칭하여 춤추는 행위 등은 이 작품이 주인공에 집중하기 보다는 집단성 속에서 의식을 표현하려 하는 의도이다. 또한 토굴에서 마른땅에 낚시 줄을 드리우고 형벌을 받는 고뇌와 번뇌 등도 고통 속에서 인간 내면의 굴레로 구현되고, 가면을 벗고 그 가면이 줄에 옮겨지는 집단적 묘사에서도 죽음에 이르는 길의 상징성을 드러낸다. 제4장 수도부 이후 후반부에서는 죽음에 이르는 방식을 전통 타악을 기저로 하여 엑스타시로 이끌고, 인신공희에서는 흰 결정체를 오브제로 사용하여 만행萬行의 굴곡을 거쳐 절규로 끝을 맺고 있다.

이렇게 〈유리〉는 종교적인 색채를 전면에 드러내기보다는 죽음 그 자체가 종교라는 기저로 인간 내면의 세계를 풀이하고 있다. 박상륭의 소설은 죽음에 관한 다양한 사상이 녹아있다. 팔만대장경을 비롯한 불경과 성서, 연금술 관련 서적, 『티벳 사자의 서』 그리고 칼 융을 비롯한 심리학서 등이 각주로 있을 만큼 다양한 시각이 놓인다. 그렇지만 무용은 이를 짧은 시간 안에 설명할 수 없기에 몸으로 체화하여 표현한다. 이는 주인공이 노승들과 만남을 통해 견성하고 죽음과 재생을 통해 인식하는 문학적 서사담론이 이 작품에서 살아있는 자에 대한 초월의지와 제의를 통한 정화淨化(purify)로 표현되고 있다. 그러한 흐름 속에서 마지막 장면의 옴마니 반메훔은 '지혜와 자비가 지상의 모든 존재에게 그대로 실현'되어 해탈로 이끌고 있는 것이다.

〈유리〉도 원작이 그러하듯 초반은 생경하고 추상적 전달의 나열이기에 관객에게 집중을 요구한다. 그렇지만 초반의 여러 흐름이 후반으로 갈수록 텍스트가 지시하는 방향으로 함께 하며 심미적 경험을 넓혀가고 있다. 꼼꼼한 첫 번째 독자로 안무적 해석력과 이에 걸맞게 표현한 무용수들의 심미적 지평의 조화를 이루며 관객에게는 깊이가 있지만 어렵지 않게 수용된다.

황재섭무용단은 그동안 문학과 춤의 만남 시리즈를 통해 다양한 작품을 무대화하였다. 〈나를 찾아가는 여행〉은 소포클래스의 〈오이디푸스〉를, 〈멀리 있는 빛〉은 김영태의 '멀리 있는 죽음'을 그밖에 단테의 〈신곡〉에서 모티브를 가져오는 등 일관된 주제의식을 펼쳐 보였다. 죽음에 관한 이야기는 인간에게 있어 피할 수 없는 순리이지만 또 그 이후 세계에 대한 궁금증으로 인해 많은 상상력을 가지고 온다. 그런 의미에서 황재섭무용단의 앞으로 일련의 창작행위에 대한 기대를 가지고 오게 하며 이와 별개로 예술감독을 맡은 공간에서 또 다른 성격의 작품이 어떻게 구현될 것인지 기대를 갖게 한다.

-『댄스포럼』, 2017.1.

02

경기도립무용단의 새로운 도약을 위한 전상과 후상의 변증법

―경기도립무용단 〈상상想相〉

시절이 하 수상하다보니 문화 활동도 함께 정체된 듯 하다. 대중을 이끌어야 할 문화가 정치적 힘의 논리에 조정 받다 보니 눈치만 보며 새로운 도전은 고사하고 그렇고 그런 무난한 작품만 양산되고 있을 뿐이다.

   이와 별개로 시도립무용단은 또 다른 점에서 고민이 잔존한다. 시도의 예산에 의해 움직이니 경제적인 측면에서 개인 단체에 비해서는 여유로워 보이지만 공공성과 예술성이라는 양면성을 함께 실현하고 그 지역의 아이덴티티를 상징적으로 드러내야 하는 어려움이 따르기 때문이다. 그래서 역사나 지역의 인물을 소재로 서사구조에 담아 작품을 구성하는 형식이 시도립무용단에 있어 가장 안정적인 형식으로 자리 잡아 왔다. 아무래도 이러한 성향은 대중성이나 예술성을 가장 극대화할 수 있는 모티브로 대중의 기대지평을 열고 있기에 당연한 이치일 것이다.

   경기도립무용단도 그동안 역사적 소재를 몸짓으로 풀어낸 일련의 작품을 만들어왔다. 호평을 받은 〈화풍〉, 〈황녀, 이덕혜〉 등이 그러한 대표적인 작품들로 문화원형의 이미지화에 기반을 두어 대중과 소통하려 하는 김정학 예술감독의 무용관과 맞닿아 있는 부분이다.

   그런데 이번에 경기도립무용단 제39회 정기공연 〈상상想相〉(경기도문화의 전당 대극장, 2016.11.25.-26)은 그동안 보여준 흐름에서 벗어나 새로운 시도를 하였다는 점에서 흥미롭다. 〈상상〉은 현대무용과 한국무용에 기반을 둔 안무자(윤민석 지도위원, 최진욱 상임안무자)의 두 작품, 〈13인의 칸타타〉와 〈블랙 플라워〉로 구성되어 있는데 전혀 다른 성격이지만 궤를 같이 하며 새로운 인식을 전달하고자 한다.

〈13인의 칸타타〉(윤민석 안무)는 빅토르 위고의 〈레미제라블〉을 모티브로 한 작품이다. 그렇지만 이 작품은 〈레미제라블〉의 서사구조를 차용하는 것이 아닌 안무자가 느낀 감정선을 철학적 의미에 담아 풀어내고 있다. 우선 사다리와 의자를 오브제로 사용하면서 무용수의 몸짓은 그 오브제와 물아일치를 이루었고, 반복되는 전자음을 통해 인간 내면의 갈등을 표출하고 있다. 의자가 갈등의 벽이자 다른 세계를 열고자 하는 문턱으로 추상적이지만 표현주의적 색채를 통해 의미를 전달한다.

이 작품은 경기도립무용단의 선험적 기대지평을 가진 대중the public에게는 낯설고 조금은 의외의 작품으로 받아들여질 수 있다. 그럼에도 관객audience에게 이야기를 전하기보다는 표현을 통해 무용수의 몸짓에 시선을 집중시킨다는 점에서 여러 새로운 해석을 가능하게 하는 작품이다.

〈블랙 플라워〉(최진욱 안무)는 첫 장면에서 부채의 강렬한 이미지로 관객을 사로잡는다. 남자무용수가 부채를 입에 물고 소리의 흐름에 따라 움직이는데 이들의 몸짓은 강렬하지만 흐름에 따라 유동적이다. 또한 이어 등장하는 무용수들의 움직임은 한량무와 태평무의 특징적 변주로 느껴지게 역동성과 발디딤이 강조되어 나타난다.

제목에서 암시하는 '블랙'과 '꽃, 플라워', 이 어울리지 않는 두 단어는 어둠과 밝음의 대칭적 이미지이다. 그래서 이 '블랙'은 작품 전체에서 보이는 색감일 수 있지만 공간적 이미지의 어둠으로 수용되고, 어둠을 사르고 아침을 밝히는 여명이 아름답듯 어둠이 빛으로 변화하여 가장 아름다운 꽃의 이미지를 전달하고 있다. 이 작품은 경기도립무용단의 고정 레퍼토리로도 지속 가능한 작품으로 인식될 수 있다.

〈13인의 칸타타〉와 〈블랙 플라워〉는 성격을 달리하는 내용 같지만 어떻게 보면 하나의 흐름으로 읽을 수 있는 작품이다. 그래서 전체 제목이 상상想相, '서로를 생각해본다'는 주제의식이 저변에 깔려있다. 이는 현대무용과 한국무용이라는 기법의 다름에서 서로를 생각해 보는 것도 있을 것이고, 빛과 어둠이라는 극단적이며 변별적 특질로 인해 전상前想과 후상後想의 변증법을 통해서도 느낄 수 있는 면모이다.

이 두 작품은 주역 무용수에 집중하기보다는 경기도립무용단 전체 무용수들의 합을 통해 작품 전체의 흐름을 따라가게 한다. 그런 의미에서 단원들에게도 하나의 새로운 자극과 변화를 준 작품으로 계기로 작용할 것이다. 또한 관객에게도 생경함이 있었지만 새로운 의식의 수용이 있었고, 다음 작품을 기대케 하는 매개로 의미를 둘 수 있다.

경기도립무용단은 최근 한차례 갈등을 겪었다. 경기도립무용단은 시도립무용단으로 느물게 흑자를 기록하는 함에도 감가상각이나 기회비용에서 무언가가 뚜렷하지 않다는 경제적인 시각에서 자유롭지 못했기 때문이다. 그렇지만 문화라는 것은 장사가 아니며 이익만 추구하는 행위는 아니다. 요즘 우리는 문화콘텐츠 혹은 문화융성 운운하며 문화를 이익을 수단으로 생각하지만 문화는 그러한 경제적 이익을 이끌어가는 토대이지 수단은 아니다. 인류를 발전시키는 것은 문명의 힘도 있지만 그 토대가 되는 문화가 그 동력임을 인식한다면 시도무용단에 대한 투자는 무한 투자는 아니더라도 지속적으로 이루어져야 함은 당연한 이치이다.

또한 시도립무용단 구성원도 시도문화의 이미지 제고와 공공성을 대중적으로 표현하려는 행위가 그 책무임을 간과하지 말아야한다. 그래서 시도립무용단 중 가장 선도적이면서 우리나라의 거대 지역에 존재하는 경기도립무용단이 항상 모범은 아니겠지만 주목의 대상임을 인식해야 할 것이다. 예술계에서는 예술적 시각에서 바라 볼 것이고, 관에서는 이미지 제고와 경제성에서 평가할 것이고, 대중은 대중적 취향의 요구가 함께 공존함에 그 원인이 있기 때문이다. 그런 측면에서 경기도립무용단의 다음 작품이 또 다른 변화를 통해 대중에게 편안함과 새로운 인식의 전환이 되는 계기이기를 기대해본다.

-『댄스포럼』, 2017.1.

03

상징적 묘사를 통한 발레만의 몸의 움직임
―신현지B프로젝트 〈인간〉

대중에게 발레는 어찌 보면 근접 못할, 말 그대로 '그들만의 세계'로 비추어진다. 한국무용이나 현대무용이 그리 쉬운 것은 아니지만 발레는 일반인에게는 범접할 수 없는 그 무언가의 아우라를 지닌다. 그런 첫 번째 인식 요소는 몸이다. 발레리나의 삐쩍 마른 몸매를 보고 있자면 천상계의 사람이 아닌 듯 경외감으로 바라보게 된다. 그래서 발레하면 요정의 이야기라 인식하는지 모르겠지만 발레리나의 몸을 보면 경이로움이 느껴진다.

발레리나의 그런 몸매는 결국 중력을 거스른 움직임을 보여주기 위한 최적의 조건을 마련하기 위함에서 비롯된다. 그런 가운데 움직이는 행위 하나 하나는 인간 본연의 기초적 형태소이며 발레리노의 역동적 움직임 또한 원초적 몸짓의 원천에서 출발한다.

이렇게 움직임에 대한 담론을 〈인간〉(안무 신현지)에서는 인간의 일생에 대입하여 발레의 세밀한 묘사 방법에 의해 표현하고 있다. 신현지는 국립발레단 출신의 발레리노로 현역으로 활동함과 동시에 2015년 한국발레협회 신인안무가전 신인 안무가상을 받으며 안무가로도 인정받은 무용가이다. 이번에 〈인간〉(대학로예술극장 소극장, 2016.11.30.- 12.01)은 2016년 한국문화예술위원회 창작산실 우수신작 릴레이 공연 중 하나로 탄생, 본성, 관계, 죽음이라는 네 가지 주제를 중심으로 이야기를 풀어가고 있다.

이 작품이 보여주고자 하는 것은 인간의 원초적인 움직임, 즉 발레만이 보여줄 수 있는 근육의 움직임과 유동적 흐름이다. 그래서 탄생의 첫 장면은 미켈란젤로의 〈아담의 창조〉에서 모티브를 얻은 이미지로 표현하고 이어지는 움직임을 통해 인류, 인간의 첫걸음을 보여주었다. 이어 남녀의 만남 그리고 관계성을 표현하는 모습에서는 발레리나와 발레리노가 함께 밀착된 몸에서 연결되는 움직임 하나 하나가 발레의 기초적 움직임이지만 인간에게 무한대로 가능한 형태의 모습을 표출한다. 또한 죽음에서는 인간 군상의 여러 상징적 표현을 통해 상처받고, 죽음에 이르고, 남은 자들에게는 또 다른 삶이 이루어짐을 묘사하고 있다.

신현지는 그동안 고전발레의 기법에 바탕을 두지만 모던발레의 추상적 묘사를 통해 작품을 구성하는 방법론을 보여주었다. 그래서 그의 작품은 드라마틱한 서사구조에 의존하지 않고, 분절된 이야기를 상징적 표현을 통해 구현하고 있다. 〈이방인〉에서도 알베르 카뮈 소설 〈이방인〉에 모티브를 두지만 소설에서 느껴진 색조인 빨강색의 강렬함을 수용하였다면 이번 〈인간〉에서도 인간의 움직임에 대한 묘사에 치중하여 상징적 흐름으로 이어간다.

그러다보니 서사구조가 단순하고 후반부로 이끌어가는 역동적 서브 모티브 행위소가 제대로 드러나지 않은 아쉬움이 나타났다. 전체적으로 이야기하는 바가 몸의 움직임에 대한 표출이고 발레에서만 보이는 움직임이지만 움직임으로 이끌어가기에는 스토리텔링의 단순함으로 인해 긴장감이 전체를 지속시킬 수 없었기 때문이다.

그럼에도 불구하고 〈인간〉은 그의 발레 안무에서 또 하나의 문턱이었다는 점에서 혹은 신현지 만의 색깔 드러내는 다음 작품을 바탕으로써 자양분이 될 작품으로 이해할 수 있을 것이다. 다른 장르에 비해 창작 안무가가 그리 많지 않은 그리고 개인단체에 의한 발레 활동이 제한적인 한국의 현실에서 자기 색깔을 가지는 창작활동을 펼치는 신현지의 활동을 기대해본다.

-『댄스포럼』, 2017.1.

신현지B프로젝트 〈인간〉 신현지B프로젝트 제공, 박귀섭 사진작가

04

태초의 발디딤과 그 일상 속으로
—김영찬 〈in the beginning〉

〈in the beginning〉(서강대 메리홀 대극장, 2017.1.20.-21)은 한국예술창작아카데미 무용 최종공연 〈차세대열전 2016!〉 중 하나이다. 한국예술창작아카데미는 만35세 이하 차세대 예술가가 참여하는 연구 및 창작 아카데미 과정으로 몇 개월에 걸쳐 그들의 재능을 발산할 작품을 완성하고 그 결과를 공개하여 젊은 안무가의 새로운 가능성을 열어주는 프로그램이다. 이번에 무용의 경우 7작품이 선정되었고, 2016년 12월부터 2017년 2월까지 공연이 이루어지고 있다.

이 중 김영찬 안무의 〈in the beginning〉은 생명의 근원, 신명의 본질을 춤으로 표현한 작품으로 인간 본연의 원초성을 한국적 정서와 아프리카 민속에 바탕을 두어 표현하고 있다. 이 작품의 바탕 중 하나는 서아프리카 민속춤에서 얻은 모티프이다. 아프리카의 전통 춤은 원시종합예술의 원형을 그대로 드러내는 춤의 경향이 강하여 제의성과 놀이가 함께 어우러져 나타나곤 한다. 그래서 미국에서는 20세기 중반 펄 프리머스Pearl Primus를 중심으로 아프리카 민속춤의 인류학적 연구와 창작이 함께 진행되었고, 동시대 한국의 임성남에게는 아프리카춤을 응용한 여러 모던 발레 작품의 배경이 되기도 하였다.

아무래도 이런 아프리카 민속춤의 매력은 신명을 일으키는 그 원형적 의미와 토속적이지만 단순한 표현 방법일텐데 이 작품에서도 뚜렷한 기승전결의 극적 구조를 만들어 엑스타시를 일으키기 보다는 원초적 표현 방법에 의존하고 있다. 그래서 음악은 단순하지만 반복적인 음악으로 전개하였고, 긴장과 이완보다는 정적인 움직임에서 출발하여 음조를 서서히 고조시키며 관객의 마음을 움직이게 만들고 있다.

또한 이 작품의 움직임은 발디딤이 우선된다. 각 장마다 등장할 때 대열을 지어 나오는 무용수들은 디딤 하나 하나에서 동력을 얻어 모든 움직임의 출발임을 서곡으로 보여주고 있다. 이는 이 작품의 모티프인 '땅은 곧 어머니와 같은 존재'라는 의식에서 출발한다. 그리스 신화에서 가이아가 대지의 여신으로 또 만물의 어머니로 인식되는 것처럼 어머니는 모든 창조의 출발이며 본향이다. 그런 의미에서 이 작품에서도 카오스이지만 이런 발디딤을 통해 신비롭고 신명과 흥을 얻을 수 있는 바탕으로 만들고 있다. 이러한 흐름은 완만한 상승구조를 통한 몸짓으로 이어지고, 각각의 이야기는 해소되고 또 다른 담론을 만들어낸다. 이어 절정에서는 자유로운 풀림의 기호 혹은 일상에 대한 매개로 작은 공을 비롯한 몇몇 오브제를 연결하며 해소를 보인다.

이 작품의 특징은 원초적이지만 즉흥적이지 않고 모든 것이 순차적인 계획에 의해 움직여진다. 그러다보니 아프리카 민속춤이나 한국춤의 원형질의 본질인 현장성과 즉흥성, 집단적 신명성 등의 소통은 제대로 이루어지지는 못하였다. 관객은 무용수의 움직임을 고정된 자리에서 제 4벽을 통해 하나의 시선으로 바라보고, 그 반복적인 모습과 음악에 고정화될 수 있는 한계가 있다. 물론 이 작품의 무용수들의 몸짓은 오랜 기간 연구와 연습을 통한 결과로 흠 잡을 데 없지만 내용을 떠나 구조적인 혹은 이 작품이 지시하는 시원始原을 보았을 때는 아쉬운 점으로 남는다.

그럼에도 불구하고 이 작품은 한국춤의 방식을 전면에 내세우지 않고 이면적으로 스며들어 녹아있고, 문화의 보편성과 특수성의 접점에서 흥과 신명의 원형archetype을 탐구하였다는 점에서 의미를 찾을 수 있다.

- 댄스포스트코리아, 2017.1.

05

로봇의 발달로 무용은 사라질 것인가?
—HUANG YI & KUKA

로봇은 인간에게 도움을 주는 이기利器로 존재할 것인가 아니면 얼마지 않은 미래에 지각 능력이 더해져 인간을 지배하게 될 것인가. 이러한 기우 아닌 기우는 영화적 상상력에만 존재하는 것이 아닌 알파고를 통해 현실적인 문제로 받아들여진다. 게다가 로봇의 등장으로 일자리가 점점 줄어드는 문제가 나타나면서 이는 사회적 쟁점으로 다가서고 있다.

팀 덜럽Tim Dunlop이 쓴 『노동 없는 미래』(Why The Future Is Workless, 2016)에서는 노동이 점점 자동화되는 세상에 산다는 것이 무엇을 의미하는지 논하는데, 로봇의 등장으로도 지속될 수 있는 직업을 간략하게 이야기하면서 패션디자이너, 작업치료사, 특수교육교사 그리고 안무가 등을 언급하였다. 이는 춤이 몸의 표현이라는 점에서 고개가 끄덕여지지만 이제는 무대에서 로봇이 서서히 등장한다는 점에서 여러 시사점을 던져준다. 2017 셀스테이지 기획공연도 '예술과 기술의 만남'이라는 주제로 타이완 출신의 안무가이자 무용수 황이黃翊(Huang Yi)와 로봇 KUKA(keller Und Knappich Augsburg)가 함께 무대를 구성하기에 이러한 논쟁의 측면에서 주목해 볼 수 있다. (<HUANG YI & KUKA>, 셀스테이지, 2017.2.14.-18)

어둠 속에서 황이와 KUKA가 조우를 한다. 첫 만남은 서로 어색한 듯 조심스럽다. 그렇지만 둘은 조금씩 움직임을 통해 서로를 인지하기 시작한다. 이는 감정 없이 지시한대로 움직이는 것이 아닌, 호흡 대신 들리는 기계음만 제외한다면 그 움직임이 서정적으로 조화롭다. 이러한 느낌은 무용수이자 안무가이며 프로그래머로 참여하는 Huang Yi의 생각에서 출발하기에 가능할 듯 하다. 그는 어린 시절의 감정, 외로움을 풀 수 있는 대상으로 로봇을 생각하였고, 산업용 로봇의 기계 팔에 그 의미를 부여하여 움직이게 만들어내고 있다.

또한 이러한 흐름은 피아노, 바이올린, 첼로 등 고전 음악이 이들의 움직임과 함께 흐름을 이어가기에 가능하였다. 기계음이나 현대음악으로 배경음악을 삼았다면 이러한 느낌이 반감되었을 것이다. 그렇지만 피아노 등의 악기를 통한 서정적인 음계와 잔잔한 정조는 인간과 로봇이 마음으로 교감하여 움직이는 충분한 장치였다.

그러다 KUKA의 팔에 비디오카메라를 설치하여 렌즈의 시각에서 바라본 모습을 스크린에 비추며 황이와 무대 그리고 관객의 모습까지 담아내고 있다. 그저 움직이는 대상이 아닌 무대에 서로를 바라보며 함께 하는 존재로 의미를 부여하고 있는 것이다.

세 번째 장은 황이와 KUKA가 더욱 조화를 이루며 파드되를 만들어낸다. KUKA가 기계음으로 가득하지만 황이가 KUKA의 팔을 잡고 움직인 아라베스크는 자연스러움으로 이어지고 서로가 교감하며 자연스러운 동작으로 감정선을 이어가게 한다. 마지막 장에서는 두 명의 무용수가 의자에 앉아있고, 로봇이 지시하는 불빛에 따라 그들은 움직인다. 분절된 몸짓 속에서 서로가 조화를 이루어내지만 결국 로봇이 가르치는 방향에 따라 움직이는 인간의 모습을 상징적으로 표출한다. 그것은 클래식 음악에 따른 장중한 느낌의 음률로 수용되어 KUKA의 360도 회전하는 역동적인 동작으로 무대를 지배하며 확장의 폭으로 다가온다.

황이와 KUKA는 인간과 로봇이 보여줄 수 있는 여러 모습을 서정적인 정조에 기초한다. 그러다보니 생경함이나 신선함이 아닌 익숙함으로 몰입시키고, 로봇의 인간화가 아닌 인간과 조화를 이룰 수 있는 대상으로 만든다. 이러한 분위기는 황이의 무용철학 그대로이다. 그는 앞서 이야기했듯 무용수이자 프로그래머이며 안무가라는 위치에서 출발한다. 그래서 『노동 없는 미래』에서 로봇의 발달에도 살아남을 수 있는 직업으로 무용수가 아닌 안무가를 말한 것은 감정이 살아 숨 쉬는 지금 이 순간을 창조해낼 수 있다는 점에 있다.

문명이 발달하며 로봇의 쓰임새는 부지불식간에 늘어나고 있다. 이러한 사회적 현상 속에서 무용은 먼 미래에 살아남을 수 있을 것인가? 태초에 말씀도 있었지만 인간의 움직임이 있었고, 그건 단순한 움직임을 넘어서 여러 의미를 담아내며 인류가 발전을 하며 예술적 가치를 만들어냈다. 그런 의미에서 이번 공연은 로봇의 도전이나 인간화된 로봇의 모습이라기보다는 인간의 의지에 따라 무용의 본질을 어떻게 활용할 것인가 지침으로 고민해볼 수 있다.

- 댄스포스트코리아, 2017.2.

06

문의 역동성과 무의 서정성 그리고
그 스토리텔링

—임학선 댄스위 〈문·무·꿈·춤〉

역사 인물은 우리에게 있어 어떠한 의미인가? 대부분 역사 인물에 대한 이해는 교과서를 통해 추상적 개념으로 수용되고 교훈적으로 이해하려 한다. 그렇지만 위인들은 단선 구조나 고고함만이 묻어나는 것이 아닌 인간 본질의 여러 모습을 발견할 수 있기에 귀감과 반성의 의미를 후대에 전해준다.

그렇기에 역사적 인물은 예술 창작 행위에 의해 시대정신에 맞게 새롭게 탄생하고 여러 가치 체계를 만들어낸다. 대중의 역사에 대한 인식은 교과서를 통해 머리로 느끼는 것이 아닌 드라마, 공연예술, 영화에 의해 피부로 제대로 파악한다는 점에서 예술의 효용성은 여기서도 발견될 수 있다.

임학선 댄스위의 〈문·무·꿈·춤〉(아르코예술극장 대극장, 2017.1.18.-19)은 공자와 이순신이라는 두 인물을 춤으로 풀어낸 작품이다. 이 두 인물은 너무나 잘 알려져 있고, 다양한 콘텐츠를 통해 심도 있는 해석을 가지고 왔다. 이러한 두 인물에 대해 〈문·무·꿈·춤〉은 이들이 가지는 가장 본질적인 부분, 문文과 무武를 모티브로 하여 상징적이면서도 강한 이야기를 전해준다. 이 작품은 2016년 한국문화예술위원회 창작산실 재공연 선정작이고, 문묘일무 한국유래 900주년기념공연으로 이루어졌다. 그런 의미에서 이 글에서는 이 작품이 지니는 사상적 배경보다는 공연예술적 의미를 풀어보는데 중심을 두어 서술하고자 한다.

이미 이 작품은 몇 차례 공연을 통해 절차탁마切磋琢磨되어 무대공연에 맞게 다듬어져 왔다. 1부 '스승 공자'는 2004년 예술의 전당 오페라극장에서, 2부 '영웅 이순신'은 2015년 아르코예술극장 대극장에 초연되었고 각각 공연되다가 이번에는 같은 공간에서 함께 공유되었다. 어찌 보면 이 두 인물은 존경의 인물이지만 공통점을 찾기가 쉽지 않다. 중국 고대 인물이며 유교의 상징인 공자와 조선의 장수(將帥)인 이순신은 문文과 무武라는 변별성에서만 두 사람의 특징을 두드러지게 찾을 수 있다. 그렇지만 이들이 모두 애민愛民과 같이 올바른 사회를 위한 이상향을 꿈꾸었다는 점에서 하나의 흐름을 지향할 수 있는 작품이다.

제 1부 공자의 첫 시작은 공자의 탄생과 역동적 군무가 이루어진다. 그러다 죽간竹簡을 펴고, 공자의 '배우고 익히면 그 또한 즐겁지 아니한가'學而時習之, 不亦說乎 등의 말씀이 움직임으로 표현되고, 몸짓이 언술과 함께 어우러져 나타난다. 이러한 모습은 거문고 선율이 흐르고 긴 줄로 표출된 상징성을 통해 예악禮樂의 모습을 드러낸다.

그렇지만 사상적 논쟁을 통해 혼란 양상으로 이어지는데 이는 오히려 공자를 성찰의 시간을 만들며 학문에 빠져들게 하여 역동적으로 표현되었고, 스승과 제자가 서로 주고받는 마음인 수수지례授受之禮를 궁중의식 무용인 문묘일무의 제의 형식으로 연출해낸다. 이어 죽음을 예지한 공자의 마지막 모습은 서양 음조에 공무도하의 가사 읊조림이 흐르며 서사구조를 마무리한다.

이 작품의 특징은 문묘일무文廟佾舞를 전면에 그대로 내세우기 보다는 관객에게 작품의 흐름을 이해시키고 이 작품의 사상적 배경을 보여주는 형태로 나아간다. 그래서 이 작품이 단순하게 공자의 인간적 면모를 보여주면서도 철학적 의미를 함께 던져준다는 점에서 의미가 있다. 이는 단순하게 고뇌하는 한 인간이 아닌 공자가 추구한 예악의 의미를 춤으로 보여주기에 교훈성과 예술성의 경계에서 새로운 의미를 보여준다.

또한 이 작품은 '문'文을 말하지만 작품 전체에 흐르는 역동성으로 인해 정적인 정서가 아닌 눈으로 느끼고 이해하는 공자를 전달한다. 이는 이해시키거나 고답적이지 않은 흐름으로 스토리텔링 한 서사구조에 기인한다. 공자와 공무도하의 연관성이 쉽게 이해되지 않은 측면이 있었지만 이 작품은 공자 혹은 그의 철학에 대한 현대적 인식 표현의 콘텐츠 의미를 지닐 수 있다.

제2부 이순신은 거북선의 용머리와 출정하는 이순신과 병사들의 장엄함으로 시작한다. 이어 승전의 기쁨과 어머니의 수연壽宴이 베풀어지면서 작품은 완만하면서 부드러운 정조로 이어지지만 이순신, 선조, 어머니 왜장의 4인무를 통해 서로의 갈등이 표면화되고, 어머니의 죽음과 전쟁으로 절정이 고조된다. 그리고 이순신과 조선의 군사 그리고 왜장과 일본 군사의

대칭적 결투를 통해 이순신과 병사들은 승리를 거두고 무무武舞로 막을 내린다.

　이 작품은 널리 알려진 이순신의 이야기를 인간적 고뇌나 전쟁의 이야기를 중심에 두기보다는 감각적 표현으로 다가선다는 점에서 새로움을 준다. 이 작품의 의상은 파스텔 톤의 원색을 사용하였고, 조명도 이에 맞게 이루어진다. 바다를 나타내기 위해 코발트로 무대를 보여주거나, 이순신과 병사들의 흰색 의상과 왜장과 그의 군사들을 빨간색으로 하여 군더더기 없이 표현되었다. 그래서 이 작품은 쓸데없는 무대장치나 오브제를 배제하고 조명과 의상을 단순화하여 몸짓에 집중시키는 효과를 가지고 온다.

　또한 강강술래나 마지막 장면의 일무를 자연스럽게 수용하여 역사적 예술정신을 춤으로 승화하였다는 점에서도 이 작품은 변별적 요소를 지닌다. 이순신의 승리나 그의 죽음이 아닌 일무를 통해 제의적 마무리를 한다는 점에서 이 작품이 단순하게 무가 아닌 문무가 지향하는 여러 가치를 함께 포괄하고 있다. 그래서 이순신하면 무로 상징되는 역동성이 관념 속에 드러나지만 이 작품에서는 수연이나 일무를 통해 정적인 완화를 함께 보여준다.

　역사적 인물을 무대에 올리는 일은 쉽지 않다. 창의적 상상력만을 준다면 역사를 무시한다 비판이 나올 것이고, 역사적 사실만 나열한다며 교훈성만 주기에 재미를 주지 못하기 때문이다. 이를 이미지하거나 일상 속 혹은 작품으로 표현할 때는 사실에 근거하고 서사구조를 이해한 채 구현해야 함이 기본일 것이다. 그런 의미에서 이 작품은 임학선이 그동안 지향한 창작관인 문화원형의 가치 추구와 사상적 의미의 표현이라는 측면에서 또 다른 전범典範으로 받아들여질 수 있다.

-『댄스포럼』, 2017.3.

07

치기어리지만 진지한,
그리고 다음 작품을 위한 토대
―차세대 열전 2016 한국예술창작아카데미 무용

'차세대 열전 2016!'은 신진예술가들이 참여하는 작품 연구 및 창작과정인 한국예술창작아카데미의 성과 발표 마당이다. 한국문화예술위원회가 지원하는 한국예술창작아카데미는 기존 '차세대예술가지원사업'(AYAF)을 개편한 것으로 무용 부분은 우리 무용계를 이끌어 갈 차세대 안무가를 발굴하고, 창작 역량과 국제적 경쟁력을 개발할 수 있도록 집중 육성하는데 목적을 두고 있다.

여기에 선정된 작품은 연구조사 활동과 중간발표를 거치는 과정 속에서 다양한 실험이 이루어지고 시범공연에서 그 진지함과 치기를 드러내는데 이번에 공연된 작품은 일곱 작품이었다. 이 일곱 작품은 그 주제나 방법론, 융합의 형태는 달리하지만 진지하면서도 여러 의미를 지니며 그들의 예술혼을 분출하였다.

이번에 공연된 일곱 작품 하나하나의 소회를 통해 각각의 내용을 되새기고 종합적으로 이 프로그램이 지니는 의미를 살펴보도록 하겠다.

공영선 안무의 〈도깨비가 나타났다〉(대학로예술극장 대극장, 2016.12.28.-30)는 도깨비가 나오지 않는 도깨비 이야기이다. 어찌 보면 인간의 상상 속에 규정된 도깨비의 허상에 대해 이 작품은 공감각적 느낌으로 표현하고 이를 무용수의 감정으로 풀이하고 있다. 이러한 모습은 객석 대신 관객을 무대에 원형으로 모으고, 무용수와 함께 순간의 느낌을 공유한다.

그래서 도깨비의 표상이나 어떤 서사구조를 따라가기 보다는 몸짓과 청각적 이미지에 대한 묘사가 강하게 드러난다. 무음악 속 고요에서 그리고 반복적으로 무용수가 부르고

리코더로 연주하는 '옹달샘'까지 상상의 공간 속에서 관객에게 도깨비를 기다리게 만든다. 세 무용수가 서로를 넘어가는 장면이나 전자총 등의 오브제에서는 치기어린 감각의 묘사가 나오는데, 이왕 관객을 무대로 불러 모았다면 관객과 공유되는 호흡이 함께 더해졌으면 어떠하였을까하는 생각을 문득 들게 만든다.

김영찬 안무의 〈in the beginning〉(서강대 메리홀 대극장, 2017.1.20.-21)은 원초적인 몸짓과 반복 음악을 통해 몸짓의 원형을 강하게 드러낸 작품이다. 이 작품은 서아프리카 민속춤에서 모티브를 가지고 오고, 한국적 마당극의 기법 측면을 드러낸다. 그래서 항상 첫 등장에서는 부드러운 걸음으로 나오고, 반복 재생되는 흐름에서 서서히 엑스터시를 증강되기도 하고, 작은 공 같은 오브제들이 매개가 되어 치유와 풀림, 해소를 만들어낸다.

민속춤이 가지는 원시종합예술의 제의적 요소가 DNA로 흐르고 있는데, 이 작품에서도 이러한 요소가 강하게 나타나 문화의 보편적 정서인 흥과 신명이 강하게 드러나는 특징을 지닌다. 그러다보니 안무자의 토대인 한국무용에 대한 정서적 흐름이 제대로 드러나지 못한 아쉬움이 있다.

허윤경 안무의 〈스페이스-쉽〉(서울역 284RTO, 2017.1.25.-26)은 공간과 그 공간 속에서 또 인위적으로 나뉘며 그 공간 속 지금 이 순간에 대한 질문을 던지는 작품이다. 이 작품은 관객에게 무대공간으로 들어가기 전 수행 질문이 주어지고 스마일 표기가 있는 사람들을 5명 4개조로 나누어 그곳에 머물러 작품을 지켜보게 한다. 무용수들은 공간 속 그 지형을 그저 단순한 사물로 인식하고 그들의 감각 속에서 그 느낌을 전달한다.

이를 통해 마지막 장면에서 관객에게 주어진 수행 질문(예를 들어 필자에 주어진 미션은 '이 공간에서 두 번째로 어두운 곳에 위치하라'였다)에 대해 각자 다른 느낌으로 그 공간에 위치하며 해답은 결국 하나가 아닌 여러 시공간적 감각에 따라 다르게 공유됨을 관객에게 전달해주고 있는 퍼포먼스 작품이다. 그렇지만 5명의 4개조에 대한 의미 부여가 제대로 드러나지 않았고, 마지막 장면에서 단순하게 관객에게 스스로 느끼게 만들기보다는 어떠한 매조지가 필요하지 않았는지 의문이 들게 하였다.

김수진 안무의 〈The sense of self〉(아르코예술극장 소극장, 2017.1.25.-26)는 현대인들이 살며 자기 스스로 억제하고 검열하는 나약한 모습을 모티브로 하고 있다. 흑백영상이 흐르고 거기에 중첩되는 텍스트 그리고 흩어져 있는 책을 통해 지식에 대한 짓누름이 드러나고 큐브 안에 갇힌 움직임 속에서 자기 통제의 모습을 표현하고 있다.

타자음이 흐르고 더욱 빨라지는 문자와 행동, 둔탁한 배경음 그리고 첫 장면과 똑같은 화면이 다시 반복되며 현대인의 일상적 실존을 그대로 움직임으로 나타낸다. 이 작품이 선택한 이러한 소재는 머릿속으로 대중도 인식할 수 있는 구도라 지시적 감정선이 관객과 함께 가고 있지만 무언가 새로운 깨달음이 조금은 미약하였다는 점에서 아쉬움을 드러낸다.

이세승 안무의 〈먹지도 말라〉(아르코예술극장 소극장, 2017.1.25.-26)는 이 작품이 무용인가라는 점에서 의문을 준 작품이다. 이 작품 절반 정도는 교회나 성당에 와서 예배나 미사를 보듯 말씀을 듣고 찬양과 찬송을 함께 부르고 회개한다. 그렇지만 그것이 '최승희의 전설이 남북으로 교통하는 것과 신사임당 그림의 곤충이 진짜인줄 알고 닭이 쪼다가 뚫릴 뻔 했다는 것을 믿사옵나이다! 아트!'라는 고백처럼 예술을 신앙으로 살아가는 이들에 대한 패러디와 그로테스크한 현실을 묘파하고 있다.

결국 이러한 뒤틀림을 통해 예술, 무용이 이 시대에 어떠한 가치를 지니는지에 대한 질문과 무용과 연극적 요소의 결합을 통해 어쩌면 낯설지만 또 다른 측면에서 무용의 가치를 넓히고 있다는 점에서 이번 프로그램에서 가장 치기어리지만 가장 신선하게 다가온 작품이다.

김희중 안무의 〈지평선 아래 솟구치는 것들〉(서강대 메리홀 대극장, 2017.2.3.-4)은 앎, 지식에 대한 허위와 그 나약함에 대해 경고하고, 지식이 인간의 갈등 속에서 만들어낸 역사임을 드러낸 작품이다. 책을 쌓고 다시 무너뜨리고 반복 속에서 서로 함께하다가 서로를 밀어내며 종이를 모으고 한사람에게 던지고 언제나처럼 만들고 파괴하고 옮기고 반복의 여러 담론을 여러 시퀀스의 조합을 통해 표현하고 있다.

또한 흐름 중간에 엔딩 박수를 미리 만들어내고, 중간에 조명 감독이 나와 실제적 상황처럼 의도된 조명의 재배치 그리고 엔딩과 함께 조명감독의 목소리로 '작품이 끝났으니 관객은 나가달라'는 허를 찌르는 장면은 피터 한트케의 연극 〈관객모독〉을 연상시키듯 관객을 어리둥절하게 만든다. 서사구조와 함께 무용수들의 몸짓도 가장 안정적이면서도 다음에 주목할 팀워크를 보여주었다.

손나예 안무의 〈어디로부터 시작되었나〉(서강대 메리홀 대극장, 2017.2.10.-11)는 시작된 듯 시작되지 않은 듯 무용수가 네 기둥에 줄을 연결하고 그 주위를 걷고 뛰면서 시작된다. 이 줄을 끊고 풀고 그들을 규제하는 철제를 넘나듦을 통해서 인간관계에 대한 여러 의미망을 관찰할 수 있다. 네 명의 동작은 철학적 사유의 표현주의적 기법으로 나타내고 있으면서도 네 명이 그들 스스로 페르소나로 표현되어 네가 나이고 내가 너인 모습으로 표현하고 있다.

나와 타자와 관계에 대한 인식이 주관적이면서도 의식의 흐름으로 풀어놓기에 감정선이 유동적이지 않고, 단절되어 표현되고 있다는 점은 이 작품이 지니는 장점이자 단점을 함께 드러내고 있다.

이렇게 이 일곱 작품은 전체적으로 안무가가 관객을 의식하지 않고, 몇 개월에 걸쳐 고민하고 그들이 표현하고 싶은 작품을 자유롭게 완성하였다는 점에서 의미가 있다. 그래서 관객지향이라기 보다는 그들이 생각하고 느낀 점을 무용수들이 함께 공유하며 이를 무대에서 표출한 것이다.

또한 이들에게 공통되는 요소는 '낯설게 하기'이다. 무언가 실험적인 요소를 강하게 드러내며 평범함이 아닌 관객이나 평론가 혹은 심사위원에서 벗어나 열린 인식에서 놀고 표현하고 고민한 흔적이 나타난다. 그래서 이들은 무언가 주제를 전달하려 하기 보다는 표현하려 하였고, 철학적 사유를 몸짓으로 그리고 다른 대상과 융복합을 통해 앞으로 다음 작품을 위한 가능성의 토대를 마련하고 있다.

어찌 보면 전체적으로 정확한 주제 의식의 전달보다는 추상적 감정이나 순간적 의식의 표현에 의존한 감이 없지 않다는 점에서는 아쉬움을 드러낸다. 그럼에도 불구하고 이 예술창작아카데미만큼 자유롭게 젊은 무용수들이 놀 수 있는 시공간이 드문 현실에서 이러한 실험과 도전에 참여한 기획자나 구성원들은 상찬의 대상이 될 수 있다. 흔히 이야기하는 이들에게 가장 좋은 작품은 다음 작품이 되리라 기대와 관심을 일으키게 만드는 것은 결국 이 한국예술창작아카데미가 지니는 의미라 할 것이다.

-『댄스포럼』, 2017.3.

08

전통춤의 전승과 개성을 위하여
―백경우 〈백경우의 춤, 외씨 버선발로 고이 딛고 서서〉

한국 전통춤은 궁중정재와 민속춤 등이 큰 맥으로 이어져 내려왔다. 그런데 궁중정재는 문헌을 통해 무보로 기록되어 왔지만 민속춤은 민간에서 내려온 것이다 보니 구전심수의 성격이 강하다. 지금 전해지며 무대화된 '승무'나 '살풀이춤', '태평무' 등도 모두 이러한 형식에 의한 것이고, 한성준에 의해 무대공연예술로 집대성된 이후 변용을 거치며 지금의 형태로 정착되었다.

이런 가운데 전통춤 중 보존 가치를 인정받은 몇몇 춤들은 국가 중요무형문화재로 지정되었고, 이후 보편성을 띠게 되었다. 그렇지만 문화재로 지정된 이후 이러한 민속춤들은 전승과 원형을 강조하며 정형화되었고, 한국춤의 특징인 즉흥적 신명성이나 자율성이 배제되어 획일화된 감이 없지 않다. 이러한 점은 문화재로 지정된 인물들이 서서히 타계하면서 여러 고민이 분출되었고, 춤의 형식적 측면을 잘 전승할 것인가 아니면 춤꾼의 정신을 전할 것인가라는 문제가 충돌하여 전통춤의 문화재 지정 존폐까지 논하는 지경에 이르렀다. 그런 의미에서 수요춤전 중견안무가전 Ⅰ〈백경우의 춤, 외씨 버선발로 고이 딛고 서서〉(국립국악원 풍류사랑방, 2017.3.8)는 갈림길에 선 한국 전통춤 전승 체계의 방향성과 새로운 화두를 제시한 마당이었다는 점에서 의미를 둘 수 있다.

이번 무대는 백경우의 '승무', '살풀이춤' 그리고 '승천무' 그리고 그와 뜻을 함께 하는 춤꾼들의 '입춤', '장구춤', '태평무'로 무대를 수놓았다. 아무래도 논의의 대상은 백경우가 춘 세 개의 춤에 집중될 수 있고, 이 춤 하나하나에 대한 설명보다는 백경우 춤세계를

백경우 〈승무〉 백경우 제공, 옥상훈 사진작가

거시적으로 바라며 이야기를 풀어놓는 것이 좋을 듯 하다.

백경우의 춤은 전통에 기반 하지만 변용이 있다. 잘 알려져 있듯 백경우는 이매방 문하에서 춤을 배우고 전승한 춤꾼이다. 이매방 춤의 특징인 대삼소삼에서 나오는 유동적 유려미가 DNA로 흐르고 있고, 내유외강의 모습을 그대로 드러낸다. 그렇지만 그의 무대는 무언가 정형화된 전통무대와는 차이를 둔다. 예를 들어 대금, 아쟁, 징과 구음 그리고 장구로 구성된 '살풀이춤'의 악기 구성에서 네 명의 악사를 네 귀에 배치하여 전통무대의 조형적 공간미를 달리하였고, '승무'에서도 북가락에서 대금 반주가 조화를 이루며 새로운 감각을 전달해준다. 이러한 부분은 기법에서 원형을 그대로 수용하고 무대 구성에서 변용을 두어 '낯설게 하기'를 통한 무대공연예술로 전통춤의 새로운 발견이다.

또한 그의 춤은 개성이 있다. 전통춤에서 개성은 무엇일까? 전통춤을 집성한 선각자들의 춤은 전통적 형식에 ㅇㅇㅇ류라 칭해지며 원형과 전형의 만남 속에서 새로운 춤을 탄생시켰다. 같은 살풀이춤이라도 같은 태평무라도 구분지어지는 것도 집성한 인물의 개성에 따라 나뉜 결과이다. 그럼에도 이후 전승 과정에서는 획일화되어 몰개성 되었다. 물론 문화재 이수, 전수라는 과정을 거치다 보니 원형 그대로 전승을 강조한 결과이지만 춤에 사람을 맞추는 것이 아닌 춤꾼에 춤을 융화시키는 것이 옳은 전승이란 측면에서 한 번은 고민해 볼 문제이다. 이매방이 '나 죽으면 내 춤은 내가 가져간다'(문철영, 『이매방 평전』, 267쪽)는 말은 기법의 답습에 그치지 말고 춤정신을 이어가라는 곱씹을 화두로 기억할 수 있다.

이러한 측면에서 백경우의 춤은 원형적 요소를 토대로 하면서도 개성을 드러낸다는 측면에서 전형성을 함께 지닌다. '승무'에서는 본질적 무게감보다는 '승무'가 가지는 기승전결의 스토리텔링을 살려 극적 요소를 강조하였고, '살풀이춤'에서도 긴장과 이완을 통해 살풀이에 대한 텍스트의 해석이 배가 되고 있다.

특히 '승천무'에서는 그만의 독특한 아우라가 존재한다. 씻김과 함께 후반에 보인 해소의 마당은 작은 굿판인 듯 관객도 그의 춤에 동화되게 만들었다. 그가 취한 박수무당의 경우, 신과 현실을 잇는 중간자적 인물이다 보니 그 경계에서 접신이 이루어지는데, 백경우는 남성적이면서도 여성적인 이중적 교태미를 그대로 드러낸다. 게다가 순간적 엑스타시를 통해 관객에게는 경외와 카타르시스를 함께 전달하고 있다.

그런 의미에서 백경우의 전통춤은 문화전통의 주체성과 보편성, 대중성을 함께 지니고 있다는 점에서 동시대 춤꾼과 구별 짓는 매력이 있다. 이런 형태가 자의반타의반 그의 색깔을 드러낼 수밖에 없는 현실에서 출발한다. 그렇지만 고여 있지 않고, 한국 전통춤의 진보를 위해서는 모두가 지켜보는 존재라는 점에서 그의 행보는 현실적으로 경외와 찬탄 그리고 반목의 대상으로 주목할 수 있을 듯 하다.

- 댄스포스트코리아, 2017.3.

09

가공된 자연계와 물아일체
—아트프로젝트보라 〈인공낙원〉

작품 제목이 〈인공낙원〉(대학로예술극장 대극장, 2017.3.24.-26.)이다. 인공人工이란 말은 '사람이 하는 일'이란 의미와 '사람의 힘으로 자연에 대하여 가공하는 일'이란 뜻이 내포한다. 아무래도 보편적으로 인식하는 의미는 두 번째 뜻일 것이다. 게다가 영문 제목에 artificial로 표기하고 있으니 unnatural, man-made라는 의미를 지시하기에 이 작품은 '인공에 의한 낙원樂園, 파라다이스'란 변별된 두 가지 인식 구조를 드러낸다.

이 작품은 모리스 메를로 퐁티Maurice Merleau Ponty가 말한 '인간의 모든 것이 인공적이고 가공적인 것이며, 동시에 자연적인 것이다'라는 명제에서 출발한다. 이러한 인식은 개인에게는 실존철학을 기저로 담은 담론이지만 사회적 체계로 보았을 때는 포스트모더니즘과 맞닿아 있다. 이는 '하느님이 하늘과 땅을 창조한 이후 무엇이 새롭겠는가'라는 명제가 '이제 현대사회에서 모든 게 새로울 것이 없다'라는 의미와 함께 인간에 의해 해체되고 새로운 질서로 만들어진 것이 자연이란 의식도 함의한다. 그래서 〈인공낙원〉은 메를로 퐁티의 '우리의 몸은 공간 속에 있는 것도 시간 속에 있는 것도 아닌 공간과 시간에 거주한다'는 실존철학의 토대에 바탕을 두어 지금 이 순간을 몸으로 풀어놓고자 한다.

이 작품은 어둠 속에서 작은 장난감 포클레인이 빛을 밝히며 여기저기 움직이는 것으로 시작된다. 여기서 포클레인은 카오스 상태에서 새로움을 만들어내는 이기利器의 상징이자 반대로 조물주에 의한 자연을 파괴하고 새로운 질서를 만들어내는 상징으로 나타난다. 인간이 만들어 낸 모든 것이 자연이며 이것이 인간이 만들어낸 또 다른 이상향임을 드러내며 이렇게 만들어진 인공의 낙원에서 9인은 무용수는 존재론적 의미를 지니며 각각의 이야기를 전해준다.

이 작품에서 이들의 움직임은 분절되어 있지만 기본적으로 '물아일체'物我一體, 즉 물체와 나, 결국 자연과 내가 하나라는 의식에서 출발한다. 인간의 삶 속 공간이 현대 사회의 자연 속에서 조화를 이루어내는 것이며 이를 생태의 파괴라기보다는 현대사회의 단면으로 표현한다. 생수와 선풍기와 같이 인위적 상징의 오브제도 자연 파괴에 대한 경고보다는 현대의 모습을 그대로 드러내고 있다. 그래서 이 작품에서 무용수의 몸짓은 과장되거나 역동적이지 않고, 무용수 각각의 존재론적 몸짓을 통해 표현하려 한다. 이런 측면에서 보았을 때 이 작품에서 움직임은 자연적인 표현의 능력이지만 땅을 딛고 있는 현실적 문제이기에 심리적 리얼리즘의 발현이다.

이 작품에서 자연과 조화를 이루는 것은 결국 현실에 대한 인식과 그것에 대한 지각 속 이상향이다. 거울을 통해 현실에 대한 반영을 보여줌과 함께 또 다르게 인식될 수 있는 세계에 대한 유심唯心을 관객들로 하여금 지켜보게 한다. 거꾸로 매단 나무나 바닥에 별을 새겨 뒤바뀐 혹은 바꾸어 그려낼 수 있는 세계는 그러한 인식의 출발이다. 그래서 이 공간에서 무용수들은 인위적인 소요유逍遙遊의 몸짓을 보이며 공간과 시간이 병행하여 하나의 합을 이룬 것이 아닌 시간과 공간이 멈춘 진공 상태의 낙원을 묘사한다.

또한 이 작품에서 음악과 음향은 상징적인 의미를 표현하려 한다. 초반의 알 수 없는 읊조림에는 큰 의미를 둘 수 없겠지만 기계음과 새소리가 중첩되고 나아가 기계음의 고조되는 장면은 이 작품의 절정을 보여준다. 이는 메를로 퐁티가 이야기한 '몸은 어떤 운동적인 본질을 외침으로 변화시키며 몸은 자연적인 표현의 능력'이란 말에 대입하여 본다면 쉽게 설명될 수 있는 부분이다.

마지막 장면에서 미소년 같은 무용수의 몸짓에서는 이상향으로 회귀를 상징한다. 쉼 없이 뛰는 원으로 그리며 뛰는 무용수의 몸짓은 본능적 움직임이고, 이러한 모습은 마지막에 흐르던 뻐꾸기시계의 소리가 '인공의 자연'이라도 그 허상을 기대하는 현실적 모습 그대로를 반영하고 있다.

김보라 안무의 〈인공낙원〉은 현실적 몸에 대한 사회의 표현, 이것이 사회적 의식이 아닌 현대인의 존재적 의식의 표현이다. 그래서 그의 작품에서는 뚜렷한 이야기 구조보다는 의식의 전달을 표상과 의미를 지닌 기호적 몸동작을 통해 구현된다는 특징을 지닌다. 이는 결국 '몸인 나'와 '몸을 가진 나'의 양면성에 대한 인식이 이 작품 속에서 희미하게 그려진다는 점에서 이 작품이 갖는 의미를 찾을 수 있을 것이다.

-『댄스포럼』, 2017.4.

10

가장 한국적인 것이
가장 현대적인 것일 수 있다는 명제
— 국립현대무용단 〈혼합〉

　국립현대무용단의 작품인데 다분히 한국적이다. 현대무용이라고 해서 한국적이지 말아야 할 것은 아니지만 그들의 이번 작품의 서두와 맺음은 춘앵무이고 음악 또한 극히 전통적인 흐름이 주를 이룬다. 그럼에도 〈혼합〉은 흔히 이야기하는 가장 한국적인 것이 세계적일 수 있고, 거기서 정체성을 발현되면서 현대적 전형성을 확보할 수 있다는 의미를 던진다. 그래서 이 작품은 자크 데리다가 말한 '차연'差延(différance) 속에서 차이를 인지하고 그에 대한 인식을 연기시켜 새로운 가치를 얻은데 의미를 둔다.

　국립현대무용단의 이러한 작업은 2016년 한국과 프랑스 수교 130주년을 기념해 오랜 기간 창작 과정에서 이루어진 것이다. 이는 프랑스 안무가 조세 몽탈보에 의해 안무된 국립무용단의 〈시간의 차이〉와 양가적 위치에서 바라볼 수 있고, 〈혼합〉이 한국적인 소재를 택해야했는가라는 배경을 살필 수 있다. 이 작품으로 2016년 프랑스 파리 국립샤요극장에서 공연되고, 이미 타자他者에게 한국적인 정체성을 보여주었다면 이번 무대에서는 한국적인 기저에서 현대적 의미가 어떤 것을 발견할 수 있을지 대중에게 묻고 있다.

　국립현대무용단의 〈혼합〉(예술의 전당 자유소극장, 2017.3.24.-26)은 10개의 시퀀스로 이루어져 있다. 춘앵무로 시작된 〈혼합〉은 남도잡가인 '보렴'과 양금, 가야금 산조, 슈만의 피아노 4중주, 남창 가곡歌曲, 타악 그리고 제의와 춘앵무 창사로 마무리하는 서사구조를 이룬다. 여기서는 우선 어떤 특별한 스토리텔링을 가지고 있다기보다는 한국의 전통춤을 통해 한국 문화의 원형미를 상징적으로 드러내고 있다. 화문석 없이 조명에 의해 춘앵무의 공간이 마련되고, 그 제한된 공간 속 그리 크지 않은 동작 속에서 관객에게는 익숙한 것에 대한 낯설음을 가지고 온다. 이러한 낯설음은 현대무용단이란 고정관념에서 출발할 것이며 무언가 변용을 통해 이루어질 것이란 기대지평을 저버리고 있기 때문이다.

'보렴'에서는 한국무용의 동작의 특징적 모습과 유려함을 드러낸다. 1908년 황성신문에서는 서양의 무도를 설명하면서 '서양의 춤은 취흥 때 발을 중심으로 춤추며 동양의 춤은 손이 중심'이라 대비하여 말하고 있다. 그런 것처럼 이들의 움직임은 한국무용의 손짓과 곡선을 통한 유동적 움직임이 정제되어지만 큰 물결이 흐르듯 변화무쌍하게 나타내고 있다.

이러한 한국적인 모습은 문턱에서 음악을 통해 또 다른 가치를 만들어내는데 양금(洋琴)이 그러한 역할을 한다. 양금은 서양의 악기가 동양적 정서에 맞게 변용되어 나타난 악기이다. 양금의 현은 철사로 만들어지고 그 소리가 동서양의 공통된 인식 속에서 발견될 수 있는데 동작에서도 서서히 역동적인 움직임으로 변화하여 인식의 확대를 가져온다. 이러한 모습은 거문고산조에 맞춰 춤을 추는 듯 보이지만 이어폰으로 흐르는 음악에 맞추어 스트리트 댄스를 추는 남자 무용수(장경민)의 혼종 속에서 절묘한 조화를 이룬다.

이 작품에서 가장 한국적이면서 보편성을 지닐 수 있는 오브제는 칼이다. 칼 속에는 여러 의미가 담겨져 있지만 검무의 출발은 전쟁에서 그 기원을 찾는다. 그렇지만 이것이 예술로 승화되어 칼날은 무뎌졌지만 마찰에서 나오는 날카로움과 절제된 동작 그리고 명료한 여성 무용수들의 역동적인 움직임이 전통춤과 현대무용의 경계에서 절정으로 이끌고 있다.

그러면서 이러한 엑스타시는 제의로 풀이를 한다. 제의는 원형적 형태지만 '혼합'에서는 현대사회의 여러 모순을 치유할 장치로 마련하며 이를 풀어내고 있다는 점에서 돋보이는 흐름이었다. 그리고 이어진 춘앵무 창사에서는 고혹적이면서도 조금은 현대적 정서를 지닌 몸짓으로 풀어놓고 있으며 열린 공간보다는 완성되게 매조지하며 마무리하고 있다.

'혼합'은 혼종이라기보다는 각각의 개성을 기반에 두면서 여러 장치의 변화, 음악이나 무용수의 뒤섞임 등을 통해 그 변별적 특징을 극대화하고 있다. 그래서 특별한 장치나 화려하지 않은 무대구성 속에서 관객은 무용수의 동작에 집중하는 효과를 가지고 왔다. 또한 한국적 정체성과 현대적 전형성의 혼합 속에서 관객들은 그 차이를 찾을 수 있었고 어떤 모습이 좋고 그렇지 않다는 것이 아닌 문화상대주의적 시각에서 무용의 매력을 발견할 수 있는 기회가 될 수 있었다.

국립현대무용단 〈혼합〉 국립현대무용단 제공, 황승택 사진작가

　이러한 모습은 국립현대무용단의 새로운 수장인 안성수의 '몸의 중립화'란 화두의 저변으로 이해할 수 있을 듯하다. 이는 한국무용, 현대무용, 발레라는 삼분법에 의한 '한국'무용이 아닌 원형성과 전형 속에서 새로운 가치체계를 만들어내고, 그 경계에서 개성의 극대화를 통해 한국 춤의 문법을 새롭게 정립할 수 있기 때문이다. 흔히 말하는 아무리 현대적인 것을 드러내려 하여도 혹은 한국적인 정서를 담아내지 않더라도 타자의 시각에서는 그 원형성이 발견되듯 앞으로 한국 '국립'현대무용단'에게 있어 한국 현대무용의 새로운 질서가 확립되기를 기대해본다.

- 『댄스포럼』, 2017.4.

11

전통과 전형성의 만남을 통한 새로운 의식
―제17회 서울국제즉흥춤축제 〈서울교방 즉흥춤판 '놀 자' 프로젝트〉

예술에서 즉흥이란 순간적으로 그 공간에서 발생하는 여러 행위들을 말할 수 있다. 이는 지금 이 순간 여기, 관객과 행위자의 상태나 소통 구조에 따라 발생하고 이것이 의미를 달리하여 나타나는 것이다. 이러한 극단적인 형태 중 하나로 '해프닝'을 들 수 있다. 1950년대 후반부터 1960년대 성행했던 이러한 행위예술은 순간적으로 일어나는 현상 속에서 그 의미를 찾고 기존의 질서를 해체하고 변혁을 일으키며 예술뿐만 아니라 사회에 커다란 반향을 일으켰다.

그렇지만 무대공연예술의 경우는 모든 행위 자체가 즉흥적 순간성을 내포하고 있다. 춤도 마찬가지로 무용수가 기계가 아닌 이상 그날의 감정과 공연 분위기에 따라 그 느낌은 달라지며 집단적 신명성을 통해 춤꾼과 관객은 또 다른 의미를 창출해 낸다. 게다가 우리의 전통춤은 민속에서 연원을 두는 춤들이 많기에 만들어지는 그 순간부터 즉흥적 요소를 자연스럽게 배태하고 있다.

이번에 열린 제17회 서울국제즉흥춤축제에서는 많은 공연이 이루어졌지만 한국무용으로 서울교방이 유일하게 참여하여 관객에게 또 다른 소통구조를 만들어냈다.(<서울교방 즉흥춤판 '놀 자' 프로젝트>, 아르코예술극장 소극장, 2017.4.22.) 이 공연에서 펼쳐진 레퍼토리는 '민살풀이춤'(김경란), '판소리 즉흥'(김지영, 강선미), '헤이 장고!'(성윤선 외), 'Kpop바라믹싱'(설향무용단), '재담소고'(김경란), '소고북춤릴레이'(설향무용단)였는데 서울교방이 지니는 다양성과 실험성이 함께 공유된 무대로 조망할 수 있다.

'민살풀이춤'은 맨손으로 추는 살풀이춤이라 하여 이름 붙여진 춤이다. 살풀이춤의 연원은 굿에서 찾을 수 있다. 그런 살풀이춤은 교방으로 들어오면서 공간에 맞게 즉흥적 요소가 가미되어 일반화되었는데, 이 공연에서는 조갑녀가 춘 민살풀이춤을 무대화하여 보여주었다. 민살풀이춤은 화문석 안에서 동작이 이루어지다보니 그리 동작이 크지 않다. 그렇지만 손동작이 세밀하고 그 찰나의 느낌을 표현하기에 긴장감을 불러일으키는데 이 날은 김경란 춤꾼의 진중한 내공이 더해져 그 의미는 배가 되었다.

성윤선 안무의 〈헤이! 장고〉는 장고춤을 현대적 감각에 맞게 풀어내고 새로운 질서를 구축한 흥겨운 무대다. 먼저 4명의 무용수가 나와 장고를 하나하나 해체하면서 조임줄로 줄넘기를 하고, 북면을 가지고 부채춤을 차용한 춤을 추어보이며 치기를 보인다. 그러다가 성윤선의 인생이 스며들어있는 랩이 곁들여지며 신명을 불러 모은다. 이미 정읍 농악, 설장구춤에서 매력적인 장구잡이로 정평이 있는 그의 반전 무대는 구태의연한 해석이 아닌 전통춤의 현대적 변용에 또 다른 가능성을 열어주었다는 점에서 의미 있는 작업으로 수용할 수 있다.

이어 바라와 빨간색의 강렬한 의상 그리고 싸이의 〈젠틀맨〉과 비의 〈라 송〉이 함께 버무려진 설향무용단의 무대는 바라의 투박한 음색과 일렉트로닉 믹스가 오묘한 조화를 이루며 관객의 흥을 불러일으켰다.

'재담소고'는 안채봉 소고춤을 김경란의 해석에 의해 새롭게 구성한 춤이다. 재담才談이란 일정한 서사구조를 지니고 웃음을 자아내게 하는 공연물을 통칭하여 말한다. 웃음은 철저하게 즉흥적 소통에 의해 만들어지는데, 안채봉 소고춤의 특징은 수건을 들고 춤을 추다, 이 수건을 허리에 묶고 신명나게 소고춤으로 이어지고 이른바 병신춤을 추어 웃음을 자아내는데 있다. 이 무대에서는 안채봉 소고춤이 지니는 잔재미보다는 웃음을 자아낼 찰나에 관객을 몰입시킨 스토리텔링이었다는 점에서 관객에게 웃음과 작품 몰입을 쉽게 가져다 주었다.

그동안 서울교방은 전통춤의 전승과 춤 수련 네트워크로 한국무용계에 새로운 의식을 심어주었다. 특히 이들은 전통춤에서 다른 집단이 넘볼 수 없는 조직력과 함께 류파의 종적구조가 아닌 개개인의 개성에 맞게 무대화를 만들어냈다는 변별적 특징을 지닌다. 그래서 무형문화재로 지정된 춤들이 정형화되어 감에 반해 이들이 전승하는 여러 춤들은 기본에 바탕을 두지만 춤꾼들의 개성에 맞는 춤을 선보임으로 무대기획자들에게 가장 선호하는 집단으로 자리를 하게 되었다. 예를 들어 서울교방이 가장 선호하는 춤인 '교방굿거리춤'도 춤꾼들마다 그 색깔이 다른데 이도 춤꾼의 성격과 그에 맞는 작품 구성에 의해 만들어낸 즉흥성에서 비롯된다.

 그런 의미에서 이번 공연에서 선보인 여러 실험은 전통춤의 전승과 별개로 전통춤의 현대적 수용과 대중성의 확산이란 측면에서 긍정적인 측면에서 바라볼 수 있다. 이미 몇몇 춤들은 서울교방의 여러 공연에서 최적화가 이루어지고 있는데, 이는 무대공연예술로 전통춤의 진보적인 변혁을 통해 또 다른 '만들어진 전통'을 창조한다는 점에서 의미를 지닐 것이다.

- 댄스포스트코리아, 2017.4.

12

공간미와 오브제를 통한 구조적 표현 방식
— 현대무용단 탐 〈보이지 않는〉

제22회 현대무용단 탐 레퍼토리공연으로 〈보이지 않는〉(이화여대 삼성홀, 2017.4.6.)이 무대에 올려졌다. 이 공연은 2013년 가을 신작무대에서 초연된 것으로 이번에 다시 레퍼토리 공연으로 관객과 만나게 되었다. 그렇기에 이 작품에 대한 미추美醜나 가부可否 등의 시의성보다는 리메이크 되어 전달되는 이 작품의 본질과 지금 이 순간 관객의 감각으로 느낄 수 있는 가치를 논의하는 게 이 글에서는 옳은 일일 듯 하다.

    이 작품에서 가장 눈에 들어온 것은 공간미와 오브제를 통한 의미 전달이다. 이는 '공간의 구조적 형태미를 부각하는 무용수들의 표현적 기법의 절제와 도출미, 이러한 의미의 축소와 확대를 넘나드는 것이 탐무용단만의 독특한 안무방식'이란 모토에서 출발한다. 이런 측면에서 이 작품에서는 현대무용이 지향하는 상징적 표현과 미니멀리즘의 요소가 극명하게 잘 드러나고 있다.

    소우주와 같은 식탁에서 검은 옷을 입은 군상들은 저마다 다른 몸짓으로 추상적 일상을 잰걸음으로 표현한다. 그렇지만 그 세계는 빗겨선 채 좌편 구석에서 유기적으로 맴돌고 있고, 여기저기 움직이는 사람들은 열린 공간 속에서 쉼 없이 가로질러 뛰고, 움직이고 만남을 반복하고 있다. 또 한쪽에서는 바구니와 꽃이 하나의 정화淨化 대상으로 상징적 의미를 드러낸다. 이는 이 작품에서 중요한 키워드임을 암시하며 시의 적절하게 활용된다.

    이러한 추상적 일상은 소외와 답답함으로 점철되며 혼란을 만들어낸다. 이는 외국어의 읊조림과 원투쓰리를 반복하며 되뇌는 소리 그리고 강한 음악이 중첩되어 관객으로 하여금 불편함을 만들고 무용수들의 몸짓도 그 소리에 함몰되어 거칠게 표현되고 있다. 그러다가 영상을 통해 옛 기억에 대한 반추가 보이고, 기타선율에 맞추어 뛰고 움직이고, 쓰러지는 역동적인 무용수들의 움직임 그리고 하얀 옷의 의상과 날카로운 현의 음악과 빠른 피아노와 함께 유동적 표현으로 나아가고 있다.

이어지는 어둠에서 밝음의 표현으로 이행과 검은 꽃 그리고 흰색을 덮은 식탁 등은 대칭적 가치의 표현임과 동시에 '보이지 않는' 또 다른 일상의 이면에 대한 상징적 상상력으로 나타난다. 그래서 작품에서 지시하는 지평은 모두 떠나고 남은 뒤 영상 속 구름처럼 미정형으로 그려내고 있다.

〈보이지 않는〉에서 이야기하고자 하는 바는 자유이다. 그렇지만 이 작품은 자유롭지 않다. 이건 이 자유로움을 강조하기 위해 자유롭지 않은 통합적 조직을 보여주고 이러한 자유를 쫓기 위해 역설적으로 구현하기 때문이다. 이 작품의 추상적 질서는 대칭적 기호에 대한 정반합을 통해 차이보다는 다름을 보여주고 있는 것이다.

이러한 흐름이기에 이 작품에서는 철저하게 모더니즘과 구조주의적 방식에 의한 표현과 공간 활용이 두드러진다. 이러한 의도는 철저하게 계산된 것이지만 안무자의 머리 속에 이미 내재된 공간 구성과 표현 방식의 자연스러움에서 비롯된다. 이는 형식미를 보이지만 감각적 현상을 함께 보임으로 공간의 분절 혹은 이항대립적 장치가 대립의 양상이 아닌 조화로움 속에서 이해를 시키고 있다는 특징을 지닌다.

이러한 모습은 이 작품이 지니는 유동적 흐름에서도 도움을 받는데 이러한 요소는 이 작품에 흐르는 음악에서도 궤를 함께 한다. 클래식 음악에 기저를 두면서 현악기의 날카로움도 있고, 바로크 음악을 통해서는 안정감을 주면서 감각적 이해를 돕고 있는 것이다.

조은미 안무 〈보이지 않는〉은 아주 잘 짜인 무용이다. 이는 인간 존재에 대한 여러 가치가 유수적 표현에 의해 의미를 확보하고 여러 오브제를 통해서도 이해를 돕고 있다. 이 작품이 레터토리로 다시 올려도 손색이 없는데 이런 원초적 본질에 대한 여러 표현을 담아냄에 기인한다. 그럼에도 이런 구조주의적 표현 작품은 역사사회성을 깊이 있게 담지 못하는 한계가 존재할 수밖에 없다. 현대무용이 갖는 항상 새롭게 창작되어야 하는 고뇌가 어찌 보면 주제뿐만 아니라 표현방식에서도 항상 생각되어야 할 문제가 존재한다. 그렇기에 레퍼토리 작품은 기존 정서와 함께 새로운 무언가를 보여주어야 하는 이중적 갈등이 잔존하는데 이 작품에서도 이러한 고민은 함께 생각해볼 부분일 것이다.

- 『댄스포럼』, 2017. 5.

13

경기도립무용단만의 브랜드 가치로서 의미, 또 다른 열림의 출발
— 경기도립무용단 〈달하〉

경기도립무용단의 태권무무 〈달하〉가 공연 10주년을 맞아 이를 기념하는 무대를 가졌다.(국립극장 해오름극장, 2017.4.20) 〈달하〉는 경기도립무용단의 대표 브랜드 공연으로 2008년 공연된 이래 10여 년이 지난 지금까지 관객에게 많은 사랑을 받는 대표적인 무용극이다. 이 작품이 브랜드공연으로 사랑받는 이유는 스케일이 큰 무용극이지만 문화원형의 여러 요소를 내재하고, 전통을 간직하면서도 태권도를 무대공연예술로 수용하여 대중적 관심도를 높인데 기인한다. 이 작품은 전통무예에 담긴 여러 요소를 춤사위로 풀어내고, 재미를 더해 넌버벌 퍼포먼스의 총체적 공연예술로 의미를 확보하고 있는 것이다.

〈달하〉는 창세신화를 바탕으로 한다. 신화적 모티프는 21세기 가장 유용한 문화원천의 바탕이다. 영화 〈반지의 제왕〉이나 〈토르〉처럼 신화는 환상성과 창의성을 통한 생산성을 가지고 오는 바탕이기에 문화콘텐츠로 활용된다. 〈달하〉도 한국적 전통 소재를 바탕으로 하면서도 문화의 보편성과 특수성을 함께 묘파하고 있다. 태초의 장면을 묘사하기 위한 들머리의 영상 장면과 청룡, 백호, 주작, 현무 등의 사신四神과 다채로운 동물로 변신한 무용수들의 모습에서 서사구조를 통한 여러 의미망을 함께 내포하여 큰 볼거리를 제공한다.

이 작품은 1부 미르의 재림, 2부 미르의 후예로 나뉜다. 1부는 태초의 여러 모습이 조화를 이루며 표현된다. 카오스의 무세계와 천지개벽 그리고 미르(용)의 재림과 신들의 모습까지 신화소의 여러 모티프가 집중되어 나타난다. 2부에서는 이러한 모태가 어떻게 창조되어 그 후예들이 이 세상을 꾸려나가는지를 표현하고 있다.

경기도립무용단 〈달하〉 경기도립무용단 제공

　이 작품에서 볼거리는 화려한 무대구성이다. 미르의 재림에서 청룡과 황룡의 등장은 관객을 압도하였고, 나비, 두꺼비, 뱀, 독수리의 등장은 재미와 함께 서사구조의 의미소로 정당성을 함께 확보하여 보여주었다. 이는 상징적 역할을 담당하고 있지만 개성적인 캐릭터로 무용극 전체에 활기를 불러일으키는데 충분하였다.

　아무래도 이 작품의 중요한 관점은 태권무무와 관련된 여러 장면들일 것이다. 선무도, 태견검무, 태견무 등은 무武가 지니는 강함을 내재하면서도 무舞가 표현하는 부드러움과 절제를 통해 이를 예술적으로 승화시키고 있다. 특히 무사도 장면에서는 군무를 통해 강건한 미르의 후예 모습을 상징적으로 드러냈고, 남성춤이 가지는 절도와 역동성을 함께 보여주고 있다.

　또한 이 작품은 경기도립무용단원들의 각자 역할에서 활약과 함께 두 주역 무용수에 초점이 자연스럽게 맞추어 질 듯 하다. 이동준은 2009년부터 〈달하〉의 주역무용수로 활약하다 이번 10주년 무대에 다시 태초남으로 복귀하였다. 20대의 나이에서 출발하여 이젠 10여

년 지난 세월이라 그의 무용 세계의 깊이가 더해졌을텐데 거친 태초남에서 무게감을 더한 모습으로 거듭나며 영웅의 역할을 잘 소화해냈다. 무사도 장면에서는 그의 카리스마가 돋보인 무대로 이동준의 순간 몰입도에 의해 표출하는 에너지는 관객을 사로잡기에 충분하였다. 신예 이나리도 새로운 태초녀로 정갈한 몸짓을 보여주었다. 이전 작품에서 보인 열정적인 춤사위는 억누르고, 아름다운 신화 속 여인으로 미적 감감을 드러내 또 다른 가능성을 열어 주었다.

이 작품은 총연출을 맡은 조흥동 전예술감독과 안무를 맡은 김정학 현예술감독이 경기도립무용단의 정체성에 맞는 창의적 발상에서 비롯되었고 여러 실험을 통해 완성도를 높인 바 있다. 그런 노력으로 이 작품은 경기도립무용단만의 브랜드 레퍼토리로 역할을 하였고, 다른 유수의 단체들이 이 작품을 벤치마킹하기도 하였다. 그런 측면에서 이 작품의 공은 크며 지금도 유효하다. 그럼에도 10여년의 성상 속에서 이 작품이 이런 위치에 놓였듯 이제는 새로운 감각에 의한 경기도립무용단의 또 다른 브랜드 레퍼토리를 대중은 요구할 것이다. 태권무무라는 융복합의 현대적 감각으로 무용계에 새로운 방향성을 제시하였듯이 대중이 요구하면서도 무용의 본질 그대로 보일 작품으로 경기도립무용단만을 드러내기를 기대해 본다.

-『댄스포럼』, 2017.5.

14

보여주기와 감춤 속 현대인의 실존에 대한 고민
— LDP무용단 〈17th LDP〉

　LDP무용단은 한국무용계에서 가장 스마트한 무용집단 중 하나이다. 굳이 영어 단어로 표현한 것은 '스마트'smart란 말 속에 이들을 지시하는 여러 함의가 담겨져 있기 때문이다. 이는 그들의 무용이 깔끔하기도 하고, 영리하기도 하고 활기참이 함께 이야기될 수 있음에서 비롯된다. 그래서 이들의 행보는 대중에게 관심의 대상이고, 젊은 무용수에게는 선망이기도 하다. 이번에 이들은 제17회 정기공연을 가짐으로 올해 첫 발걸음을 디뎠고 또 다른 실험적 무대를 통해 관객과 함께 호흡하였다.

　〈17th LDP〉(아르코예술극장 대극장, 2017.3.31)은 두 가지 작품으로 구성되어 있다. 1부는 프랑스 안무가 에릭 롱게Eric Languet가 안무한 〈I was admiring her through a series of precision cut mirrors〉(이하 <I was admiring~>)이고, 두 번째는 김동규가 안무한 〈Look Look〉이다. 이 두 작품은 국적이 다른 안무가의 작품이란 변별성이 있고, 표면적 주제에서도 드러냄, 보여주기와 감춤, 몰개성이란 측면에서 구별되어지면서도 이면적인 주제는 현대의 일상성에 대한 표현이란 점에서 같은 연장선에서 해석되는 작품이다.

　먼저 〈I was admiring~〉는 안무자가 뉴질랜드 시인 빌 넬슨Bill Nelson의 같은 제목의 시에서 영감을 받아 인간의 갈망과 욕망을 주제로 그리고자 하였다. 또한 이미지적인 측면은 미국의 사실주의 화가 에드워드 호퍼의 그림 〈밤샘하는 사람Nighthawks〉에서 영감을 얻어서 구성하였다. 이 그림은 뉴욕의 한적한 어느 술집, 그림 속 인물들은 무심하게 일상적 모습을 드러내고, 전면이 유리로 되어있는 광경을 관찰자는 관음증적 시각에서 바라보게 하는 작품이다. 그런데 이 그림 속 분위기는 도시의 어둠 속에서 실내 안 유난히 밝은 형광불빛이 오히려 건조한 고독함을 전해주는데 이런 이미지는 〈I was admiring~〉에서 그대로 차용되었다.

유리박스로 된 투명한 공간이 무대 전면에 드러나고 이 공간 속 여러 사람들은 다른 일상을 그려낸다. 이야기하고 싸우고 울고, 밖에서는 또 비슷한 장면이 연출되고, 안에서 보는 사람의 바깥세상은 우습지만 그들에게는 고뇌에 차있고, 밖에서 보는 안의 모습은 흥겹지만 블랙코미디이다. 또한 노래를 부르는 장면에서도 진지하게 노래 부르거나 '한곡 더 하자'인데 다른 이는 원하지 않는 모습, 그리고 함께 흐드러지게 노는 대목 등은 인간군상의 상징적 표현이다.

이러한 표현 방식은 이 작품의 안무자가 DV8 피지컬 씨어터 댄서 출신이란 점에서인지 드라마 요소가 강하게 드러낸다. 대사도 있고, 노래도 부르고 이러한 모습은 현대인들의 내면에 잠재된 욕망의 분출이며 타자에 이해받고 싶어 하지만 혹은 간섭받기 싫어하는 이중적 잠재의식의 그대로이다. 이는 유리상자 안과 밖으로 공간을 나누어 이야기하여 흔히 이야기하는 인간사人間事 겉으로는 다르게 보이지만 속내를 보면 101호, 102호 다 똑같이 인생의 명암이 있다는 모습을 '미메시스'mimesis로 표출하고 있다. 이러한 모습은 관객에게 인간군상에 대한 관음적 시선이지만 이들의 카니발 요소는 카타르시스를 통한 공포와 연민을 함께 전달하고 있다.

김동규 안무의 〈Look Look〉는 감춤에 대한 바라봄과 내적 갈등의 표현을 보인다. 무대는 전면에 천을 엮은 기둥이 위에서부터 내려와 있고, 화려한 색감의 옷을 입은 무용수들이 시선을 모은다. 이러한 모습은 다분히 현대적인 감각이 드러나지만 속내를 보면 원초적인 상징성과 함께 묘한 분위기를 만들어 내고 있다.

그런데 자세히 살펴보면 이들의 얼굴은 획일화되어 가려져 있고, 이들의 행동은 LDP의 특징적 모습인 군무를 통해 같으면서도 서로 다르게 표현하는 '따로 또 같이'의 몸짓으로 감정선을 분출하고 있다. 이러한 행위는 타악의 극대화를 통해 엑스타시를 만들어내고, 볼레로를 연상시키는 기나긴 반복음악을 통하지만 다른 동작을 통해 확장성을 이룬다.

그럼에도 이 작품에서 무용수들은 화려함을 관객에게 보여주지만 익명성을 상징하는 감춤의 대칭적 구조를 통해 현대사회의 몰개성과 함께 존재가치에 대한 의미도 함께 전달해 주고 있다. 이는 표정을 알 수 없는 마스크를 쓴 무용수들을 통해 only one도, no.1도 아닌 인간군상 속 일개인의 모습을 상징적으로 그려낸 것이다.

    그러다보니 에릭 롱게와 김동규 안무의 두 작품은 철저하게 다른 표현방식으로 관객에게 다가서지만 그 속내는 현대인의 실존에 대한 문제를 깊이 있게 던지고 있다. '나는 누구인가?' 어찌보면 현대무용이 지향하는 가장 원초적인 물음을 던지고 있지만 이들의 방식은 드러냄과 감춤을 통한 자연주의적 일상성 혹은 원초성을 통해 구현되고 있다.

-『댄스포럼』, 2017.5.

15

우공이산愚公移山 우보만리牛步萬里, 기나긴 춤꾼의 여정

―오철주 〈오철주의 춤, 춤의 맥을 짚다〉

봄 계수나무에 왜 봄 빛 가득한 때 꽃이 없는가 물으니 '봄꽃이 그 얼마나 오래 갈꼬, 바람서리 휘몰아쳐 잎 지는 가을에, 나 홀로 빼어나 꽃피움을 그대 아나 모르나?' 하더라

이 글은 『고문진보2』에 왕유王維가 쓴 '춘계문답이春桂問答二'의 선문답과 같은 한 대목이다. 이는 인생 그 자체이지만 평생 공부를 하는 사람들에게도 적용되는 말이다. 우리네 춤꾼, 한국 전통춤을 익히는 이들의 그 수련 과정은 고난의 과정이다. 젊은 시절, 무언가 잘하는 듯 보이지만 그것이 잘하는 것이 아니고, 장년이 되어서야 스스로 춤을 조금 아는 것 같지만 그로부터도 한참 지난 후 스승으로부터 이젠 춤을 출줄 안다고 인정받으니 말이다. 그만큼 전통춤을 익히는 것은 기법을 배우는 것이 아닌 수행修行하며 그 진리를 얻는 구도자求道者처럼 우공이산愚公移山 우보만리牛步萬里를 행하는 길이다.

이러한 선문답 같은 화두에서 모티브를 얻은 〈오철주의 춤, 춤의 맥을 짚다.〉(국립국악원 풍류사랑방, 2017.5.10.)는 오철주와 그의 제자들이 우리 전통춤의 이야기를 하나의 서사구조를 속에서 진솔하게 풀어놓는다. 이 공연의 특징은 다른 전통춤 공연과 달리 분절되지 않고 하나의 흐름으로 이으며 크게 네 개의 기승전결 이야기로 구성되어 있다. '새싹이 움트고, 입춤'을 시작으로 '봉오리를 맺으며, 한량무', '꽃을 피우니, 승무' 그리고 마지막으로 '바람에 흩어져 다시 땅에 묻히더라, 살풀이춤'로 이어지는 스토리텔링에서 알 수 있듯 춤을 배우고 익히는 하나 하나의 단계와 인생을 상치相値하여 보여주고자 한다.

'새싹이 움트고, 입춤'에서는 춤을 익힐 때 가장 먼저 배우는 입춤을 중심으로 이야기를 전개한다. 서두는 김소월의 시 〈엄마야 누나야〉의 음률에 맞추어 순수한 한 아이가 춤으로 인도되어 가는 모습을 상징적으로 그린다. 이어 자연스럽게 입춤으로 이어지는데, 입춤은 한자로 서서立 추는 춤을 말하지만 입문入門 과정에서 처음 배우는 기본 춤이다. 그래서 모든 춤의 요소들이 여기 담겨있는데 기본춤이라 지루할 수 있는 있었지만 여성 제자들의 화려하면서도 정갈한 부채입춤 군무를 통해 봄꽃 같은 향내를 불러일으켰다.

이어진 '봉오리를 맺으며, 한량무'는 이제 춤을 조금 알기에 오히려 몸이 앞서, 힘의 조절을 배우는 시기에 대한 이야기로 한량무를 중심에 놓는다. 홀춤 한량무는 남성춤을 상징하는 신명성과 절제미가 함께 공유된 춤이다. 서사구조 속 한량무는 회상을 통한 풀이가 중심이지만 이 무대에서는 오철주와 남자 제자들에 의해 절도 있는 한량무가 추어진다. 오철주의 한량무에서 가장 두드러진 점은 풀고 맺는 동작에서 절제미가 긴장감을 불러일으킨다는 점이다. 모든 춤이 다 그렇지만 춤을 보면 그 사람을 알 수 있듯 과할 수 있는

오철주 〈살풀이춤〉 오철주 제공, 이현준 사진작가

한량무의 기운을 균정均整하여 춤꾼의 성정性情을 읽을 수 있는 대목이다.

이어 '꽃을 피우니, 승무'에서는 이제 어느 정도 몸에 춤이 익어 그 인식 과정을 그린 것으로 승무에 비추어 이야기한다. 이 무대에서는 승무를 역순으로 하여 북치는 과장을 먼저 놓고, 염불과장을 나중으로 구성하였는데, 법고 대신 윤영숙, 손수미의 진도북춤으로 흥을 이끌면서 오철주의 승무로 이어졌다. 오철주 승무는 분절된 움직임 속에서 몸, 굴신과 특히 근육의 미세한 흐름까지도 하나하나 체득하여 몸으로 표출되는 유장미流長美에서 그 매력을 찾을 수 있다. 이 무대에서 역순으로 춘 것도 법고의 카타르시스도 중요하지만 이를 이끄는 과장의 중요성을 다시 일깨우는 풀이라 할 것이다.

이 춤판은 '바람에 흩어져 다시 땅에 묻히더라, 살풀이춤'에서 지전춤 등 진도씻김굿의 춤과 함께 살풀이춤으로 마무리한다. 이매방은 춤의 수련 과정을 '입춤-승무-살풀이'의 순으로 말한 바 있다. 이는 승무가 춤꾼에겐 기법적인 측면에서 가장 어려운 춤이고, 살풀이가 춤의 감정 몰입에 가장 힘든 춤이라는 해석으로 이해할 수 있다. 그래서 살풀이춤이 그 이면적 주제에서 살을 풀면서 이승과 저승 모두 안녕을 비는 통과의례 의미를 지니는 춤이기에 여기서도 마지막을 장식한다. 이 무대에서 오철주의 살풀이춤은 살풀이춤이 가지는 유려미流麗美를 드러내며 부드러움을 유동적으로 살피고 있다.

이렇게 이 춤마당은 문학평론가 노드롭 프라이Northrop Frye의 원형 비평적 시각에서 이야기한 봄은 희극, 여름은 로만스(낭만성), 가을은 비극, 겨울은 아이러니와 풍자로 풀이한 것처럼 춤꾼과 인간의 일생을 중첩하여 관객에게 춤을 전해준다. 그래서 이 공연은 전통춤의 기나긴 여정과 한 춤꾼의 일생을 사계로 표현하여 상징적으로 그려낸 것이다.

오철주는 춤꾼으로도 일가를 이루었지만 수많은 제자들을 올곧이 키운 스승으로도 알려져 있다. 이 자리가 두드러진 독무보다는 제자들과 함께 한 것도 그의 춤에 흐르는 균정미均整美가 그대로 전승되어 자기 색깔에 맞게 체화되기를 바라는 바에서 이루어졌을 것이다. 전통춤은 결국 우직하게 한 길을 함께 가며 구전심수에 의해 전승과 소통이 이루어진다는 점을 이 공연을 통해 다시 확인할 수 있다.

- 댄스포스트코리아, 2017.5.

16

젊은 안무가들의 성장을 위한 마중물
—20th 크리틱스 초이스 댄스 페스티벌

크리틱스 초이스 댄스 페스티벌(아르코예술극장 대극장, 2017년 5월 10,12,14)이 20회를 맞았다. 20년이란 기간 동안 여러 부침이 있었지만 이 자리는 젊은 무용가들에게 터닝 포인트를 제공해주었고, 제대로 된 안무가로 입문의 장을 주었다는 점에서 크게 박수 받을 수 있다. 또한 그동안 주관한 댄스포럼과 이를 후원한 LIG손해보험, 한국문화예술위원회의 지원은 프로그램 뒷면에 실린 참가자들의 면면을 보더라도 그리 헛된 것이 아닌 무용가들이 전진할 수 있는 마중물이었다는 측면에서도 기억해야 할 부분이다.

또한 크리틱스 초이스 댄스 페스티벌(이하 크리틱스 초이스)은 젊은 안무가들의 기량을 선보이는 토대임과 동시에 당대 무용의 흐름과 앞으로 이루어질 한국 무용의 작품 경향을 조망할 수 있는 점에서 경연을 떠나 무용계에서 주목할 수 있는 행사이다.

2017년에도 9명의 안무가들이 아르코예술극장 대극장에서 30여 분되는 새로운 작품으로 공연을 펼쳤다. 9명의 안무가는 아르코 대극장이라는 안무가로 좋은 작품을 무대화할 수 있는 공간에서 30여 분이라는 길지도 짧지도 않은 시간 속에서 자신과 싸움을 벌였을 것이고, 스스로 반성과 희망을 본 시간이었을 것이다. 경연이었고 최우수안무가와 우수안무가가 이미 선정되었지만 이 자리에서는 이를 떠나 공연 순서대로 정리하고 그 느낌대로 서술해보도록 하겠다.

첫째 날 박은영 안무의 〈율마〉는 '율마'를 오브제로 인간의 내면을 묘파한 작품이다. 율마가 가지는 그 알싸한 향기의 산뜻함과 순수함이 이 작품에서는 인간 정서의 표징으로 표현되고 있다. 이는 화분과 율마를 분리하는 동작에서부터 한군데 모아둔 율마가 다시 무용수에게 전달되는 동작까지 의미망을 가지고 주제의식을 관객에게 전달하고 있다. 이 작품에서 율마는 베케트의 '고도의 기다리며'에서처럼 기다림과 잠재의식 속 미지의 기호임을 무용수들은 큰 변화 없는 움직임 속에 잘 드러내고 있다.

안덕기 안무의 〈검은집〉은 소설 '태양의 그늘'을 모티브로 한다. 이 작품은 소설이 가지는 서사구조보다는 주제의식에서 느껴진 인식을 역동적으로 담아내는데, 한국 무용 춤사위의 부드러움과 강함이 바로크음악이나 현을 중심으로 한 클래식 음악과 상치되며 새로움을 준다. 작품 전체적으로 작품이 지시하는 감정선보다는 무용수들의 몸짓이나 완성도에서 안정감을 주는 작품이다.

이동하 안무의 〈골콩드〉는 르네 마그네트의 그림 '골콩드'에 모티브를 둔다. 그림에서 인간이 비처럼 쏟아지는 초현실주의적 묘사는 이 작품에서 엄청난 양의 종이 덩이로 치환되었고, 현대인들의 획일화되고, 쳇바퀴 도는 일상은 배경 음악인 모리스 조제프 라벨의 '볼레로'와 조화를 이룬다. '볼레로'는 수많은 무용에서 배경음악으로 사용되었다. 수많이 사용되었다는 점은 그만큼 무용으로 표현하기에 좋은 작품이라는 의미와 함께 무엇이 새롭겠는가라는 우려감을 함께 내포한다. 이 작품에서는 이 '볼레로'를 이동하의 색깔을 담아내었다는 측면에서 긍정적이었다. 안무가 특유의 좌편에 모여 위 아래로 팔을 흔드는 반복적인 움직임이나 동선을 움직이면서도 집단적으로 반복되지 않은 다양한 몸짓은 관객에게 반복 음악에서 오는 지루함을 떨칠 수 있게 만들었다.

둘째 날 전예화 안무의 〈Good, bye〉는 사후세계란 인간이 만들어낸 허상이라는 생각을 가지고 안무한 작품이다. 이 작품은 현실 세계와 몽환적 분위기 속 여정을 군무와 2인무를 교차적으로 보여주며 이야기를 완성한다. 무대구성이나 의상 등 여러 부분에서 가장 화려하였고, 끝나기 5분 동안 색지를 통한 열정적 무대 등 노력한 흔적이 춤에서 그대로 드러난 작품이다. 아쉽다면 무용수들이 힘의 결집이 제대로 드러나지 못하여 안무자가 의도한 바가 100% 표출되지 못한 점에 있다.

권용상 안무의 〈홍길동〉은 이번 크리틱스 초이스에서 관객에게 가장 난감하게 받아들여진 작품이다. 제목 〈홍길동〉에서 오는 기대감과 프로그램에 나온 작품 내용과 안무의도가 무대에서 전혀 다르게 구성되었기 때문이다. 이런 사전 지식과 상관없이 무대화된 작품은 서두에서 영상을 통한 영정이나 대립양상으로 표현된 무용수들의 움직임에서 주목을 끌었다. 그렇지만 뒷부분으로 갈수록 구성을 위한 삽입(예를 들어 탈춤에 등장하는 사자가 이 작품에서 어떤 의미를 갖는지 등)과 예상되는 구도로 인해 서두의 집중은 오래가지 못하였다. 물론 여러 사정이 있었겠지만 오히려 원래 구상한 작품을 통해 실험적으로 표현하였다면 안무가의 기량을 제대로 볼 수 있지 않았을까 아쉬움이 짙게 묻은 흠결이 남은 공연이었다.

이지혜 안무의 〈Beyond the Edge〉는 미니멀한 오브제와 무대장치 그리고 발레 기법이 중심에 놓이는 작품이다. 이 작품에서 표면적으로 느껴지는 것은 감정에 대한 리듬과 그 흐름이다. 그렇지만 그 감정의 표현은 나와 너, 나와 사회라는 경계의 의미를 드러내고 인간 내면의 여러 갈등을 묘사하고 있다. 그럼에도 이런 표현이 기법적인 측면에서 발레를 중심에 놓는데 한계가 있었고, 오브제를 제대로 활용하지 못한 점에서 아쉬움을 준다.

셋째 날 장혜주 안무의 〈그래도 스마일〉은 남자 셋, 여자 셋의 무용수가 어우러진 이야기로 사랑과 존재에 대한 의미를 보여준다. 강렬한 기타 연주와 기계음 속 작은 불빛 등 미시적인 장치를 통해 움직임의 표현 방식을 극대화하고 있고, 가벼울 수 있는 주제를 유동

정석순 안무 〈아수라발발타〉 댄스포럼 제공, 옥상훈 사진작가

적인 흐름으로 움직임을 이어가며 표현하였다.

정석순 안무의 〈아수라 발발타〉의 주제 의식은 '모두 다 이루어지라'는 의미의 주문에서 시작된다. 이 작품의 기저는 강한 비트와 강렬한 음악 그리고 남성 무용수와 여성 무용수의 역동적 움직임이 조화를 이루는 특징이 있다. 또한 특별한 장치 없이 춤으로만 승부를 하며 뚜렷한 의식보다는 이국적인 분위기 속에서 놀이와 주술적 의미를 슬며시 드러낸다.

김윤아 안무의 〈이것과 그것〉은 최근 드러낸 안무자 특유의 이국적 정서와 대사를 통한 연극적 요소 그리고 고상함이 깊게 묻어있는 작품이다. 그러면서 그의 안무는 항상 well-made를 추구한다. 현대무용에서 의식 없이 쓰이는 외국어의 생경한 불편함이 아닌 이해할 수 없는 상황에 대해서 무의미함을 보이며 소외효과를 가지고 온다. 또한 의자를 오브제로 사용한 무대 장치는 개성과 몰개성을 상징하며 전체적인 구성의 중심으로 자리한다. 이 작품에서도 안무자의 색깔이 확실하게 각인시키며 다음 작품을 기대하게 만든다.

이렇게 9개의 열의를 가지고 준비한 작품이 관객과 만났다. 아마 그 열정이 아까워서 같은 형태로 혹은 변용되어 다른 무대에서 다시 만나게 될 것이다. 이러한 콘텐츠 제공의 원천이라는 점도 크리틱스 초이스가 지니는 가치 의미일 것이다.

그렇다면 아르코예술극장에서 30분 내외의 멋진 작품을 만드는데 초점을 맞추어야 할 것은 무엇일까? 춤을 잘 춘 작품이란 기본을 전제하고 그러하면 그와 함께 논의될 수 있는 것이 안무 능력과 디테일한 기법일까 아니면 작품의 완성도와 주제의식을 제대로 표현하는 능력일까? 이것이 결국 자신의 추구하는 방향과 구성력이 합쳐져 개성을 만들어내는 것임을 일깨우며 크리틱스 초이스에 서고 싶은 안무가들에게 9작품이 화두를 던지고 있다.

-『댄스포럼』, 2017.6.

17

한국적 이미지 표현과 발레로 조화로움의 균정미
—국립발레단 〈허난설헌—수월경화〉

발레는 서양에서 출발한 예술이다. 그 흐름은 궁정에서 발흥하여 낭만발레, 고전발레 그리고 모던 발레로 시대적 흐름에 따라 균정하게 발전하여 왔다. 발레가 동양에 유입된 것은 근대 이후다. 우리의 경우도 일제 강점기 발레에 대한 희미한 흔적을 찾을 수 있고, 해방공간 그리고 전후에 본격적으로 무대화가 이루어진다.

그러면서 자연적으로 생긴 화두 중 하나가 한국적 발레의 구현이었다. 서양에서 발흥한 발레를 어떻게 하면 한국문화와 접목하여 한국적 발레를 표출할 것인가에 대해 고민 하였고, 이를 실천하기 위해 지난한 작업을 거듭한 것이다. 이는 〈춘향〉, 〈심청〉처럼 기대지평이 있는 작품은 물론이거니와 전통의 다양한 이야기에서 자연스럽게 한국 발레를 새롭게 정립하려고 노력하였다. 그럼에도 어떤 경우는 양복을 입고 갓을 쓴 것처럼 어색한 경우도 있었고, 의상이나 음악 등과 부조화를 보이며 그저 한국적인 모습을 보이려는데 중점을 둔 경우도 있었다.

국립발레단 〈허난설헌—수월경화〉(예술의 전당 CJ토월극장, 2017.5.5.-7)는 그동안 창작발레를 통해 한국적 이미지를 내세우려 한 점에서 벗어나 한국적인 이미지에 발레의 움직임을 조화시킨 작업이었다는 점에서 대중에게 자연스러움을 넘어 발레만의 우아미를 전해준다. 다시 말해 한국적인 것과 발레라는 것 어느 하나를 우선으로 생각하려 하기 보다는 완성도를 위해 음악과 의상, 무대장치 그리고 안무가 조화롭게 합을 이루고 있다는 점에서 의미를 둘 수 있다.

〈허난설헌-수월경화〉는 국립발레단 솔리스트 강효형의 안무로 만들어졌다. 안무자는 허난설헌의 시 〈감우感遇〉, 〈몽유광산산夢遊廣桑山〉 등을 읽은 감동에서 이 작품의 모티브를 찾는다. 이에 따라 '수월경화水月鏡花', 물에 잠긴 달, 거울에 비친 꽃이란 제목으로 난설헌 허초희의 삶을 표상으로 드러내고 있다.

먼저 이 작품에서 눈과 귀로 느껴지는 것은 황병기의 가야금 연주를 비롯하여 한진, 김준영, 심영섭의 음악들이다. 일찍이 황병기의 가야금은 홍신자의 구음에 의한 〈미궁〉처럼 극단적 초현실주의도 있었지만 전통 음률의 전형성을 표현하며 동시대적 원형성을 드러내는 데 충분한 요소를 전해준다. 서두에 제시된 '춘설'도 이 작품 전체를 아우르는 두괄적 상징으로 표현되는데 허난설헌의 뒷모습만을 보인 이미지나 푸른 난새, 채색 난새로 풍유Allegory된 무용수들의 움직임이 한가롭지만 애처롭게 표현되고 있다.

그렇지만 이 작품에서 황병기의 가야금만으로 이어졌다면 단순할 수 있는 느낌은 김준영의 거문고 음악으로 교차되어 무게감을 전해주었고, 중후반부의 한진의 '월하정인'과 심영섭의 '하늘을 날다'를 통해 하나의 서사구조를 완성하고 있다. 이는 발레에서 중요한 요소를 차지하는 것이 음악임을 그리고 다분히 한국적인 음색에도 발레가 조화를 이루며 표현될 수 있음을 인식시키고 있다.

이러한 모습은 이 작품에서 줄거리를 전해주기보다는 음률에 맞춘 서사구조를 이미지화하고, 남녀 무용수들의 표현 기법을 단순화시킨 효율적 구조에서 비롯되었다. 이는 〈감우〉, 〈몽유광상산〉 속에서 캐릭터를 찾아 난, 푸른 난새, 채색 난새, 쉐도우 등으로 표현된 무용수들의 창의적이며 유기적 움직임에서 잘 드러난다. 또한 남녀 군무에서 각각의 색깔을 드러내고 있고, 8명의 무용수들이 파드되가 배경이 되는 부분에서 정점을 이룬다. 이는 잔잔한 근육의 움직임보다는 색감으로 모든 걸 표현한 돋보인 의상에 힘입으며 한국 창작 발레로 어색함 없게 도움을 주었다.

이 작품은 전체적으로 빈틈없는 작품이다. 이것은 이 작품이 지니는 장점이자 단점일 듯 하다. 움직임은 유동적으로 이어지며 많은 이미지를 담아내고 남녀 무용수가 조화를 이루었다는 점에서는 장점이지만 잦은 변화를 통해 여백이 제대로 드러나지 못한 아쉬움이 있음에 기인한다.

그럼에도 불구하고 강효형 '안무가'는 한국 창작 발레 안무가로 주목할 수 있다. 이 작품을 통해 그는 전체를 아우를 수 있는 혜안, 즉 춤뿐만 아니라 음악과 추상적으로 단순화시킨 무대 구성, 의상 등에 조화시킨 작품 구성을 보여주었다. 이러한 점은 모던 발레의 추상적 표현에 소외당할 수 있는 관객들에게 음악과 이미지화한 스토리텔링으로 인해 긴장감에서 주었기 때문이다. 이는 앞서 결론처럼 이야기한 한국적 이미지에 발레의 장점을 극대화한 작업이었다는 점에서 한국 창작 발레의 가능성을 다시금 확인한 작품으로 기억할 수 있을 것이다.

-『댄스포럼』, 2017.6.

18

보편적 정서와 남도의 정서를 통한 잘 짜인(well-made) 소리극
―마당여우 프로젝트 소리극 〈권번 꽃다이〉

소리극 〈권번 꽃다이〉(서울남산국악당, 2017.6.13.-16)는 한 권번 출신 예인의 일생을 되짚어 보며 그의 삶과 예술세계를 소리극으로 풀어낸다. 이 극은 소리극이라 장르적 명칭을 붙이고 있는데, 극 중간 중간 나오는 남도소리와 여러 음악들이 극 형식을 원활하게 이어주는 역할을 하는데서 비롯된다.

이야기는 무진권번 출신으로 대중에 인기 높다 어느 순간 잊힌 최소도의 장례식 공간으로 시작한다. 그는 혼령이 되어 장례식에 머물고, 문상을 오는 옛 권번 친구들을 통해 옛 추억을 되새긴다. 권번에서 소리와 춤을 배우는 기생들 그리고 또래에서 가장 앞서며 인기를 얻지만 한국전쟁으로 모든 걸 잃고 잊힌 최소도 그리고 그의 친우인 서남풍, 심난주, 박채선의 살아온 나날에 대한 이야기가 이 극의 서사구조다.

이 소리극은 20여년 광주, 전남 지역을 중심으로 마당극을 해온 배우들로 이루어진 마당여우 프로젝트가 풀어놓는 이야기이다. 1970년대 전통문화의 계승과 사회적 의식을 담아 실천의지를 보여준 마당극은 열린 공간 속에서 탈춤, 판소리, 재담, 풍물 등 다양한 요소가 결합되어 민중과 함께 호흡하였다. 1980년대 광장으로 나가 대동大同을 지향하거나 '어두운 시대의 광야에서 울리는 진실을 외치는 외로운 목소리'(정지창, 『서사극 마당극 민족극』, 76쪽)란 말처럼 변혁의 선봉을 자임하던 마당극은 내용과 형식에서 사회의 변화에 적응하지 못하고, 쇠퇴하여 갔다. 이에 마당극의 주체나 내용은 해소를 통해 변화하고자 하였고 새로운 가능성을 열고 있었는데, 이 작품도 그런 범주에서 논의할 수 있다.

그렇다면 이 작품이 선택한 소재는 왜 권번일까? 기생하면 부정적인 이미지가 강하지만 근대 기생은 여러 사회의식의 변혁에 참여한 주체였다. 이 작품의 시퀀스 모티브인 자선대회 장면도 1900년대 초부터 꾸준히 일어난 운동으로 기생들의 자선무대는 사회에 커다란 기여를 하였다. 이는 결국 이들이 단순하게 섹슈얼리티의 대상이 아닌 근대 의지를 대중에 알린 대상으로의 표현을 미시적이지만 계기적 사건으로 둔다.

또 이러한 요소는 남도의 권번이라는 상징성을 두며 이들이 표현하고자 하는 방법을 배가시킨다. 호남은 예향임을 자부한다. 시나위권이라 하여 무가巫歌가 하나의 토대가 되며, 이매방 등으로 대표되는 호남 교방춤의 원형성, 게다가 소리는 두말할 것 없는 대상이다. 이런 지역 정서(로컬리티) 하나 하나가 DNA로 흐르며 자연스럽게 이 극에서는 표출되는데, 이러한 모습도 마당극이 지향하는 전통의 재현에 의식을 둔다.

그렇지만 이 극이 대중과 호흡하는 것은 집단적 신명성이나 현장성의 소통도 보이지만 더욱 두드러진 것은 보편적 정서와 대중성에 기인한다. 이는 이 작품에서 악극적 요소가 강하게 드러나기 때문이다. 이 작품의 중요한 주제곡 중 하나는 〈화류춘몽〉(조명암 작사, 김해송 작곡)이다. 가수 이화자가 1940년 오케레코드에서 발표한 이 노래는 '청춘이 버스러진 낙화신세 마음마저 기생이라 이름이 원수다'라는 가사처럼 〈권번 꽃다이〉의 최소도 삶 그대로를 이 노래 하나로 상징하며 전체적 분위기를 이끌어 가고 있다.

또한 신파적 분위기도 이 작품이 대중과 호흡할 수 있는 요소이다. 악극과 신파성은 한 궤를 같이 한다 할 수 있는데, 이 작품은 퇴영적이거나 화류비극이 아닌 한 인간의 삶에 대한 고착으로 표현하기에 관찰자적 카타르시스가 아닌 인간 본연의 모습으로 승화되어 관객과 공유하고 있다. 이는 흥타령의 '꿈이로다 꿈이로다 너도 나도 꿈 속이요 꿈 깨이니 또 꿈이로다'라는 말처럼 호접몽의 우리네 인생사를 전해준다.

이 작품에서 무용은 단순 모티브이지만 의미를 드러낸다. 권번에서 춤을 입문하는 모습이나 강함 속 부드러움이 공존하는 검무 장면은 분위기 전환의 요소지만 사실적 묘사와 표현이라는 점에서 이 극이 잘 짜인 극임을 예증한다.

그런 의미에서 소리극 〈권번 꽃다이〉은 예향 남도의 원형성 표현임과 동시에 노래라는 보편적 정서의 안정적 표현 그리고 투박하지만 사람을 움직이는 마당극의 표현 방식이 조화를 이룬 극이라 할 것이다.

- 댄스포스트코리아, 2017.6

19

대중성과 작품성의 문턱에서
─김보람, 김설진, 김용걸 〈쓰리 볼레로Three Bolero〉

모리스 라벨Maurice Ravel의 '볼레로'는 여러 무용가들이 춤으로 표현하였고, 표현하고픈 스테디셀러다. 관현악곡인 이 음악은 무한 반복되는 단순성이 있지만 점진적인 고양高揚으로 인해 시나브로 듣는 이들에게 절정으로 이끌어주는 매력을 지닌다. 게다가 엑스타시의 순간에 갑작스런 결말로 무언가 더 느끼고 싶게 아쉬움을 주는 것도 이 작품이 지니는 특색이다.

그럼에도 이 작품은 15분 내외 모든 걸 담아 보여주지만 이를 지금 이 순간 여기에서 반복하여 보여주는데 무리가 따른다. 볼레로는 이 시간이 가장 최적화되어 있어 딱 그것으로 족하기 때문이다. 이러한 볼레로를 3명의 안무에 의해 같은 공간에서 연속 레퍼토리로 펼쳐졌다. 국립현대무용단이 기획한 김보람, 김설진, 김용걸 세 명의 안무가에 의한 〈쓰리 볼레로〉(예술의 전당 CJ토월극장, 2017.6.2.-4)는 동시대 안무색깔이 뚜렷한 안무가의 작품이라는 점과 아무리 세 명의 뛰어나고 대중성을 지닌 안무가라 할지라도 제대로 성공을 거둘지 미지수였다. 이는 앞서 논의했듯 18마디의 반복적인 음악을 세 작품 연속으로 듣는 것은 쉽지 않은 일이기 때문이다. 그렇지만 이러한 기우는 그 반복이 지루하지 않게 전혀 다른 볼레로를 해석하여 작품성과 대중성을 한꺼번에 붙잡을 수 있었다. 이는 볼레로의 그대로 수용보다는 자신들의 해석에 의한 음악적 변용과 안무가의 아이덴티티가 녹아든 표현법에 있다.

김보람 안무의 〈철저하게 처절하게〉는 스캣으로 볼레로 음률을 읊조리며 시작하여 실내악을 음악에 중심으로 놓는다. 이는 볼레로의 반복적 음률을 분절하여 8명의 무용수가 순차적으로 다른 움직임으로 표현하며 해체를 통한 새로움을 준다. 김보람 안무의 특징은 어떠한 이야기를 만들기 보다는 무대 안에서 이루어지는 행위가 단편적이지만 몸짓을 통한 의미체계를 만드는데 있는데, 후반부에서는 크레센도를 통한 미친 듯 춤추는 역동적 이미지를 그대로 보여주어 김보람의 볼레로를 보여주기에 충분하였다.

　김설진의 〈볼레로 만들기〉는 볼레로를 해체하고 여기에 자유로움을 주었다. 특히 악기의 편성 없이 일상적인 소음에서 반복적이며 빠른 음률을 뽑아내고 이를 대상화하여 생경함을 주었다. 이는 가글 소리로 볼레로를 연주하거나 소음 속에서 볼레로를 상징하며 이곳이 무대인지 거리인지 구분이 가지 않게 일상적 전형성을 전해준다. 또한 빠른 음악에 맞춘 늦은 동작의 부조화나 파열음 그리고 무용수 모든 이들이 개성을 극단적으로 드러냄은 그로테스크한 김설진의 색깔이 볼레로에 덧씌워졌다.

　김용걸의 〈볼레로〉는 볼레로를 직구로 해석하였다. 80여명의 수원시립교향악단이 반주하였고, 무용수도 40여명으로 하여 기대지평 그대로이다. 막 사이로 발만 보이고 오케스트라

김용걸 안무 〈볼레로〉　국립현대무용단 제공, 박귀섭 사진작가

피스에서 손만 보이는 서두는 반복 음악을 들어야 하는 긴장감을 푸는 역할로 작용하였고, 한 명 두 명으로 늘어나는 무용수와 횡대와 종대, 대칭적 구도와 원형으로 이루어진 군무의 공간 구조의 구성은 압도를 주기에 충분하였다. 이 작품에서 무용수들은 반복적 동작의 지속으로 비추어지지만 미세한 변화를 통해 카타르시스를 관객에게 주었고, 피날레로 손색이 없었다.

'볼레로'는 모리스 라벨의 곡으로 스페인 무곡에서 연원을 둔다. 그러다가 대중에게 알려진 것은 모리스 베자르 안무를 통한 조르주 돈Jorge Donn의 '볼레로'일 것이다. 이는 영화 〈사랑과 슬픔의 볼레로〉에서 각인된 것으로 18번이나 반복하는 이 미친 음악은 조르주 돈의 정열적 표현과 원초성으로 인해 주목을 받았고, 이후 무용수들은 이를 추앙하거나 딛고 일어서려는 대상으로 삼게 되었다. 아무래도 영화라는 파급력을 통해 이루어진 결과이지만 무용이 대중적 흡입력을 지닐 수 있음을 보여준 예다.

그동안 한국에서도 수많은 라벨의 〈볼레로〉를 통한 안무가 있었지만 이번처럼 강렬한 주목을 받지는 못하였다. 고른 안무에 의해 완성도가 높은 작품이 있었겠지만 이번 경우는 다른 부분을 떠나 대중성에서는 성공하였다는 측면에서 주목할 수 있다. 이러한 점은 국립현대무용단의 마케팅 전략에서 비롯되었다. 앞서 국립현대무용단 공연 종료 시간에 맛보기로 보여주는 전략이나 페이스북이나 유튜브 등 SNS를 통한 홍보는 대중의 흥미를 끌기에 필요조건을 갖추었다. 게다가 김보람, 김설진, 김용걸이라는 개성이 뚜렷하고 인지도 높은 안무가를 초빙하여 판을 벌였다는 점에서 무용의 대중적 문턱을 어느 정도 해소하였다.

이는 앞으로 국립현대무용단의 지향점으로 바라볼 수 있을 것이며 대중성과 작품성의 문턱을 넘나들며 공유할 수 있는 부분이다. 그런 측면에서 이번 시도는 처음 무용을 접하는 대중에게나 익숙한 관객에게 이후 극장을 다시 찾게 되는 계기로 작용하였다는 점에서 작품성을 차치하고 의미 있는 기획으로 평가받을 수 있다.

-『댄스포럼』, 2017.7.

20

미시와 거시 담론 속 기억의 흔적
―퍼포먼스그룹 153 〈테레비-존〉

문화역서울 284는 예전 서울역을 문화공간으로 변용하여 다양한 장르의 실험적 공연이 펼쳐지는 곳이다. 이곳에서 이루어지는 공연은 건물의 구조를 그대로 살리면서도 예술가들의 개성에 걸맞게 작가의식을 표출하며 여러 의미를 만들어내고 있다. 이번 2017년 프로젝트 284 공연에서는 '시간여행자의 사계'라는 제목으로 다양한 예술이 펼쳐졌는데 특히 'part 1. 과거 : 궁정시계'는 힘들고 어렵던 기억이지만 되돌아보면 추억으로 반추할 이야기가 가치를 지니며 다양한 장르로 표출되었다.

이중 2017년 문화역서울284 기획공연 공모선정작 〈테레비-존〉(문화역서울284 3등 대합실, 2017.6.21.-22)은 총체적 퍼포먼스를 풀어놓는데, 과거 속 여러 현상을 미시적 담론 속에서 그 시대상을 살피며 일모一毛에 불과한 그 흔적들이 모여 통합적 사상을 추출할 수 있음을 밝히고 있다. 이 작품의 표현방식은 작, 연출, 안무를 맡은 황미숙이 과거 기억 속, 특히 영상매체를 통해 각인된 흔적과 그 일상적 기억을 단편적이지만 연극, 영상, 무용, 음악의 총체연극total theatre으로 구성해 내었다.

이 작품은 어린 아이가 등장하여 '오늘은 어떤 일이 일어날까요?'라는 무미건조한 화두를 던짐으로 시작한다. 이어 삼면으로 이루어진 막에 영상이 파노라마처럼 흐르고 노래와 춤이 허두가처럼 흐른다. 그리고 인류의 기원과 직립보행의 과정을 표현하고, 이어 영화 〈미션〉을 통해 감정과 인식의 경계 모습을 영상으로 보여주는데, 이것이 이 작품의 첫 번째 지평의 전환일 것이다. '가브리엘 오보에'Gabriel's Oboe를 듣는 원주민과 자신의 마음을

퍼포먼스그룹153 〈테레비-죤〉 퍼포먼스그룹153 제공

전하려는 사제의 모습을 지켜보던 관객에게 배우가 등장하며 '이 다음에는 어떤 일이 일어났을까요'라는 던지는 화두는 이 영화를 본 이들과 보지 못한 이들에게 해석과 수용의 차이를 전달하게 한다. 이는 〈동물의 왕국〉 속 여러 동물들의 생태에 대해 더빙으로 치환하며 약육강식 혹은 생존의 질서를 보여주어 인류 혹은 자연계의 거시담론을 상징적으로 그려낸다.

그리고 자연스럽게 일기예보가 등장하는데 맑은 목소리로 내레이터는 봄소식을 전하고, 여기서 남녀 간의 사랑이 시작되는 모습이 중첩되고, 더위 그리고 장맛비가 내릴 즈음 사랑이 익어감을 표현한다. 또한 낙엽이 지는 가을 날씨를 전하며 그 분위기에 걸맞은 차분한 목소리와 함께 인생은 '트로이메라이'처럼 공상空想이었고 사랑이 저묾을 사계 속에 담아내고 있다. 이는 두 번째 지평의 전환으로 미시담론 속에서 일상의 전형성을 그대로 전달해 준다.

이어 스페인 무용은 막간극 형식으로 비추어지지만 무용수를 〈은하철도 999〉의 신비로운 여인 메텔로 상징화하고 이는 여러 이 서사구조를 푸는 세 번째 전환으로 다가온다. 이러한 흐름은 인류문명의 계기적 사건으로 이어지며 1986년 우주왕복선 챌린저호의 폭발 장면 그리고 실시간으로 우리를 공포에 빠뜨린 9.11테러 영상을 통해 상상 혹은 영화 같은 일이 현실에서 충격을 준 지우고 싶은 기억에 대한 나열이다. 이는 마릴린 먼로, 마이클잭슨, 올림픽의 시공간, '빈사의 백조'의 변용 등 문화 넘나듦을 통해 대중적 기호를 대비시키고 마지막에 '무슨 일이 있었던가요?'라고 서두의 질문에 대한 선문답을 제시하고 있다.

〈테레비-존〉은 지극히 개인적인 단상의 나열이지만 이것이 거시 담론으로 정리되어 역사적 총체성을 지닌다. 이 작품이 지니는 장점은 이렇게 기억의 나열 속 여러 기호를 영상과 퍼포먼스 그리고 음악, 무용 등이 조화를 이루며 관객에게 다가서고 있다는 점이다. 특히 이러한 코드가 제한 된 매체 속 대중 혹은 문화 월경越境의 여러 현상을 묘파하고 있다는 점에서 문화사회적 의미를 내포한다.

이 작품에 대해 대중이 생각한 선험적 기대지평은 〈쇼쇼쇼〉라는 모티브였을 것이다. 그래서 화려한 버라이어티의 표면적 의미를 기대했겠지만 이 작품의 서사구조나 표현방식은 〈쇼쇼쇼〉의 옴니버스식 나열과 지나고 나면 그것이 역사였다는 시대상을 전달해준다. 이는 관객에게 대중적 코드를 통한 동참자가 아닌 실험적 총체극을 관찰자의 입장에서 바라보게 하여 관객을 소외시킨다. 이는 즐김보다는 많은 생각을 하게끔 하여 시종일관 진지한 시각에서 퍼포먼스에 동참하게끔 한다. 오히려 이러한 심미적 차이를 통한 새로운 해석은 낯익음에 대한 낯섦으로 다가온 장단점을 주었다.

그렇다면 이 융복합공연이 지향하는 몸짓과 움직임의 의미는 무엇이었을까? 융복합 퍼포먼스에서는 어느 것 하나가 두드러지게 나타남을 지향하기 보다는 조화로움 혹은 개성의 돋보임을 통한 교집합을 지향할 것이다. 이 작품에서 움직임은 두드러지지는 않지만 어색함 없이 연결고리로 작용하였다. 그리 넓지 않은 공간에서 당연한 결과였을 것이다. 어찌 보면 가장 돋보인 움직임은 안무자가 생경하지만 짧고 강함 춤을 보여준 부분이었다. 이 부분은 융복합을 지향한 이 공연에서 합집합이지만 오히려 기억의 표점으로 인식할 수 있을 것이다.

-『댄스포럼』, 2017.7.

21

실존적 작가의식을 통한 상징적 표현 의지의 발로
― 천안시립무용단 〈EYE ORIGINS 눈의 기원〉

독일 종교철학자 루드비히 포이어바흐Ludwig Feuerbach는 '신이란 인간으로부터 인간 이외의 존재로 옮겨진 인간 자신의 힘의 표현이며, 그 힘의 소유자이다.'라고 말한 바 있다. 서양에서는 근대 즈음 조물주에 대한 재의식과 함께 여러 철학적 사유를 통해 인간 존재에 대한 여러 의미를 찾기 시작하였다. 이것이 창조론과 진화론이라는 이분법적 논리로 규정지어 말할 수도 있지만 '인간 존재 속 신'이라는 시각은 반역 아닌 반역으로 받아들여지게 되었다. 천안시립무용단 제16회 정기공연 〈EYE ORIGINS 눈의 기원〉(천안예술의전당 대공연장, 2017.6.16.-17)도 이러한 관점에서 인류 탄생 과정을 인간의 눈동자 속에 인식된 세계를 통해 하나의 철학적 바탕에서 작품을 만들어낸다.

이 작품은 '문학과 춤 시리즈'로 그동안 묵직한 작품 세계를 보인 황재섭 예술감독의 철학이 천안시립무용단의 색깔과 조화를 이룬 첫 번째 작품으로 그 시너지 효과가 적절히 어우러졌다는 점에서 긍정적으로 받아들여질 수 있다.

〈EYE ORIGINS 눈의 기원〉은 크게 에피소드 Ⅰ. Eye Origins과 Ⅱ. Tree of Life로 분절되지만 하나의 맥으로 흐르는 작품이다. 그래서 'Origins', 'Gravity', 'Eye Origins', '이카루스', 'The God', '나와 다른 그들', 'Tree of Life'의 7개의 이야기가 각각의 주제가 모여 하나의 담론을 형성한다. 이 작품은 '지금 사랑하는 이의 눈을 바라보고 있습니까'라는 실존의 문제로부터 시작한다. 그래서 태초the beginning of the world의 의미보다는 인류의 기원 Origins을 살피며 한 처음에 몸짓이 있었음을 표현한다. 이는 무용수들의 강한 원색의 빨강의 의상에 강력하게 묻어나 있고, 이것이 원초성으로 다가온다.

천안시립무용단 〈눈의 기원〉 천안시립무용단 제공

　이러한 태고의 강렬함은 태양과 일직선에 놓이는 인간의 모습을 통해 카오스라기보다는 일정한 질서 속에서 움직임을 균정하게 나타낸다. 이것이 '중력'gravity 속에서 우주가 혹은 태양이 인간을 지배하는 것이 아닌 하나의 원칙을 만들어냄을 표현한 것이다. 이는 두 개의 눈을 통해 인류의 시작 이전부터 태양이 존재함을 인식하게 하고, 대칭적 군무 등을 통해 존재론적 의미를 밝히고 있다. 여기서 무용수들은 수직적인 동선으로 그려내다가 빠르고 강렬한 원무 동작을 통해 서사구조를 위기로 이끈다.
　이러한 움직임은 미궁에 갇힌 이카로스처럼 암흑의 혼돈 속에서 방황을 하며 태양이 없는 인간의 시각에 태양은 우리에게 공평한지 인간의 고뇌를 표출해낸다. 이것은 한 눈으로 바라 본 세상 속, 그림자에 비추인 잔영으로 표현하였고, 장막을 걷어낸 마음 속 번뇌를 통해 나의 신은 어디에 있는가라는 질문을 던지고 있다. 특히 이러한 행위는 남성 군무를 통해 인간이 남성, 여성의 대립적 양상이라기보다는 인간의 단면이란 측면에서 또 다른 나의 모습을 저항적으로 그려내고 있다.

이는 거꾸로 매달린 우주 속 성수聖水를 향하는 인간의 구체적인 보편성을 통해 상징적으로 지향점으로 다가선다. 그렇지만 인간이 만들어낸 또 다른 집착과 아집으로 갈등을 빚어내고 그것이 결국은 죽임을 만들어내는 인간의 또 다른 역사가 생성됨을 절정으로 몰입시킨다. 이어 'Tree of life'로 이어지며 남은 자들의 또 다른 이야기를 담아낼 열린 공간으로 마무리하고 있다.

이 작품은 'Origins'이라는 말 속에 담긴 의미처럼 투박한 태초의 제의적 몸짓보다는 귀납적 인식론을 균정한 움직임으로 표현해 낸다. 이는 각각의 모티브가 공통 의식을 보여주고 있고, 군더더기 없는 안무와 집단 군무는 그동안 천안시립무용단이 작지만 응축된 힘을 결집시켜 보여주고 있다. 이러한 무대구성은 오브제를 상징적으로 처리하여 그 해석력을 쉽게 가지고 오게 하였고, 강렬한 색감을 통해 전체 분위기를 단순하지만 흡입력 있는 의미구조를 만들어내었다.

이러한 점은 작가주의의 측면에서 논의될 수 있는 부분일 것이다. 황재섭은 이번 무대에서 안무와 대본, 연출을 함께 하여 그가 추구하고자 한 모든 요소를 응축하여 보여주었다. 그 동안 진지하게 보여준 실존에 대한 고민과 상징적 안무 기법은 이 작품에서 그대로 표출되었고, 자막을 통해 화두를 던지며 관객도 이를 함께 고민하게끔 만들고 있다. 그런 의미에서 이 작품은 그동안 천안시립무용단의 작품과 다르게 진중하여 대중에게는 어렵게 느껴질 수 있었으리란 여지는 존재할 수 있다.

그럼에도 이 작품은 황재섭 만의 색깔을 그대로 보여주며 천안시립무용단이 도약하는 계기를 마련하였다는 점에서 의미를 지닌다. 이 작품에서 조안무와 주역을 맡은 정명훈, 김진아도 논의의 대상이다. 객원으로 참여한 정명훈의 카리스마 있는 연기력과 강한 에너지는 남성 군무를 하나로 모으기에 충분하였고, 수석무용수인 김진아는 유동적 동작 묘사와 무용프레이즈의 심리적 해석력 등을 통해 우아미를 보여주었다. 이러한 돋보임의 원천은 다른 시도립무용단에 비해 젊은 무용수들로 구성된 천안시립무용단 힘에서 비롯되었을 것이다. 그동안 적은 인원임에도 정기공연에서 의미 있는 공연을 펼친 것은 이들에게 공을 돌릴 수 있는 부분이다. 이 작품은 앞으로 연속으로 이어지는 작품에 대한 기대와 함께 러닝 타임 단축 등 수정을 통해 새로운 레퍼토리로 가능성을 열고 있다.

- 『댄스포럼』, 2017.7.

새로운 감각의 무용극 도전과 앞으로의 과제
―국립무용단 〈리진〉

국립무용단은 우리나라 최고의 무용수들이 모여 있으며 최고의 공연을 위한 인프라가 갖추어진 곳이다. 이러한 점은 국립이라는 이름이 의미하는 독보적 존재를 말함이다. 그래서 국립무용단에 거는 기대치는 굳이 기준점을 두자면 100%가 아니라 120%인지도 모른다. 게다가 국립극장 레퍼토리 시즌 2016~2017에 공연된 〈리진〉(국립극장 해오름극장, 2017.6.28.-7.1)은 국립무용단 시즌 레퍼토리 중 유일한 신작이며 몇 해 예술감독 부재 이후 취임한 김상덕 예술감독의 첫 번째 안무였다는 점에서 관심을 더욱 불러일으켰다.

리진은 이폴리트 프랑뎅Hippolyte Frandin이 쓴 〈먼나라 코레En Corée〉에서 언급된 궁중 무희의 이름이다. 이 책에서 그녀는 프랑스 외교관이던 콜랭 드 플랑시Collin de Plancy를 만나 사랑을 나누고 파리에 살다 다시 조선에 돌아와 기생으로 전락하며 자살한다고 기록되어 있다. 이 이야기는 역사적 배경을 가지면서도 있을 법한 이야기라는 매력적인 소재를 지녔기에 김탁환과 신경숙 소설의 소재가 되어 관심을 모았고, 이번에는 이 이야기를 모티브로 무용극이 만들어진 것이다.

〈리진〉은 1막 고전, 2막 신세계로 나뉜다. 1막은 궁중 무희인 리진이 프랑스 공사 플랑시와 조우하면서 사랑하고, 이 나라 그리고 친우인 도화와 멀어질 것에 갈등을 느끼지만 그녀는 플랑시와 행복을 꿈꾸며 조선을 떠난다는 이야기가 중심을 이룬다. 2막 신세계는 새로운 세계에 도착한 두 사람이 편안한 나날을 보내지만 고전세계 집단에 의해 침략을 받고 그들에 의해 리진은 죽음을 맞이하는 이야기이다.

이 작품은 기본적으로 이항 대립을 표면에 내세운다. 배경은 고전/신세계, 조선/서양, 전근대/근대 등이 내재되어 있고, 그 문턱에서 여러 대립이 나타난다. 그래서 서두의 흐름은 고전의 이야기지만 현대적이고 서정적인 감각을 주어 전체적 분위기를 주도한다. 인물군도 한복을 입은 무희들의 움직임은 국악이 배경이기에 고전적 분위기를 자아내지만 단발한 남성들의 군무는 강렬한 음악 속에서 역동성을 드러내며 대립적 의미를 보인다.

그런데 이 작품에서는 이러한 양가적 토대에 몇몇 인물을 추가함으로써 무용극으로 완성도를 높이려 한다. 이전에 인식되고 표현된 총체적 인물 리진과 사회적 갈등이 아닌 도화와 원우라는 인물의 생성을 통해 대립적 양상을 보이려 한 것이다. 이러한 구도는 현대극에서의 기본적 인물 구조인 4각 갈등, 주체와 객체 그리고 반대자의 충돌을 이 작품도 적용시킨다.

그럼에도 〈리진〉에서 이 두 인물의 캐릭터로 극대화는 명확하지 못하였다. 도화의 경우 극 초반 반대자와 조력자의 경계에서 뚜렷한 성격 창조가 제대로 이루어지지 못하였고, 원우가 전통을 수호하려는 인물의 상징인지 주변인에 불과한 것인지 등 인물 설정이 모호하였다. 또한 왜 이 두 인물이 리진과 갈등을 벌여야 하는지에 대한 의미 부여가 부족하다 보니 결말이 극적이지 못한 예상된 구도였고, 예상되더라도 무언가 여러 충돌 속에서 배태된 절정이 아니기에 감동의 폭이 그리 깊게 나타나지는 못하였다. 리진은 전근대와 근대의 상징적 구조의 충돌에서 중간자적 인물의 패배라는 의미 부여가 주어질텐데 이러한 요소가 두 창조적 인물의 성격 창조를 통해 제대로 표출되지 못하고 있는 점은 아쉬움으로 남는다.

이 작품은 '조선/프랑스'나 '전근대/근대'라는 직접적 묘사보다는 '고전/신세계'라는 이항 대립으로 풀고 있다. 이는 고정화된 춤이나 의상 등의 묘사가 아닌 전통의 전형성과 현대적 감각으로 표현하려 한다. 1부 남녀 무용수들의 교차적 춤과 2부 꿈 속의 춤, 군무를 통한 긴장감의 고조 등은 이러한 요소를 조화롭게 풀어내려한 부분이다.

또한 이 작품에서 가장 먼저 눈에 들어온 것은 LED 화면이었을 것이다. 이 작품에서는 이 기다란 LED화면이 처음부터 끝까지 상황 설명이나 상징적 의미를 함께 전달하고 있다. 이 시도가 새로운 감각과 시대에 맞는 무용극을 표현하려는 의도였는지 모르겠지만 전체적인 모습을 담기에는 제한되었고, 뚜렷하게 남는 요소는 드물었다.

첫날(6.28) 공연에서 리진과 도화를 맡은 이의영과 장윤나는 주어진 역할에서 성격을 잘 풀어내었다. 리진에 대한 무채색의 해석과 2부에서 도화의 팜므파탈 모습은 관객에게 잔상을 주었다.

　국립무용단은 한국 문화전통에 기반을 두면서 전형성을 창조하는 단체이다. 시대마다 다양한 작품을 통해 한국문화의 보편성과 특수성을 표출하려 노력 하였고, 이를 대중에게 전달하려 하였다. 이는 작품마다 그 시대성을 논할 수 있고, 관객도 작품을 통해 전통의 창조적 현대화를 이해하려 하였다. 그런 의미에서 이번 작품은 그 높은 기대치인 120%를 충족하지는 못하였다.

　그렇다고 이 한 작품으로 현재 국립무용단의 모든 걸 평가하는 것은 무리다. 예술감독 부재 시공간의 몇몇 작품도 호불호가 갈리었고, 여러 비판이 이루어졌기 때문이다. 그렇기에 상식적인 화두이고 또 다른 의미에서 국립무용단의 무용극의 창조적 행위가 기대되고, 앞으로 행보에 관심을 불러일으키게 한다.

- 댄스포스트코리아, 2017.7.

23

시대적 전형성의 확보와 한국창작무용의 발현
―김영희무트댄스 〈여기에 II 지금여기〉

김영희무트댄스는 한국무용계에 영향력과 실력을 갖춘 단체로 알려져 있다. 그런 연유로 이들의 공연은 항상 주목의 대상이며 어린 무용인에게는 꿈의 대상으로 존재한다. 김영희무트댄스 2017 정기공연 〈여기에 II 지금여기〉(극장 용, 2017.6.23.-24)는 신작은 아니지만 그동안 김영희무트댄스의 색깔을 가장 극명하게 보여준 두 작품을 선택하여 첫 공연의 감정이 지금의 관객에게 어떻게 전달될지 다시금 묻고 있다.

〈여기에 II〉는 강렬한 비트 사운드와 대극장 뒷자리에서도 의상과 무대 구성이 강렬하게 느껴질 만큼 의식의 전달이 크게 드러나는 작품이다. 그런데 이 작품이 지향하는 바는 현대적 살풀이다. 전통춤으로 살풀이춤이 정중동이라는 맺음과 풀림의 내재적 순환적 구조로 이룬다면 이 작품은 살과 살의 충돌의 맞섬이고, 정반합을 통해 새로운 질서와 해소를 만들어내는 일상적 모습으로 그려내고자 한다. 이러한 몸짓은 강렬한 음악과 의상 등에서 보이는 추상성 속에서 주관의 객관적 표현을 통해 움직임의 질서를 만들어내고 있다.

이러한 모습과 표현이 동시대적 일상이며 현대의 단면이기에 관객에게 오히려 낯설게 다가올 수도 있을 수 있다. 그럼에도 이러한 생경함은 움직임은 크지만 동선을 단순화시켜 표현과 감정에 집중시켰는데, 이는 김영희만의 카리스마와 에너지의 순간적 분출에서 감지할 수 있다.

〈지금 여기〉는 대숲을 공간으로 그 공간 속 자아에 대한 인식과 현실에 대한 물음을 그려낸다. 이 작품은 우선 무대공간을 가득 매운 대나무 숲이 전면에 등장함으로 관객을 압도한다. 그렇지만 이 대숲은 시각적으로 바로 눈에 들어올 수 있지만 공연 시간 동안 새로움을 주기에 의문이 들 수 있는 구조이다. 이는 대숲이 열려있지만 은폐되어 있기 때문이다.

〈지금 여기〉는 오히려 이런 점을 파고든다. 일정한 질서를 가진 대나무와 그 사이사이 텅 빈 공간의 자유가 이 작품에서는 잘 드러난다. 이러한 표현은 무용수들의 움직임이 개성원리가 작용하면서도 일정한 질서를 표현하면서 보는 시각에 따라 같으면서도 다른 의식을 느낄 수 있게 만든다.

이는 대숲이 가지는 토속적 환상성과 사이키델릭한 감각적 이미지가 조명과 음악으로 그 느낌을 배가시킨다. 거울 속에 있는 듯 한 무대 구성 속에서 조명은 무용수들이 큰 움직임이 없지만 색깔에 따라 다른 느낌을 주는 대나무를 비추면서 무용수 각각의 개성을 도출시키고 있다. 이러한 모습은 대나무가 걷힌 텅 빈 공간에서 원을 그리는 움직임 속에서 해소와 분출이 이루어지고 첼로, 드럼, 북, 피아노, 구음까지 이루어진 음악과 조화를 이룬다.

이러한 흐름은 마지막 장면에서 비가 흩뿌리는 가운데 '지금 여기' 씻김이 이루어진 공간 속에서 깨달음을 얻으며 새로운 가치를 만들어낸다. 이는 정화淨化를 통한 카타르시스이며 이 작품이 내면의 인식에 대한 추상적 표현에 의거하지만 다분히 계산된 서사구조 속에서 이루어진 작품임을 보여준다.

김영희무트댄스의 특징 중 하나는 제의적이며 토속적이지만 신비적이며 몽환성이 드러낸다는 점에 있다. 흔히 이를 문화의 보편성과 특수성으로 이야기할 수 있다. 제의성과 민속성은 인간이 느끼는 기본적 토대이지만 그 민족만이 가지는 아이덴티티도 함께 가지고 있는데 이들의 작품은 그런 세계관에 잘 녹아있다.

또한 환상성은 집단적 원형에서 나타나는 것이지만 결국은 개개인의 여러 감정 속에서 발현되어 공감대와 집단화가 형성하는 요소이다. 그런 의미에서 김영희무트댄스는 가장 보편적인 것에서 가장 한국적인 몸짓을 발견할 수 있는 요소가 충만하다. 이들이 추구하는 바는 굳이 한국적인 것을 드러내지 않더라도 한국무용수들이기에 그러한 담론이 대중에게 그대로 전달되고 있는 것이다. 이는 원형과 전형의 미시적 요소가 결합되며 무트댄스만의 창의적 개성으로 드러나고 있다.

김영희무트댄스는 '한국', '창작', '무용'이라는 키워드에서 창작에 중점을 둔다. 그동안 한국창작무용이라고 했을 때 형식이나 내용에서 전통적인 혹은 한국적인 것을 전면에 내세우는 고정관념에 사로잡힐 수 있는데서 이들은 동시대적 창작에 우선을 두고, 몸 속에 담긴 의식을 자연스럽게 분출하여 한국창작무용의 전범典範을 만들고 있다. 그런 의미에서 그동안 작업의 영속성과 시대에 맞는 앞으로의 작품 창작이 오히려 중요하게 인식될 수 있을 것이다.

-『댄스포럼』, 2017.8.

24

잊힌 역사에 대한 거시적 담론의 헌무獻舞
— 박명숙댄스씨어터 〈유랑〉

한국근대사는 질곡의 시공간이었다. 특히 열강의 다툼에 의해 일제가 이 땅을 차지하고 이에 많은 민중은 자의반 타의반 고통 속에 이산離散의 길을 걷게 되었다. 이들은 일본, 중국, 러시아, 미국 등 각국으로 삶을 찾아 흩어졌고, 세월이 지나 2세, 3세로 이어졌다. 이제는 벌써 잊힌 역사이지만 그 아픔이 치유된 것이 아닌 현재 진행형으로 잔존하며 민족의 정체성만이 아닌 인간의 존재론적 질문을 던지며 한민족韓民族의 가장 아픈 생채기로 남아있다.

2017 박명숙의 춤 〈유랑〉(나루아트센터 대극장, 2017.7.7.-8)은 한국근대사에서 기억해야할 화두인 구 소련 연해주에 살던 고려인들의 강제 이주 정책을 서사구조로 하고, 고려인 화가 신순남의 그림에서 모티브를 얻어 장시長詩로 그려낸다. 이 작품은 1999년 문예회관 대극장에서 초연된 이후 국내외에서 여러 번 무대화된 것으로 이번에는 2017년 공연장상주예술단체 육성지원사업 선정작으로 공연되었다. 이렇게 18여 년 전 작품, 그것도 현대무용에 기반한 작품이 지속적으로 공연될 수 있다는 것은 이 작품이 지니는 역사성과 함께 후대에도 현재성을 느끼며 보편적 정서가 흐름에 있다.

이 작품은 현대무용 작품이지만 대중의 이해도가 어렵지 않다. 이는 이미 예상할 수 있는 서사구조와 삶의 뿌리가 뽑힌 자들 그리고 그들의 기나긴 여정이 선험적 기대지평으로 남아있음에 있다. 수용되는 것은 수용자의 상태에 따라 받아들여지는 지극히 개인적인 일이겠지만 역사적 이야기는 집단적 체험과 교육에 의해 완성되는 것이므로 〈유랑〉은 보편성을 지니며 지평의 전환이 그리 크게 나타나지 않는 것이다. 그런 측면에서 이 작품은 이야기를

박명숙댄스씨어터 〈유랑〉 박명숙댄스씨어터 제공

움직임으로 어떻게 풀어낼 것인가라는 화두에 관객을 집중시키게 만든다.

이는 선험적 기대지평과 더불어 무대 영상과 장치를 통해서도 쉽게 이해할 수 있는 구조이다. 여정의 길을 기찻길 영상으로 보여주거나 스탈린의 얼굴이 이미지화된 장면 전환은 스토리텔링에 대한 구체화를 가져다주었다. 이미지나 영상이 과하면 거기에 작품이 함몰되거나 본말이 전도될 수 있지만 이 작품에서는 필요 부분에서만 단순한 의미 전달이 이루어지기에 시퀀스의 분절을 통한다.

또한 이 작품에서 음악은 중요한 요소를 차지한다. 〈꽃마차〉, 〈눈물 젖은 두만강〉, 〈나그네 설음〉 등 당대 유행한 가요를 삽입하여 시대적 상황의 이해와 함께 이를 몸짓으로 풀어냄으로 무대의 시간을 일치시키는데 조력하고 있다. 이와 함께 피아노의 완연함이나 현악기의 날카로움을 무용수들이 감정선에 맞게 표현하고 강렬한 음악과 동선은 표현을 직관적으로 해석함으로써 이 작품에서 드러내고자 하는 갈등의 서사적 기능을 함께 획득하고 있다. 이러한 대중적 정서와 코드로 인해 현대무용이 지니는 추상성이나 난해함은 없지만 장면 장면마다 그 특질을 살림으로 단순하게 전개되고 수용될 수 있는 모습을 환기시킨다. 군무를 통한 유랑의 길은 짐을 짊어지고, 하나하나 쓰러져가는 모습에서 남은 자들의 고뇌를 살피게 하였고, 남녀 2인무 또한 슬프기에 아름다운 역설적 상징을 보여주기에 충분하였다.

〈유랑〉은 한국근현대사의 거시적 담론에 대한 해석으로 역사적 문제이면서 사회적 문제에 대한 질문을 던진다. 그렇지만 이 작품은 미시적으로 안무자가 말한 '소금꽃으로 피어난 사람들을 위한 진혼鎭魂이며 살아남은 자들을 위한 경건한 위무慰舞'라는 측면에서 단순한 극무용을 넘어 씻김과 화전민 의식으로 살아남은 이들에 대한 경애가 함께 헌사獻詞이다.

〈유랑〉은 그런 의미에서 장르로 나누는 현대무용을 통한 무용극이란 개념은 그리 설득력 있지 않다. 이러한 역사적 담론을 보여주기에 가장 최적의 음악과 무대 장치, 영상 그리고 그 본질을 표현하고 내적 요소를 자연스럽게 분출하였기에 극무용 '유랑' 그 자체로 존재할 수 있을 것이다.

- 『댄스포럼』, 2017.8.

25

설화적 모티브를 통한 환상성과 강원문화의 표현 의지
― 강원도립무용단 〈겨울약속〉

시도립무용단의 역할 중 하나는 예술혼을 담아 지역 문화 이미지를 제고提高하고, 여러 지역 행사에서 윤활유 역할을 자임하는데 있다. 이와 함께 2017년 현재 강원도립무용단은 평창 동계올림픽의 홍보와 관련 행사의 선봉이라는 책무도 함께 한다. 그런 의미에서 제7회 강원도립무용단 정기공연 〈겨울약속〉(춘천문화예술회관, 2017.6.30)은 평창 동계올림픽을 알리고, 강원문화를 알리는 문화 행사라는 점에서 의미가 깊다.

이 작품은 서막과 프롤로그의 7개 에피소드 그리고 피날레로 나뉘어 전개된다. 특히 이 작품에서는 강원도를 상징하는 여러 캐릭터를 교차하며 이러한 모습 하나 하나가 강원도 일상이며 이야기임을 표현한다.

이 작품 전체를 가로지르고 중심 기호記號는 두루미이다. 두루미는 강원도의 상징 새로 추운 겨울 시베리아에서 남쪽으로 찾아오는 겨울 철새다. 이들에 대해 이 작품에서는 새로운 생명을 잉태하고 탄생하는 모태로 표현하고자 한다. 이는 정형화된 두루미가 아닌 여인으로 메타포metaphor된 두루미를 통해 전체 이야기가 자연스럽게 전개되고 있다. 이러한 흐름은 남성을 눈雪으로 의미를 부여되어 두 만남이 겨울의 원형적 의미와 함께 강원도를 상징하는 매개체로 의미를 확보하게 만든다.

이런 서사 구조와 함께 이 작품에서 주목할 수 있는 것은 '오방신'과 '여인의 춤'이다. 오방신은 종교적인 의미를 떠나 민간신앙의 요소를 지니는 기층문화의 중심이다. 이를 지전, 소나무, 바라, 부채, 칼을 지닌 신들로 형상화하여 두루미와 눈의 만남을 기원하고 액막이를

강원도립무용단 〈겨울약속〉 강원도립무용단 제공

펼치고 있다. 이는 우리에게는 익숙한 것에 대한 보편적 정서를 타자(他者)에게는 한국문화의 특수성을 보여주는 매개로 흥미를 끈다.

 그런데 이 작품 속에서는 오방신이 추상적 상징성을 띠고 있지만 이를 강원도에 구체화된 신들로 의미 부여를 하면 어떠하였을까하는 생각도 들게 한다. 예를 들어 대관령 산신이나 국사성황신 등 강원도를 상징하는 여러 신들을 문헌고증을 통해 이미지화 한다면 고유성과 보편성을 함께 획득할 수 있을 듯 하다.

 '여인의 춤'은 바늘춤을 통해 여인의 일상을 상징하며 신선함과 외강내유(外剛內柔)의 모습을 보여주고 있다. 바늘은 물질적으로 날카로움이 먼저 떠오르지만 고전 '조침문'에서처럼 여인과 동고동락하며 신묘한 재주를 지닌 물건이다. 이런 바늘을 가지고 춤으로 형상화하였다는 점에서 재밌는 소재 선택이었고, 어린 두루미가 여인으로 성장하는 과정으로 매개의 역할로 충분하였다.

 이 작품에서 서막과 피날레의 영상 그리고 함박눈으로 가득한 마지막 장면은 관객에게 카타르시스를 주며 감흥을 준다. 다른 여타의 공연에서 흥겹게 집단적 신명성만을 강조한데 반해 이 작품에서는 잔잔한 여운을 주어 판타지 창작무용의 의도를 잘 드러내고 있다. 판타지는 '현실/상상'의 경계에서 생각할 수 있는 바의 표현일텐데 〈겨울약속〉에서는 설화적 모티브에 바탕을 두면서 민속적 의미를 배가시키고 있으며 그 표현에서도 이번에 강원도립무용단에서 첫 창작무용을 안무한 윤혜정 예술감독의 노력으로 완성도를 높이고 있다.

〈겨울약속〉은 전체적으로 강원도의 상징적 캐릭터를 스토리텔링하면서 이를 대중에게 쉽게 다가가게 풀어놓고 있다는 점에서 긍정적으로 받아들여진다. 이 작품이 예술성을 완벽하게 요구하는 것이 아닌 일정한 목표 의식을 지니고 있기 때문이다. 그렇기에 이 작품이 강원문화의 미학적 의미 생성과 대중성을 함께 한다는 점에서 혹은 이 작품이 동계올림픽을 앞두고 몇 차례 순회공연을 갖는 점에서 가치를 지닌다.

앞으로 강원도립무용단은 2018 평창 동계올림픽 개폐회식 및 부대 행사에 중심으로 자리할 것이다. 올림픽 행사는 자국 문화를 전세계에 알리는 가장 좋은 매개체이다. 그럼에도 2014년 인천아시안게임 등 몇 번의 행사에서 한국의 모습을 제대로 보여주지 못한 것이 사실이다. 그런 의미에서 2014년 러시아 소치 올림픽 개폐회식에서 러시아 문화의 여러 기호들, 문학, 발레, 음악, 미술을 드러냄으로 러시아가 문화대국임을 재인식시켰듯, 아젠다가 중요하겠지만 이번 기회에 한국문화 나아가 강원문화의 아이덴티티를 높이는데 강원도립무용단의 역할은 중요할 것이다.

-『댄스포럼』, 2017.8.

치기와 도전을 위한 발레 작품을 기대하며
—국립발레단 〈KNB MOVEMENT SERIES 3 안무가 육성 프로젝트〉

한국 발레는 근대 이후 고전발레와 모던발레가 동시대에 수용되었다. 선각자들은 이러한 현실적 문제를 숙명으로 받아들이고, 여러 각도에서 실험을 거듭하였다. 이는 고전 이후 모던이라는 순차적 흐름이 아닌 전근대와 근대문화가 함께 수용된 현실적 문제에서 비롯되었지만 미약하지만 자유롭게 생각하고 표현할 수 있는 논거가 되었다. 국립발레단의 역사도 고전발레와 모던발레가 병행되었고, 창작발레의 경우 여러 안무가에 의해 새로운 담론을 형성하며 다양성을 더해왔다.

몇 해 시리즈로 이어진 국립발레단의 시도도 그러한 연장선상에서 이해할 수 있는데, 올해도 〈KNB MOVEMENT SERIES 3 안무가 육성 프로젝트〉(예술의 전당 CJ토월극장, 2017.8.12.-13) 라는 이름으로 국립발레단 소속 네 명의 안무 무대가 펼쳐졌다. 이 무대는 새로운 작품과 새로운 안무가를 기대한다는 측면에서 의미 있는 기획으로 받아들일 수 있다. 이영철 안무의 〈미운오리새끼〉는 미운오리새끼가 백조가 되어 아름다움을 뽐낸 그 다음의 이야기다. 이는 카미유 생상스의 '빈사의 백조'의 허밍으로 시작하여 미운 오리 새끼가 백조가 되고, 그 백조가 힘에 겨워 생을 정리하는 이야기까지를 담아내려 한다. 이러한 흐름은 화양연화가 인생의 정점이지만 그것이 인생의 내리막임을 빠드되와 군무로 정갈하게 표현하였고, 빈사의 백조처럼 그 내려옴의 역설적으로 순간을 또 다른 아름다움으로 묘사하고 있다.

배민순 안무 〈GOOD BYE〉는 멜라니 사프카 Melanie Safka의 〈The Saddest Thing〉을 발레로 해석한 2인무이다. 이 작품의 주제는 '세상에서 가장 슬픈 것은 사랑하는 사람과 이별한다'는 가사 구절이다. 사회 속에서 남녀의 사랑과 이별의 이야기를 큰 무리 없이 표현하고 군더더기 없이 음악에 실어 관객과 소통하려 하였다.

송정빈 안무 〈잔향〉은 남녀가 헤어진 이후 이야기를 담아낸 작품이다. 올라퍼 아르날즈 Ólafur Arnalds의 〈3055〉가 잔잔하면서도 심장을 서서히 움직이는 흐름으로 청각적 이미지를 심고, 헤어짐 이후의 감정을 2인무로 구조화한다. 남녀 무용수는 서로 같으면서도 다른 동작 혹은 서로의 움직임을 교감하면서 안무가가 표현하고자 바를 그대로 드러낸다.

박나리 안무 〈FACE : 마주하다〉는 지금 살고 있는 내가 혹은 우리 사회가 진실 속에 놓여있는지를 묘사한 작품이다. 볼프강 아마데우스 모차르트에서 요한 요한슨Jóhann Jóhannsson의 음악까지 그 음악에 흐르는 일상적 시대성처럼 그 사회나 개인이 느끼는 감각이 존재의식으로 전달되고 있다.

이번 무대는 전체적으로 도전이나 실험보다는 기본에 충실한 작품들로 구성되어 있다. 안무 표현에서 그리 큰 흠 잡을 것 없고, 대중에게도 안정적으로 다가왔다. 이는 일상의 이야기 혹은 개인의 이야기의 주제 선택에서 기인할 듯 하다. 그렇지만 그것이 너무 보편성 혹은 미시담론에만 머물고 있는 것은 아닌지 하는 생각이 앞선다.

물론 자신의 이야기나 나이에 걸맞은 주제를 담는 것이 가장 잘 표현할 수 있는 바탕이고 보편적 정서이기에 큰 문제는 없을 것이다. 그럼에도 불구하고 사회적 이야기나 총체성을 지니는 이야기를 담아내는 것도 안무가 프로젝트가 지향하는 바이다. 발레의 속성상 고전발레가 토대겠지만 그걸 안티테제로 동시대 사회적 리얼리티를 담아내고 개성이 드러날 때 새로운 창작이 나올 것이다. 그런 의미에서 기법에서만 고전에 충실한 것이 아닌 조금은 거칠더라도 치기 어린 도전이 이번 무대에서는 크게 드러나지 않은 점은 못내 아쉽다.

- 댄스포스트코리아, 2017.8.

27

한국미의 현재적 원형 해석
— 국립현대무용단 〈제전악—장미의 잔상〉

현대음악가 윤이상의 〈예악禮樂〉은 난해하다. 그도 그럴 것이 제목에서 드러나 듯 '예악'을 서양식 오케스트라 음률로 해석하기 때문이다. 게다가 그의 음악은 우리에게 익숙한 리듬이나 화성학을 배제하고 단순한 음향을 지향하기에 더욱 어렵게 느껴진다. 윤이상은 이를 '주요음 기법'Haupttontechnik이라 말하였다. 음 하나 하나에 의미가 있고, 이를 이루는 여러 가지 음들이 변화를 거듭하여 의미를 창출한다는 것이다. 이는 윤이상이 언급한 '동양음악은 단음적이고, 음악적 흐름은 선線을 지향하지만 음색의 뉘앙스와 다이내믹에서 음양의 조화 그리고 이를 서양적 언어로 풀어서' 새로운 문법을 만들어낸다.

국립현대무용단의 〈제전악—장미의 잔상〉(예술의 전당 CJ토월극장, 2017.7. 28.-30)도 이러한 서양적 기표記標(signifiant)와 한국적 기의記意(signifié)가 함축된 작품으로 이해할 수 있다. 〈제전악—장미의 잔상〉은 〈장미—봄의 제전〉(2009), 〈단〉(2013), 〈혼합〉(2016)을 잇는 안성수 예술감독의 굿 시리즈 마지막 작품으로 앞서 세 작품과 보이지 않는 끈들이 있어 통합성을 보이면서도 풀고 맺음 통해 완결성을 나타내고 있다. 또한 몇 해 안성수 예술감독이 지향하는 '한국미의 현재적 원형 해석'을 그대로 직시한다는 점에서 주목된다.

우선 제목이 〈제전악祭典樂—장미의 잔상〉이다. 제목에서부터 이분법적이면서 아이러니적이다. '제전악'이란 한국적 시공간과 '장미'라는 서양적 이미지의 뒤섞임은 변별적 특질의 대조를 통한다. 그럼에도 '봄의 제전' 음악에 맞춰 안무한 〈장미〉(2009)에 대한 잔상으로 이 작품은 발아하지만 장미의 강렬한 잔향 그리고 그 상징적 원초성에서 한국적 담론을

국립현대무용단 〈제전악-장미의 잔상〉 국립현대무용단 제공

만들 텅 빈 공간으로 이끌고 있다.

　이 작품은 어떤 줄거리를 서사하기 보다는 응축된 이미지를 표현하려 한다. 태평춤, 시간여행, 전사들의 춤, 오고무, 확장, 곰과 호랑이, 디베르티스망은 분절되어 있는 듯 보이지만 이 작품이 지향하는 바인 제전祭典, 즉 축제의 장을 마련한다. 이는 단군신화에서 출발하여 고대부족국가의 여러 원시종합예술의 모티브, 서동요에서 연원한 남녀 2인무 그리고 태평춤으로 시작하여 확장된 태평춤으로 매조지하며 살아있는 자들의 안녕과 대동을 추구한다. 그런 측면에서 이 굿판은 제의적이거나 씻김이 아닌 살아있는 자들을 위한 '산오구굿'이다.

　이 작품에서 오브제이면서 상징적 기호를 차지하는 것은 '오고무'이다. 오고무의 기원과 그 변용 양상을 정확히 유추하기는 힘들지만 현대공연예술에서 이 전통은 집단에 의해 화려함과 역동성을 함의하는 장치로 자리한다. 언제나 화려한 의상을 입은 무용수들의 일사불란한 타악의 두드림은 관객에게 카타르시스를 주며 피날레를 장식하여 온 것이다. 그렇지만 이 작품에서 오고무는 경과적 흐름을 위한 매듭이다. 게다가 세 명의 무용수 동작이 교집합을 이루는 것이 아닌 동선과 춤사위에서 '따로 또 같이'를 드러낸다. 이는 장단에서도 진양, 중모리 장단을 중심으로 하여 감흥을 일으키기 보다는 넓은 동선의 움직임 속에서 여러 표현을 생성한다는 점에서 관객에게 새로운 지평을 전달한다.

이 작품에서는 흔히 발레, 한국무용, 현대무용으로 구획하는 여러 춤 요소들이 혼용되어 있다. 우선 이번 작품에서 이미지의 표상은 발레다. 파드되나 발레 수직 구조 등이 그러하다. 또한 당연한 이야기지만 오고무나 미세한 손동작의 유동적 흐름에서는 한국무용이 토대이며, 전체적인 움직임은 현대무용에 기반 한다. 그럼에도 불구하고 이러한 구분은 무의미하다. 음악에서 가야금, 대금, 피리, 해금 그리고 장구 등의 타악이 중심을 이루고 그에 걸맞게 동작이 어우러져 있어서 컨템포러리 무용으로 의미를 획득하고 있기 때문이다.

그래서 이 작품에서 음악은 전체를 조율하고, 춤을 설명하기 위한 가이드라인이다. 타악의 혼돈과 질서에서는 원시종합예술의 제의와 놀이가 드러나고, 정제된 음조에서는 역으로 움직임에 집중을 돕고 있다. 이를 통한 춤동작은 칼군무가 아닌 자율성에서 혼돈과 질서 그리고 혼합을 만들어낸다.

그러다 보니 〈제전악-장미의 잔상〉에서는 서사구조가 단순하여 집단적 신명성이나 절정에서 느끼는 황홀경, 엑스타시는 없다. 아무래도 이 작품이 지향하는 바가 이미지의 표현에 있음에 있다. 그럼에도 이 작품의 서사구조가 단선적인 듯 보이지만 '텅 빈 공간'이기에 다양한 담론을 형성하여 이 시대 문화전통의 재해석을 추구한다는 측면에서 〈제전악-장미의 제전〉은 유의미할 것이다.

- 『댄스포럼』, 2017.9.

한국춤의 현대적 대화와 그 절제미
—장현수 〈춤 '청안'〉

장현수는 국립무용단의 주역무용수로 그리고 현재는 훈련장으로 춤과 안무에 정평이 있는 춤꾼 중 한명이다. 〈춤, 춘향〉, 〈Soul, 해바라기〉, 〈신들의 만찬〉 등에서 보인 절제미와 신기神氣의 양면성은 그의 춤에서 가장 두드러지게 느껴지는 매력이고, 그동안 저어하지 않고 꾸준히 실험한 한국전통의 재해석은 한국무용의 새로운 문법을 만드는 작업으로 기억할 수 있다.

올해도 〈장현수의 춤 '청안'〉(M극장, 2017.8.18.-20)이라는 이름으로 한국춤에 대한 새로운 해석을 보여주었는데, 전통에 치우치거나 현대적이지 않게 '지금 이 순간' 한국문화의 전형적 전통성을 느낄 수 있는 무대라는 점에서 또 다른 가능성을 열어보였다.

'청안'淸眼, 사전적으로 남을 좋은 마음으로 바라보는 눈이다. 기획 의도에서 '현대인들이 살아가는 모습 속에 비춰진 삶의 고단함을 한국무용을 통해 담담히 표현하고자 한다'고 말하고 있다. 현대인들에게 춤으로 힐링을 주고자 함이 의미하는 바 일텐데 여기서 이 무대의 명확한 초점은 '담담히'에 맞추어 질 수 있다. 이는 어떤 치유나 극적 구성을 통한 카타르시스가 아닌 고요하지만 맑은 기운을 느끼며 이 무대를 함께 공유하는데 목적이 있을 듯 하다. 그래서 이 작품은 크게 심안心眼, 정화淨化, 기氣, 진동震動, 영혼靈魂, 심무心舞 이렇게 여섯 주제로 나뉜다. 심안心眼에서 심무心舞까지 춤꾼의 길을 그대로 보여주는 것이지만 춤꾼의 삶을 통해 그를 바라보는 관객의 눈으로도 우리 삶을 돌아보게 하는 구조로 이루어져 있다.

음악적 구성은 각각 민요로 시작하는 허두가虛頭歌가 흐르고 현대적 감각의 음률로 이어진다. 구성진 할머니의 투박한 민요 가락에서 세련된 피아노 등 현대인에게 익숙한 서양식 음계의 흐름 속에서 과거와 현재의 접점을 찾으려하고, 그 몸짓은 한국 전통춤사위에 기저를 두어 현대적 담론을 창출한다. 특히 여기서는 6가지 키워드에 승무, 부채춤, 도살풀이춤, 소고춤, 사랑가 등의 춤으로 풀어 관객의 기대지평을 열고 있다.

승무에서는 북가락에 중심을 둔다. 그렇다고 북가락이 춤꾼의 기교를 보이는 것이 아닌, 고뇌와 번민의 해소가 아닌, 마음을 여는 이음새의 들머리이다. 열린 마음 속에서 부채춤은 화려함보단 화사함으로 전하고, 도살풀이춤에서는 긴 수건을 펼쳐 나쁜 기운을 풀기 보다는 피아노 음하나 하나에 기운을 돋우려는 휘날림과 경쾌한 발장단으로 이 춤을 새롭게 해석하고, 소고와 피아노, 장구 장단의 조화에서 미세한 들썩거림을 만들어 맺음과 풀림의 패러다임을 만들어 낸다.

이어 여기저기 진도씻김굿의 무구 '넋'이 오브제로 차용되고 지전춤을 통해 영육간의 안녕을 비는 '살아 있는 이들을 위한 레퀴엠'으로 대화를 이끌어 낸다. 여기서는 미니멀리즘의 근본인 단순함과 반복 그리고 상징성을 통해 진도씻김굿의 함축적으로 담아내려 하고 있다. 이는 깊은 슬픔의 해소를 위한 엑스타시 보다는 절제된 중용의 동작과 표정을 전한다. 마지막 '사랑가' 변주는 전체 흐름에서 유일하게 표정 변화가 많다. 앞서의 맺음과 풀림의 작은 해소를 통해 이룬 것일 수도 마음과 마음을 합하여 돌고 도는 윤회의 모습일 수도 있다. 이렇게 〈청안〉은 전통춤에 빌어 춤꾼의 마음을 전하고 이를 관객과 교감을 나누고 정화하고자 하는 의도에서 잔잔하게 평안을 준다.

장현수는 이 공연에서 과할 수 있는 몸짓과 연기를 절제하고 있다. 그의 끼대로라면 관객을 몰입하도록 지시선을 이끌어 갔을 것이다. 이는 의도에서 나온 담담함에서 비롯된 것으로 그저 함께 좋은 맑은 기운을 공유하고자 하는 의도 그대로다. 이러한 모습은 소극장이기에 오히려 가능한 일이었을 것이다. M극장은 맨 앞자리가 무대를 밟고 보는 가장 근접한 특수성이 존재하기에 무용수의 몸짓 하나하나, 표정 하나하나가 너무 선명하게 들어오는 공간이다. 이는 조금만 과하여도 지나침이 있을텐데 장현수는 기운을 억누르고, 의식의 흐름에 따른 춤사위로 관객과 합을 이루려 한다. 그런 의미에서 이번 무대는 장현수 춤에 있어서도 그 나이에 걸맞게 춤정신을 찾아가는 하나의 도전이었을 것이고, 관객도 그의 춤에서 새로운 한국춤의 의미를 찾는 시간이었다.

-『댄스포럼』, 2017.9.

스타일리쉬한 한국 무용의 새로운 방법론
―국립무용단 〈춘상〉

국립무용단의 〈춘상春想〉은 말 그대도 '춘'春, 봄이 갖는 이미지처럼 산뜻한 작품이다. 과문寡聞한 탓이겠지만 국립무용단 역사에서 가장 발랄하고 젊은 감각의 무용극일 듯 하다. 이 작품은 고전 〈춘향전〉를 해체하여 새로운 질서를 만든 무용극이다. 이는 기존의 줄거리에서 필요 없는 부분은 과감하게 삭제하였고, 동작이나 오브제, 무대구성, 의상에서 담백하지만 세련미를 드러내며 관객의 흥미를 불러일으키기 때문이다.

또한 〈춘상〉은 쥬크박스 댄스뮤지컬 형식이다. 그동안 무용 창작에서 이러한 시도가 없었을까? 있었을 것이다. 만약 없었다면 이러한 시도가 없었음에 반성해야 할 것이고, 있었는데 주목을 끌지 못하였다면 국립무용단의 이번 시도가 하나의 모범이 될 만 하다.

국립무용단의 〈춘상〉(국립극장 해오름극장, 2017.9.21.-24)은 배정혜 안무, 정구호 연출, 무대디자인, 의상디자인으로 이루어진 작품으로 스타일리쉬(사전적 정의가 '유행을 따른, 멋진, 우아한'이란 의미가 있으므로 이를 포괄하기에 외래어지만 사용한다)하다. 이는 배정혜, 정구호 그리고 음악감독인 이지수의 특징이 집약적으로 조화를 이루어 녹아들었고, 젊은 무용수들의 활력이 낳은 결과이다.

우선 이 작품은 그동안 '춘향전'이 지니는 여러 기대지평을 과감하게 잊게 만든다. 서사구조에서 개인적 사회적 갈등 요소를 과감하게 버리고, '춘'과 '몽'에 집중시켰고, 원전이 지니는 고전으로의 가치적 원형archetype보다는 현재적 담론을 강조하고 있다. 만남-이별-재회라는 세 개의 단순 구조를 이루지만 무용극답게 춤이 제대로 보이는 효과를 가지고 왔다.

이러한 모습은 무대 구성의 단순성 혹은 통일성에도 영향을 받는다. 무대공간은 미메시스이다. 그것이 사실적이건 추상적이건 약호화한 이미지로 표현된다. 그런데 〈춘상〉에서는 화려함과 상징성은 배제된다. 색깔도 하얀 바닥에 하얀 오브제 게다가 의상까지 하얗다 보니 사회적 역사적 약호 없이 관객에게 춤을 집중시키게 만든 것이다. 마지막 장면에서 유일하게 변화를 보인 자주색 의상은 그동안의 갈등에 대한 해소이며 열린 공간을 위한 변화라는 측면에서 의미가 있다.

여기에 회전무대의 조형물도 단순함, 미니멀을 지향한다. 아래층과 위층의 구조로 이루어져있지만 어떤 특정한 의미를 부여하지 않는다. 젊은이들이 군무를 이루는 처음과 마지막 장면은 열린 공간을 지향하고, 갈등을 빚을 때는 아래층과 위층이 변별성을 띠며 가치를 생산해 낸다. 이는 텅 비어 있기에 더 채울 것이 많고, 수용자도 어떠한 의미를 부여하기 보다는 표현하는대로 받아들일 수 있는 것이다.

앞서 논의했듯 이 작품은 주크박스 음악무용극 형식이다. 8곡의 요즘 노래(요즘 노래라는 기준을 어떻게 삼아야 할지 모르겠지만)가 8장면의 흐름에 녹아들었고, 춤도 거기에 걸맞다. 여기서 몇몇 배경음악은 가사 없이 새롭게 편곡되어 전개된다. 그런데 이 노래에 대한 사전 지식이 없고, 가사를 모르더라도 장면 장면마다 그 느낌이 잘 살아 있다. Scene 4 갈등에서 〈백야〉나 Scene 7 재회의 〈Stay〉 등에서는 극적 구조로 나아가기 위해 프로그레시브 록 풍으로 편곡 하여 역동성을 강조하였고, 축제, 만남이나 언약의 처음과 끝은 열린 공간을 지향하며 무용수들의 군무가 돋보이게 만들었다.

이렇게 이 작품에서 이러한 면모는 음악에 대한 선택과 집중에서 비롯된다. 선별된 수많은 음악을 춤에 맞는 작품으로 선택하였고 다시 편곡을 거치면서 완성도를 높이면서 well-made로 탄생되었던 것이다. 특히 이 작품에서는 젊은 감각의 노래가 연출, 안무가를 통해 그대로 수용되었다는 점에서 그동안의 방식과는 전혀 다르다. 비디오아티스트 백남준 등의 작품을 보다가 가끔 번뜩이는 순간적 수용에 놀라는 경우가 있다. 작품 속에 트랜드를 파악하고 그것이 그대로 그의 철학에 녹아들어 있음을 발견하기 때문이다. 이는 전체적인 작품 구조에서 일부의 수용 양상일 수 있지만 현세 특히 유행을 꿰뚫어 보는 감각이다. 이러한 부분은 그가 젊은 감각에 대한 인식하는 것일 수도 있지만 이를 수용할 수 있는 포용력이나 시대적 응용력이 우선할 것이다. 배정혜도 이번 작품에서 마찬가지이다. 안무를 위해 선별한 음악들에 맺고 풀림의 호흡을 통한 여러 춤동작은 새로운 한국적 문법의 춤사위로 손색이 없었다.

정구호의 작업은 이번에도 여러 담론을 전달한다. 이번 작품의 방법론 중 하나는 전통의 해체와 새로운 질서이다. 앞서 작품이 전통에 대한 재해석이었다면 이번은 전통에 근간을 두지만 그것을 표현하려 하지 않고, DNA, 원형과 현대적 감각을 이미지화 한다. 군이 한국적인 것을 보여주려 노력하지 않고, 보편적 정서 속에서 자연스럽게 표출됨을 지향한 것이다. 이는 안무자와 상호 보완한 결과이지만 이런 역동적 만남은 한국미를 한정하고, 교체하여 재현하는 강력한 힘을 발휘하게 되었다.

〈춘상〉은 대부분 젊은 무용수로 구성되었다. 이들은 치기어리지만 과하지 않았고, 영화 〈그리스〉, 〈라라랜드〉의 참신한 느낌이 연상되게 처음과 마지막인 축제, 만남과 언약은 떠들썩한 열린 공간 속 광장의 이미지를 전달한다. 여자 무용수들이 긴 머리를 휘날리는 모습은 그동안 한국무용이 지니는 엄숙미와 다른 색다른 면모로 찰나였지만 많은 의미를 담아내었다. 이렇게 '춘상'은 봄의 상념 속, 일장춘몽일 수 있지만 국립무용단의 새로운 레퍼토리 방법론을 제시하였다는 측면에서 간과할 수 없는 작품일 것이다.

-『댄스포럼』, 2017.10.

30

오리엔탈리즘 시각에 대한 자평과 일상의 재현
— 전미숙무용단 〈BOW〉

인사는 타인과 감정을 여는 첫 번째 기호記號이다. 인사는 그 자체로 의미를 가지며 인사를 하지 않아도 그것 자체가 또 하나의 의미를 지닌다. 서양에서는 악수가 가장 보편적인 형태일 듯 하다. 이러한 행위는 신체와 신체가 접촉하여 감정을 느끼고, 눈으로 또 다른 의식을 감지한다. 무기가 없는 것을 보이기 위해 악수가 나왔다는 기원의 한 이야기는 미국 45대 대통령 도날드 트럼프에 의해서 악수가 또 다른 외교적 이야기가 되어 새로운 의미를 만들어낸다.

이에 반해 동양에서는 신체 접촉보다 머리를 숙임으로 타인에 대해 예禮를 표한다. 이 모습은 타자他者가 볼 때 다름과 차이를 느끼겠지만 사람과 사람의 만남에서 여러 담론을 형성하는 출발로 보편적 정서를 인지할 수 있다. 전미숙 무용단의 〈BOW〉(대학로예술극장 대극장, 2017.9.9.-10)는 이러한 인사를 모티브로 인간관계의 여러 실마리를 풀어놓고 일상성 속에서 현대인들의 세태를 드러낸다. 여기서 인사는 하나의 화두이지만 서양인의 시각이 초점이 아닌 동양인oriental이 재현한 오리엔탈리즘의 사회상이며 일상성의 상징적 표현이라는 측면에서 새로운 가치를 생성하는 것이다.

이 작품은 침묵 속에서 한 인물의 움직임으로 시작한다. 이 움직임은 미세하며 자세히 보면 그 인물은 가면을 쓴 모습이다. 미세한 실루엣의 움직임 속에서 또 다른 인물이 멍석에 서 놓인 찻잔에 물을 따르고 갑작스러운 음악이 침묵을 깬다. 이어 머리에 잔을 올린 무용수의 잰걸음, 부채를 통한 여러 군상의 군무 등 상징적 오브제를 통해 여러 이미지들이 단편화되어 현실적 이야기로 풀어놓는다. 이러한 내용은 행위의 관습화와 일상 속 핍진성이 경계를 이루며 인간사를 사실적으로 그려내고 있다.

이 작품에서는 몇 가지 오브제를 통해 문화의 보편성과 특수성을 주지시킨다. 가장 두드러진 것 중 하나는 '부채'이다. 전통무용에서 부채에 대한 고정적 이미지는 부채춤 등에서 드러나는 화려함과 아름다움이다. 이는 부채의 색깔이나 문양에서 인식이 배가되고 군무를 통해 통합적 미학을 나타낸다. 그렇지만 부채의 실용적 의미는 드러냄과 감춤에 있다. 물리적으로 인공적 바람을 만들어내는 것이 목적이지만, 쥘부채摺扇는 접음과 폄 속에서 은隱과 현顯의 요소를 살필 수 있다. ⟨bow⟩에서도 부채는 이러한 이중적 문턱을 역동적인 움직임과 잔잔한 흐름의 반복 속에서 의미를 생성한다. 이는 얼굴을 가리고 인사하는 표현과 자기 방어의 기재나 공격의 대상이 될 수 있는 방패와 창으로 상징화 된 움직임 속에서 이면적 본성을 그대로 직시하고 있다.

멍석도 그러한 기재이다. 멍석은 여러 쓰임이 있지만 민속에서는 잔치 때 손님을 모실 수 있는 자리이다. 그렇기에 열린 공간 속 일정하게 구획된 공간이고, 예를 갖출 수 있는 최소한의 배려다. 이 작품에서는 이러한 이면적 여러 관계망을 관습적 장치 혹은 반복적 일회성으로 표현하고 있다. 또한 이 작품에서 등장하는 찻잔은 인사 이후 인간과 인간을 잇는 매개로 보편적 정서에서 이해할 수 있는 오브제이며, 서양식 가면은 감춤의 상징적 요소로 속내를 모른 채 관습에 의해 드러나는 예禮라는 측면에서 고개 숙임의 동양적 방식과 결합을 통해 아이러니 구조를 만든다. 이렇게 ⟨BOW⟩에서는 인간 내면의 여러 생각과 본성을 오브제에 의탁하는데 관객도 그 지시하는 바를 그리 어렵지 않게 이해할 수 있게 한다.

⟨bow⟩의 기본적 관점은 오리엔탈리즘이다. 이 작품이 서양인이 느낄 수 있는 고개 숙임 인사법의 생경함이란 표면적 모티브에서 출발함으로 생각할 수 있다. 이는 서양인의 해석에서 분석되는 부정적 이미지가 아닌 문화상대주의 혹은 동시대 사회적 리얼리티에 바탕을 두어 표현하려 한다. 타자는 이미 동양인들이 머리를 숙이며 인사하는 모습을 인지하고 있다. 어찌 보면 이러한 모습이 이젠 그리 새롭지 않을 것이다. 그럼에도 이것이 집단화되어 반복 될 때 차이와 다름을 느끼고 이후 깊이 있게 바라보면 비슷한 점도 함께 공유하게 된다. 이 작품이 지향하는 바도 이러한 맥락이다. 스스로가 인식한 동양적 관습에서 타자가 느끼는 차이와 다름, 유사점에서 본성과 사회적 인식을 통해 기대지평을 내세운다.

이 작품의 토대는 미니멀리즘이다. 무대 구성이나 여러 장치에서도 그대로 드러난다. 무대 구성에서 미니멀은 간결성을 통해 텅 빈 공간을 지향한다. 이는 다분히 단순구조화될 수 있지만 그 중간 중간 빨간 부채, 빨간 치마 등 색깔의 변화를 통해 새로운 기호를 창출하려 한다. 게다가 의상에서 보편적이지만 바지에서 드러나는 동양적인 곡선의 주름을 통해 타자와 미세한 다름을 보여주고 있다. 음악도 몽환적이고 전위적이지만 여러 서양악기가 담아내는 굿거리장단 등에서 원형과 전형의 만남에서 현재적 가치를 보여준다.

〈BOW〉가 그려내는 바는 동양적 관습에 대한 자평이겠지만 이는 낯설음이 아닌 보편적 인식 속에서 문화에 대한 이해로 확장된다. 그런 측면에서 이 작품은 한국 현대무용이 지니는 추상적 표현의 모호함이 아닌 개성과 현대적 담론 속 혹은 인간의 본성의 재현이라는 측면에서 그 출신을 떠나 편안하게 수용하게 만든다.

-『댄스포럼』, 2017.10.

31

잘 짜인 무용극으로 정동극장의 레퍼토리
—정동극장 〈련, 다시 피는 꽃〉

〈련蓮, 다시 피는 꽃〉(정동극장, 2017.4.6.-10.29)이 막을 내렸다. 4월부터 시작하여 6개월여 긴 장정이 끝난 것이다. 정동극장은 전통창작공연의 산실과 도심형 아트플랫폼임을 자임하며 전통공연의 문화콘텐츠화와 대중화에 힘써 온 공간이다. 특히 〈미소 : 춘향〉, 〈미소 : 배비장전〉, 〈가온〉 등 장기 상설공연을 통해 국내외 관객에게 한국 문화원형의 살아있는 모습을 보이며 가무악을 바탕으로 다양한 볼거리를 제공하였다.

〈련, 다시 피는 꽃〉은 『삼국사기』에 전하는 '도미부인' 이야기와 제주도 서사무가인 '이공본풀이'를 바탕으로 한다. 악무樂舞에 뛰어난 서련과 그를 사랑하는 장군 도담 그리고 권력의 힘으로 서련을 뺏으려는 왕, 이 세 사람의 갈등 구조 속에서 서련은 죽음을 맞지만 제사장에 의해 서련이 다시 살아난다는 이야기를 담고 있다. 그렇지만 이 두 이야기는 전면적이지 않고, 부분적인 계기적 모티브로 작용하였다. 여기엔 〈춘향전〉이나 〈양산백전〉 등 고전소설의 여러 모습도 보이고, 세계 어느 민족의 설화에서나 나타나는 계급을 통한 애정 갈등, 재생 모티브 등의 설화소가 자연스럽게 흘러 인식되고 있기 때문이다. 이런 보편적 갈등 구조와 서사구조는 관객으로 하여금 큰 어려움이 없이 작품을 수용하게 만든다.

이와 함께 중간 중간 가무악도 기교를 드러내기 보다는 장면 장면마다 적절한 요소가 배치되어 재미를 준다. 태평무, 검무 등의 전통춤의 여러 요소가 짧게 장면에 녹아들어 있고, '헌화가', '연담가'도 이 작품이 지향하는 정화淨化의 재생모티브를 이끌어낸다. 가장 극적 장면인 무당의 엑스타시를 통한 재생 모습도 긴장감을 주어 예상되는 단순구조임에도 큰 무리 없이 관객에게 카타르시스를 준다.

그런 의미에서 이번 작품은 그동안 정동극장이 지향한 가무악에 바탕을 둔 전통창작무용극 그대로 모습이다. 이는 정동극장을 전통 문화콘텐츠 공간으로 확고하게 이끈 〈미소 : 춘향〉를 연출한 김충한이 이 작품의 안무와 연출을 다시 맡음에서 비롯될 것이다. 그는 그동안 진실한 사랑 등 보편적 정서를 기반으로 관객의 기대지평에 어긋남 없는 작품을 선보였는데 이 작품도 그 연장선상에서 이해할 수 있다.

그렇지만 안정적 구조이다 보니 무용극으로 의미가 강함에도 그동안 정동극장이 지향한 연희적 요소는 줄어들었다. 전체적으로 가무악적 요소는 무용수의 춤에서 나타나고 전통 연희의 들썩거림은 찾기 힘들었다. 이는 관객에게 카타르시스를 주지만 소통 구조가 크게 두드러지지 않음에 원인이 있다. 물리적으로 그리 긴 시간이 주어지지 않은 상황에서 이루어진 결과겠지만 다소간 아쉬움을 주는 대목이다.

그럼에도 이 작품은 정동극장 전작 레퍼토리인 〈가온〉이 재미나 이해도 등에서 드러난 부족한 면이 어느 정도 회복했다는 점에서 의미가 있다. 이는 보편적 정서를 통한 행복한 결말과 주인공과 군무 등이 짜임새 있게 유기적으로 움직이며 한국적 정서를 고스란히 드러내는데 기인한다. 관객들이 바라는 것은 한국문화의 특수성을 통한 보편적 감흥을 수용하는데 있을텐데 이러한 점은 이 작품을 통해 충족되고 있다. 이는 정동극장이 지니는 관객 층위의 평균적 시각에 눈높이를 맞춘 결과일 것이다.

정동극장은 그동안 한국 공연문화를 알리는 첨병으로 자리하였다. 그렇지만 부침이 있었고, 특히 외연적으로 이 작품이 공연되는 내내 사드 배치로 인한 중국의 관광 규제에도 영향을 받아 관객 유치에 어려움이 있었을 것이다. 이런 외풍에 영향을 받지 않기는 어렵겠지만 내적으로 지속적인 글로컬리즘을 지향하는 가무악 소재 개발이 정동극장이 지향하는 바이며 관객들도 처음 접하는 한국전통창작 공연에 대해 기대하는 바일 것이다.

- 댄스포스트코리아, 2017.10.

32

시시포스 신화소의 재현 그리고 실존, 미래의 인식
—세컨드네이처 댄스컴퍼니 〈비트사피엔스〉

극장에 들어서면 객석은 좌우로 나뉘어 있고, 그 가운데에 하얀색 플로어가 펼쳐져있다. 그것도 수평이 아닌 무대에서 무대조정실까지 2~3층 높이로 길게 잇고 있으니 관객에게는 놀라움, 생경함과 함께 앞으로 전개될 행동에 대해 어느 정도 기대지평을 준다. 세컨드네이처 댄스컴퍼니 〈비트사피엔스Bit-Sapiens〉(강동아트센터 소극장 드림, 2017.10. 20.-22)는 이러한 공간 구조에 빠르게 발전하는 문명과 문화의 충돌 속에서 현대인의 자아 회복과 그 경계의 고뇌를 담아낸다. 그래서인지 이 작품은 산꼭대기에 오르면 바위가 떨어져 다시 그 돌을 올리는 그리스 신화 시시포스Sisyphos 신화소를 현대적이며 미래 세계에 대한 기호로 전달하고 있다.

첫 장면부터 나약한 인간에 대한 상징성 그대로이다. 자연 속 벌레소리와 약한 기계음의 비트beat가 중첩되어 흐르고, 복지부동하던 남자 무용수는 불편하면서도 미세하게 움직인다. 힘겹게 오르는 무용수를 뒤로 하여 영상 속 일상의 재현과 비발디의 '사계' 겨울이 흐르고, 4명의 무용수가 한 명씩 한 명씩 천천히 한 걸음 한 걸음 내딛는다. 다시 벌레 소리와 빠른 비트를 뒤로 하고 피아노 연주를 배경으로 남녀 2인무가 흐른 뒤 어둠 속에서 헤드마운트 디스플레이head-mounted displays(HMD)를 낀 네 명의 무용수는 객석을 보며 외계어를 내뱉는다. 그리고 다시 시시포스처럼 오르려 하지만 오르지 못하고 쳇바퀴 돌 듯 반복하는 4명의 무용수와 첫 장면이 반복된 남자 무용수의 몸부림까지 분절된 단상斷想이 교차적 의미를 찾으며 이야기를 마무리한다.

이 작품은 그동안 안무자 김성한이 일련의 작품에서 보인 인간 존재에 대한 끝없는 질문을 바탕으로 여기에 미래에 대한 의문과 공포로 확장하여 문제 제기한다. 이는 인간 본질에 대한 내면적 움직임의 표현과 현재의 시각에서 바라본 미래의 형상화로 풀어 놓는 것이다. 이러한 묘사는 그동안 세컨드 네이처 댄스컴퍼니가 지향하는 바를 고스란히 담아낸다. 군더더기 없이 깔끔한 움직임과 오브제 그리고 공간 활용에 대한 여러 의미체계가 제대로 전달되고 있기 때문이다. 그래서 이들은 미니멀리즘 표현에 잇닿아 있어 공간 구성이나 오브제의 단순성은 물론이거니와 표현 방법 자체가 기교를 최대화하려 하지 않는다. 이들의 움직임은 비트가 빠른 음악에서도 강하거나 가쁘지 않고, 수직적 수평적 분절에 의한 공간 활용이 아닌 자연스런 인간 표현의 분절적 움직임에 몸을 맡기고 있다.

이 작품은 '비트사피엔스'라는 제목이 암시하듯 비트Bit와 호모 사피엔스Homo sapiens가 합쳐진 말이다. 가장 작은 데이터 단위인 비트는 'binary digit'의 준말로 이진법 '0/1', 이 두 대칭에 의해 모든 것이 이루어짐을 말한다. 이 작품에서도 이러한 이분법적 대립과

세컨드네이처 댄스컴퍼니 〈비트사피엔스〉 세컨드네이처 댄스컴퍼니 제공

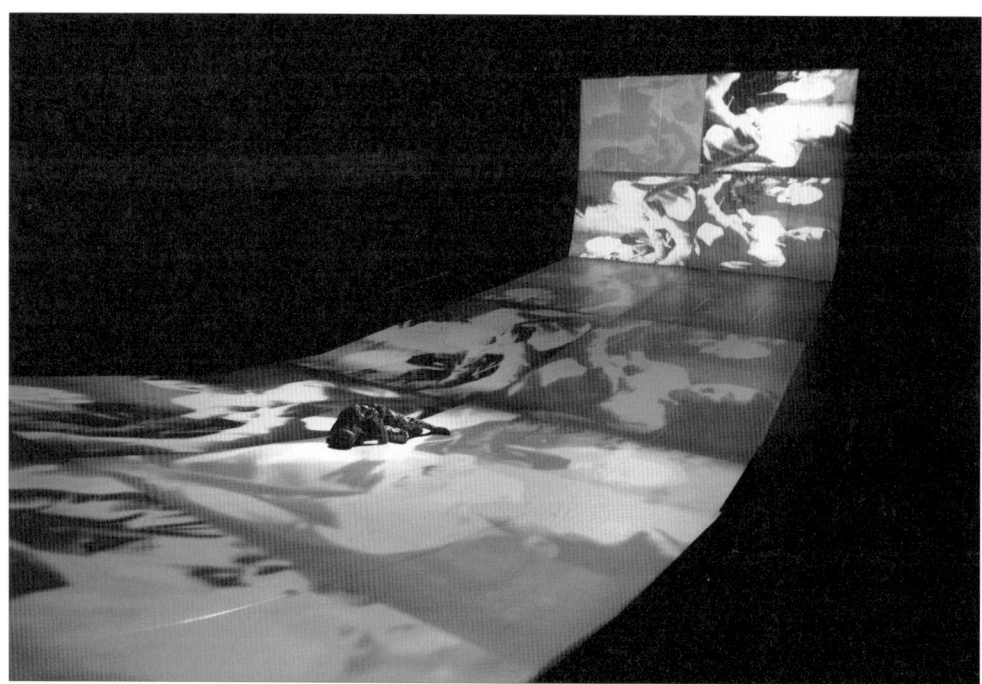

융화가 의도하거나 의도하지 않은 부분에서 이루어진다. 이는 현재/미래라는 시각에서 교차적 장면 전환과 일상적 영상과 도상적 조명, HMD 등 현재의 담론과 미래에 대한 상상력의 발현으로 표현한다.

그럼에도 이 작품에서 몇몇 기호로 미래를 상징적으로 구현하려 하지만 '사피엔스'에 방점을 두어 감각은 아나로그적이고, 감성 지향이다. 이 작품이 지향하는 바가 인간의 실존의 문제이기 때문이다. 인간 내면에 대한 감정이나 현실에 대한 주관적 표현으로 미래를 동작으로 실어내기에 SF(science fiction)와 같이 있을법한 상상의 최대치는 자제하고 지금 이 순간의 균정한 인간적인 몸짓으로 나타내고 있는 것이다. 이러한 실존에 집중한 현실적인 묘사나 오브제 등은 어쩌면 제목에서 오는 기대지평으로 인해 의미가 반감될 여지도 있다. 이는 미래의 시각에서 과거와 현재를 조망한 것이 아닌 현재에서 상상한 미래에서 실존의 고민을 이루려 한 아쉬움에 기인한다.

이 작품에서는 공간을 제4의 벽, 관객과 무대가 분리된 형태가 아닌 객석을 좌우측으로 나누고 무대를 중앙에 놓아 무용수들의 움직임이 제한적이지만 오히려 자유롭게 만들었다. 지향 없이 지향해야 하는 의미 전달은 수평적이면서 수직적인 하얀 플로어를 통해 병렬 구조가 이루어졌고, 어둠 속 눈에만 불이 들어온 HMD를 쓰고 여기 저기 관객에게 다가서는 동작 등에서는 미래 사회와 현재의 소통되지 않은 소통 구조를 만들어낸다.

이 작품은 기대지평대로 첫 장면이 마지막에서도 그대로 반복되지만 그 움직임은 조금 더 크고, 앞서 전개된 서사구조를 이해한 상태이기에 인식의 폭을 넓어진다. 이에 따라 실존주의적 시각과 부조리 작가로 명성이 높은 알베르 카뮈의 〈시지포스의 신화〉에서 '배우는 과장을 피하면 그만큼 비극에 힘을 주고, 그가 신중하다면 그가 만들어내는 공포는 엄청나게 클 것이다'라고 이야기한 것처럼 〈비트 사피엔스〉는 미래가 아닌 현재의 우리 자신을 되돌아보게 하는 실존적 자아인식에 대한 발로로 이해할 수 있다.

- 『댄스포럼』, 2017.11.

33

'껍데기와 알맹이' 그 상징적 이중성의 협연
— 국립현대무용단 픽업스테이지 〈맨 투 맨 : 京人〉

2017년 국립현대무용단의 행보는 거침이 없고, 그에 걸맞게 양질의 좋은 작품을 올리고 있다. 〈혼합〉으로 시작한 레퍼토리 무대와 〈쓰리 볼레로〉 등의 픽업 스테이지 등 일련의 작품에서 다양한 색깔을 발하고 있다. 아무래도 새로 취임한 안성수 예술감독의 생각에서 비롯되었을 것이고 또한 홍보마케팅이나 기획의 노력도 힘입은 바 크다.

올해 세 번째 픽업스테이지는 〈맨 투 맨〉(예술의 전당 자유소극장, 2017.10.13.-15)이다. 그동안 국내외에서 호평을 받은 박순호와 한국에서 활동하다 현재는 미국을 중심으로 활약하는 조슈아 퓨, 두 남성 안무가의 무대이기에 이런 제목이 붙여진 듯 하다.

우선 박순호 안무작의 제목은 〈경인京人〉이다. '서울사람=현대인=우리'라는 등식 아래 이들, 아니 우리의 자화상을 여러 이중적 모순 구조를 통해 풀어낸다. 하얀 북청사자놀이의 사자가 나오고 그 밑동에서 한 사내가 출현한다. 그의 바지는 다리에 걸쳐져 있어 움직임이 자유롭지 못하여 이 작품이 의도하는 불균형의 모습을 암시한다. 그리고 사자에서 한 명 한 명 나오고 사자의 껍데기만 하나로 올라 무대 중앙에 자리한다.

그러면서 그 세 명의 인물은 균형과 불균형을 표현한다. 기타와 아쟁의 부조화의 조화 속에서 부족함을 다른 이들에 의해 의지하여 이동하고, 음악이 고조되면서 그 움직임은 더욱 배가 되어간다. 특히 여기서 저울이라는 오브제를 사용하여 그 상징적 표현을 극대화한다. 6개의 눈금저울에서 진행되는 연속적 동작은 균형과 불균형의 대칭적 묘사의 진행형이고, 이러한 연속성은 이어지는 상승 구조로 나아간다.

박순호 안무 〈경인〉　국립현대무용단 제공, Aiden Hwang 사진작가

　　이들의 앞선 동작이 수평적 구조 속에서 균형과 불균형의 남사당패 줄타기 '어름산이'였다면 수직적 상승과 하강을 표현함으로써 또 다른 이분법적 공간 구조를 이미지화한다. 3인무의 유려한 움직임은 감정표현이라기보다는 감정묘사에 가깝게 주관의 객관적 움직임으로 나타내고 있다. 이는 현대인이 가지는 이중적 양태와 그 정반합으로 인해 또 다른 양태를 그대로 드러낸 모습이다.

　　그래서 이 작품은 의도적이건 의도하지 않았건 간에 공간 구조에 대한 정교한 구획 속에서 3인의 상상구체Imaginative Cube를 통해 움직임이 만들어진다. 게다가 이 북청사자가 게시된 상방향과 저울 등의 하방향의 수직축의 이원구조 속에서 '지금 여기'를 무용수가 표현함으로써 공간 구조의 활용이 적절하게 이루어지고 있다. 이는 주제 의식인 채우려하지만 채워지지 않은 인간 욕망의 본질적 모순 그리고 그 균형과 조화를 보이기 위한 의식적 구조로 적확的確하였다.

그러면서 원론적인 의문이 든다. 왜 제목이 〈경인京人〉이었을까? 서울사람, 서울인으로 하지 않고 한자漢字로 표기하여 京人(경인)로 삼은 이유는 무엇일까? 이는 서울이라는 공간으로 상징하고, 여기에 사는 현대인을 표피화한데 있다. 이는 현대적이지만 한자어로 표기하여 상징적 혹은 의미를 통한 훈고학적 표기의 이중적 모순이라 '의도의 오류'intentional fallacy를 해본다.

여기서 또 다른 의문이 든다. 왜 중요한 상징으로 '북청사자'였을까? 북청사자는 이 작품에서 아주 중요한 역할을 한다. 이 작품의 처음과 마지막 그리고 상징적 존재로 무대에 존재한다. 그런 의미에서 흐름에서나 강조점에서 표피적 의미 전달에서는 큰 무리가 없다. 그렇지만 경인, 도시, 이중성, 모순, 욕망 등의 키워드와 맞물렸을 때 북청사자가 차지하는 이면적 의미를 찾기는 쉽지 않다. 가끔은 여러 작품을 보다보면 연결고리가 이해되지 않는 경우를 발견한다. 진도씻김을 모티브로 한 어떤 공연에서 탈이 중요한 오브제를 사용하여 왜 탈이었을까 의문이 든 적이 있었다. 물론 탈이 가지는 상징적 의미를 차용한 결과였지만 무언가 미진한 구석을 남기게 하였다. 다시 여기서 북청사자는 어떠한 의미일까? 아무래도 이 작품이 가지는 파편적 주제 의식 '껍데기/알맹이'에 대한 의미로 받아들여질 수 있다. 채움과 비움 혹은 균형과 불균형, 이미지와 본질은 북청사자로 상정想定해 본다.

이 날은 덧붙여 조슈아 퓨 안무의 〈빅배드 울프Big Bad Wolf〉도 공연되었다. 이 작품은 말썽을 부리는 아이들을 겁주기 위해 상상력을 통해 만들어진 '부기맨bogeyman 신화소'를 모티프로 한다. 이러한 모티브는 어느 나라에서든 존재하는 보편적 이야기로 우리에겐 망태할아버지라는 캐릭터로 설화를 이룬다. 전체적으로 동화적 발상과 발레에 기반을 둔 동작으로 관객에게 큰 어려움 없이 받아들여진다. 그럼에도 경쾌한 리듬에 여러 이야기를 담아내지만 그렇다고 깊게 다가오는 의미 체계를 찾기 힘든 것도 이 작품이 지니는 장단점이다.

- 『댄스포럼』, 2017.11.

여성성에 대한 두 가지 시각과 관객의 수용
—문화비축기지 개원기념 공연 〈미인: Body to Body, Plasticity〉

서울에 새로운 문화 공간이 만들어졌다. 그동안 은밀한 공간이었던 옛 석유비축기지가 시민에게 개방되었고, 5개의 탱크가 그대로 보존되거나 개축되어 문화공간으로 함께한 것이다. 이번에 이를 기념하기 위해 〈미인 : MIIN〉(문화비축기지 파빌리온 등, 2017.10.13.-15, 17-18)이란 제목으로 〈Body to Body〉, 〈Plasticity〉, 두 개의 공연이 펼쳐졌다. 이 두 작품은 무용을 토대로 하면서 다원 예술의 여러 요소가 결합된 것으로 여성성이란 주제를 담아내고 있다.

차진엽 안무의 〈Body to Body〉은 여성에 대한 존재론적 의미를 찾는다. '그 사람을 갖고 싶은 거지 아이를 갖고 싶은 것은 아니다.'라는 대사처럼 이 작품이 관통하는 것은 독립적인 주체로 여성의 시각에서 바라본 여성성의 흐름이다. 이러한 관점은 자궁, 모성애, 히스테리 등과 같은 키워드를 던짐으로 여성에 대한 신체적, 사회적 인식을 관객과 함께 한다. 이는 이 작품의 지향점인 여성female이 여성woman으로의 문명과 문화 속에서 그 유명한 시몬느 드 보바르의 '여성은 태어나는 것이 아니라 만들어지는 것이다'라는 명제에서 여성적인 것feminine이 무엇인지 의미를 제시한다.

우선 작품을 관람하기 전 이동 경로에서는 여러 영상과 함께 과거 염색약 광고가 흐르면서 아름다움에 대한 표피적이며 단편적 의미를 상기시켜주고 있다. 이는 미美는 남에게 보이는 것이 아닌 인위적이지만 자존감을 이룰 수 있는 기호로 표현하려 한다. 이러한 공간을 뒤로 하여 무대에서는 여성 무용수가 모래 위를 거칠지만 유영하며 움직인다. 정반합의 사회적 충돌 속에서 뒹굴고, 슬퍼하고 여러 본질적 요소가 젠더로 여성 그대로이다.

그러면서 남성의 시각에서 바라본 여성이 아닌 여성의 시각에서 바라본 남성 외형적 심리묘사를 상징화하여 여성을 여러 시각에서 묘파하고 있다. 그래서 이 작품은 거창하게 페미니즘을 내세워 비판적인 시각에서 사회를 일깨우기 보다는 일깨우기 위한 토대에 대한 이해와 인식을 공유하고 있다.

이 공연이 이루어진 파빌리온은 정원건축을 의미하지만 형태는 몽골의 '게르'를 연상시킨다. 게르의 장점은 자연친화적인 원형 둥지이다. 안무가는 공간 구조에 대해 완벽한 도형인 원과 여성과 합일을 이루고 있다 말한다. 이는 긴장감보다는 추상적 자연운동 속에서 이 공간을 받아들여지게 한다. 게다가 어두운 장막이 걷히고 유리창을 통해 바라본 자연 속에서 에코페미니즘 요소도 느낄 수 있다. 그럼에도 객석을 일방향으로 바라보는 것이 아닌 원형으로 둘러보았으면 어떠한 시각으로 이 작품을 바라보게 되었을지 궁금증을 유발하게 한다.

〈Plasticity〉는 영국의 다중예술가 다렌 존스턴Darren Johnston의 시각에서 표현한 여성성을 기반 한 작품이다. 플래스티시티, 이를 적응성으로 풀이할 수 있겠지만 본질적 의미인 가소성可塑性은 외부의 압력이 가해지고 그 외력이 사라진 이후에도 그 원래의 상태로 돌아가지 않는 성질을 말한다. 이 작품에서는 여성의 과거, 현재 그리고 미래의 변화 속에서 여성의 본질적 신체에 대한 탐구로 구현한다. 여기서 과거라 함은 신화소로 상징되는 태초성이고 지금 이 순간의 현재 그리고 테크놀로지를 통한 미래 시각까지 모든 것을 함유한다.

처음은 유리벽을 사이에 두고 관객과 무용수가 대면한다. 미세한 움직임의 무용수를 뒤로 하여 미니멀한 구성과 기하학적 조명이 흐르고 이 속에서 실루엣으로 또 다른 무용수의 움직임이 나타난다. 이러한 움직임을 통해 여성의 신체에 대한 재인식을 가져 올텐데 영화 〈제5원소〉에서처럼 원형적이면서도 미래의 여성에 대한 이미지가 시청각 기법을 통해 중첩을 이룬다.

그런데 이 작품은 여성미를 보여주지만 그걸 훔쳐보는 관음증Voyeurism이 관객의 시각에서 존재한다. 특히 첫 장면과 마지막 공간을 이동하여 무용수를 바라보는 서로의 시선은 무용수에게나 관객에게 그리 유쾌하지 않다. 몸에 대해 아름다움만을 추구하는 인식에 대한 불편함을 일깨우는 것일 수 있지만 궁극적 해답은 찾기 어렵다. 이는 여성을 바라보는 본질성과 인위성의 이중적 구조에 대한 현실적 반영을 보여준다.

두 작품을 보면서 아직까지 문화비축기지는 관객에게 그리 친절하지 않음을 느낀다.

긴 시간을 서서 보거나 임시방편에 의지해야하기 때문이다. 또한 활용 범위도 제한적이고, 방안도 예술가에게 도전을 던져주는 공간이다. 이곳이 지향하는 바가 시각의 변화에 따른 시간적 예술이 기본 토대일 수 있지만 아무래도 두 가지의 문질文質이 조화를 이룰 때 이 공간이 시민과 소통하고 살아있는 문화공간으로 거듭날 듯 하다.

- 『댄스포럼』, 2017.11.

35

커다란 울림과 그 장대한 의미의 맺음과 풀림
―10주기 추모공연 무송 박병천 그 남자의 춤 이야기

무송舞松 박병천은 진도의 민속을 우리게 알리고 민속을 공연예술로 승화시킨 매개적 인물로 의미가 있다. 남도의 상례인 진도씻김굿의 민족문화적 가치를 인식시키는데 일조하였고, 씻김굿의 춤들과 민속춤인 진도북춤을 정제하여 무대공연예술로 이르게 한 것이 다 박병천에서 출발하기 때문이다. 그의 이러한 문화원형에 대한 해석은 타계한지 10여년이 흘렀지만 가족과 후학들에 의해 면면히 내려오며 지금에 이르고 있다.

이러한 그의 예술혼을 기리는 의미로 10주기를 맞아 다양한 행사들이 펼쳐졌다. 6시간 동안 진도씻김(한국문화의 집, 2017.11.19.)이 연행되었고, '진도씻김굿과 박병천의 생애 회고 대담'(한국의 집 민속극장, 2017.11.26.) 그리고 '10주기 추모공연 무송 박병천 그 남자의 춤 이야기'(국립국악원 예악당, 2017.11.23.)가 공연되었다. 이 글에서는 추모공연을 중심으로 이번 행사의 의미를 살펴보고자 한다.

이날 프로그램은 식전행사로 파독간호사무용단의 〈박병천류 진도북춤〉, 〈축원 비나리〉, 〈제석춤〉, 〈영돗(영돈)말이 고풀이〉, 추모공연 추진위원 9명의 〈박병천류 진도북춤〉, 〈강강술래〉, 80명의 〈박병천류 진도북춤〉으로 진행되었다. 우선 제석춤과 영돗말이 고풀이는 진도씻김굿이 원류인 무무巫舞이다. 제석거리는 씻김굿의 긴 흐름에서 하나의 맺음과 풀림을 주는 장면이다. 이는 서두에서 진행된 죽음에 대한 경건한 의식을 잠시 푸는 동적 장치이며, 게다가 살아있는 자들의 안녕을 비니 제의적이면서도 일상성을 함께 한다. 이 공연에서는 제석굿에서 추던 굿거리춤, 복개춤과 지전춤을 재구성하여 선보였다. 망자의 넋을 비는 역동적 장치인 지전춤이 삽입됨으로 공연예술적 의미가 배가 되었고, 씻김의 의미도 함께 느낄 수 있는 효과를 얻었다.

강강술래는 신한대학교 전통연희과 학생들이 펼쳤다. 강강술래는 무한 원형의 의미를 재생산하며 다양한 가치를 전달하는 민속이다. 무한 반복이라는 점에서 보는 이의 입장에서는 지루할 수 있지만 손치기, 발차기 등 박병천에 의해 더해진 동작으로 구성을 재미있게 만들어졌는데 이 무대에서는 치기어린 젊은 남녀의 조화로 활기를 불러 모았다.

박병천은 진도씻김굿의 명인으로 알려져 있지만 진도북춤을 공연예술로 무대화시킨 인물로도 강한 인식을 준다. 지역 민속춤이 이렇게 전국적으로 전승되고 공연예술의 중요한 레퍼토리로 연착륙한 경우가 많지 않은데 진도북춤은 이젠 전통춤 공연에서 없어서는 안 될 존재로 확고한 자리구축을 하였다. 이번 공연에서는 파독 간호사무용단, 추모공연 추진위원 그리고 80여명의 춤꾼에 의해 세 번 진도북춤이 공연되었다. 이런 구성은 아마추어와 진도북춤으로 인정받고 후학을 양성하는 춤꾼들 그리고 박병천 선생에게 배우거나 그 제자들에 진도북춤을 배운 춤꾼 등 진도북춤 전승의 과거와 현재 그리고 미래를 보여준다는 측면으로 살필 수 있다.

9명의 추모위원의 진도북춤은 20여 분 동안 펼쳐졌다. 이미 어느 정도 일가를 이룬 춤꾼들의 무대라 자신 만의 색깔을 드러내면서도 긴장감을 주며 흥미를 불러 모으기에 충분하였다. 진도북춤은 원래 민속에서 생산된 춤이다. 게다가 그 즉흥성으로 인해 민중과 호흡한 춤이다. 그래서 어떠한 형식이 있을 수 없는데 이것이 무대공연예술로 수용되면서 기법과 규칙이 명확해지고 레퍼토리화 되었다. 이 무대는 그 경계에서 난장 형식을 지향하는 무대구성으로 진도북춤의 자유의지를 보여주었다.

마지막을 장식한 진도북춤은 80여명이 큰 울림과 몸짓을 전해주었다. 우선 연습부터 많은 힘듦이 있었을텐데 이를 한 자리에 모으고, 실행에 올린 점에서는 박수를 보낼 수 있다. 그렇지만 인원이 많지만 무대가 오히려 산만하게 느껴졌고, 짧은 시간 안에 많은 인원이 나오다 보니 그 의도에 비해서는 카타르시스가 크지 못하였다. 진도북춤은 커다란 공명과 세밀한 기교의 춤이라는 점에서 소수의 인원으로도 감동을 충분히 줄 수 있기에 이 부분은 과유불급이었다.

이 자리는 원론적으로 박병천이란 인물이 있었기에 존재한다. 이와 함께 제자들의 전승과 박병천류 진도북춤 보존회와 박병천류 전통춤보존회 등의 노력에 의해 이루어진 결과이다. 앞으로 이런 행사가 단순하게 주기의 행사가 아니고 내면적으로 거듭나기 위해서는 발표회나 학문적 세미나 등 이론과 실제가 함께 이루어야 할 것이다. 또한 그동안 무대화시킨 것처럼 본질을 유지하며 다양한 변용 속에서 새로운 가치를 얻기를 기대해본다.

- 댄스포스트코리아, 2017.11.

어두운 정조 속 스타일리쉬한 발레의 지향
―국립발레단 〈안나 카레니나〉

국립발레단 제181회 정기공연으로 〈안나 카레니나〉(예술의 전당 오페라극장, 2017.11.1.-5)가 올려졌다. 레프 니콜라예비치 톨스토이의 소설 〈안나 카레니나〉는 대중에게 잘 알려져 있다. 그런데 제목은 들어 익히 알고 있지만 이 방대한 양의 소설을 완독한 이는 그리 많지 않다. 오히려 몇 번에 걸쳐 만들어진 영화를 통해 눈으로 익혔을 뿐 문자로 독해한 경우는 드물다. 이것은 방대한 양에서 오는 중압감과 당대 러시아에 대한 이해도가 떨어지다 보니 쉽게 이 작품에 다가가지 못함에 원인이 있다.

이런 상황이니 다른 장르로 변용도 쉽지 않다. 원전을 어떻게 해석하였는지 항상 비교가 되고, 원작의 맛을 제대로 살리지 못하였단 비판 대상이 되어 각색에서 오는 어려움이 존재한다. 그것이 상황적 표현 예술인 발레로 무대화된다는 점은 더욱 힘든 일인데 이번에 국립발레단은 관객에게 여러 가치를 만들며 새로운 의미를 전해주고자 하였다.

이 작품에서 주목할 점은 방대한 양을 어떻게 분절하여 장면을 조합할 것인가? 얽히고설킨 많은 인물을 어떻게 표현할 것인가? 그리고 이것을 발레로 어떻게 형상화할 것인가로 나누어 볼 수 있다. 먼저 제1부는 공간의 변화를 통해 이야기를 풀어놓는다. '지리적 공간에 대한 이해는 인간의 마음이 공간을 모델화하는 방식의 하나'라는 유리 M.로트만의 논리처럼 이 작품에서는 다양한 공간 속 여러 군상들을 표현하며 이미지화한다. 모스크바, 상트페테르부르크, 살롱, 농촌, 승마경기장 등 중요 공간 속에서 상황과 인물을 묘사하고 사회적 전형성을 확보하려 한 것이다.

그렇지만 제1부는 관객들이 표현에 대한 몰입보다는 단편화된 정보를 쫓느라 혼란스럽다. 방대한 작품에서 가장 전경화Foregrounding된 지배요소에 집중하여 나열에 그치기 때문이다. 그런 이유로 관객은 전체적 흐름에 편승하지 못하고, 무언가 지속적인 의문을 품게 만드는 것도 사실이다. 제2부에서는 앞서 나열된 사건에 대한 이해와 명징한 인물인 안나, 브론스키, 카레닌의 관계를 중심으로 한 갈등과 안나의 죽음으로 절정과 결말로 치닫는다. 이는 앞서 제공된 정보를 통한 여러 의미 관계 속에서 다성성多聲性(polyphony)이 녹아 있어 가능하였다. 이러한 모습은 안나의 행동이 이해할 수 있는 범위와 그렇지 못함의 여러 경계에서 살아 숨 쉬는 삶과 당대의 사회적 상황을 전달하고자 하는 의도에서 비롯된다. 레닌은 톨스토이에 대해 '러시아혁명의 거울'이라 일컬었다. 톨스토이 소설에서 당대 러시아의 일상과 민중들의 삶이 전지적인 시각에서 조망 될 수 있었기에 이 작품도 단순하게 애정문제에만 맞추어진 것에서 벗어나 전형성을 보여주려 하였다는 점에 가치 의미를 둘 수 있다.

이러한 미시적 시각은 안무자의 여러 해석에서도 드러난다. 이 작품의 안무는 크리스티안 슈푹Christian Spuck이 맡았다. 장르별로 다양하게 변용되었고 수많은 메타비평까지 이루어진 이 작품에 대해 그는 세세한 상황 설명보다는 상징적 묘사에 치중하고, 독일인이라는 방외인의 시각에서 러시아적 분위기를 그려내려 하였다.

그는 이런 정조를 기본적으로 무거움으로 생각한다. 의상도 안나만 빨간색으로 크게 변화를 줄 뿐 검은색을 중심으로 모노톤을 유지하고, 음악도 세르게이 바실리예비치 라흐마니노프, 비툴트 루토스와프스키 등의 음악을 선택하여 그 분위기를 상승시킨다. 라흐마니노프 등의 음악이 발레곡이 아님에도 이 작품에서 잘 어울리는 것은 진중함과 러시아의 원형적 요소가 잘 조화를 이루고 있음에 기인할 것이다.

이 작품은 고전발레와 모던 발레 요소가 조화를 이룬다. 이는 발레리나가 공기를 가르거나 기법에서 감탄사를 자아내지도 않으면서 낭만적 요소가 리얼리즘의 요소로 치환되어 클래식하지만 근대적 요소를 다분히 드러낸다. 그렇다고 모던 발레가 지향하는 현상에 대한 주관적 표현보다는 기승전결의 드라마의 구성과 장면 전환을 따르며 관객에게 그리 어렵지 않게 수용되게 만든다. 움직임도 연극적 표현이나 마임으로 중간 중간 전달하는 것도 총체적인 무용극 지향의 모습이다. 또한 전체적으로 무대구성은 화려하지 않고 단순하다. 검은색 톤을 유지한 채 현실적 반영과 안나의 심리를 그대로 직시하며 여러 필요한 부분은 영상으로 대신하여 이해를 도운 점도 최적화된 모습이다.

　여러 장면에서 특징지을 수 있지만 안나와 브론스키, 카레닌의 3인무가 돋보였고, 안나의 죽음으로 이르는 길은 안나역을 맡은 한나래(11월4일 2시 공연)의 무채색 몸짓을 통해 과장된 극적 요소가 배제되어 전체적인 작품의 흐름에 도움을 주었다. 또한 후경화될 수 있었지만 선택된 여러 장면들, 예를 들어 '농촌에서 2'에서 농민들의 군무는 러시아의 당대 상황을 묘사하며 역동성을 보여주는데, 오히려 안무자가 말하고자 하는 변별성으로 이해될 수 있는 장면이다.

　이 작품은 '스타일리쉬'하다. 이는 스타일이 일관된 구조가 따르고, 이에 따른 내용이 형성되는 의미로 규정지을 수 있고, 동시대 사회적 리얼리티의 객관적 표현의 상관물로 당대를 힘겹게 살아간 안나 카레니나를 통해 전형성이 확보하고 있음에 기인한다. 게다가 고전 발레에 기저를 두지 않고, 기법에서도 군더더기 없는 표현에서도 고전의 현대적 수용 양상으로 의미가 확보될 수 있을 것이다.

-『댄스포럼』, 2017.12.

37

형이상학적 상징에서 사회적 관심과 일상적 주제의식을 기다리며

—제38회 서울무용제 경연대상 공연

제38회 서울무용제(아르코예술극장 대극장, 2017.11.3.-26)가 한 달여 기간 열렸다. 올해는 한국무용협회의 새로운 이사장이 취임한 뒤 처음 치룬 행사라 예년과 다른 변화를 보였다. 노력한 흔적이 엿보이는 4마리 백조 페스티벌처럼 대중의 자발적 참여를 유도한 행사를 비롯하여 명인명무와 신세대 무용인의 공연 그리고 무용의 갈래 별 협동조합 공연 등 대중성과 무용인의 총합을 이루려한 점에서 변화와 함께 내용과 구조에서 안정적인 양상을 띠었다.

서울무용제의 핵심 중 하나인 경연대상 부분 공연도 예년과 다른 형식에서 이루어졌다. 심사방식은 차치하고 우선 자유참가작을 폐지하고 물리적 장르별 안배를 지양한 점이 그러하다. 이 글에서는 심사에 대한 결과나 과정은 상관없이 이번 경연대상 여섯 작품을 간략하게 정리하고 이를 통해 동시대 한국 무용에 대한 요설을 풀고자 한다.

이현예술단 PACY의 〈HORISON〉(안무 이현주)은 한국무용, 특히 창작무용에서 분출된 기법적 구조가 정제된 작품이다. 여인의 삶을 수평적 구조로 개념화하고 경계의 고뇌를 분출보다는 내적 감정으로 해소하고 몸짓으로 드러내고 있다. 마지막 장면의 외줄타기는 여인의 삶에 대한 기호이며 인간 삶에 대한 확장성으로 나아간 한국 창작무용의 전형성을 띤 작품이다.

Company J의 〈에라 모르겠다〉(안무 정현진)는 햄릿과 돈키호테라는 인간형의 두 극단적이며 상징화된 모습을 실제 삶에 적용하여 통합적 측면을 강조한 작품이다. 전체적으로 동작이 빈틈없이 잘 짜인 설계에 의해 모든 구조와 내용이 조화를 이루며 그 주제의식이 어렵지

이동준 안무 〈거인〉   코리아댄스컴퍼니 결 제공

않다. 그래서 작품 전체에서 무거움과 가벼움이 공존한다.

　코리아댄스컴퍼니 결의 〈거인〉(안무 이동준)은 프란츠 베르텔의 소설 〈거울인간〉을 모티브로 하여 이성과 무의식의 충돌 속에서 이를 지배하는 인간 삶 속의 거인 그리고 이를 극복하려는 인간 의지를 보여주려 한다. 이동준과 정명훈 두 무용수의 카리스마 넘치는 표현력과 역동적 몸짓 그리고 이를 부드럽게 보완하는 3명의 여성 무용수(김지나, 김진아, 유다혜)가 두드러진다. 또한 한국무용의 현대적 해석력이 돋보였다는 측면에서 의미를 가진다.

　홍경화 현대무용단의 〈몸—저장된 시간〉(안무 홍경화)은 몸에 대한 인간의 기억을 풀어낸 작품이다. 현대무용의 여러 기표 들이 망라되어 몸짓에서나 표현 방식에서 큰 어색함이 없다. 처음과 마지막을 장식한 기다란 하얀 막의 사용은 단순하지만 새로움과 의미를 전해주기에 충분한 오브제였다.

프로젝트 크라우드 나인의 〈당신의 이름은 무엇입니까?〉(안무 김성민)는 뚜렷한 주제의식이 안무자의 자율적 해석을 통해 녹아 대중에게 수용된 작품이다. 모던발레의 형식이 존재의식의 가벼움으로 전달되지만 무용수 전체의 기량이 고르기에 공허하지 않다. 그동안 안무자가 보인 대중 친화적 요소가 이 작품에서도 그대로 반영된다.

노해진무용단의 〈붉은 나비〉(안무 노해진)는 한국창작무용의 전형성을 묘파하며 장대한 그림을 그리고자 한다. 초중반 이 무용극이 이야기하고자 하는 모든 요소가 담겨져 집중되어 있고, 남성 무용수의 역동적 몸짓이 이를 극명하게 보여준다. 그러면서도 전체적으로 지나치게 극적이지 않고 담담하게 서사구조를 만들어낸다.

이번 서울무용제는 전체적으로 예년에 비해 안무자의 연령이 낮아진 듯 보인다. 또한 대학 중심의 무용단이 아니라는 점에서도 특징적이다. 이러한 보이지 않는 변화는 구조적인 측면에서 긍정적이다. 경력이나 지명도가 아닌 기획에 의해 추정할 수 있는 진정성으로 선발했기에 앞으로도 많은 무용수에게는 도전의 무대가 될 것이다.

그럼에도 불구하고 이번 무용제에 참가한 작품에서 내용이나 구조, 기법에서 한 번에 확 끌어당기는 작품을 꼽기란 쉽지 않다. 이는 올해 서울무용제라는 범주에서 논의될 수 있는 사안이기는 하지만 한국 창작무용 전반에 걸친 문제가 여기서 드러났기에 여러 논의를 제공한다.

이 무대를 위해 얼마나 힘들게 안무하고, 무용수를 모으고 최선을 다했는가 하는 점은 충분히 이해 할 수 있다. 수능을 치루 듯 이 하루를 위해 다들 허투루 시간을 쓰지 않았을 것이고 최선을 다하였다. 그럼에도 불구하고 공연이란 본인에게나 관객에게 이 한 번으로 그치는 것은 아닐 것이다. 이 한 번의 공연으로도 관객에게 많은 잔상을 주어야 하며 창작인의 입장에서도 하나의 긍정적 전환점으로 작용하여야하기 때문이다.

그렇지만 전체적으로 강한 전달력이 이번에는 강하지 않았다. 이는 주제가 지극히 추상적인데 기인한다. 공연에서 보인 구성도 그렇고 프로그램에 나온 안무 의도와 작품 내용을 통해 드러난 주제의식도 형이상학적 상징으로 점철되어 있다. 이는 그동안의 안무법에 대한 관습일 수도 있고, 무용제라는 성격과 맞물릴 수도 있다. 극단적인 실험성은 아니더라도 일상에서 얻을 수 있는 구체적 주제의식이나 문화원형의 해체적 재해석도 필요하다.

그런 의미에서 인간이기에 느끼는 보편적 정서와 함께 무언가 이 작품에서만 느낄 수 있는 변별성, 주체성이 절실히 요구된다. 이를 위해 무용에서 기법적인 측면에서 호흡도 중요하지만 사회의 호흡과 흐름을 채취해야 하고, 쓴 소리도 겸허하게 수용하여야 한다. 다른 장르가 여러 실험 속에서 대중과 호흡을 하듯 무용도 이제는 관습에서 벗어나 대중의 정서를 읽고 살필 필요가 있다. 대중적인 행사도 중요하지만 대중을 관객으로 만들 수 있는 본질적 지평을 여는 것이 진정한 무용인을 만드는 토대가 될 수 있음을 거시적인 측면에서 진지하게 고민해야 할 것이다.

- 『댄스포럼』, 2017.12.

38

혁신과 소통의 몸짓에 대한 기억
—국립현대미술관 〈역사를 몸으로 쓰다〉

〈역사를 몸으로 쓰다〉(국립현대미술관 과천관 1원형전시실, 2017.9.22.-2018.1.21)는 1960년대부터 현재까지 여러 퍼포먼스의 흔적을 전시한 기획전이다. 퍼포먼스는 쉽게 미술을 몸으로 표현하는 행위를 말한다. 그렇지만 이는 의식을 몸으로 표현하는 단순 행위일 수 있지만 기존의 질서를 해체하고 사회를 변화시키는 기호로 출발한다. 이번에 펼쳐진 전시는 1960년대부터 현재까지 퍼포먼스의 여러 몸짓들에 대한 이미지나 영상을 통한 재현이지만 무뎌진 최근의 문예에 대한 반성을 전해줌과 동시에 몸으로 표현하는 예술이 가지는 사회적 의미가 무엇인지 되새긴다는 측면에서 의미를 가진다.

　이 전시는 크게 세 개의 주제 공간으로 이루어져 있다. 1. 집단 기억과 문화를 퍼포밍하다는 1960년대 행위예술의 선구적 작품과 문화전통에 대한 새로운 해석이 결합된 모습을, 2. 일상의 몸짓, 사회적 안무는 초기 퍼포먼스의 급진성에서 벗어나 일상적 몸짓과 이를 통한 예술적 가치를 얻은 작품을, 3. 공동체를 퍼포밍하다는 공동체 사회 속에서 일어나는 여러 폐해를 해소하고자 한 집단 행위를 보여준다.

　여기서는 주요 작품과 무용과 관련된 작품을 중심으로 이야기를 풀어보고자 한다. 전시장에 처음 들어서면 백남준과 오노 요코를 함께 만나게 된다. 비디오 아티스트로 유명한 백남준이 처음 세인의 주목을 받은 것은 플럭서스와 해프닝 등 고답적인 기존의 질서를 완전히 무시한 행위에서 비롯되었다. 〈머리를 위한 선〉도 그 대표적인 작품이다. 라 몬테 영의 '직선 하나를 긋고 그것을 따라가라'라는 코드에 대해 그는 머리에 잉크를 묻히고

선을 긋는 발상의 전환을 이루는데 이 작품을 본 관객은 이 기괴한 행동 웃음으로 반응하여 주체와 객체의 괴리를 만들며 그 흔적을 전한다.

오노 요코는 흔히 비틀즈 존 레논의 아내이며 비틀즈를 해체시킨 원인으로까지 세인에 오르내리는 인물이다. 그런데 우리가 잊고 있는 혹은 지나치고 있는 것은 그가 행위예술가이며 반전운동가란 점이다. '컷 피스'는 무대에 그는 가만히 앉아있고, 관중들을 무대로 오르게 하여 자신의 옷을 자르게 하는 퍼포먼스이다. 이 작품은 행위자가 아닌 관객에 의해 퍼포먼스가 이루어지는 것으로 속옷이 잘려질 즈음 퍼포먼스도 멈추어 사회의 폭력성에 대한 상징 혹은 페미니즘의 측면에서도 메시지를 던진다. 이런 두 행위는 일반적으로 이야기하는 해프닝이지만 주체와 객체의 경계를 허물고 찰나를 통해 사회적 인식을 공유한다는 공통점을 지닌다.

2번째 공간의 '일상의 몸짓, 사회적 안무'는 과격한 초기 퍼포먼스에서 벗어나 조금 더 일상 속에서 조직화된 몸짓으로 표현됨을 드러낸다. 이는 집단 작업, 컬렉티비즘 Collectivism에 중심을 두어 융복합적 결합이 이루어진 것으로 여기서는 무용이 중심된 두 작품에 주목할 수 있다. 남화연의 2017년 신작 〈약동하는 춤〉과 올라퍼 엘리아슨Olafur Eliasson의 〈미시적 움직임〉이 그러한 작품으로 〈약동하는 춤〉은 영화 〈플래쉬 댄스〉에 대한 동시대적 해석과 현재의 재해석을 남북한 비교로 보여준다. 〈플래쉬 댄스〉의 'What a feeling'에 맞춘 춤을 1980년대 북한의 왕재산경음악단에서는 〈약동하는 춤〉이라고 명명하고 이데올로기가 배제된 집단 군무에 의해 표현한다. 이 〈플래쉬 댄스〉를 현재 한국의 시각에서 재생산해보는데 유튜브를 통해 소통되는 뮤직비디오 형식을 취한다. 이 비트 있는 음악에 따른 중심 키워드는 '약동'이지만 그것을 받아들이는 수용자에 따라 인식은 달라지고, 시대를 달리하여 소비하는 체제도 변화됨을 드러낸다.

올라퍼 엘리아슨의 〈미시적 움직임〉은 그의 스튜디오에서 일상적으로 일하는 직원과 느리게 움직이는 10명의 무용수를 대비시켜 불규칙한 바쁜 일상과 규칙적인 느린 움직임을 표현한다. 일상에 대한 인식과 자아에 대한 성찰을 불러일으킬 모티브를 지닌다.

'공동체를 퍼포밍하다'에서는 옥인 콜렉티브의 경우처럼 옥인아파트나 후쿠시마 등의 파괴된 사회적 상징에서 기억과 이에 대한 치유를 함께 이루어지는데 퍼포먼스가 가지는 공공선의 가치를 드러내고 있다.

이러한 퍼포먼스는 행위에 있어 즉흥적, 순간적이다. 이는 있는 현상을 그대로 드러내는 행위이다. 그렇다면 퍼포먼스와 무용의 차이는 무엇일까? 무용은 이러한 의식을 포괄하면서 찰나의 인식을 서사구조에 담아 표현해 내는 행위이다. 이는 퍼포먼스처럼 즉각적이지는 않지만 무용수의 몸짓을 통해 사회적 총체성을 발견할 수 있는 예술적 행위인 것이다.

그렇지만 요즘 작품을 보면 사회 인식에 소홀하여 추상성에 빠지는 경우가 허다하다. 그저 자기인식의 도그마에 빠져 있거나 사회 속 자아가 아닌 극히 미시적 표현에 머물러 관객과 소통이 제대로 이루어지지 못하기도 한다. 이러한 모습은 포스트모더니즘의 지엽적 시각이거나 혹은 사회적 분위기를 있는 그대로 보여주는 현상일 수도 있다. 그럼에도 초기 퍼포먼스가 그러하듯 혁신과 관객과 소통을 이루어지지 않는다면 정체되어 있는 무용에서 진보는 더디게 이루어질 것이다. 몸짓은 가장 순수한 표현이기에 가장 사회적일 수 있다는 본질적인 명제를 다시금 곰곰이 생각하게 한다.

- 댄스포스트코리아, 2017.12.

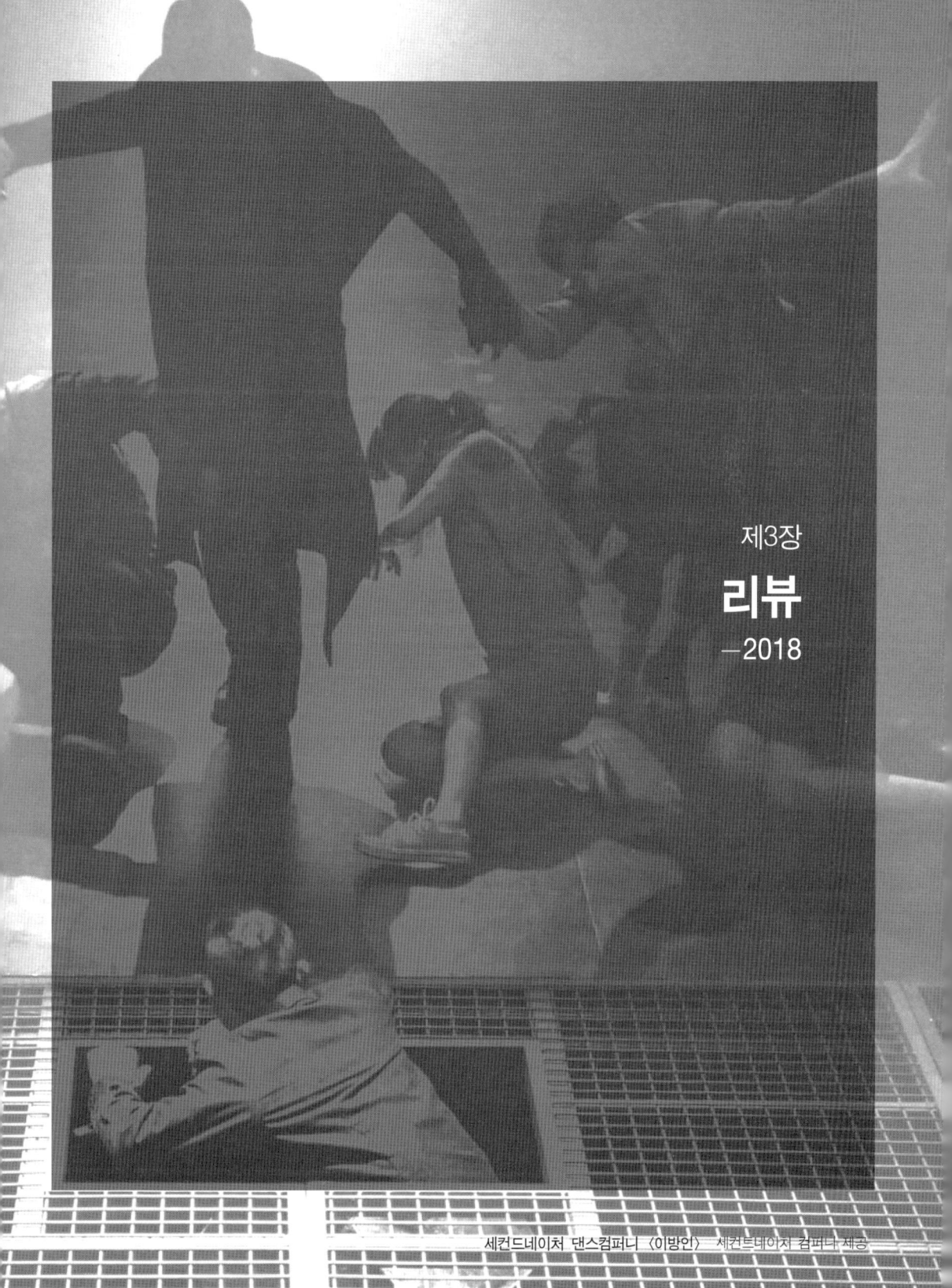

제3장

리뷰
—2018

세컨드네이처 댄스컴퍼니 〈이방인〉 세컨드네이처 컴퍼니 제공

01

더 비기닝과 후일담을 관통하는 한국 전통 소재의 새로운 모범
―임성남 선생 15주기 추모 공연 〈처용〉

올해 10번째를 맞이한 K Ballet World가 '한국의 발레를 세계로, 세계의 발레를 한국으로'라는 주제로 다채로운 행사를 펼쳤다. 발레는 철저하게 서양에 기반을 둔 장르이다. 그러다보니 한국 발레의 수용 과정에서 이식移植은 필수불가결한 요소였고, 그런 가운데 한국적인 요소를 접목시키며 변용을 꾀하는 움직임도 자연스럽게 발생하였다. 이러한 문제는 현재도 지속적으로 고민되는 부분이지만 한국 발레의 기틀을 마련한 선각자들은 조금 더 깊이 고민한 현실적 문제였다.

그 독보적인 선각자 중 한사람으로 임성남을 들 수 있다. 불모지인 한국 발레에 고전발레의 수용과 동시대의 모던발레의 이입 그리고 창작발레까지 한국 발레가 실험할 수 있는 모든 요소는 그의 손을 거쳤다. 특히 그의 업적 중 가장 높게 평가할 수 있는 대목은 한국 창작발레의 실험이라는 선구적 업적을 들 수 있는데, K Ballet World에서는 폐막 작품으로 그의 대표작 중 하나인 〈처용〉(국립극장 해오름극장, 2017.11.24.-25)을 무대화하며 그의 업적을 기림과 동시에 창작발레의 새로운 가치를 만들고자 하였다.

〈처용〉은 국립발레단 제28회 공연(국립극장 대극장, 1981.7.1.-5)으로 초연되었는데 이번에는 임성남 안무 〈처용〉을 문병남 안무자가 재해석하여 서사구조나 인물, 음악 등을 새롭게 재편하였다. 우선 처용설화는 잘 알려진 이야기이다. 『삼국유사』 권2 '처용랑망해사'에 전하는 이야기로 특히 '동경 밝은 달에 밤들어 노닐다가 들어와 자리를 보니 다리 가랑이 넷일러라. 둘은 내해이고, 둘은 뉘해인고. 본디 내해지만 빼앗겼으니 어찌할꼬'의 〈처용가〉

로 익숙한 이야기이다. 그런데 짧은 설화로 전하다보니 여러 가설 속에서 다양한 해석을 가지고 왔다. 이 작품은 이러한 처용설화의 큰 맥락을 유지하면서도 있을 법한 이야기를 가지고 발레로 형상화한다.

발레 〈처용〉은 프롤로그, 제례, 역신들의 세상, 처용과 가인의 사랑, 연회와 달빛춤, 역신과 가인의 정사 그리고 가인의 죽음, 처용의 번뇌와 용서, 에필로그로 구성하였다. 영화에서 본편 이야기 이전을 다루는 시리즈인 '더 비기닝' 형식이나 그 이야기 이후에 벌어진 '후일담'까지 포괄하는 하나의 흐름으로 스토리텔링하고 있다. 이는 왜 역신이 처용의 아내를 범하게 되었는지 근본적 계기나 처용 아내의 정사 이후 선택 등의 이야기를 담아낸다.

이 작품은 한국 문화전통을 모티브로 다루기에 한국의 미학적 의미를 고스란히 담아낸다. 이는 낭만적인 사랑이야기나 갈등만을 다루지 않고, 제례와 무당춤을 다룸으로 서브플롯이지만 볼거리와 함께 이야기 전개의 핍진성을 가지고 오게 만들었다. '역신들의 세상'에서는 역동적인 동작을 통해 강건한 이미지를 전해주었고, 무당춤은 춤이 가지는 제의적 의미와 함께 〈처용〉이 가지는 벽사의식까지 함께 내포하여 흥미를 불러일으키는 장면이었다. 또한 처용과 가인의 파드되나 역신과 가인의 파드되는 유려한 흐름에 의해 정적 분위기를 더욱 자극하거나 그 종말을 알기에 아름다우면서도 슬픈 모습을 그대로 표현하였다.

이 작품에서는 몇 가지의 가설 속에서 놓이는 장면이 있는데 역신과 처용의 아내인 가인과 관계, 마지막 장면에서 아이 역신의 등장을 들 수 있다. 우선 역신은 처용에게 패퇴한 후 그 앙갚음으로 가인을 범하게 되고, 가인은 겁탈을 당한 죄책감에 자살을 하게 된다. 이 부분은 역신과 처용의 아내가 통정이 아닌 강제적 관계라는 설정으로 비극적 효과를 이룬다. 여기서 처용이 지닌 초월의지에 대한 묘사는 상황에 대한 해탈이라는 단순구성을 가지고 왔지만 선과 악을 통한 갈등이라는 명확한 의미를 전해주어 관객을 몰입하게 한다.

또한 어린 역신의 등장도 흥미로운 대목이다. 벽사무를 추고 이를 본 역신들 그리고 모든 상황이 종료된 이후 살며시 등장하는 어린 역신은 미정형의 공간을 열어주고 있다. 그가 단순한 어린 역신인지 아니며 역신의 아들인지 여러 추측을 만들며 현세의 악귀에 대한 상징성으로도 의미를 가지게 하였다.

이 공연에서 처용(김현웅), 가인(곽경가), 역신(윤전일) 그리고 무녀(박혜선)가 두드러진 모습을 보였다. 가인과 처용의 내적 정서에 바탕을 둔 몸짓과 역신과 무녀가 지니는 역동성이 대조를 이루며 극 전체에서 완급 조절이 되었다.

발레 〈처용〉은 전체적으로 발레가 가지는 낭만적 요소와 선악의 갈등 등 뚜렷하게 드러나는 구조와 함께 한국 전통문화의 수용을 통해 한국 창작 발레의 지침으로 새로운 가치를 지닐 듯 하다. 이는 서사구조에 있어 우리에게나 타자(他者)에게 모두 쉽게 받아들여질 수 있는 보편성과 발레적 기법에서도 큰 무리 없이 나타나고 있기 때문이다. 부분적으로 연극적 요소나 연기적 표현미가 강조되어 다듬어진다면 지속적인 레퍼토리로 자리를 잡을 수 있을 것이다.

이 작품은 한국발레협회가 기획 제작한 한국창작발레 콘텐츠로 첫 작업이다. 앞으로도 이러한 작업이 효율적으로 이루어지기 위해서는 여러 후속 작업이 필요할 것이다. 먼저 생각할 것은 다양한 모티브의 채집과 수용이라는 과제이다. 우리가 발레 작품화하는 모티브로는 흔히 알고 있는 춘향이나 심청을 넘어 수많은 설화가 산재해있다. 그럼에도 그동안 무용극은 이 두 작품에 매몰되거나 다른 소재들은 일회성에 그친 아쉬움이 있다. 임성남의 창작 발레에 대한 실험과 도전을 높이 평가할 수 있는 것은 〈지귀의 꿈〉, 〈처용〉, 〈왕자호동〉 등 다양한 전통 소개 개발에 있었기 때문임을 반추해 보아야한다.

21세기에 들어서서 이야기가 부가가치의 콘텐츠로 자리매김하고 있다. 다양한 문학의 재해석이나 설화소의 발견을 통해 영화 뿐만 아니라 서양 발레계에서도 다양한 연구가 이루어지고 있다. 한국 발레도 고증학적 방법에서 벗어나 여러 협업을 통해 시대적 흐름을 읽고 문화콘텐츠의 다양성을 위해 실험과 도전에 두려움이 없는 지속적 연구가 이루어지길 기대한다.

-『댄스포럼』, 2018.1.

02

연극적으로 움직이고, 무용적으로 말하는 서사구조의 표현
—PARRABBOLA & 제로포인트모션 〈햄릿, 카멜레온의 눈물〉

'죽느냐 사느냐 그것이 문제로다.' To be or not to be, that is the question. 연극 〈햄릿〉에 담긴 유명한 대사다. 이 한 마디가 대중에 인상 깊게 남아있는 건 〈햄릿〉에 담긴 여러 담론이 여기에 응축되어 있고 인간 존재에 대한 상징적 면모가 그대로 드러남에 있다. 그래서 '햄릿'은 단순한 연극 속 인물이 아닌 사회적 전형성을 지니며 '햄릿형 인간'으로 일반명사화 되어 뇌리에 남아있다.

소포클래스의 〈오이디푸스 왕〉은 아리스토텔레스의 『시학』에서 비극을 논할 때 지속적으로 언급되는 그리스 비극의 대표적 작품이다. 이 작품은 츠베탕 토도로프의 구조주의적 방법에 의거 'X는 왕이다. X와 Y와 결혼한다. Y는 X의 어머니다. X는 Z를 죽인다. Z는 X의 아버지다.'라는 명제 속에서 사건이 꼬리에 꼬리를 물고 진행되는 스토리텔링의 전범典 範이다.

이렇게 얼핏 닮은 듯 다른 이야기이며 익히 잘 알려진 두 작품의 모티브가 결합되어 〈햄릿, 카멜레온의 눈물〉(강동아트센터 소극장 드림, 2017.12.9.-10)로 표출된다. 이 작품은 PARRABBOLA(파라볼라) & ZERO POINT MOTION(제로포인트모션) 2017 컬래버레이션 프로젝트이다. 여기서 컬래버레이션, 협업은 한국과 영국의 예술가의 결합이며 무용과 연극의 만남을 말한다.(연출 안무 박호빈, 연출 필립 파) 그런 이유로 이 작품은 연극이면서 무용인 공연예술로 딱히 어떤 장르라 구분 짓는 것이 무의미하게 조화를 이루며 상황을 전개한다.

불을 밝힌 채 네 명의 등장인물은 허밍으로 화음을 함께하며 관객과 소통한다. 이후

4명은 '한때 우리 누이가 이제 우리 여왕이야'나 '내가 내 손으로 아버지를 죽이고 어머니와 결혼을 하다니'를 비롯한 외마디를 외치며 분노하고 갈등을 발생시킨다. 이런 절정이 극 초반에 제시되면서 기승전결의 전개는 파괴되고, 상황 제시의 나열을 통해 서두에 제시된 명제와 연결된 여러 상황이 대사로 몸짓으로 풀어진다. 햄릿과 오이디푸스, 오이디푸스와 클로디어스, 클로디어스와 햄릿이 주체와 객체로 중첩되고 주변인물이 상황에 따라 등장하는 형태이다.

그러면서도 이 작품에서는 텍스트를 통한 고전의 재해석에만 머무는 것이 아니라 현재적 상황 속에서 고뇌하고 문제를 풀려 한다. 4면으로 이루어진 영상체를 보며 자아의 반영反影을 인지하고, 햄릿형 인간 혹은 오이디푸스적 고뇌가 잔존한 우리의 모습을 그대로 투영한다. 이러한 해소과정은 분노와 갈등으로 점철되지만 명확한 해결보다는 미정형의 맺음으로 해석하여 죽느냐 사느냐의 명제로 귀결하여 전달하고 있다.

이미 햄릿과 오이디푸스 이야기는 같은 선상에서 많은 논의가 이루어졌다. 지그문트 프로이트의 제자이며 정신분석학자인 어니스트 존스Ernest Jones가 『햄릿과 오이디푸스』를 저술하였듯 이 둘의 존재론적 인식체계의 공통적 요소는 극단적이면서도 인간 모습의 한 단면으로 다루어졌다. 이 작품에서도 이 두 인물은 하나이면서 다른 인물로 표현된다. 여기서 정신분열증의 모습이 대사를 통해 먼저 설명되고, 몸짓으로 묘사되어 나타난다. 그래서 햄릿과 오이디푸스의 서사구조를 해체하기 보다는 두 모티프의 교집합을 통해 상황을 전개하는데 이런 면모는 캐릭터에 집중하기보다는 순간적 묘사에 집중시킨다.

이 작품에서는 분노와 갈등, 복수, 존재라는 단어가 점철되어 있다. 그럼에도 언술에서는 서술하지만 행위로는 이러한 요소를 극단적으로 표현하려 하지 않는다. 이미 제시된 내용에 대한 표현이기에 필요성이 없었을 것이다. 그런 의미에서 이 작품은 난해하지만 동작의 표현에서는 전혀 어려움이 없이 수용된다. 이는 영국인 배우 두 명과 한국인 무용수의 두 명의 자연스러운 결합에서 비롯된다. 연극적으로 움직이고, 무용적으로 말하기에 이 작품은 원 장르로 구분 짓지 않더라도 하나의 완결성을 지닌다.

이 작품에서는 관객과 소통을 통해 몇 번의 풀림의 장치를 준다. 첫 장면에서 그러하며 뜬금없는 공공칠빵 게임도 마찬가지이다. 지적하고, 지적당하는 사람은 죽고, 그 주위 사람은 방관자이면서 공포감을 얻는 게임의 구조는 뜬금없을 수 있지만 햄릿이나 오이디푸스의 상징적 유희적 행위로 해석될 수 있다. 마지막 장면에서 세 가지 수수께끼 문제도 오이디푸스의 차용으로 또 하나의 풀림이다. 해답은 이미 확연하게 알 수 있는 내용이며 출제자도 정답을 강조하여 말함으로 관객들에게 다시 한 번 이 작품이 의도하는 바를 인식시킨다.

햄릿, 오이디푸스는 한국인에게 익숙하면서도 익숙하지 않는 내용이다. 이미 사색적 인물형으로 인식하고 있고, 오이디푸스 콤플렉스라는 정신분석적 용어로 이해하였지 그 서사 구조에 대해서는 정확하게 이해하는 이가 많지 않다. 그래서 공연에서 나누어진 대사의 번역종이는 장단점을 지닌다. 세밀한 장면 묘사에 대한 이해라는 측면에서 긍정적이지만 해독을 해야 하고, 이를 이해한 이후 공연에 집중해야 하는 번거로움이 있기 때문이다. 이러한 점은 자막으로 처리하였다면 조금도 관객과 소통은 쉽게 이루어졌을 듯 하다. 물론 이 공연이 '2017 한·영 문화예술 공동기금'으로 조성된 프로젝트로 영국에서 공연된다면 이런 번거로움이 없고 햄릿 등에 대한 사전적 지식 등으로 이해의 폭은 훨씬 넓을 것이다.

그럼에도 이 작품은 독해 없이 보더라도 이해할 수 범위에서 충분하다. 무엇을 표현하는 지 모르는 추상성으로 점철된 작품에 비해서는 주제의식이나 표현 방법이 존재론적 개연성을 전해주고 있기 때문이다.

-『댄스포럼』, 2018.1.

03

문학의 수용과 해체 그리고 동시대 무용철학의 정립

─김주빈 〈착한 사람〉, 장혜림 〈침묵〉

치기稚氣라는 단어가 있다. 행동이나 생각이 어리고 유치함을 말한다. 그런데 이 말을 내뱉은 주체는 누구일까? 대개 젊은 사람들의 행위를 보고 그들보다 어른들의 입에서 나오는 말일 것이다. 이는 기성세대의 기준에서 보면 젊은이들의 행동은 눈에 차지 않고 성글어 보이기 때문이다.

김주빈 안무 〈착한 사람〉(SAC아트홀, 2017.12.14.-15)은 치기어린 작품이다. 그 또래의 담론을 몸짓으로 푼다는 점에서 그러하고, 연극적 요소의 도입과 지금 이 순간 여기 관객과 함께 고민하고 그들과 무언가 소통하면서도 세련되지 않은 모습이 그러하다. 그렇지만 이들의 모습은 그 나이에 맞는 행동을 할 뿐 존재에 대한 고민과 행동을 그대로 반영하기에 흥미롭다.

이 작품은 베르톨트 브레히트Bertolt Brecht의 〈사천의 선인Der gute Mensch von Sezuan〉에서 모티브를 가지고 온다. 그래서 제목도 선인善人, 〈착한 사람Der gute Mensch〉이다. 이를 바탕으로 〈사천의 선인〉의 '개인의 이익을 우선되는 물질만능의 사회구조 속에서 착하게 살아간다는 것이 가능한가'라는 명제를 수용하여 이 질문의 해답을 찾는 것이 이 작품이 지향하는 바다.

원래 〈사천의 선인〉은 착한 사람 센테가 살아남기 위해 냉혹한 인물 슈이타로 분열되는 역할 중심의 극이다. 이는 착한 사람이며 악한 사람이 공존하는 인간의 이중적 상징성을 그대로 묘파한다. 그렇지만 〈착한사람〉에서는 인물 구성이나 심오한 철학보다는 현세에 단순하게 착한 사람이 어떤 사람인지 원론적인 질문을 던지며 객관식이 아닌 주관식으로 정답을 풀고 있다. 이는 선악의 대립 양상이 아닌 한 인간의 존재에 대한 고민과 사회적 인식에 반문을 던지고 있는 것이다.

공연 처음에는 극장에 들어서는 관객에게 착한 사람이 되기 위한 방법을 9칸에 적게 하고 이를 빙고게임으로 풀어내는 방법으로 실마리를 푼다. 이 과정은 순간적이며 즉흥적이다. 그날 온 관객에 따라 분위기가 달라질 것이고, 빙고를 얻기 위하여 얼마간의 시간이 혹은 그것이 재미를 줄지 모르는 상황이다. 여기서 어설프고 과정이 매끄럽지 못하더라도 이들에게 있어 그것은 중요하지 않다. 그저 관객과 '착한 사람이 누구인가'라는 주제의식에 동참시키는 것이 목적이기 때문이다. 이는 관객에게 주제 의식을 함께 고민하고 선험적 기대지평을 열어 이들이 말하는 몸짓이 무엇이며 이 행위가 어떠한 의미를 전달해주는가 쉽게 이해시키는 계기로 작용한다.

그러면서 '착한 사람'이 누구인지 '착한 사람'이 되기 위한 방법은 무엇인지를 영속적으로 묻고 해결하려 한다. 이는 어떠한 서사구조에 치우치기보다는 감정의 편린에 의존한다. 사무엘 베케트의 '고도를 기다리며'에서 오지도 않는 '고도'를 무작정 기다리듯 착한 사람의 존재를 묻고 있는 행위도 마찬가지이다. 그럼에도 이들은 이러한 모습을 일상성에서 찾아보려 하고 그 일상에서 여러 갈등을 표현하고 있다.

이와 함께 착한 사람이 되기 위한 자아의 갈등과 함께 사회적 관계성도 중요한 요소임을 강조한다. 이는 한사람을 중심으로 주변인과 관계적 움직임을 동선으로 하여 이념적인 공간과 현실적인 공간을 하나로 묘사하고 있다. 예를 들어 의자 뺏기와 같은 장면은 그러한 표상이다. 이러한 묘사는 소유, 결국 물질적인 이익을 얻어야만 편안함을 느낄 수 있는 현대인의 상징이다. 또한 '착한 사람'이란 지극히 추상적인 개념을 현실 세계로 끌어들이면서 본인만이 선함을 지향한다고 공공선이 완성될 수 없음을 구체화한다. 이는 작품에서 표현한 따돌림이나 소외 등에서 구현된 면모이다.

이러한 흐름 속에서 안무자의 독무를 통해 착함이 무엇인지 다시 되새김하게 만든다. 이는 관객에게 맺음과 풀림의 장치이면서 다음 시퀀스로 넘어가는 징검다리 역할로 이 작품이 구조적 기승전결이 있는 것이 아니라 이미지의 표현에 기초하여 작품을 구성한데 기인한다.

이 작품은 '선인 콤플렉스'에서 출발한다. 이에 따라 착함이 무엇인지에 대한 질문을 지속적으로 던진다. 그렇다고 굳이 착한 사람이 되어야 하고, 착하고 말 잘 듣는 것이 좋은

김주빈 안무 〈착한 사람〉 김주빈 제공

것이란 규범적 교훈을 주려고 하지 않는다. 그저 이 시대 착하게 사는 방식이 무엇인지의 물음에 귀착하고 있다.

　작품 내내 극단적 갈등 요소도 두드러지지 않다. 이는 이들의 행동이 사회에 저항하기 보다는 순응하며 문제를 그 안에서 해결하려하기 때문이다. 그런 측면에서 이들의 몸짓은 격정적일 수 있지만 그 또래의 움직임으로 표현되어 '앙팡테리블', 무서운 아이들은 아니다. 오히려 이들의 짜임새 있는 움직임의 표현은 규칙적이고, 흐르러짐이 없다. 그럼에도 사회가 변화하지 않고, 내가 변화한다고 사회가 변화하지 않는 2018년 현재 청년들의 자화상 그대로 이다.

　이는 왜 굳이 우리가 착하게 살아야 하는지에 대한 궁극적 질문을 갖게 만들고 현시대의 사회상 그대로의 모습이다. 그러다보니 주제의식이 구체화되지 못하고, 추상성으로 흐른 점도 없지 않다. 몇 가지 구체적인 현상에 대한 문제제기를 던졌다면 이면적 주제의식을 강화하고 관객에게 더한 울림을 주지 않았을까 하는 아쉬움이 남는다.

이 작품은 무용을 중심에 놓으면서 연극적 요소를 융합하고 있다. 이미지나 구조에 치중하지 않고, 표현에 의존한다는 점에서 그러할 것이다. 이는 즉각 반응하는 젊은 관객에게는 자연스러운 수용으로 다가왔을 것이다. 음악도 드럼과 일렉트릭 기타, 베이스 기타로 구성하여 귀를 자극하였다는 점도 마찬가지이다.

혹자는 이 작품에 대해 현대무용이나 외국에서 흔히 쓰는 기법적인 측면을 도입하여 신선함이 없었다 말할 수 있을 것이다. 이는 안무자가 한국무용에 기반 하기에 나온 말일 수도 있고, 압도하는 퍼포먼스나 신선함이 부족한 점에서 기인할 수 있다. 그렇지만 일반적 주제를 추상적 기법이나 난해성이 아닌 진정성을 가지고 관객과 소통하고 고민하려 하였다는 점에서 이 작품은 의미가 있다. 이는 이 작품이 어떤 토대에서 만들어졌는가를 떠나 작품의 주제적 표현 방식이 어떠하였고, 관객이 어떻게 느꼈는가가 중요하기에 무의미할 듯 하다.

안무를 맡은 김주빈은 몸 잘 쓰는 무용수로 세간에 알려져 있다. 이와 함께 이번 무대에서는 그가 지향하는 무용의 대중적 지향의지와 함께 치기어리지만 동시대 전형성을 묘파하는 힘도 있음을 확인시켜 주었다. 또한 그가 보여주려 하는 방식은 어떤 경계에서 두 가지 이상의 방법론을 용해하여 두드러짐 없이 자연스럽게 표현한다는 점일텐데 이 무대에서 자신의 색깔을 어느 정도 드러내고 있다는 점에서 긍정적이다.

이 공연은 서울문화재단 최초예술지원 선정작으로 올린 무대이다. 앞으로 일정 기간 착한 무용수로 착한 안무가로 그를 지켜볼 필요가 있을 듯 하다.

'침묵'은 자의적이며 타의적이다. 루드비히 비트겐슈타인Ludwig Josef Johann Wittgenstein이 말한 유명한 명제 '말 할 수 없는 것에 관해서는 침묵하여야 한다.'처럼 형이상학적인 경우도 있지만 약자에 침묵을 강요하는 부조리한 경우도 존재한다. 그렇기에 '침묵'만큼 자기 자신을 강하게 드러내는 언어 표현도 드물 것이다.

장혜림 안무의 〈침묵〉(문화비축기지T4, 2017.12.22.-23)은 이러한 두 가지 명제를 함께 함유하며 한 인간의 존재론적 가치를 묘파한다. 이 작품은 헤르타 뮐러Herta Müller의 소설 〈숨그네〉에서 모티브를 가지고 온 것으로 제2차 세계대전 이후 루마니아에서 소련의 수용소로 이송되는 한 청년의 이야기를 다룬다. '숨그네'는 말 그대로 '숨'Atem과 '그네'Schaukel의 합성어로

장혜림 안무 〈침묵〉 나인티나인 아트컴퍼니 제공

   삶과 죽음의 경계에 선 한 인간 그리고 그 공간 안에 있는 모든 이들의 소리 없는 흔들거리는 외침이다. 〈침묵〉도 이러한 큰 맥락을 수용하면서 가장 강렬하게 느껴진 여러 단편적 의식의 흐름을 정리하여 표현하고 있다.

   이 작품은 기차라는 제한된 공간과 잠깐 동안 기차를 벗어나 끝없이 펼쳐진 설원과 마주한 찰나의 시공간이 배경이다. 이는 1부 '열차, 포로들의 춤', 2부 '설원, 자유의 노래'로 나누어 진행된다. 첫 장면은 알 수 없는 언어로 한 인물이 소설의 한 대목씩을 읊조린다. 이어 미지의 수용소로 끌려가는 일군의 무리들이 줄지어 가고 외마디 속 몸짓으로 움직임이 이어진다. 그런데 이들은 'Yes'의 외침만 있을 뿐 다시 침묵하고, 저항하는 듯 보이지만 그저 시간의 흐름에 따라 행동한다. 이들에겐 'Yes'와 '침묵'이라는 두 가지 언어표현만 존재하여 이것이 타율적 긍정이지만 어쩔 수 없는 외침이고, 그들의 몸짓은 비천할 수밖에 없다.

이들의 'Yes'와 '침묵'은 역설적으로 절규에 가깝다. 이는 동작에서도 그대로 나타난다. Yes라는 순응과 절규의 이중적 경계에서 똑같이 반응하지만 개인에 따라 몸은 다르게 느낄 수밖에 없고, 집단에서 다른 반응을 보이는 무용수의 변별성을 통해 이기理氣가 같을 수도 다를 수도 있음을 표현하고 있다.

2부에서는 눈이 덮인 벌판에서 자유 아닌 자유를 순간적인 느낌으로 보여준다. 이는 공간의 이동에 따른 억압된 것에 대한 자아의 탈출이며 눈이라는 맑음의 상징 속 긍정의 이미지에 대한 획득이다. 그러면서 삭풍이 부는 벌판이지만 눈을 휘저으며 그들의 외마디와 역동적 몸짓으로 희미한 믿음을 얻고 이들은 미정형의 공간으로 향하게 된다.

여기서 강한 인상을 주는 것은 하얀 스티로폼 알갱이로 뒤덮인 설원의 상징적 이미지이다. 이는 시각적이면서도 청각적인 의미를 확보하는데 눈이 가지는 여백 그리고 편안함과 더불어 무용수들의 역동적 걸음과 몸짓에서 발생하는 소리는 강인한 힘으로 전환된다.

또한 이 작품에서 중요한 매개 중 하나는 소프라노이자 구술자인 엘라 만자시이다. 〈침묵〉은 〈숨그네〉의 서사구조를 차용하면서도 현세에 대한 이야기도 함께 공유한다. 제2차 세계대전 루마니아인의 소련 수용소의 여정을 기저로 하지만 구술자로 아프리카 말라위 여인 엘라 만자시가 맡음으로 아프리카가 직면한 현재적 시각을 중첩시킨다. 질병과 가난, 여성할례와 같은 악습으로 고통 받는 아프리카 여성의 관점이라는 측면에서 이 작품이 의도하는 바를 상징적으로 구현한다.

그는 구원의 목소리로 작품의 중심에 놓인다. 2부에서 설원에서 펼치는 몸짓은 침묵을 깨는 역동적 언어로 상승되는데 이러한 계기는 그레고리안 성가를 연상시키는 그의 목소리에서 비롯된다. 흔히 '전쟁은 신도 침묵하는 시기'라고 말한다. 그것이 신이 침묵하는 것인지 인간을 시험하려는 것인지 알 수 없지만 이 기간은 스스로 고뇌하고 회복하는 시간을 갖는다. 그런 가운데 이 침묵을 깨는 신과 인간을 잇는 매개를 통해 구원을 받는데 이 작품에서는 그의 목소리이다. 이는 〈쇼생크 탈출〉의 명장면 중 하나인 듀프레인이 레코드 음반으로 모차르트의 '피가로의 결혼'을 틀고 죄수들이 '벽들이 무너지고 그 짧은 순간에 쇼생크의 모두는 자유를 느낀'것처럼 이들에게도 치유이며 희망의 목소리로 다가온다.

이미 〈침묵〉은 2016년 창작산실 우수신작 공연으로 무대화되었지만 문화비축기지라는 공간에서 새롭게 다듬어져 관객과 만났다. 우선 문화비축기지 T4라는 공간은 넓은 원형으로 되어있는데다가 높이가 있어 공연을 위해서는 어려움이 따를 수 있다. 게다가 무대 중간 중간에 여러 개의 기둥이 있어 무용수들에게는 활동이 자유롭지 못하며, 관객에게는 시야가 제한될 수 있다. 그럼에도 이 작품에서는 이런 부분에 대한 활용도가 높다. 먼저 음악이 강하지 않고, 소프라노의 목소리와 현악기가 중심에 놓여 공명을 통한 울림의 폭은 깊었다. 또한 움직임도 좌우를 동선으로 하여 훨씬 자유롭게 이 공간을 활용하였고, 이를 관객의 지근거리에서 표현함으로 긴장감과 몰입을 함께 가져오게 하였다.

남자 무용수의 등장은 이전 공연과 변별성을 지닌다. 〈숨그네〉의 주인공은 수용소로 끌려가는 17세 소년 레오폴트 아우베르크이다. 동성애를 한 17세 소년이 스스로의 침묵과 성당에서 마주한 성자의 어린 양의 침묵이 다르다는 것을 알고, 이 침묵이 가지는 의미를 되새기는 것이 이 작품의 가지는 주제의식이고, 〈침묵〉의 기저도 이러한 점에서 비롯된다. 이러한 한 인간의 여정을 통한 깨달음은 이 남자 주인공의 등장을 통해 더욱 공고히 되었다.

〈침묵〉은 한 개인의 통제된 여정을 통한 존재론적 인식의 과정이기에 종교적인 상징성도 강하다. 이는 안무자가 의도하건 의도하지 않건 간에 자연스럽게 표현된 면모이고, 원작이 가지는 주제의식과 궤를 같이 한다. 이러한 표현은 역설적으로 실존적 의미를 확보한다. '내 침묵의 의미는 무엇인지, 신은 왜 침묵하는지'에 대한 실존 의식은 안무자가 의도한 감정표현과 감각묘사 그리고 사상표현이 고스란히 담겨져 있다. 이는 단편적이며 추상적 표현을 통해 중립적인 가치를 만들고, 또 '침묵'이란 주제 의식 속 형성된 구상적 구조 형성에서 비롯된다.

장혜림은 〈숨그네〉로 2015년 크리틱스 초이스 최우수상을 받았고, 〈심연〉으로 좋은 평가를 얻은 안무가이며 무용수이다. 그의 작품에는 물안개가 피어오르는 곳에 앉아 무거운 저기압을 느끼지만 그 미지의 숲을 함께 걸으며 저 끝 간 곳에는 무언가 희망을 얻을 수 있으리란 긍정적 힘이 존재한다. 그의 진보가 기대된다.

여기서 논한 두 안무가는 우연찮게 한국무용에 기반을 두는 젊은 안무가다. 그렇지만 두 작품에서 '한국적' 혹은 '전통적' 내음은 두드러지지 않다. 오히려 이러한 바탕을 전면에 드러내기 보다는 동작의 규칙성이나 표현방식의 자연스러움을 드러내며 작품 속에 녹아 있을 뿐이다. 이는 이들이 생각하는 한국적이란 표현 방식의 인식에서 비롯될 것인데 그래서 이런 논의는 무의미할 수 있다.

또한 두 작품은 문학이 하나의 바탕이 되었다. 〈착한사람〉은 브레히트의 〈사천의 선인〉, 〈침묵〉은 헤르타 뮐러의 〈숨그네〉가 원천이 되었다. 아무래도 문학을 해석하여 무용으로 작품화한다는 것은 안정적일 수 있다. 그렇지만 문학을 수용한 장점이 오히려 독이 되는 경우가 있다. 이미 알고 있는 내용이기에 수용자는 선험적 지평이 있고, 이것이 그대로 혹은 잘못 해석된다면 원작을 해쳤다 인식할 수 있기 때문이다. 그럼에도 이 두 안무가는 원전이 가지는 주제의식을 비판적으로 수용, 해석하고 새로운 질서를 만들었다는 점에서 좋은 의미를 생성해냈다. 하나의 주제를 추상적으로 표현한 것이 아닌 관객에게 의미를 전달하면서 의식을 가지고 구체화하였다는 점에서 긍정적이다. 또한 우연찮게 독일어로 구현된 작품이고, 철학적 배경이 강한 작품을 모티브로 한다는 공통점도 지니지만 어찌되었건 이에 대한 해석은 안무자의 몫이기에 작품을 통해 안무자의 철학도 느낄 수 있다는 점에서도 두 안무가가 앞으로 어떠한 작품을 구현할 것인지 기대를 갖게 만든다.

-『춤』, 2018.1.

04

탈춤을 통한 셰익스피어 비극의 이미지 표현
— 천하제일탈공작소 〈오셀로와 이아고〉

    탈춤 혹은 가면극假面劇은 탈을 쓰고 추는 춤, 가면을 쓰고 연행演行하는 극으로 다분히 한국적 예술 장르의 대표적 표상이다. 이는 흔히 연희演戱라는 큰 범주에 포함시키는데 대사와 재담이 있고, 이야기 구조를 지닌 몸의 표현으로 조선 후기의 여러 담론과 원형적 요소가 고스란히 담겨 있는 민중의 예술이라 할 수 있다.
    이러한 한국적 내음이 짙은 이 예술 형태가 셰익스피어와 만남을 가졌다. 〈오셀로와 이아고〉(아르코예술극장 소극장, 2018.1.12.-14)는 셰익스피어의 비극 〈오셀로〉의 서사구조를 해체하고 무대 공연예술로 재창조한 탈춤이다. 이 작품은 탈춤과 셰익스피어의 만남이라는 점에서 신선한 기대감을 불러일으키면서도 두 요소가 불협화음을 일으키지나 않을까 하는 걱정이 공존하는 것이 기대지평일 것이다.
    이 작품에 대해 오셀로 역을 맡은 이주원은 '셰익스피어의 비극이 가지고 있는 무게를 탈춤의 거뜬함으로 다이어트 시키는 과정'이라고 설명하였다. 우선 다이어트라는 표면적 표현에만 초점을 맞추어 본다면 인물 구성이나 이야기 구성의 간소화를 들 수 있다. 등장인물은 오셀로, 이아고, 데스데모나 3명의 인물로 제한하였고 이야기도 이 세 인물의 갈등에 집중하여 이 이야기를 모르는 관객에게도 쉽게 다가서는 장점을 가진다.
    첫 장면은 오셀로가 데스데모나를 살해하는 장면으로 시작한다. 결론을 먼저 이야기하는 두괄식 구성을 통해 왜 이런 결과가 나오게 되었는지 하나하나 밝히며 극을 전개해 나간다. 오셀로의 부하 이아고는 오셀로가 자신을 보임할 것이란 예상이 저버리자 그에게

천하제일탈공작소 〈오셀로와 이아고〉 2017 공연예술창작산실 올해의신작 제공

모함에 빠뜨려 복수를 하고자 한다. 그런 과정에서 오셀로는 데스데모나와 사랑에 빠지지만 이아고는 오셀로를 나락으로 떨어뜨리기 위해 이 둘의 사랑을 파괴시키려 한다. 그 방법은 세치의 혀로 미움, 의심, 질투를 만들어내는 것이고, 오셀로도 이러한 허상을 그대로 믿고 데스데모나를 죽이며 비극적 결말을 맞는다.

이 작품은 최소한의 서사구조이지만 작품의 본질적 주제의식을 그대로 보여준다. 본심을 외면한 채 잘못된 인식만을 그대로 받아들이고, 자기식대로 판단하는 인간의 우매함은 오셀로를 통해 표현하고, 간교한 인간의 본능적 충동은 이아고 그리고 순백의 아름다움을 드러내지만 힘에 의해 굴복당하는 전형은 데스데모나를 통해 잘 묘사되었다. 이는 세 인물에만 집중한 결과이며 표현에서도 움직임으로 표현하지 못하는 부분은 이아고의 내레이션으로 설명하면서 자연스럽게 흐름을 이어가고 있다.

여기서 대사는 이아고만으로 이루어진다. 그는 서술자이면서 세치 혀의 간교함을 보여주기 위한 상징으로 언술을 이어간다. 그러면서 오셀로는 시종일관 침묵을 지키지만 이아고에 현혹된 이후 탈을 깨고 분노에 찬 인간이 되면서 목소리를 내고 그의 세치의 혀로 데스데모나를 죽음으로 이끈다. 오셀로가 끝까지 목소리를 내지 않은 것이 어떠하였을까 찰나의 생각이 들지만 외마디에서 언술로 이어지는 오셀로의 전환이 더욱 설득력 있게 다가온다.

〈오셀로와 이아고〉의 표현 기저는 탈춤이다. 탈춤의 표현 방식은 상징적이면서도 사회의식의 외면적 표출에 바탕을 둔다. 이 작품에서는 그러한 모습이 그대로 스며든다. 특히 무채색일 수 있는 데스데모나 역을 맡은 박인선이 주목된다. 오셀로와 이아고는 강한 역할이기에 그에 충분한 요소가 드러나지만 데스데모나는 2인무에서 약간의 지루함에서 벗어나 후반부에서 그만의 몸짓을 보여준다. 무게감이 있으면서도 유려한 손짓과 발짓에서 화려하지는 않지만 생동감을 표현하였고, 흰색을 통해 투영된 담백한 이미지는 절제된 움직임에서 표출되었다.

탈춤에서는 탈이 모든 걸 말하는데 세 명의 탈은 인물의 개성 그대로이다. 오셀로는 인간의 이중성이 각도의 변화와 몸짓에 따라 다르게 감정을 이입시켰고, 이아고와 데스데모나는 인물 그대로를 직시하지만 그렇기에 몸짓에 따라 인물을 반영하였다.

무대 구성은 흰색 소금이 공감각적 이미지를 주는데 효과적이었다. 걸음걸음에서 나오는 약간은 거친 소리와 광기나 혼돈에 따라 드러난 바닥의 빨간색이 심리적 변화를 주는데 도움을 주었다. 또한 몸짓의 상징적 표현을 통한 빈 공간은 변화무쌍한 음악 표현으로 보補하였고, 한국적 음률, 구음과 일렉트로닉 사운드는 감정 그대로의 중첩이었다.

이 작품의 중심인 허창열, 이주원은 천하제일탈공작소라는 집단을 통해 전통을 보존하며 탈춤의 동시대적 의미를 연구하여 그동안 마당이나 무대에서 원형의 전형성을 밀도 있게 그려낸 인물들이다. 그럼에도 이번 무대에서는 그들의 끼와 신명은 많이 자제하고 그 기를 눌렀다. 작품이 비극이기에 중간 중간 그들이 미소 짓게 만드는 현대적 동작은 잠시 삽입되는 정도에 그치고 흥, 골계미 혹은 탈춤이 가지는 사회적 비판의식은 배제되었다. 아무래도 셰익스피어가 표현하고자 한 본질적 의미를 탈춤으로 수용하여 표출하는데 중점을 두었기 때문이다.

그동안 〈오셀로〉는 수없이 많은 변용을 가지고 왔다. 한국에서도 많은 연극을 통해 구현되었고, 판소리까지 창작되었다. 수세기에 걸쳐 원전으로 새롭게 재창작된다는 것은 그만큼 고전의 의미와 현대적으로도 항상 새롭게 창작할 수 있는 본질적이면서도 열린 공간이 있음에 기인한다. 이 작품은 그런 의미에서 셰익스피어의 작품을 이미지적인 표현에 중점을 두어 탈춤의 확장성을 주기에 새로운 가능성을 준다. 또한 새로운 주제의식을 전달해 주기 보다는 표현을 통한 기호적 감정을 주기에 타자, 셰익스피어 연극에 익숙한 인물에게 오히려 새로운 지평을 열 작품이다.

- 댄스포스트코리아, 2018.1.

05

범세계의 순환 구조와 그 의미의 드러냄
―김남식 & Dance Troupe-Da 〈봄 여름 가을 겨울 그리고 봄〉

〈봄 여름 가을 겨울 그리고 봄〉은 잘 알려져 있듯 2003년 개봉한 김기덕 감독의 영화다. 김기덕 감독의 작품 경향은 불편함이다. 인간 내면의 극악성과 사회에서 드러나는 폭력과 학대에 집착하여 이를 그대로 반영한다. 이는 리얼리즘의 좁은 의미로 현대적 자연주의, 즉 사회의 부조리와 불합리한 요소를 극렬하게 보여주면서도 인간의 야수성을 세밀하게 드러낸다. 그렇지만 영화 〈봄 여름 가을 겨울 그리고 봄〉은 그러한 색채는 배제되고 종교를 통한 구도求道의 여정 속에서 참나, 깨달음을 내포하며 김기덕 감독의 대표작으로도 손꼽힌다.

이렇게 잘 알려진 이 영화가 무용 〈인생 사계를 그리는 춤 : 봄 여름 가을 겨울 그리고 봄〉(아르코예술극장 대극장, 2017.12.23.-24)로 무대화되었다. 많은 이들에게 감흥을 주었고, 주제의식이 뚜렷한 그리고 수려한 배경을 바탕으로 한 영상을 무용으로 만든다는 것이 모험이고 도전이었을텐데 이 작품에서는 영화가 지니는 주제의식을 실제화하고, 움직임의 구조 그리고 무대 구성을 상징화하여 새로운 가치를 전달하고 있다.

그래서 어떤 측면에서 영화 〈봄 여름 가을 겨울 그리고 봄〉과 비교하여 논하는 것은 의미가 아주 크지 않을 듯 하다. 이는 확연하게 두 장르가 다르고, 시공간이 지니는 장단점의 변별성 그리고 작품이 가지는 가치가 다름에 있다. 혹은 영화를 본 관객의 선험적 지평과 영화를 보지 않은 관객이 지니는 기대지평이 공존하기에 이 글에서는 무용 〈봄 여름 가을 겨울 그리고 봄〉의 의미구조와 표현 방식을 중심으로 논의하기로 한다.

이 작품의 구성은 봄과 겨울의 프롤로그, 제 1장 여름, 제 2장 가을, 제 3장 겨울, 제

김남식 & 댄스투룹-다 〈인생의 사계를 그리는 춤-봄 여름 가을 겨울 그리고 봄〉 김남식 제공, 옥상훈 사진작가

4장 봄, 에필로그로 구성되어 있다. 막이 열리면 무대에 앙상하게 가지만 남은 나무와 고립되어 있지만 모든 것을 수용할 열려 있으며 닫힌 미지의 공간이 그려진다. 이 공간에서 소년승과 소녀가 사랑을 나누고 금기를 넘는다. 노드롭 프라이Herman Northrop Frye가 쓴 『비평의 해부Anatomy of criticism : four essays』에서 사계의 원형비평 중 여름의 미토스는 로만스로 추출하였는데 이 로만스는 욕구충족의 꿈에 가장 가까운 것이라 설명한다. 이는 가을의 미토스인 가을의 비극과 변별적 상관성을 가지며 전조의 의미를 지닌다.

그래서 여름의 표현에서는 한국적인 속성과 현대적 장치가 교차된다. 읊조리는 구음과 스캣 같은 소프라노의 소리는 묘한 분위기를 조성하고, 전통 보자기 형태의 이불을 통해 두 무용수의 몸짓은 아름답지만 앞으로 어려운 과정을 암시적으로 보여주었다.

가을이 되어 노승과 다시 성聖의 공간으로 돌아온 청년은 재회하지만 청년은 비닐로 눈, 코, 입을 막고 자학한다. 이에 노승은 우매한 청년을 깨우쳐주자 청년은 업보를 씻으러

다시 속俗의 공간으로 간다. 여기서 노승은 등신불처럼 모든 걸 짊어진 듯 하강하고 모든 것은 무無의 상태로 된다.

겨울이 되고 돌아온 장년승 그리고 4명의 천 잡이가 번뇌의 고통을 전해주고, 그 또한 돌을 매고 힘겹게 찰나를 감내한다. 심한 눈보라에 돌을 매고 가는 여인과 함께 둘은 제의적인 춤을 추며 재생을 위한 해소를 이루어낸다.

다시 봄이 되고 동자승은 또 다른 운명을 안고 존재한다. 이 장면에서는 노승이 다시 등장하고, 개구리, 뱀, 물고기 등 동물의 형상을 생명과 변하지 않은 무생물이 돌이 하나의 대칭을 이루며 환상적 분위기 속에서 막을 내린다.

이 작품이 말하고자 하는 바는 만행萬行 속 번뇌와 범세계의 순환 구조로 어떠한 주제를 명확하게 전달하거나 귀납적, 연역적으로 해결하기 보다는 사계를 통해 인간이 겪는 번민을 그대로 표현한다. 이는 단순하게 종교적 의미를 떠나 보통사람에게도 작은 깨우침을 전달해 준다. 그러면서 장마다 성/속聖俗의 경계와 대립을 통해 여러 의미를 내포하는데 무용수들의 담담하면서도 역동적인 움직임이 이러한 표현에 부합하고 있다. 이는 사계의 소년승부터 장년승까지 역할에 맞는 움직임과 여러 오브제의 활용에서 더욱 극대화하여 관객에게 함축된 질문에 대한 대답의 확장을 열어준다. 또한 노승역을 맡은 손관중은 이 작품의 전체에 무게감을 전달한다. 깨달음의 스승으로서 의미를 전해주며 상징적 의미보다는 직관적인 모습이 그의 아우라 속에서 그대로 표현되었다.

여러 담론을 구조적으로 담는데 이 작품은 충분하다. 안무가 김남식의 여러 역량이 이 작품에 결집되어 많은 구조와 내용이 흐트러짐이 없다. 특히 공간과 오브제의 상징적 활용과 무용수에 의미를 부여하여 이미지화 한 여러 장면에서는 잔영을 남겨준다.

이 작품에서 무대구성과 오브제는 명료하다. 무용이라는 무대공연예술의 본질 상 무대는 상징적일 수밖에 없다. 이는 본체의 의미를 파악할 수 있는 암호적 계시성으로 이미지화 시키고 있다. 그렇기에 여기에 많은 의미를 내포하려 하면 오히려 관객에게 자율적 상상력을 배제시키는 경우가 나타날 수 있다. 이 작품에서도 상징되어 있는 기호에 대해 다시 한 번 더 의미를 부여하지 않았는지 허허로움보다는 채움이 더 강한 것이 아니었는지 오독해본다.

덧붙여 말하면 이 작품은 김남식 안무자가 작품의 과정을 정리하여 『생각의 드로잉Ⅲ 봄 여름 가을 겨울 그리고 봄』이라는 책자를 만들어냈다. 이 책자에는 작품 기획의 프레젠테이션부터 무대구성 스케치, 시놉시스까지 일목요연하게 정리되어 있다. 그동안 무용계에서 일반화되어 있던 머릿속으로 정리하고 몸으로 기억하여 단순하게 스케치하던 방법에서 벗어나 이러한 방대한 기록을 남겼다는 자체로 큰 의미가 있다. 게다가 이를 이미지와 텍스트로 완결성 있게 정리하였다는 점에서 하나의 모범이 되기에 충분할 듯 하다.

-『댄스포럼』, 2018.2.

06

현실에 대한 심리적 리얼리즘의 표현
—원댄스프로젝트그룹 〈가상리스트〉

과학의 발달에 따라 인간은 더 나은 미래를 상상하고 긍정적인 세상을 희망한다. 올더스 헉슬리Aldous Huxley의 소설 〈멋진 신세계〉(1932)도 과학을 통해 새로운 세상이 열리리라 있을 법한 이야기를 먼 미래로 상정하였지만 그러한 상상의 일부는 이미 실현되었고, 이를 훨씬 뛰어넘는 세상에 우리는 살고 있다. 이러한 먼 미래에 대한 상상력은 이젠 동시대적으로 과학 기술이 발전하면서 가상현실virtual reality이라는 현존의 모습으로 존재하기 시작한다. 이러한 발전의 이면에는 항상 인간 존재에 대한 문제가 제기되고 실존 그리고 인간성에 대한 진지한 고민이 함께 이루어진다.

〈가상리스트〉(대학로예술극장 소극장, 2018.1.12.-14)는 '인간의 욕망으로 만들어진 가상은 현실을 이미지화 한다.'는 안무자의 생각에서 출발한다. 가상을 미래가 아닌 현실에서 고민한다는 점은 과학을 통한 새로움보다 실존의 철학적 의미를 말하고자 함일 듯하다. 그래서 작품 속 가상은 곧 현실의 기호화이며 시퀀스의 구별도 거울, 상징, 현실, 욕망과 같이 현재적이며 본능적인 기호로 나열하여 인간성에 대한 진지한 고민을 던져주고 있다.

무대는 전면과 위쪽으로 긴 영상 장치가 놓여있다. 그리고 무용수가 힘겨운 움직임으로 그 영상을 향해 나아가고, 존재 의미를 상징하는 〈햄릿〉의 속 대사 '사느냐 죽느냐 그것이 문제로다'라는 명제가 내레이션으로 흐르고 무용수가 한명씩 등장한다. 이어 내레이션은 리어왕, 맥베스를 되뇌고 무용수의 몸짓도 이에 격렬함으로 점철되어 대결의 충돌이 일어난다.

그렇다면 왜 셰익스피어일까? 최근 몇몇 작품에서 셰익스피어의 작품을 차용하는 경우가 눈에 뜨인다. 셰익스피어의 수용이 어제 오늘의 일은 아니지만 요즘에 들어서는 서사구조 보다는 모티브 특히 본질적 의식의 수용이 두드러진데 이 작품에서도 인간의 욕망에 따른 갈등을 극대화시키는 장치로 발현된다. 이는 '내가 누구인지 말할 수 있는 자는 누구인가'라는 리어왕의 외침에 그대로 드러난다.

이어 갈등적 양상에서 새 가면을 쓴 여성 무용수가 등장하고, 영상에서도 새들이 등장하는데 효과음으로 그리 편치 않은 새소리가 나오면서 영화 〈사이코〉를 연상하듯 사회적 공포를 조성한다. 이러한 공포감을 상쇄시키면서 여성무용수의 유혹과 이에 대한 바라봄 그리고 이를 가상현실로 받아들이는 욕망구조를 통해 본능에 대한 갈증을 그대로 묘파하고 있다.

그리고는 어두운 현실 속 사회적 관계에 대한 모습을 남녀 격렬하게 부딪치고 접촉을 통해 보여주더니 암전 속에서 막대 사탕을 먹고 이를 음미하는 내레이션을 관객과 5분여에 걸쳐 공유한다. 이는 사랑 혹은 성욕과 식욕의 경계에서 인간의 본능을 상징하는 구조이며 이어지는 만찬의 상황도 이를 극명하게 기호화한다.

음식을 먹는 행위가 인간의 가장 본능적인 모습을 그대로 드러낸다면 축구와 같은 운동도 그러한 행위의 상징성을 준다. 여러 무용수들은 좁은 공간에서 그저 공을 차고 몸으로 부딪치면서 놀이의 공간을 만드는데 감각에 의한 행위만 있을 뿐 이성적인 면모는 배제된다. 이러한 양상은 해변의 휴양으로 이완되더니 갑작스런 추운 산악지대로 반전되어 긴장을 일으킨다. 그런데 이런 모든 상황을 되감기되어 이러한 가상현실을 리모컨의 정지 버튼으로 모든 것은 종결되며 막을 내린다. 이는 '죄 없는 잠'을 청하는 의도에서 비롯되지만 '호접몽', 꿈인지 현실인지 모를 삶 속에서 인간의 모습에 대한 그대로의 표상이다.

이렇게 〈가상리스트〉는 인간 삶의 모습을 가상과 현실을 통해 구현하지만 지극히 현실적인 내용을 담은 리얼리즘 작품이다. 이는 '심리적 리얼리즘', 이 이중적이며 상반되는 테제가 지금 이 시대에 가장 현실적 요소이며 이것이 존재론을 통해 전형성을 드러내기 때문이다. 가상이 현실이고, 현실이 가상인 현세에 대한 실존의 문제에 귀착되어 구체적 창작 방안으로 실현된다.

이 작품은 전체적으로 작품을 끌어가는 힘이 탄탄하고 매끄럽다. 시퀀스 별로 하나의 주제를 가지고 변별되어 있지만 이어지는 고리에서 자연스럽게 변화를 주었고, 그 주제 또한 거대 담론으로 규정되어 있지만 한 남성 그리고 불특정의 다수를 통해 표현된다.

이는 동작 하나하나가 추상적 주제의 구체화를 통해 명징성을 지니며 수용양상도 공간적인 시간 속에서 잠재적인 의미를 쉽게 이해시키고 있다.

　안무를 맡은 이동원은 일련의 작품에서 자기의 색깔을 드러내었다. 연극적 요소의 차용과 이에 대한 구체화 그리고 자연스러운 융복합의 결합 등 작품을 만들어가는 구성력이 돋보인다. 그런 의미에서 현대무용이 지니는 알 듯 모를 듯한 주제의식의 구현에서 그의 안무는 어느 정도 탈피하고 있다는 측면에서 이번 작품도 긍정적인 측면에서 깊이 있게 바라 볼 수 있다.

-『댄스포럼』, 2018.2.

07

일상성, 관계성 그리고 추상성의 조합
―휴먼스탕스 〈미아〉, 정성태 〈가장 소중한 것〉, 최명현 〈시간은 무게다〉

인간의 삶을 길에 빗대어 말하곤 한다. 걷다보면 평탄한 길도 나오고 지름길도 나오고 미궁에 빠져 한참을 헤매기도 하고 어떠한 목적이 있는 듯 없는 듯이 인간은 그렇게 인생길을 걸어간다. 특히 불확실한 미지의 길을 걷다보면 두려움을 가지게 되고, 그 문턱에서 희망이라는 작은 이정표를 삼아 헤쳐 나가려 한다.

〈미아〉(아르코예술극장 소극장, 2018.1.4.-6)는 인생길에서 만나는 자아와 타아의 관계 그리고 스스로 이를 딛고 일어서려는 단편을 춤으로 표현한 작품이다. '미아迷兒'는 길을 잃고 헤매는 아이라는 사전적인 의미가 있다. 그렇지만 이 작품에서는 단순하게 길을 잃었다기보다는 일상의 여러 모습을 어리석지만 담담히 살아가는 인간 존재 의미를 전해준다.

무용수들이 등장하면서 흰색의 판으로 천천히 작은 공간을 만들어간다. 이들은 사회 속에서 자기 영역을 만들어가듯 미로와 같은 구조를 완성하고, 음악이라기보다는 효과음에 가까운 소리에 맞추어 일상을 몸짓에 담아낸다. 그러다 다시 좁디좁은 철저한 자신만의 영역을 만들고 그곳에서 휴식을 얻고, 비눗방울 혹은 종이학을 통해 환상적 분위기 속에서 하나의 희망을 얻으려 한다. 이것이 판도라의 상자처럼 희망과 고통을 함께 주는 일상성으로 다가오지만 그럼에도 이들은 이를 담담하게 긍정적 인식으로 표현하려 한다.

이 작품은 전체적으로 상징적인 표현이 유려하게 나타난다. 담담하게 그려낼 부분에서는 무미건조하게 담백하게 표현하면서도 자연의 소리와 일상의 소음 그리고 가뿐 비트 속의 몸짓은 그에 걸맞은 묘사보다 유영하는 듯 자유로운 몸짓으로 흐름에 맡긴다. 이러한 전개는 전체적으로 시퀀스의 흐름이 부드럽게 전개되는 요소로 작용하였다. 이는 흐름이 단위별로 분절되어 있지만 장면마다 작은 맺음과 풀림을 통해 이어가고, 여러 오브제를 서브 모티브로 기호화하여 의미를 주기 때문이다.

또한 종이학이나 비눗방울처럼 희망적이며 낭만적 요소를 지닌 이미지를 활용함으로 이 작품이 지향하는 바가 '인생은 한 번 살아볼만 하다'는 요소를 극대화하고 있다. 이는 후반부에 드러나는 미세한 웃음을 띤 무용수들의 모습에서도 그대로 나타난다. 이를 통해 주제의식을 직설적으로 보여주기 보다는 은은한 향내를 품은 무용수들의 절제된 몸짓 속에서 구현되었기에 잔잔한 잔향을 준다.

그렇지만 역으로 이러한 오브제들은 강한 잔영을 주기에는 역동적 모티브로 미력하였다. 종이학이나 비눗방울이 지니는 단편적인 기호와 고정관념에서 비롯될 수 있지만 작품이 표현방법이 진한 감동을 주기에는 추상적 일상성으로 풀고자 한 결과에서 비롯될 듯 하다.

〈미아〉는 공감각적인 이미지의 조화가 잘 이루어진다. 이는 조명을 통한 색감의 변화와 음악 등의 두드러짐에 있다. 흰색에 바탕을 둔 의상과 무대 구성에서 획일성과 그럼에도 변별성이 드러났고, 음악, 효과음으로 중첩되는 흐름 속에서 상승으로 이끄는 반복음은 그 음에 맞추기 보다는 자율성을 중심으로 자유로운 표현 의지를 준다. 또한 후반부 몽환적 분위기를 자아내는 자주색 풍의 색감 그리고 커다란 종이학과 비눗방울이 하나의 프레임에서 조화를 이루어 전체적인 분위기를 좌우하는 장치로 활용되었다.

휴먼스탕스의 〈미아〉는 공연예술창작산실 올해의 신작 선정작이다. 휴먼스탕스는 인간성에 바탕을 두면서도 고정관념에 저항하여 새로움을 추구하는 단체이다. 특히 이번 작품은 두 남자 안무가(조재혁, 김병조)에 의한 4명의 여자 무용수 작품이라는 특색이 있다. 그렇지만 안무자와 무용수의 젠더의 다름에 따른 어색함은 없었다. 오히려 이러한 조합이 이 작품에서는 조화롭게 나타난다는 점에서 긍정적인 효과를 거두었다.

극장에 들어서면 계단식 하얀 박스모양의 솟아오른 무대가 눈에 들어온다. 높이가 있는 무대를 활용할 무언가 나오리라 기대감을 갖게 하는데 공연할 단체가 '화이트 큐브 프로젝트'라는 점에서 어느 정도 고개를 끄덕이게 한다. 정성태 안무 〈가장 소중한 것〉(서강대 메리홀 소극장, 2018.1.19.-20)은 나에게 있어 가장 소중한 것이 무언가를 추상적 서사구조와 몸짓으로 찾으면서도 재미와 볼거리를 제공하는 독특한 공연으로 서울문화재단 유망예술지원사업

DOT 선정작이다.

　이 작품의 구성은 '1. 길들이기, 1.5. 아무 소용없는 일 2. 마흔네 번의 노을, 2.5. 특별한 아름다움, 3. 단순한 거짓말 뒤에 숨긴 연약한 마음, 3.5. 도르레의 노래, 4. 가장 소중한 것은 눈에 보이지 않는다'인데 연결고리가 없이 분절되어 있지만 하나 하나 의미를 가지고 가장 소중한 것을 무용수들은 찾으려 한다.

　첫 장면은 4명의 무용수가 무대를 그냥 걸어 나오고 암전, 안짱걸음으로 걸어오다 암전, 또 한걸음 내딛고 잠시 쉼을 가지는 걸음을 걷거나, 빠른 걸음, 슬로우 비디오처럼 느린 걸음 혹은 어두운 조명 속 보통걸음을 걷고 암전이 이루어지는 연속 동작을 보인다. 길들이기라 표현하였지만 관객들로 하여금 아무 의미 없어 보이는 행동을 통해 서사구조를 집중시키게 하는 일종의 '낯설게 하기'를 가져온다.

　이어서 4명의 무용수는 잰걸음으로 무언가 찾고 팔을 벌려 걷다가 손을 들고 인사를 하고, 지시를 내리고 그 명령에 한숨을 쉬는 등 일상적 모습을 상징적으로 그려낸다. 그러면서 나란히 횡대로 종대로 서기도 하면서 밀어내고 앞으로 나서기도 하며 또 서로 어깨를 딛고 하나의 탑을 만들기도 하며 관계성에 대한 쉼 없는 묘사를 드러낸다.

　또한 영상으로 노을이 짙게 드리워진 바다를 배경으로 무용수는 쉽게 옮길 수 있는 상자를 어렵게 이동시키기도 하고 여자 무용수의 고혹적인 장면 그리고 네 명의 무용수가 조금은 빠른 몸짓으로 관계성을 나타낸다. 이러한 단편적인 모습이 연속적으로 드러나다가 무대에 감추어진 트램펄린이 나오면서 역동적인 움직임으로 전이된다. 게다가 외줄 곡예를 통한 서커스 요소를 도입하여 흥미를 배가시키면서도 가장 소중한 것이 무엇인지 존재에 대한 물음을 묻고 있다.

　이 작품은 일정한 서사구조에 의존하지 않고 일상의 편린과 안무자가 느끼는 존재에 대한 인식에 의존한다. 이러한 의식의 흐름으로 전개되다보니 관객은 어떤 부분에 대해서는 쉽게 이해하지만 안무자가 표현한 추상적 인식의 나열에서는 무얼 의미하는지 쉽게 따라오지 못하는 경우도 존재한다. 트램펄린과 외줄 곡예 부분도 엄청난 훈련과 연습 그리고 진지한 성찰에서 이루어진 결과였지만 이것이 작품 전체를 관통하는 '가장 소중한 것' 혹은 존재론의 인식보다 관객들에게 흥미가 더욱 앞섰다는 점에서 아쉬움으로 남는다. 단순 접목이 아닌 이면적 의미가 흐르는 삽입이었다면 그 의미가 더욱 배가 되었을 듯 하다.

　그럼에도 불구하고 이러한 작업이 의미가 없거나 불필요한 존재는 아니다. 틀에 박힌 한국무용계의 변화 없는 방법론에서 벗어나 새로운 도전을 보였다는 점에서 흥미를 준다. 이는 감각적 움직임에서 비롯되지만 기법이 정신을 만들어낼 수 있는 토대를 마련하기에 정성태 안무가만의 개성으로 발현될 수 있을 것이다.

심주영, 김승록, 박수연, 정성태 네 명의 무용수는 기법적인 측면에서 화려함을 보이기보다는 일상적인 모습을 그려내기에 조화와 자연스러움을 보여주었다. 네 명이 보인 지금 이 순간의 모습은 결국 그들에게 있어 가장 소중한 것을 관객에게 보여준 것이지만 그 전형성을 통해 관객도 함께 공유할 수 있는 요소를 전해주었다.

최명현 안무 〈시간은 무게다〉(M극장, 2018.1.20.-21)는 제목처럼 작품 전체에 무게감이 존재한다. 시간처럼 무정형의 존재를 수치로 측정한다는 것은 불가능한 일이지만 작품에서 표현하는 시간은 물리적 중력뿐만 아니라 심리적인 중력까지 내포하여 작품 전체에 중량감을 전해준다.

태초에 있을 법한 소리와 짙은 무진 그리고 무용수는 그와 비슷한 크기의 장방형 물체를 들고 힘겹게 이동한다. 이는 중력의 무게감과 함께 무중력 상태에서 걸음이 함께 공유되며 힘겨운 움직임으로 상징화된다. 또한 네 명의 무용수는 병에 물을 담거나 와인 잔, 손 그리고 바닥에 물을 흘리는 장면은 이 작품 전체의 표상이다. '무게가 무거워질수록 우리의 삶은 더욱 더 땅에 가까워진다.'는 작품 의도의 속내는 4명의 무용수 중 한 명이 지속적으로 바닥을 훑음으로 심리적 무게감을 표현하려 한다.

그러면서 점점 격해지는 동작의 리듬 속에서 충돌이 일어나고 그런 혼돈 속에서 와인 잔을 부딪치면서 카오스는 종결되기도 하고, 와인 잔을 든 무용수가 바닥에 있던 무용수를 중심을 못 잡고 불균형하게 밟고 지나가는 등 현대적 카오스 요소를 느끼게 한다. 또한 점점 이들의 행동은 바닥에 물을 뿌리거나 옷에 적심으로 인해 물이 가득한 바닥 속 불편한 움직임을 전하려하고, 공사장 소리와 같은 일상적 소음이 지난 뒤 와인 잔 바닥에 진열하고 조금은 충격적인 파괴를 통해 공포감을 조성하면서 종결을 맺는다.

이 작품은 2017 서울문화재단 유망예술지원사업 DOT 선정작이고, 2014 인천아트플랫폼 플랫폼 초이스로 초연된 작품이다. 그렇지만 3년 여 전 작품이 타인의 삶과 관계성을 통해 삶의 무게에 대한 질량을 보여주려 하였다면 2018년 현재는 오히려 무게를 감지할 수 있는 오브제 와인 잔이나 물 등의 요소를 통해 질량을 배제한 움직임을 극대화하고 있다는 점에서 차이를 보인다. 이는 관계성보다는 마르틴 하이데거Martin Heidegger가 말한 일상성, 존재와 시간 속에서 의미를 찾고 있다는 점에서 시간의 흐름을 투영한다.

또한 이 작품에서는 소리와 그에 따른 움직임에 집중하는 모습을 발견할 수 있다. 흥건한 바닥을 몸으로 쓸어 담는 소리나 맨발로 한 발 한발 움직이며 마찰에 의한 긁는 소리 등 무용을 통한 일상적 소리를 몸짓으로 담아내기에 생경함과 진지함을 보여준다.

이 작품은 스토리텔링에 의존하지 않고, 무용수들의 감각적 움직임을 통해 서사구조를 만들어 낸 변별적 특징을 지닌다. 마지막 종결의 공포감은 아리스토텔레스가 말한 연민과 공포의 해소를 통한 심리적 완결이라기보다는 '본래성/비본래성'의 자기 투쟁에서 나온 일상성의 결말로 맺고 있다는 점에서 의미를 지닐 수 있을 것이다.

최명현 안무가는 일상성과 추상성을 통해 개성을 드러내고자 하는 안무 색깔이 나타난다. 이는 현재적 시공간에서 끄집어 낼 수 있는 여러 오브제를 기호화하고 움직임을 통해 담아내려는데 기인할 것이다. 이러한 작업이 공간적 균형과 시간적 구성의 조화를 통해 수용자와 기대지평이 함께 하기를 기대해 본다.

- 『춤』, 2018.2.

08

한국적이면서도 원초적 보편성의 울림
─최상철무용단 〈혼돈〉

한국적이란 말의 의미는 무엇일까? 한국의 특성을 보여주는 혹은 한국의 모습을 걸맞게 드러내는 정도로 해석할 수 있을 듯하다. 이는 여러 형태로 투영될 수 있다. 다른 문화를 수용하여 한국의 현실에 맞게 적용하는 것도 있고, 한국 문화 본연의 표상을 극명하게 보여주는 경우도 해당된다.

그럼 무용에서 한국적이란 말은 무엇일까? 이도 앞서 이야기한 것에 그대로 적용될 수 있다. 평창 동계올림픽 폐회식에서 춘앵무를 선보인 것도 가장 한국적인 이미지를 드러내는 한 방법이고, 프랑스 안무가가 한국문화를 수용하여 이를 펼쳐놓은 국립무용단의 〈시간의 나이〉도 한국적이라 논의할 수 있다.

그런데 여기서 문제가 되는 것은 의존명사인 한자어 '적的'이다. 한국적이란 것은 한국의 본질이나 알맹이의 드러냄보다는 이미지를 차용하는 협의로 생각할 수 있기 때문이다. 그렇지만 의도하였건 의도하지 않건 간에 그 이미지는 표상과 의미가 결합된 기호로 상징적인 한국의 모습을 드러낸다.

이러한 논의를 차치하고 최상철무용단의 〈혼돈Chaos〉(아르코예술극장 대극장, 2017.12.14.- 15)은 다분히 한국적인 작품이다. 이 작품은 선지식이 없는, 즉 한국무용, 현대무용, 발레라는 삼분법의 구분이 없는 관객에게 어디에 기반을 두는지 알기 힘들다. 이런 구분이 수용자에게 큰 의미가 없을 수 있고, 흔히 한국창작무용과 전통의 현대적 수용에서 그 경계를 구획하는 것이 의미 있는지 모르겠지만 우리가 혹은 타자가 보아도 한국의 표현 방식과 의식을 자연스럽게 전달해주고 있다.

그런 표상은 오브제를 통해 두드러지게 드러난다. 징소리로 시작하여 부포상모나 상투머리를 한 무용수 등에서는 굳이 설명하지 않더라고 한국 전통 그대로다. 게다가 앉은 자세의 연풍돌기와 같은 춤사위를 수용한 것은 전통성을 전면에 풀어놓으려는 해석이다. 그렇지만 이 작품에서 이야기하고자 하는 것은 카오스, 텅 빈 공간에서 새로운 질서를 만드는 과정이다. 혼돈이기에 새로운 것이 창조될 수 있고, 이것이 예측 불가능하지만 이룬 것이 없기에 파괴될 것도 없는 것이다. 이는 신화적 의미의 원초성으로 이야기할 수 있는데 이러한 행위는 무용수의 움직임에서 잘 드러나고 있다.

그러면서 첫 장면은 기구를 타고 바짝 엎드려 한 방향으로 움직이며 고요하지만 그 행로가 첫 발자욱이 되어 새로운 질서를 만드는 한 처음으로 귀착된다. 이는 부포상모가 원초적 탄생을 의미하는 꽃으로 상징되어 보편적 창조 이미지로 전이되고 카오스에서 코스모스로 이행과정을 그린다. 이와 함께 창조에서 가장 두드러진 색감인 빨간색을 표징한 절대성은 역동적 생산성의 군무와 대비되어 또 다른 미지의 세계를 표현한다.

후반부에서 〈혼돈〉은 이러한 경계를 넘어 현대사회에 남아있는 원초적 본능의 DNA로 치환되어 진행된다. 제 자리 걸음으로 규칙에 의한 몸짓은 본능적이지만 관계에 의해 일정 범위에서 움직이는 현대인의 전형성이고, 스케이트 타는 듯 한 동작은 인간이 여러 해 만든 질서 안에서 경쟁을 펼치는 사회적 단면을 묘사한다. 이들은 얼굴은 가렸지만 몸을 드러낸 익명성을 통해 현실을 피하려하고 어지러운 조명 불빛을 통해 그 혼란은 더욱 가중된다.

주문 같은 반복적인 음악은 이 작품의 의도하는 인간 본연의 현대적 원초성과 제의성을 드러내기에 충분하다. 타악과 주술적 외침은 무용수들의 열정적인 동작과 어우러지며 엑스타시를 이끄는데 최근 일련의 작업에서 나름의 색깔을 보인 김재덕의 음악에 힘입고 있다.

그런 의미에서 이 작품은 한국적이란 말 속엔 문화원형의 전통성도 있지만 동시대 일상의 현재성을 드러낸 한국인의 DNA의 합집합이란 측면으로 이야기할 수 있다. 이는 굳이 한국적이다 규정짓지 않더라도 드러나는 원형질이고, '한국→/이상적 사회/←현대'라는 패러다임 속에서 논의될 수 있는 작품일 것이다. 최상철 안무의 〈혼돈〉은 한국의 수직적 질서와 수평적 보편성에서 합을 이루어 전형의 원형성을 이룬 작품으로 평가할 수 있다.

- 댄스포스트코리아, 2018.2.

09

닫힌 구조 속 어두운 색조로 나타나는 실존의 갈등

―세컨드네이처 댄스컴퍼니 〈이방인〉

장 폴 사르트르Jean Paul Sartre는 소설 〈이방인〉에 대해 '부조리의 인간은 반항 속에서 자기 자신을 긍정한다. 그는 정열로 가득 찬 주의를 기울여서 죽음을 응시하는데, 바로 그 집요한 응시가 그를 해방한다.'라고 말하였다. 알베르 카뮈Albert Camus가 이 작품에서 실존에 대해 인간 본연의 존재에 집중하였다면 사르트르는 절대자에 대한 인간의 반항과 존재 의미를 중요 핵심으로 파악한 면모이다. 그만큼 〈이방인〉은 작가의 의도를 따라 독해하지만 또 독자의 인식 속에서 다양한 해석을 가지고 오는 고전 중 하나이다.

그동안 〈이방인〉은 새로운 인식 속에서 여러 장르를 통해 구현되었다. 서사구조를 적절히 조합하거나 혹은 중요 모티브를 가지고 오는 등 제목만으로도 드러나는 여러 의미망을 통해 새로운 담론을 가져 온다. 세컨드네이처댄스컴퍼니의 〈이방인〉(강동아트센터 소극장 드림, 2018.2.10.-11)은 그동안의 해석과는 결을 달리하여 소설 〈이방인〉의 여러 의미 구조를 해체하여 풀어놓는다. 〈이방인〉은 인간 존재에 대한 주제를 담고 있으니 현대무용 안무가들이 가장 좋아 할 수 있는 소설이다. 그렇지만 이 작품에서는 에고, 이드, 슈퍼에고의 혼재 속에서 같은 듯 다른 느낌으로 새로운 구조를 만들어 내며 관객에게 의미를 전달한다.

이 작품은 암전에서 강한 총소리로 시작한다. 이는 이미 잘 알려져 있는 〈이방인〉의 강렬한 살인 모티브를 먼저 제시하여 관객에게 주제적 암시 혹은 집중의 효과를 만든다. 그러면서 조명을 밝힌 무대를 보면 앞뒤 지하 감옥이 배치되어 있고 거기서 무용수들이 한명씩 등장하여 암울한 분위기를 조성하여 이 작품이 지향하고자 하는 감정선을 느낄 수 있다.

이런 닫힌 구조 속 무용수들의 몸짓은 일정한 규칙보다는 주관적 느낌에 의한 펼침으로 드러나고, 소설 〈이방인〉의 스토리텔링을 기대하던 관객에게 또 다른 낯설음을 주기도 한다. 이것은 단순하게 소설에 의탁하는 것이 아닌 현대적 일상성을 확보하고자 하여 이 작품이 가지는 개성적 서사구조로 확보한 면모이다. 이러한 문제는 주인공을 제외하고 역할 분담이 추정 가능한 익명적 기호성을 통해서도 드러난다.

작품 내내 지속되는 무거운 감정과 공포감은 사회적 기호의 나와 참나의 충돌 속에서 지속된다. 이것은 〈이방인〉을 통한 인간 존재에 대한 해석 그대로의 모습이지만 현대사회의 사회적 관계성과도 맥락을 같이한다. 이는 여러 인물들이 충돌하고, 가정에서 여러 인식이 다양한 방법으로 표현된다. 동요 '곰 세 마리'를 '아빠는 무서워 엄마는 그냥 그래 …'라고 읊조리는 주인공의 인식도 미시적 부조리의 관념이 축적되어 드러남을 말한다.

이 작품에서는 소설에서 표징된 여러 기호가 다름으로 인해 상징적으로 구현된다. 가장 두드러진 해석의 다름은 전체적인 정조情調다. 무용 〈이방인〉의 전체적 색조는 블랙, 검은색이다. 원전 〈이방인〉을 통해 가장 먼저 떠오르는 색조는 무엇일까? 표면적으로는 빨간색을 쉽게 떠올릴 수 있다. 태양의 이글거림과 살인으로 이끄는 감정을 빨간색으로 인식하고 그 흐름을 가장 강렬하게 기억한다. 그렇지만 인간 존재에 대한 인식에서는 또 다른 의미로 해석이 가능하다. 이 작품에서는 이런 전체적인 감정을 어두운 정조인 검은색으로 해석하고, 태양이 지니는 강렬함에서 살인으로 이끄는 징조단위보다는 인간심리의 명암이나 농담에서 가장 극한 모습으로 풀고자 한다.

그래서 〈이방인〉에서 중요한 계기적 상징 중 하나인 태양에 대한 해석은 뚜렷하지 않다. 아무래도 무대 예술인 무용에서는 제한적이고 표면적으로 나타날 수 있기 때문이다. 이 작품에서는 이러한 촉매단위는 과감히 생략하고 '전구'라는 대상으로 치환하여 새로운 의미를 생성한다. 여기서 전구는 인간에 이기利器지만 또 그것이 없어지면 공포와 불편함의 기호이다. 고대에 일식日蝕이 인간에게 두려운 대상이었던 것처럼 인간에게 전구도 그러한 현대적 물질로 작용한다. 여기서도 전구를 대상으로 하여 자연 속 인간의 존재의식이 아닌 현대적 물질사회 속에서 필요불가결한 상징 존재이다.

이러한 어두운 정조 속 여러 움직임에서 관객에게는 불편함이 함께 전달된다. 어둠 속에서 전구를 돌릴 때마다 관객에게는 공포감이 조성되고, 철제 지하 감옥에 빠질 것 같은

세컨드네이처 댄스컴퍼니 〈이방인〉 세컨드네이처 댄스컴퍼니 제공

동선, 소리, 손뼉, 발소리, 외침에 의해 반응하는 움직임은 옥죄는 주인공과 동화되어 관객에게도 이념적 공간을 실제적 공간으로 이동시킨다. 또한 휴지를 풀어 여인을 묻고 알 수 없는 소리로 그를 기억하거나 잊어버리는 모습은 하나의 계기적 사건을 위한 시퀀스로 작용한다. 이렇게 어두운 정조의 여러 기호들은 주인공이 짊어진 무게만큼 해소되지 못하고 잔존하여 절정으로 이끈다.

이어 바닷가를 암시하며 소설 〈이방인〉으로 다시 인도하지만 이는 암시일 뿐 이 작품에서 표현하고자 하는 서사구조는 움직임을 통해 동화된다. 여기서 비보이 춤이 수용 되는데, 억압에서 벗어나려는 자유의지의 표현임과 동시에 경쟁 속 조화의 몸짓이다. 그렇지만 이러한 모습도 다시 철제 사슬 소리로 점철되고, 내적, 외적 갈등이 증폭되면서 주인공은 범죄를 행하고, 심판을 받는다.

이 작품에서는 살인을 저지른 뒤 실존은 생략되고, 심판의 시퀀스를 통해 표면적으로 설명된다. 그 내재적 의미는 단순한 순간의 기분 때문에 살인하였지만 그 동안의 여러 갈등이 쌓여 분출한 것으로 이는 에고와 이드, 슈퍼에고의 부조화 속의 분출로 묘파된다. 여인의 상실, 현대사회의 인간관계에서 오는 단절감 등이 부조리의 관찰과 타인이 뱉은 말들이 쌓여 응어리가 되었고, 이것이 주인공의 단면이지만 결국 나의 모습으로 치환된다는 점에서도 이 작품이 지향한 여러 의미 체계가 자연스럽게 드러났다.

소설 〈이방인〉은 열려있지만 닫힌 구조로 나아간다. '햇볕과 바다의 먼지 같은 수분으로 눈부시도록 후광에 둘러싸인 거무스름한 바위 덩어리가 조그맣게 멀리 바라다 보이는' 위치의 열린 곳에서 고립된 감옥으로 공간 이동과 인식 변화가 이루어진다. 그렇지만 무용 〈이방인〉은 무대라는 제한된 공간 속에서 인간 심리를 확산시키려 한다. 그것이 움직임에서 제한받지만 내적 어둠이 극대화된 임계점에서 그 응어리를 폭발시키려 한다는 점에서 무용 〈이방인〉만이 독특한 색깔을 확보한다.

〈이방인〉은 2013년 초연되었고, 2014년 강동아트센터에서 재공연 된 작품이다. 그리고 한국문화예술위원회의 '공연예술 창작산실 우수 레퍼토리'로 뽑혀 4년여 만에 다시 관객과 만났다. 고전은 시대를 달리하여 지속적으로 관객과 소통한다. 이는 세태의 일상성이 시대를 달리하여도 공통되는 교집합을 발견하여 의미를 재생산하기 때문이다. 무용은 더할 것이다. 어제와 오늘이 무용수 혹은 관객은 느낌이 다를텐데 몇 년 지난 후에는 기본 골격은 같지만 전혀 다른 확산과 수용으로 나타나 새로움을 전달해준다. 김성한 안무의 〈이방인〉도 그러하다. 정형화된 기법이 아닌 동시대적 전형성의 수용을 통해 새로운 무용 스터디셀러로 의미를 지니기에 세컨드네이처의 고정 레퍼토리로 손색이 없는 작품일 듯 하다.

-『댄스포럼』, 2018.3.

10

영남춤에 드러난 역동적이면서 부드럽고 강건한 몸짓

—국립부산국악원 무용단 〈한국의 춤 부산 영남을 바라보다〉

국립국악원은 국악에 기저를 두고 민족 고유의 예술을 연구, 육성, 발전시키는 공간이다. 현재는 서울의 국립국악원, 남원의 국립민속국악원, 진도의 국립남도국악원 그리고 국립부산국악원으로 나뉘어 지역적 특색에 맞게 전통문화의 창조적 계승에 힘쓰고 있다. 그런 가운데 국립부산국악원이 개원 10년을 맞아 서울에서 교류공연을 갖고 뜻깊은 시간을 만들었다.

예로부터 호남은 소리, 영남은 춤이 지역적 특질로 이름 높았다. 상업이 발달하여 자연스럽게 형성된 야류와 오광대놀이의 탈춤, 진주검무 등 교방청을 중심으로 전승된 춤들 그리고 한량춤이나 학춤 등 민속적 특색을 드러낸 춤을 비롯한 많은 춤들이 영남의 정체성을 보이며 현재까지도 전승되고 있다.

이번 〈한국의 춤 부산 영남을 바라보다〉(국립국악원 예악당, 2018.3.18.)도 영남전통춤의 여러 모습과 국립부산국악원 무용단의 현재를 보여줄 여러 레퍼토리를 펼치며 관객과 소통하였다. 공연된 내용을 보면 '선유락', '수영야류 탈놀음 중 제3과장 할미 영감', '입춤', '동래학춤', '부채산조', '진쇠춤', '춤打(타)' 등으로 다양한 춤을 통해 국립부산국악원 무용단의 색깔을 그려내고자 하였다.

'선유락船遊樂'은 기녀들이 배 떠나는 모습을 연희한 향악정재로 신라시대부터 행해진 춤이다. 부산이라는 항구의 상징성과 더불어 정재의 내적 미학을 보여주었다는 점에서 의미 있게 다가오며 서곡序曲으로도 손색이 없었다. 이어진 수영야류는 부산지역 탈춤의 특징인 조금은 거칠지만 골계적인 미를 드러내 주었다. 야류 탈춤은 균정하게 정리된 해서가면극이나 산대놀이 계열과 달리 그 내용에서도 탈에서 드러나듯 질박하지만 당대의 사회상과 비판의식을 담은 춤으로 평가받는데 이번 무대는 간략하게 전달하여 주면서도 해학미를 잘 드러내었다.

이어 펼쳐진 '동래학춤'은 긴 도포를 휘날리며 추는 모습이 고고한 학의 모습을 닮음에서 유래한 것으로 영남의 대표적 춤이다. 영남은 흔히 양반, 선비문화의 여러 원형적 모습이 발견되는 곳이다. 그러다 보니 이 학춤은 영남 선비의 그 고고한 자태와 부드럽지만 역동적인 몸짓을 담아내는데 남성 군무가 흡입력 있게 다가왔다.

마지막 '춤打'는 여러 전통춤 중 타악이 중심이 되는 여러 춤들을 한데 모은 작품이다. 여기에는 버꾸춤, 소고춤, 금회북춤 등을 남녀 무용수가 뒤섞여 추면서 타악이 갖는 커다란 울림과 그에 걸맞은 몸짓으로 신명을 불러일으킨다. 이 중 관객에게 색다름을 전달해 준 것은 '금회북춤'일 듯 하다. 진도북놀이에 연원을 둔 진도북춤 등이나 밀양백중놀이에서 공연으로 파생된 밀양북춤 등이 대중에 알려져 있지만 금회북춤은 대중에게 조금은 낯선 북춤이다. 대구 달성군 다사읍 세천리 일대에서 발생한 이 춤에서 관객에 먼저 다가오는 이미지는 커다란 하얀 고깔을 쓴 무용수들의 시각적 모습이다. 그런데 눈꽃송이 같은 이미지와는 달리 외북에서 나오는 강인함과 남성무용수의 일사불란한 몸짓이 이날 가장 호응이 좋은 장면 중 하나로 새로움을 전해주었다.

이번 국립부산국악원 무용단의 공연은 영남춤의 정서를 보여주며 국악원 무용단이 보여줄 전통춤을 아낌없이 보여주었다는 점에서 큰 의미를 지닌다. 그러면서도 이번 공연에서 영남춤의 비중이 더 높았으면 어떠하였을까 하는 아쉬움이 남는다. 이번 무대에서는 수영야류, 동래학춤 등과 함께 보편적인 전통춤을 통해 국립부산국악원 무용단의 현재를 보여주는 것도 의미가 있었을 것이다. 여기에 진주 교방춤 계열이나 통영의 승전무 등 영남의 색깔을 보여줄 수 있고, 다른 지역 관객들이 좀처럼 볼 수 없는 춤을 보여주었다면 국립부산국악원 무용단의 개성이 더 드러나지 않았을까.

그럼에도 이번 무대는 영남춤의 여러 원형을 찾을 수 있었다는 점에서 재발견이다. 특히 이번 공연에서 영남 남성 춤의 매력을 제대로 인식한 무대이다. 이는 지역의 특질과 맞닿아 있는 모습으로 영남의 역동적이지만 부드럽고 투박하지만 강건한 춤의 색깔을 보여주었다는 점에서 즐거움을 주었다. 앞으로도 영남 지역춤에 대한 재발견과 함께 전통춤의 전승과 창조적 계승의 주역으로 기대해 본다.

- 댄스포스트코리아, 2018.3.

11

전통의 분석과 현재성에 대한 젊은 해석
—국립무용단 〈넥스트 스텝〉

국립발레단, 국립현대무용단 등 국립단체에서 매년 정기공연 이외 단원이나 젊은 안무가들과 협업으로 무대를 수놓는 경우들이 있다. 이 무대는 새로운 안무가의 발견과 앞으로 무용단이 나아갈 방향의 제시라는 측면에서 주목되고, 기대를 모으는 무대이다. 이러한 공연이 어떤 경우는 기대에 미치지 못하는 경우도 있어 아쉬움을 주기도 하는데 이번 국립무용단의 '넥스트 스텝'(국립극장 달오름극장, 2018.3.15.-17)은 국립무용단 젊은 창작 프로젝트라는 이름답게 국립무용단의 젊은 무용수들이 안무자로 선보이는 무대로 국립무용단 정체성의 재인식과 한국무용 안무가의 원형성 추구라는 측면에서 주목할 수 있다.

이번 무대는 내부 심사를 거쳐 선정된 세 개의 작품을 올렸고 결을 달리하지만 전통의 향내와 젊은 기운이 함께 어우러지며 관객과 소통하였다. 먼저 〈어;린 봄〉(안무 김병조)은 봄에 어린 여러 느낌을 세대 간 혹은 동시대적 삶의 이야기를 풀어놓는다. 이 작품은 세 이야기를 옴니버스로 풀어놓는데, 첫 장은 나이 지긋한 무용수(박재순)와 어린 무용수(박준명)가 조응을 하며 서로의 장점을 바라보는 내용이다. 장년의 무용수는 경험은 풍부하지만 체력이 그에 미치지 못하고, 젊은 무용수는 힘은 왕성하지만 그것을 조절하지 못하는데 이를 두 사람이 만나 조율을 이룬다. 꽹과리 장단에 맞춰 한 발 한 발 딛는 모습 속에서는 한량무 혹은 학춤처럼 회상과 비상이 함께 투영되어 나타난다.

2장은 무용수로 살아가는 여인의 삶이다. 정점을 향해 혹은 현재의 모습이 정점인지도 모를 여자 무용수(이요음)의 몸짓은 아름답기에 슬픈 서정을 몰고 간다. 이는 한 잎 두 잎 떨어지는 꽃잎과 함께 조화를 이루며 역설적 미학을 불러일으킨다. 3장은 가정을 이룬 무용수의 생활과 무용 이야기를 담아낸다. 안정감이 있지만 중간 세대이기에 무언가 마음으로 느껴지는 힘듦과 여유로움이 그들의 몸짓 속에서 그대로 드러나며 혼자가 아닌 울타리 속에서 여러 삶도 투영되어 나타난다.

이 작품은 전체적으로 잔잔하지만 자막 텍스트나 마지막을 행복한 일상적 결말로 미소 짓게 만들며 서사구조도 안정감 있게 진행되었다. 또한 세 가지 이야기를 바탕으로 한 옴니버스 이야기지만 무용단 실존의 상징이기에 설득력 있게 다가온다. 하고 싶은 일을 하는 행복과 최선을 다하고 관객에게 그 뜻은 맡긴다는 자막처럼 이것이 무용수의 삶이고, 일상으로 국립무용단 단원 모습 그대로이다.

〈싱커페이션〉(안무 정소연)은 인간의 삶이 센박과 약박이 공존하며 혼란스럽지만 그 삶이 조화를 이루며 그 흐름에 맞추어 살아가는 모습을 그려낸다. 싱커페이션syncopation은 센박이 약박으로 약박이 센박으로 하나의 마디 안에서 이루어지는 리듬을 말한다. 이러한 리듬은 약박에서 센박으로 가며 긴장감이 일으키고, 변용을 가지고 오는 계기를 만들어낸다.

이 작품은 이러한 흐름 속에서 서브 주제인 죽음, 욕정, 인내를 담아내고자 한다. 무대에는 많은 무용수가 공존하며 소리와 악기를 다루는 참여자가 등장하여 이러한 무거운 주제를 그들의 역할에서 담아내고 있다. 이는 표면적 일상과 이면적 존재 의식으로 표현되고, 젊은 무용수들의 역동적 몸짓과 무음악 속 남녀의 유동적 움직임에서 실존적 담론을 표출하려 한다. 또한 피아노와 아쟁, 장구, 징, 대금의 잼세션 같은 즉흥성과 이러한 리듬을 몸으로 분출하는 무용수가 싱커페이션으로 해석하며 분절과 조화를 함께 보여준다.

이 작품은 인간 삶의 리듬 그대로이다. 짧지만 많은 이야기를 보여주려 하면서 제의적이면서 일상적이고, 난장 같으면서도 정제되어 인생을 말한다. 너무 많은 걸 담으려 하다 보니 과한 구성이라는 측면도 존재하지만 그 카오스 속에서 여운을 남긴다.

〈가무악칠채〉(안무 이재화)는 칠채 장단을 몸으로 해석하며 이러한 의미를 확장시킨 작품이다. 칠채 가락은 농악에서 쓰이는 장단으로 길군악 칠채, 마당 칠채로 불리며 한 장단 안에 징을 일곱 번 쳐서 칠채라 한다. 그래서 원초적이지만 앞으로 나아고자 하는 느낌을 주기에 자연스럽게 몸짓을 만들어낸다. 게다가 마디 안에 2분박과 3분박이 함께 공존하기에 단순하여 열려있고, 열려있기에 많은 변용가지고 올 수 있는데 이러한 바탕 속에서 끊임없고, 의미가 다른 새로운 몸짓을 생산한다.

이 작품은 소리꾼이 도창을 맡아 중간 중간 매개로 흐름을 이끌고, 무용수들은 칠채 장단의 여러 변용을 보인다. 신체 마디 하나 하나에 장단을 맞추어 후리며 동작을 만들기도 하고, 가로지르며 뒷걸음쳐 숨을 고르지만 이것이 역동적 전조로 나타나기도 한다.

그러면서 이 진보, 즉 앞으로 나가고자 하는 장단을 당겨 부드러운 느낌으로도 표현한다. 이러한 흐름은 기타와 드럼의 융화로 분산적 화음을 일으키며 증폭되고 절정을 향한다. 이는 드럼, 북, 장구의 빠른 장단이 경쟁하듯 상승을 일으키는데 몸짓과 리듬이 발광發光 혹은 발광發狂하며 즉흥적 현상의 리듬으로 몸으로 확장한다.

이 작품은 무언가 비어 있는 듯 보이지만 치밀하며 서사구조나 동작에서도 즉흥적으로 느껴지지만 이미 여러 개의 정답을 그려내며 열린 공간을 지향한다. 이는 젊은 안무자와 무용수가 그들의 느낌을 리듬으로 담아냈고, 소리와 악기가 역할에 충실한데서 비롯될 것이다.

이 세 작품에서 공통적으로 느껴지는 것은 창작무용이지만 어설픈 현대적 기법의 도입이 아닌 지극히 전통적 원형과 현대적 코레오그래피(안무법)의 결합이라는 측면에서 주의 깊게 바라보며 긍정적인 모습으로 평가할 수 있다. 그동안 국립무용단이 시대적 흐름에 정체성을 찾지 못한 모습을 이 젊은 안무가의 세 작품 안에서 작은 해답을 찾는다면 너무 지나친 상상일지도 모른다. 그럼에도 이 작품 안에는 전통에 대한 분석이 있었고, 기성의 눈으로는 치기어리겠지만 이 시대를 살아가는 젊은 안무가의 철학이 담겨져 있었다는 측면에서도 의미 있는 작업이었다.

-『댄스포럼』, 2018.4.

12

사회적 현상을 바라보는
동시대 젊은 안무가의 관점
―LDP무용단 18회 정기공연

LDP무용단은 무용계에서 드물게 언론과 대중에 많은 주목을 받는 집단이다. 이미 여러 기량이 뛰어난 무용수를 배출함과 동시에 〈노 코멘트〉 등의 역동적 작품을 통해 동시대 한국현대무용의 새로운 전형을 확보하는 등 이들의 행보는 항상 기대를 일으켰다. 그러한 그들도 항상 새로운 실험을 통해 시대와 조응하면서 소통하고자 하는데 LDP무용단 18회 정기공연(아르코예술극장 대극장, 2018.2.23.-25)도 사회적 의미를 전달하는 세 작품을 통해 관객에게 깊이 있는 성찰을 불러일으킨다. 이들의 이런 사회적 메시지는 동시대 젊은 안무가의 사회에 대한 관점을 바라볼 수 있고 이 시대를 투영하기에 주의 깊게 바라볼 필요가 있다.

〈소녀〉(안무 임샛별)는 표면적인 일상과 내면의 삶 속에서 사회적 자아를 찾는 여인의 몸짓을 표출한다. 이 작품은 8명의 여성 무용수로만으로 구성된다. 여성들로만 이루어진 작품이 많았음에도 이 작품에서 이런 점이 주목되는 건 사회적 분위기와 무관하지 않다. 그래서 이 작품을 페미니즘으로 이야기할 수 있겠지만 여성 삶의 현실적 반영이기에 굳이 페미니즘이라 편협하게 이야기하는 것은 무리이다. 아니면 내가 보는 내가 아닌 타인의 시각에서 바라본 나, 여성의 모습 그대로이기에 편협하지 않은 여성 삶이 투영된 진솔한 페미니즘으로 논의될 수 있을 것이다.

작품의 의도는 '사회적 이념들로 아름다움의 기준이 내적에서 외적으로 변질된 것에 대한 현 시대 우리의 편견을 신체로 표현'하는 것이라 말한다. 이에 따라 무용수들은 여인의 일상적 존재 의식을 반영한다. 여러 명이 비슷한 듯 다르게 몸짓을 하고, 그런 가운데 머리가 서로 뒤엉켜 묶인 두 명의 무용수가 벗어나려 하거나 등을 내주며 밟고 가는 혹은 긴 옷에 숨어 고립된 모습은 단편적 일상의 상징성이 내재되어 있다.

이 작품에서는 특별한 무대장치 없이 오브제와 상징적 표현으로 의미를 전달하고 있다. 새장 같은 둥지는 그들만의 공간이며 모태와 같은 의미이지만 허물을 벗고 새로운 지향점을 위해 나아가는 곳이다. 또한 하이힐은 불편하지만 스스로 만족감을 줄 수 있는 기호이고, 성년으로 입문하는 상징이다. 하이힐을 통해 무게 중심을 잡으며 사회의 여러 부딪힘에 대한 감내와 긴장감을 일으키는 것으로 무대에 놓여있는 신발은 신데렐라와는 다른 의미로 전해온다. 전체적으로 8명의 무용수들의 고른 몸짓을 보였고 어렵지 않은 구성을 통해 관객에게는 잔잔함을 주는 작품이다.

〈이념의 무게〉(안무 김성현)는 이념, 이데올로기 즉 현상에 대한 관념적 이상을 직시한다. 무대에는 얼굴 모양을 한 부조가 놓여있고 히틀러, 스탈린, 카스트로, 무솔리니 등 독재자의 얼굴이 비추어지며 이 작품이 말하고자 하는 바를 지시한다. 이는 돼지 탈 등을 비롯한 여러 가면을 쓴 인물과 머리에 화살이 놓인 인물 등이 등장을 하여 상황적 묘사를 통해 전체적 분위기를 표현한다.

그러면서 이 작품은 귀납적으로 이 시대의 구체적 현상을 나열하며 개인의 신념과 보이지 않는 이념과 관념에 대한 담론을 푼다. SNS를 통해 나타나는 진보와 보수의 대립적 양상은 비교 대조의 목소리로 관객에게 그 가치를 판단하게 하고, 거친 몸짓과 사회에 대한 엄정한 묘사를 드러낸다. 또한 강남역에서 일어난 묻지마 살인 사건을 통해 표출된 또 다른 보이지 않는 관념인 극단적 페미니즘과 여성 혐오의 충돌을 남녀 무용수의 움직임 속에 강화된 형태로 드러난다.

이는 정치적 이념의 극단적 투쟁 이후 이러한 사상이 잠재되어 여러 현상에서 자극적 개념으로 사회가 변화됨을 보여줌을 의미한다. 그러면서 이와 대비되어 윤동주의 시구詩句처럼 '백골이 따라와 한 방에 누운 듯'한 해골이 등장하며 본질에 대한 결핍과 이념의 구조적 의미만을 말하는 허상적 오브제로 혼란스런 무용수의 몸짓과 고정화 되어있기에 대립적 양상을 보인다. 이는 무용수들이 자신의 이야기를 풀어놓으며 다양성을 통한 혼란을 불러일으키지만 이념理念이란 한자를 씀으로 구획된 오래된 가치에 대한 표징으로 드러낸다. 이러한 모습은 조지 오웰의 〈동물농장〉이 자본주의나 공산주의의 이념적 대립이 아닌 현 시대에 또 다른 관념으로 혹은 미래의 또 다른 가치가 등장할 것을 예고하는 시퀀스로 암시하며 막을 내린다.

　이 작품은 몸짓에서 지시하는 바가 직설적이다. 그렇다고 그 직설은 거칠지 않고 명유明喩로 나타난다. 이는 결론을 맺기보다는 여러 현상 속 담론의 이미지화를 통해 관객도 이미 알고 있는 현실이지만 내재된 서사구조를 이해하여 기대지평을 넓히는 등 전체적으로 치밀한 구성을 보인 점에서 완성도를 높이고 있다.

　〈거울 앞 인간〉(안무 이정민)은 이성과 감정 사이 인간의 모습을 현존을 통해 섬세하게 그려낸 작품이다. 많은 이들이 자신의 삶대로 살아가고, 책상 등의 오브제를 통해 일상적으로 살아간다. 컨베이어 벨트와 같이 규격화된 삶이기도 하고, 긴 천으로 옷이 묶여 있는 듯 이성적 관념에 의해 행동과 사고思考가 제한됨을 묘사한다.

　그러면서도 그 지시적인 관념은 이데올로기로 획일화시켜 몰개성화를 당하는 본인의 모습과 다른 모습을 발견하지만 이에 따른 독무는 안쓰러움으로 치환되고, 무언가 이러한 추상적 모습은 관객의 뇌리에 남아있는 아픔과 연결됨을 이끌고 있다. 안무가의 의도가 세밀하면서 의도적으로 이어간 돋보인 대목이다.

　이는 종국終局으로 가면서 제대로 인식하지 못하였지만 처음부터 무대를 구성하던 창문과 문이 뒤틀어져 있고, 수많은 신발이 놓여 있는 공간적 구성을 보고 순간적 깨달음 속에 관객은 잠재된 감정이 끌어 올린다. 이어 '어메이징 그레이스'가 흐르고 세월호 사건의 영상이 흐르며 안무가가 의도한 지평이 이러한 이성과 직관의 사이에 모순이 놓여있음을 표현한다. 그래서 막이 내리며 보이는 옷을 입고 벗고 쉼 없이 뛰는 무용수의 몸짓은 그 당시 느꼈던 막막함을 다시 일으키며 관념적 묘사가 아닌 사회적 이야기로 마음 속 울음을 일으킨다.

　이 세 작품은 몇 년 동안 젊은 무용가들이 보인 존재에 대한 추상적 관념의 표현에서 벗어나 사회적 현상을 통해 거시적인 담론을 추출하려 한다는 점에서 고무적이다. 그동안 젊은 무용인들이 사회에 관심이 없었던 것은 아니다. 사회적 정치적 이념적 논리가 그들에게는 피부로 와 닿지 않았고 88만원 세대로 불리며 개인의 존재가 더욱 고민되었기에 그런 감정이 추상적 존재로 묘파되었을 것이다. 그럼에도 불구하고 그동안 소재나 표현 방식에서 공감대 형성은 지극히 제한적이었다.

　그런 의미에서 이번 작품은 이 시대 젊은 안무가들이 사회를 어떻게 바라보고 이를 몸짓을 보여줄 것인가 고민하고 연구하였다는 점에서 잔잔한 감동을 준다. 그래서 이번 세 작품은 LDP무용단이 왜 대중의 관심을 일으키는지 인식시키면서 젊은 안무가들이 사회를 바라보는 냉철한 시각을 담아냈다는 측면에서 또 하나의 지표로 기억될 수 있다.

-『댄스포럼』, 2018.4.

13

대중과 관객에게 전해주고픈
코레오그래피의 단상
—이나현 〈안무노트〉

가끔 객석에 앉아 주위를 살펴보곤 한다. 그러면서 여기 온 사람 중에 순수 관객이 얼마나 될까 생각해 본다. '순수'라는 말이 불순이란 말의 반의어가 아닌 표를 사서 극장을 찾은 대중 혹은 참여자와 지근거리에 있지 않은 관객을 의미한다면 무용 공연에서 순수 관객의 숫자는 그리 많지 않은 것이 현실이다. 이런 문제는 여러 원인이 있겠지만 무용에 대한 제대로 된 인식이 대중에게 없기 때문일 듯 하다. 이는 무용을 정규 교육 과정에서 한 번도 배울 기회가 없었으니 어떤 관점에서 바라보아야 할지 알지 못하고, 몸으로 표현하는 장르이기에 안무자 혹은 무용수가 말하고자 하는 것이 무엇인지 이해하지 못하기 때문이다.

이나현 안무의 〈안무노트〉(마포아트센터 플레이맥, 2018.3.20)는 대중에게는 무용의 동작이 어떻게 만들어지는지에 대한 단상斷想을 보여주면서도 무용과 직접 관련이 있는 관객에게는 자신이 가진 안무에 대한 인식과의 다름, 유사성을 인지하는 자리라 할 수 있다. 그래서 '안무노트'란 제목처럼 작품일 수도 그렇지 않을 수도 있게 '렉처 퍼포먼스'Lecture Performance를 지향하며 관객과 만난다.

우선 영상으로 독일에서 안무한 안무자의 초기 작품이 흐르고 이 작품에 대한 설명으로 그의 무용철학을 밝힌다. 안무자는 무용의 본질은 움직임이라 설명한다. 아무래도 무용이 갖는 장단점은 몸짓으로 모든 걸 표현한다는 점일 것이다. 다른 무대 공연예술이 언어에 기반을 둔다면 무용은 움직임으로 말한다. 그래서 무용만큼 정직한 장르가 없다고 말하는데, 이러한 움직임은 단순한 동작이 아닌 직관과 이성에 의한 주관적 표현으로 나타난다 할 수 있다.

이러한 바탕에서 안무자는 서사구조보다는 의식의 흐름을 강조한다. 지금 이 순간 여기서 이루어지는 여러 행위에 대한 인식이 안무자와 무용수 그리고 관객이 살아있음을 함께 공유하는 작업으로 구현된다. 이를 안무자는 작품이 만들어지는 과정에서 춤추는 단계, 춤을 추지 않는 단계 그리고 내버려 두는 단계로 융화되어 움직임이 수행 자체이며 자신을 찾는 과정으로 나아간다 말한다. 이는 간혹 현대무용에서 무용수가 무엇을 표현하고자 하는지 무용수 혹은 안무자만이 알 수 있는 소격효과疏隔效果(Verfremdung)를 생산하지만 그것이 정반합正反合을 이루어낼 수 있는 가능성도 열어준다.

이 렉처 퍼포먼스에서는 현대무용이 가지는 여러 특질을 설명한다. 음악도 그러하다. 현대무용은 리듬에 몸을 맡기는 것이 아닌 동작 그 자체가 리듬임을 강조한다. 발레와 한국 무용이 음악 혹은 장단과 합이 중요하다면 현대무용은 움직임의 흐름에 따라 음악이 도움을 주는 형태이다. 즉 극단적으로 파열음이나 무음악의 휴지休止처럼 부조화와 조화도 존재하는 것이 현대무용과 음악의 상관적 관계이다.

안무자는 〈거울 속의 거울〉에서 주제부의 팔 동작을 일예로 들며 단조로운 피아노 음악의 반복에 대한 확장성을 설명한다. 반복 속에서 새로운 의미를 확보하기 위한 확장성이 나타나고, 또 다른 표현 방법으로 나아갈 수 있음을 말한다. 흔히 이를 코레오그래피 Choreography라는 말로 춤의 연속성 속에서 안무자가 발견하는 움직임의 존재의식의 표현으로 이해할 수 있을 것이다.

'안무노트'는 안무가가 한 작품을 만들어가는 과정을 짧은 리허설 형식으로 관객과 소통한다. 이미 안무가의 머릿속으로 그려진 한 동작을 두 명의 무용수와 동작을 만들어가며 변화를 가지고 오고, 이는 다른 신체를 만나 확장, 변용되는 움직임에 대한 생산적 의미의 확보로 나타난다. 그래서 현대무용은 즉흥적일 수도 의도적일 수도 있지만 우연성을 통한 새로운 의미의 생산이라는 특질이 있다. 이는 안무자가 어느 정도의 독재자임을 부인할 수 없지만 이나현 안무자가 지니는 사물에 대한 유연성으로 협업을 지향하는 모습도 발견할 수 있다.

여기서 무용수가 나와 말한다. 이런 자율성이 무용수에게도 자유로운 창작의 바탕을 만들고, 거기에 안무자의 의도를 따라야하는 혹은 존중하려는 인식도 함께 생길 수 있음의 이면적 의미가 있다는 것이다. 한국의 무용계의 관습이나 현실에서 쉽지 않은 구조이다. 보수적이고 순종적인 도제식 교육에 의해 기법을 배우는 과정에서는 답습만이 있을 뿐인데,

이런 방법은 틀에 의한 것이 아닌 무용수에게는 열린 사고思考를 또 안무자의 의도에 대한 긍정적인 변용을 함께 만들어갈 수 있을 것이다.

이러한 하나의 시퀀스는 군무群舞로 확장이 이루어진다. 현대무용이 가지는 특질 중 하나인 군무도 같은 동작의 일치가 아닌 공간에 대한 인식을 통해 그 여러 개성이 모여 다양성의 표출로 나아간다. 안무자도 작품 〈기억흔적〉(2014)을 예로 들며 어떤 큰 스케치를 하기 보다는 매 연습마다 다른 의미를 발견하여 조각조각 붙이는 것도 움직임을 통해 우연성을 발견하고, 공간을 인식하여 선택적 발전을 가지고 온다는 것이다.

또한 그는 동작, 형태보다는 공감각적 느낌에 의해 리듬을 찾아 움직임을 만들어냄을 강조한다. 이는 움직임에서 리듬, 표현의 이지적 감각을 찾는 행위로 이해 될 수 있다. 그럼에도 이러한 움직임이 어떤 경우 생경함으로 다가오는 경우도 있다. 러시아 형식주의자들의 문예이론인 '낯설게 하기'가 예술에서 심미적 가치를 높이는 방법이지만 인식의 어려움으로 관객에게 집중시키는 과정을 가지고 옴과 함께 그게 끝내 미지로 빠질 수 있음을 생각할 수 있는 대목이다.

이러한 문제와 맞물려 안무자는 무용의 경제적 가치, 대중성에 대해서도 설파한다. 이러한 문제는 무용의 근본적인 문제점 중 하나이지만 경제적 가치로 보았을 때 고비용 저효율의 구조인 무용이 이 시대 어떠한 존재인지, 대중성, 경제성도 생각할 여지를 전해준다.

이 공연은 마포아트센터 플레이맥 재개관 공연으로 이루어졌다. 지역의 이런 기획 공연은 여러 가지로 의미가 있다. 공연자에게는 무대 제공을 만들어주며 동네에 사는 주민들은 편하게 걸어서 극장을 찾아 문화를 향유할 수 있는 기회를 제공해주기 때문이다. 그럼에도 앞서 논한 문제를 여기에 대입하여 이 렉처 퍼포먼스도 일반 관객의 비중은 그리 많지 않은 듯 느껴졌다. 이 공연에서 대중이 깨달음을 가지고 왔듯 관객이 아닌 대중과 만남은 결국 무용 대중화, 문화콘텐츠로 재생산을 가지고 오는 원인이라는 상식적인 본질도 여기서 다시 확인할 수 있을 것이다.

'안무노트'는 두런두런 안무에 대한 짧은 이야기를 펼쳐놓지만 무용에 대한 본질을 고민하게 만드는 자리였기에 의미 있는 시공간이었다. 대중도 한 작품이 어떻게 만들어지는지에 대한 이해의 폭이 넓어졌을 것이다. 아쉽다면 마지막에 앞서 조율된 동작을 모티브로 한 짧은 행위가 있었다면 어떠하였을까 욕심을 가져본다.

-『춤』, 2018.4.

14

고전적이며 동시대적인 스테디셀러 무용극
—경기도립무용단 〈황녀 이덕혜〉

최근 무용 작품의 경향을 보면 동시대contemporary 기법에 치중하는 감이 없지 않다. 현대무용은 물론이거니와 한국무용, 발레 등도 스토리텔링에 의존하기보다는 몸짓을 통한 의식의 흐름으로 작품을 풀어놓는 경우가 많다. 그것이 작가주의적 시각에서 표출되는 시대적 표상이기에 왈가왈부하는 것은 의미가 없다. 그럼에도 작품의 획일화나 점점 작품이 추상적이면서도 존재론만 부각한다는 점에서 다양성의 인정이나 전통적 혹은 사회적 인식에 따른 새로운 시각의 창작법도 함께 요구되는 부분이다.

특히 시도립무용단의 경우는 이러한 경계에서 다양성을 추구할 소임이 있다. 이는 예술성의 지향과 대중성의 수용이라는 측면이 이들에게 현실적인 문제로 놓이기 때문이다. 그러한 측면에서 경기도립무용단은 그동안 그 문턱에서 다양한 작품 경향을 선보이며 대중과 관객, 평단의 호응을 얻은 단체로 평가할 수 있다. 이번에 공연된 〈황녀 이덕혜〉(LG아트센터, 2018.4.13.-14)도 그리 어렵지 않은 서사구조를 지니면서도 무용미학적 가치와 웰메이드의 전형성을 보인 작품으로 이해된다.

이 작품은 제목에서 드러나듯 조선 26대 왕인 고종의 외동딸이며 일제강점기를 거치며 비운의 삶을 산 덕혜옹주의 일대기를 무용극으로 풀어낸다. 이미 덕혜옹주는 소설, 연극, 영화 등 다양한 장르로 해석되었다. 이는 그의 생이 그만큼 드라마틱한 요소를 지님과 동시에 역사적 인물이란 매력적 제재에 기인한다. 경기도립무용단의 〈황녀 이덕혜〉는 프롤로그와 다섯 장 그리고 에필로그로 서사구조를 구성하고 그의 생을 반추하는데 장면별

경기도립무용단 〈황녀 이덕혜〉 경기도립무용단 제공

각각의 주제적 이미지에 치중하면서도 형식미와 운동미 그리고 감정표현을 함께 포괄하고 있다.

　복녕당 아가씨로 불리던 이덕혜는 고종이 60세에 얻은 귀여운 고명딸이지만 고종이 강제 퇴위 당한 뒤인 1912년의 상황에 태어나 풍전등화를 넘어 이미 질곡의 생을 예고하고 태어난 인물이다. 이에 따라 전체적인 작품의 정조는 약간은 어둡고 이는 관객도 그대로 받아들이는 선험적 지식이다.

　초반 혼란상은 테이블의 여러 변형을 통한 오브제의 활용으로 긴박감을 일으킨다. 이를 통해 고종의 붕어崩御에 테이블 아래 숨어 두려움을 피하고자 하거나 일렬로 늘어선 테이블 외길을 걷는 덕혜의 이미지는 연민과 시대적 상황의 상징적 표현으로 극적 효과를 불러일으킨다.

　그는 일제에 의해 일본인 소 다케유키와 정략결혼을 하는데 이러한 묘사는 자연스러우면서도 디테일하게 상황을 풀어놓는다. 한복에서 기모노로 갈아입는 장면에서 그의 경계적이며 역사적 소용돌이에서 살아갈 수밖에 없는 삶을 나타내었고, 이덕혜와 소 다케유키宗武志의 미세한 심리적 갈등도 격정적이지만 한 여인의 기구한 삶을 감정표현에 의해 드러내고 있다. 이러한 상황적 묘사는 전체 구성에서 전개에 해당하지만 내적 갈등을 불러일으키는 장치로 2인무임에도 불구하고 작품 전체에서 가장 인상적인 장면으로 무게감을 준다.

그러면서 앞서 사실적인 상황 전개는 심리적 갈등으로 옮겨가며 또 따른 색깔을 나타낸다. 딸인 정혜의 실종과 자살로 이어지는 아픔과 슬픔의 영속성은 그의 병적 증세로 치환되며 표현주의적 이미지로 현실성을 구현한다. 이는 환영과 환상 속에서도 이덕혜가 심리적 처연함으로 현실을 딛고 순응하는 모습을 그려낸다. 여기서는 그에 모든 초점이 맞추어지며 강렬한 감정묘사의 미로 나아간다. 이러한 부분은 정신병적 증세 그리고 그 내면과 외면의 고통과 압박을 수건으로 얼굴을 가리거나 강렬한 빨간색 수건을 사용함으로 분위기를 배가시켰고, 이것이 어떤 기법에 의해 춤을 추는 것이 아닌 심리적 갈등의 증폭으로 자연스럽게 발산된다.

38년만의 귀국 후 낙선재로 돌아온 덕혜옹주지만 정신 상태가 온전하지 못하고, 현재 대한민국에서 그는 그저 추억 속 인물로 상정된다. 여기서 정재呈才와 현존 속 그의 모습이 강렬한 음악으로 대칭되며 고독감이 깊게 묻어난다. 이는 노스탤지어의 모습이지만 변화한 역사 속 퇴영退嬰으로 이덕혜의 몸짓과 이미지가 허허로운 춤으로 사라지고 기억된다.

이 작품은 2015년 경기도 문화의 전당에서 초연된 작품이다. 그런데 몇 년이 지났지만 고루함이나 어색함이 부각되지 않는다. 역사적 인물을 다룸에서 시대가 지나면 감동이 감소되고 옛 작품이란 느낌이 남을텐데 이 작품은 시대를 초월하여 경기도립무용단만의 색깔을 지닌 레퍼토리로 관객과 조응한다는 측면에서 의미가 있다.

이러한 점은 스토리에 맞추어 안무를 구성하여 조합하는 것이 아닌 시퀀스 별로 가장 중요한 인상적 이미지를 묘사로 표현한다는 점에서 무용극으로 가치를 높인데서 비롯된다. 무용의 드라마투르기는 어떤 이야기 세세한 전달보다는 주제의식의 표현적 묘사에 집중해야 하는데 이 작품은 시퀀스별로 이미 공간적 주제의식이 주어지고 춤으로 징조단위와 촉매단위를 드러내는 함축적인 표현으로 관객과 궤를 함께 하기에 몰입도를 높이고 있다.

이런 측면은 시대상에 따라 새로운 성격을 창출한 세 명의 덕혜가 그에 걸맞은 몸짓과 연기로 상황을 표현한 측면에서도 그러하다. 이는 오직 덕혜에 집중한 인물 구성에 따른 결과이다. 어린 덕혜는 군무와 조화를 이루며 가녀린 몸짓을 조심스럽게 보여주었고, 젊은 덕혜는 고고하지만 시대에 순응할 수 없는 여인의 몸짓을, 장년의 덕혜는 심리적 사회적 갈등 이후 쇠락한 모습을 자연스럽게 표현하였다.

또한 여기에 김정학 예술감독의 안무연출의 특징이 그대로 살아 숨 쉰다. 역사적 이야기를 다루지만 그 내용을 설명하기 보다는 춤으로 그려내고 있고, 고전적인 서사구조를 따르고 있지만 무대구성이나 여러 오브제를 미니멀하게 다루어 세련된 구성을 보여주었다. 이는 미시적 표현과 동작이지만 이러한 미시적 묘사가 통합적인 구성으로 나아가고 있고, 스타일리쉬한 의상과 강한 음악을 통한 흐름전개는 작품의 완성도를 더욱 높인다. 덕혜는 물론이거니와 여성 군무의 의상 변화는 디테일하지만 장면마다 어우러짐이 있었고, 여성 무용수들의 역동적이면서 처연한 움직임에 힘을 실어주었다.

경기도립무용단은 스케일이 큰 무용극을 통해 항상 주목을 받아왔다. 이번 〈황녀 이덕혜〉도 스테디셀러 무용극으로 여러 가치를 지니며 시대를 초월하여 새로운 의미를 가지고 올 작품으로 기대할 수 있다.

-『댄스포럼』, 2018.5.

15

공시성을 통한 동양철학에 대한 새로운 시각
— 인천시립무용단 〈건너편, beyond〉

인천시립무용단 제82회 정기공연 〈건너편, beyond〉(인천문화예술회관 소공연장, 2018.4.13.-14)는 한국무용의 동시대적 창작 코드 그리고 타장르와 어우러진 표현방식으로 질감 있게 완성도를 높이려 한 작품으로 평가할 수 있다. 여기서 한국무용의 동시대적 창작 코드는 한국무용의 전통적 기법에 의존하기 보다는 표현방식의 현재성으로 풀어내었고, 타장르와 조화는 융복합이 아닌 오브제로 미술을 수용함으로 주제적 명징성을 확보하려 한 것으로 이해된다.

첫 시작은 무음악으로 남녀 무용수가 잔잔하게 혹은 격정적인 움직임의 연속성으로 이루어진다. 무음악과 실루엣으로 움직임을 표현한 이 장면은 긴장감을 불러일으키며 작품이 지향하는 기호론적 표현 방식에 의한 이미지화의 알림으로 나타난다. 기호記號란 단순한 이미지가 아닌 의미의 표현일텐데 이는 이 작품에 내재된 일상적이면서도 삶의 순환적 구조에 대한 표징이다.

이어지는 드러냄을 통해 무용수의 동작은 정적이면서 동적이며 규칙적이지만 자율적인 동작으로 나아간다. 이는 한국무용이냐 서양무용이냐의 문법론적 구분이 아닌 동시대적 안무법에 따른 응축이다. 이러한 해석은 그동안 한국 창작무용이 가진 보수적인 표현 방법에 의하기보다는 현대적contemporary 표현의 한국적 방식이란 측면에서 새로운 의미를 창출한다. 그동안 한국 창작 무용이 지향한 바가 '한국적' 혹은 '전통적'이란 도그마였다면 이 작품이 지향하는 바는 한국인이 그려낸 움직임 속 동시대성과 현상학적 시론으로 시퀀스를 이끌어간다.

그러면서도 이러한 흐름에서 몽환적이거나 환상적인 장치를 삽입하여 또 다른 너머를 통해 공시성Synchronicity을 드러내려 한다. 우선 어둡고 낮은 색조 속 무용수들의 움직임은 표현 방법에 집중시키다가 위에서 아래로 나비의 날개를 연상시키듯 펼쳐지고 무용수에 집중되어 비추며 시각적 공간 이동을 가지고 온다. 이러한 모습은 경사가 있으면서도 소극장이지만 적당히 펼쳐진 극장 구조를 활용하여 시각적 효과를 얻는다.

또한 이러한 몽환성을 배가시키는 것은 음악이다. 이 작품에서는 수피 음악을 차용하여 전체적 맥락에 영향을 준다. 수피는 이슬람의 신비주의자를 지칭하는 말로 여기서 파생된 수피 댄스는 반복적인 맴돌음을 보이며 신과 영적 교감을 만들어낸다. 이 작품에서 무용의 기법은 반복적인 움직임으로 상징화시키고 수피 음악을 전면에 수용하여 신비적이면서 이국적인 그러면서 지금 이 순간과 다른 새로운 세상을 표현하고 있다.

여기서 흐르는 음악의 이면적이며 본질적인 의미를 관객은 알기 힘들다. 그것이 종교적일 수도 있고, 역사적일 수도 있을 것이다. 그렇지만 이 작품을 받아들이는 수용자는 또 다른 오리엔탈리즘의 의미를 느낀다. 이것은 동양orient이지만 한국인이 느끼는 서양과 동북아시아의 중간적 지점에서 혼성의 느낌을 받아들임으로 경계 이미지로 그려진다. 그런 의미에서 이 작품에서 몸짓은 민족을 떠난 동시대적 표현이면서도 전통성을 함께 내포하고 있다. 이는 관객의 지평을 확대시키며 일상의 특수성에서 보편성으로 인식을 새롭게 만든다.

이러한 흐름은 같은 동작 따라하기의 증감으로 이어지지만 수피 음악의 종교적 의미의 감정에 따라 절정으로 이끈다. 그러면서도 남자 무용수들의 격정적인 몸짓과 군무, 손을 묶인 무용수 그리고 교차적으로 여자 무용수의 움직임을 통해 인간 삶의 여러 단상을 말한다. 횡렬로 늘어선 무용수들의 각각의 몸짓에서도 군상의 여러 모습이 결국 인간의 삶의 방식의 다름과 유사성을 그리고자 하는 담론이라 할 수 있다.

절정과 해소는 인간이 겪어보지 못한 세계의 문턱에서 남은 자들의 삶에 대한 찬사다. 여기서는 죄와 벌, 지옥과 연옥의 종교의 상징적 세계가 아닌 새로운 공간으로 나아가는 해탈과 윤회가 한 번에 나타난다. 이는 이승을 건넌 저 건너의 세상을 미술 작품으로 상정하고, 화가와 무용수의 몸짓이 씻김이면서 새로운 세계로 나아가고자 하는 길닦음이다. 이것은 굳이 한국적이라 표현하기 이전에 삶과 죽음의 경계에서 경건하게 산자와 죽은 자의 별리와 남은 사람들의 무소유적 인식의 발로이다.

이 작품은 동양철학에 기반을 둔 윤회를 주제로 하면서도 일상적 인간의 삶을 이미지로 표현하고 있다. 그래서 이 작품이 지향하는 바는 스토리텔링의 서사구조보다는 이미지와 표현의 연속성으로 이어진다. 이러한 구성에 대해 안무자는 '내러티브에 의존하지 않고 이미지와 에너지를 중점적으로 부각시킨다'고 말하였다. 그럼에도 이미지의 기승전결에 시퀀스에 의하고, 절정과 해소를 통한 구성이기에 생경하지는 않다. 이는 이 작품이 윤회 혹은 공수래공수거라는 불교적 사생관의 여러 사상적 요소 그 자체에 대한 표현에 있다. 이러한 모습은 추상적이며 난해한 상황묘사로 초중반의 여러 움직임이 조금은 생경하지만 몸의 움직임에 집중하게 하게 만들고 그 응축이 후반에 집중되는 과정을 거치게 하였다.

이번에 안무를 맡은 전성재는 한국무용을 기반으로 하면서도 프랑스의 유학을 통해 그 경계에서 자기 색깔을 드러냈다. 이런 부분은 그가 경험한 타자의 시선과 정체성 그리고 동시대적 보편성에 근거 한다. 이러한 한국무용의 공시성을 바탕으로 한 작품은 한국창작무용의 다양성의 확보라는 측면에서도 의미가 있는 작업이 될 것이다.

여기서 부언하면 시도립무용단의 책무는 예술성과 대중적인 작품을 선보임으로 시도를 상징하는 문화예술 콘텐츠로 자리함에 있다. 그렇기에 행사나 대중적 취향에 머무는데 그치는 것이 아니라 예술창조의 선도로도 실험과 도전도 필요하다. 이는 개인 단체가 할 수 없는 여러 자원과 지원을 통해 완성도 높은 공연을 올릴 수 있을 것이다. 인천시립무용단의 앞으로 이 두 지향점에 토대로 한 작품군도 지속적으로 이루어지리라 이번 작품을 통해 기대해 본다.

-『댄스포럼』, 2018.5.

16

문화콘텐츠로 새로운 가무극의 출발
―정동극장 〈궁 : 장녹수전〉

정동극장은 한국 전통공연예술을 문화콘텐츠로 이끈 상징적 공간이다. 무용에 기반을 둔 공연예술이 일회성에 그치는 고비용 저효율 구조가 아닌 부가가치 산업으로 의미를 확대시킨 것이 정동극장의 공과로 인정받기 때문이다. 이러한 배경에는 가무악에 바탕을 둔 상설공연에 힘입은 바 크다. 〈미소 : 춘향〉의 좋은 성과 이후 〈미소 : 배비장전〉, 〈가온 : 세상의 시작〉, 〈련 : 다시 피는 꽃〉으로 이어진 전통무용극은 국내외 많은 관객을 불러 모으며 호응을 얻었다. 이러한 결과는 매년 공연사업실적이나 고객만족도 결과 등을 통해 공시되었고, 이를 통해 이들의 면모를 확인할 수 있었다.

2018년은 〈궁 : 장녹수전〉(정동극장, 2018.4.5.-12.29)을 무대에 올리며 기나긴 여정을 시작하였다. 이번 작품은 몇 가지 점에서 이전과 성격을 달리한다. 우선 이전 작품들의 모티브가 고전소설 등 픽션에 바탕을 두었다면 이번 작품은 장녹수 그리고 연산군이라는 역사적 인물을 중심으로 하고 있다는 점을 들 수 있다. 또한 하루에 두 번 공연하던 방식에서 벗어나 2018년 4월 현재 화요일부터 토요일까지 4시 공연으로 한 차례 이루어지는 것도 기존과 다른 형태이다.

그렇다면 왜 장녹수일까? 장녹수는 기생에서 후궁의 자리에 오르며 연산군의 총애를 받은 인물로 연산군의 폭정과 함께 그녀 또한 여러 악행을 저질러 조선에서 손꼽히는 요부妖婦로 인식된다. 그렇지만 그의 생은 극적 요소와 여러 문제적 갈등을 담기에 영화, 드라마 등 여러 장르를 통해 시대를 초월하여 새롭게 각색되는 인물이다. 이는 사실에 근거하면서도 창의적인 상상력을 통해 새로운 의미를 담아낼 흥미로운 모티브가 다분하기에 가능할 것이다.

그런 장녹수를 이번 무용극에 담아낸 것은 보편적이면서도 한국적 정서를 그대로 보여주는 인물이기에 설득력이 있어 보인다. 우선은 장녹수가 조선 시대의 인물이지만 팜프파탈이란 어느 사회에서든 존재하는 여성캐릭터로 타자들도 인식할 범위를 열 수 있다. 그 인물의 삶 자체가 다채로우니 취사선택할 요소가 많아 극적 요소를 증대할 수 있다. 게다가 장녹수는 실제로도 춤과 글에 재주를 가졌다는 기록이 있기에 자연스럽게 가무극으로 수용될 여지가 있어 주인공으로 필요충분조건이다.

그래서 이 작품에서는 다양한 전통춤들이 삽입된다. 장고춤, 한량춤, 북춤 그리고 선유락을 비롯한 정재까지 부분적 요소를 차용하여 전통춤이 가지는 멋스러움을 보여준다. 아무래도 장고춤 장면은 장녹수의 입문 과정에 대한 설명과 군무를 통해 장고춤이 갖는 매력을 한꺼번에 보여주어 관객에게 호응이 높은 장면이다. 이러한 전통춤은 서사구조에 벗어나지 않으면서도 장면을 극대화하기에 완성도를 높인다.

이 작품의 주요 인물은 장녹수, 연산군, 제안대군 세 사람이다. 이 작품에서 제안대군은 장녹수를 예기藝妓로 입문시킨 인물로 묘사된다. 제안대군이 연정이 있었지만 장녹수와 조우한 연산군이 그의 재색才色에 빠져들고 그를 취하여 궁으로 가는 것이 도입의 이야기 구조다. 여기서 세 인물의 비중이 비슷하지만 흔히 연극기호학에서 분석한 행위소 모델을 통한 행동의 삼각관계는 그리 뚜렷하지 않다. 이는 장녹수와 연산군을 주체와 대상으로 보고 발신되는 요소가 심리적 면모가 강조되는데 원인이 있을 것이다. 그렇지만 이 작품에서는 제안대군에 대한 성격이 불분명한 점은 아쉬운 대목이다. 예를 들어 제안대군이 장녹수를 찾아 시국을 알리는 장면도 전개상 필요한 장면이지만 이를 삭제하여도 무방한데 이도 이런 관계성에서 비롯된다.

후반부에서는 여러 극적 요소가 눈길을 끈다. 연산군이 상소문에 휘감기며 광기어린 몸짓을 분출이나 장녹수가 탈을 쓴 이들의 북을 치며 강한 움직임을 보이는 모습은 연산군, 장녹수의 내면 표출로 긴장감을 불러일으킨다. 이렇게 중요한 핵단위에서 움직임은 이 작품의 전체적인 흐름 상 무난하다. 그럼에도 시퀀스 별로 이야기를 설명하고자하는 대목이 많다보니 분절되는 경우도 눈에 들어온다. 이 작품이 지향하는 바가 스토리텔링도 중요하지만 한국 전통미의 이미지화에 있다면 이야기 구조를 조금 정형화시켜 관객에게 불명료한 요소를 제거해줄 필요가 있다. 이는 앞서 이야기한 타자의 인식이 정동극장에서는 신경 써야 할 부분이 존재함에서 비롯된다. 예를 들어 연산군과 장녹수의 짚인형도 연산군이 지닌 음란성을 보여주기 위한 장치지만 갑작스런 등장으로 생경하게 받아들일 수 있다.

정동극장의 관객은 국내 관객만큼 외국 관광객이 찾는다. 그래서 75분의 짧은 시간 안에 타자에게 얼마큼 쉽게 인식될 수 있을 것인가라는 본질적인 문제도 고민해야 한다. 물론 한국인에게는 이 이야기가 어렴풋하게라도 인식하고 있지만 역사 속 인물에 대한 이해가 없는 관객에게 쉽게 다가갈 구성의 단순화 작업도 필요할 것이다.

이 작품에서 사물팀은 극의 여러 중요 부분을 담당하고 있다. 서두와 뒤풀이는 물론이거니와 극 중에서도 탈을 쓰고 다양하게 중요 역할을 맡아 남자 무용수를 대신한다. 그렇지만 이들이 여러 역할에 참여하기에 피로도가 높아 보인다. 제반 여건에 맞춘 결과였겠지만 그들의 역할에 더 집중적으로 참여가 필요할 것이다. 이와 함께 앞놀이와 뒤풀이의 내용도 새로움이 요구된다. 앞놀이에서 관객을 무대로 올리고 접시돌리기 하는 것이나 뒤풀이에서 상모를 돌리며 연풍대 하는 모습은 관객에게 큰 호응을 얻을 수 있는 연희지만 이전 작품에서도 나왔던 모습이기에 새로운 흥밋거리 개발이 필요하다.

또한 죽음 이후 흥겨운 풍물놀이가 제대로 설득력을 지닐 수 있을지 고민해 보아야 할 듯하다. 비장한 죽음 이후 나온 흥겨운 뒤풀이는 아이러니적 구조를 떠나 핍진성에서도 떨어진다. 오히려 지전춤이나 여러 굿에서의 전통적 요소를 삽입하여 진혼과 해소의 의미를 전달할 기재가 마련되어야 할 것이다.

그럼에도 〈궁 : 장녹수전〉은 한국문화 원형의 전형을 보여주기에 충분한 요건을 갖추고 있다. 장녹수라는 팜므파탈과 연산군이라는 폭군의 이야기는 어느 사회나 존재하는 인물로 타자에게도 지평을 열고 있으며 이를 한국 전통에 담아내기에 새로움을 전달해 줄 요소가 충분하다. 이 공연은 장기 상설공연이기에 여러 아쉬운 부분에 대해 여러 의견을 청취하여 부분적 수정을 한다면 또 다른 정동극장에서 기억할 작품으로 기대할 수 있을 것이다.

-『춤』, 2018.5.

17

무용에 기반을 둔 전통연희의 가능성
—춤, 하나 댄스컴퍼니 〈쁘띠 미얄〉

전통연희라는 말은 전통공연예술을 통칭하는 용어로 궁중에서 벌어진 예능에서부터 민중의 예술까지 광범위한 개념으로 이해할 수 있다. 그렇지만 민속예능이 다수를 차지하다보니 가무희와 놀이적 요소가 강한 공연예술 등을 비롯한 기층민의 연희가 중심으로 인식되어 왔다. 이러한 점은 수용자의 측면에서도 마찬가지로 재미와 예술적 가치를 지니는 열린 공간 속 공연예술을 전통연희로 받아들이고 있다.

 2018 전통연희 페스티벌도 그러한 바탕에서 이루어진 행사이다. 몇 해 꾸준히 이어오는 이 행사가 올해는 자연과 어우러진 서울 상암 월드컵공원 일원에서 펼쳐지며 대중과 호흡을 함께 하였고, 전통연희는 물론이거니와 창작연희까지 수용하여 전통성과 현재성을 함께 공유하고자 하였다. 올해는 4편이 창작연희 작품공모에 선정되었는데, 그 중 〈쁘띠 미얄〉(상암 월드컵공원 평화의 광장 전통연희마당, 2018.5.19.)은 선정된 세 작품과 다르게 전통춤에 기반을 두었다는 점에서 새로운 감각을 전해주었다.

 이 작품은 제목에서 드러나듯 탈춤의 미얄할미 과장을 바탕으로 한다. 그러면서 여기에 쁘띠petite라는 접두어를 붙이고 있다. '쁘띠'라는 말 속에는 작은, 사랑스러운이란 정의와 함께 그것이 지나쳐 '약한'이란 의미까지 확대되는 상징성을 가진다. 이런 쁘띠라는 단어를 붙임은 기존의 미얄할미에 대한 새로운 해석이면서 현재적 의미가 함유된 선택일 것이다.

 이 작품에서는 탈춤에서 드러난 미얄과 영감 그리고 색시라는 삼각관계를 유지하고 인물의 성격도 그대로 수용한다. 그러면서도 미얄의 여러 분신을 등장시켜 분리된 여러

춤, 하나 댄스컴퍼니 〈쁘띠 미얄〉 춤, 하나 댄스컴퍼니 제공

내면을 드러내고자 한다. 이들은 같은 듯 다른 모습으로 미얄을 표현하고 후반부로 가면서 페르소나로 치환되어 내적 갈등과 해소의 매개로 묘사된다. 기존의 미얄할미 과장에서는 사회적이면서도 외재적 이야기만 담으려 노력하였다면 여러 심리를 몸짓으로 분출하였다는 점에서 무용이 갖는 본질적 감정 표현을 그대로 표출하고 있다.

또한 열린 공간 속 연희라는 측면에서 관객의 흥미를 끄는 요소가 극을 돋보이게 하였다. 영감을 직접 등장시키지 않고, 객석에서 한 명을 선택하여 극을 이끌어 간 점은 즉흥적 웃음을 가지고 왔다는 점에서 극 전체의 활력을 주었다. 여기에 재담을 줄이고, 후반부에는 이들의 전공인 춤으로 감정표현을 하여 관객의 기대지평을 넓혀주었다.

그런데 전체적인 서사구조에서는 큰 무리가 없었지만 서두가 길다 보니 집중도가 떨어진 감이 없지 않았다. 이 작품이 극장에서 이루어진 공연이라면 서두로 괜찮을 부분이지만 현장성을 강조하는 야외 공연이라는 점에서는 아쉬움으로 남는다. 또한 탈춤의 수용이 갖는 비판적 사회의식이 하나의 서브 모티브로 자리하였다면 강조하고자 한 페미니즘의 현대적 의미도 자연스럽게 묻어났을텐데 이 부분도 두드러지지 못하였다. 이는 미얄에 집중되어 나온 결과로 뚜렷한 성격 창조가 이루어진다면 이런 문제는 극복될 수 있을 듯 하다.

그럼에도 이들은 긍정적인 면에서 연희극로 새로운 감각을 전해주었다. 색시, 미얄 등을 비롯한 여러 인물들이 각각의 역할에 충실하고 분업하였으며 음악도 극 전체를 조율하는데 큰 의미 전달해 주었다. 여러 부분에 욕심을 부리지 않은 점은 이들에게 가장 강력한 무기인 전통춤에 바탕을 두면서 여기서 확대하여 연희나 전통창작으로 나아고자 한 생각에서 비롯되었을텐데 그런 점에서 각각의 개성적 특질을 잘 드러낸 공연이라 할 수 있다.

춤, 하나 댄스컴퍼니는 한국예술종합학교 전통원 무용과 4기 동기들을 중심으로 이루어진 단체이다. 자존심 강하고 재능 있는 젊은 춤꾼들에 의해 큰 변고 없이 이어오며 전통춤, 창작춤, 전통연희 등 다양한 노력과 실험을 하며 공연하였다는 점에서 앞으로도 주목할 필요가 있을 것이다. 여러 실험과 융합을 통한 전통연희 창작이 지속되기를 기대해 본다.

- 댄스포스트코리아, 2018.5.

18

사유하는 인간의 집단적 정형성의 가치적 의미
—국립무용단 〈맨 메이드〉

요즘 사람들의 입에 자주 오르내리는 화두 중 하나로 4차 산업혁명을 들 수 있다. 4차 산업혁명은 인공지능(AI), 로봇기술, 생명과학, 빅데이터의 정보, 사물 인터넷 등 유비쿼터스에 기반을 둔 초지능의 산업혁명으로 정의된다. 이미 이러한 징후가 현대사회 전반에 걸쳐 이루어진 것이라 모든 일상을 4차 산업혁명에 적용하여 운운하는 것이 조금은 호들갑스러울 수도 있지만 우리의 상상을 넘어서며 인류를 변화시키는 동력이라는 점에서 이 화두는 깊이 있게 생각할 과제다.

이러한 모습에서 감지되는 작용 중 하나는 융합, 하이브리드 등의 혼종이다. ICT에 의탁하며 융합과 네트워킹을 통해 여러 특질이 어우러진 새로운 가치 발견은 물리적 결합임과 동시에 인문학적 창의적 상상력까지 더하면서 인식의 한계를 넘어선다. 이는 요즘 무용계에서도 진지하게 고민하는 문제로 예술과 첨단 기술의 만남을 통해 다양한 시도가 현재진행형으로 이루어지고 있다.

이번 국립무용단의 〈맨 메이드〉(LG아트센터, 2018.5.10.-12)도 이러한 4차 산업혁명과 관련된 여러 키워드들이 내재적 외재적으로 결합된 공연이다. 이 작품은 인간이 만들어낸 여러 기계문명의 이야기를 다루고 가상과 현실 세계가 VR을 통해 비추어지거나 무대장치에 가상미래 공간이 상정되기도 하면서 다양한 담론이 혼재된다. 게다가 이 공연은 현대무용가인 신창호와 국립무용단의 만남이라는 점에서 공연 전부터 관심을 모았다. 젊은 감각으로 시대를 선도한 LDP무용단의 중심이던 그와 한국 전통무용의 맥을 잇는 국립무용단의 만남이라 어떠한 융합이 나올지 기대감을 불러일으켰다.

〈맨 메이드〉는 크게 1장 정체성, 2장 선택, 3장 순리, 4장 집합체, 5장 경계, 6장 해체로 나누어 진행되었다. 이러한 키워드는 모두 현대사회의 철학적 범주에서 논의되는 담론이면서도 빠르게 진보하는 현대사회의 실존적 고민에 대한 나열이다. 첫 장면은 같은 움직임의 군무 속 한 인간의 미세한 연속 동작이다. 여기서는 일상적인 움직임부터 태평무의 발디딤 등도 순간적으로 보이며 일정한 규칙성을 드러낸다. 그러면서 배경은 픽셀의 구조가 파형을 만들기도 하고 점·선·면으로 확대되어 단순하지만 환경의 변용이 이루어진다. 여기서는 색깔의 변화 등 다름이 인식되지만 무용수는 큰 변화를 보이기보다는 일상성 속에서 변용의 감정 묘사를 가지고 온다.

2장은 두 무용수의 대화 속에서 단순한 잡담이지만 문명에 대처하는 혹은 어떻게 살아가는가에 대한 현상 속 담론이다. 이들은 끊임없이 움직이면서 인간이 만든 문명에 대한 이해와 인식의 차이를 발견한다. 이미 우리는 아이콘과 이미지에 의해 살아가는 모습이 스마트해지려 스마트폰을 사용하지만 오히려 그렇지 못함을 깨닫는다. 이는 사회가 변화함에 따라 뇌의 구조도 달라지고, 그 쓰임이 달라지는 세대차의 간극도 함께 인식한다. 인간이 이런 새로운 환경에 긍정적으로 순응하면서 인공에 의한 대체 현상에 대한 언술이 가장 인간적인 몸짓과 대칭되어 나타나는 상징적인 장면이다.

3장은 파형의 변화 속 진화의 움직임이다. 순리가 말 그대로 생태 속에서 물 흐르듯 진행되는 자연스러움을 말한다면 여기서는 무대와 객석이 분리된 제4의 벽을 제외한 3면의 벽에서는 파형을 그려내며, 여기서 무용수들은 뜀을 통해 인류 진보적인 진화의 모습을 구성한다. 인간적인 면모와 인공의 공간이 뒤섞인 혼종 속에서 인간이 상정한 인공적인 공간의 문턱의 충돌이 역동적인 움직임으로 펼쳐진다.

이는 글리치glitch를 통해 그 문턱에 놓인다. 글리치는 시스템 오류로 인해 나타나는 노이즈 현상이다. 버그가 소프트웨어의 문제라면 글리치는 하드웨어의 문제에서 비롯된 난조亂調다. 이 작품에서도 움직임은 단순한 바이러스가 아닌 인간과 인공의 경계에서 생채기를 앓듯 지루할 만큼 반복적이고 픽셀의 연속적 파형만큼 규칙적이지만 그 또한 타자가 느끼지 못할 만큼 미세하고 나름의 유동성을 지닌다.

이어지는 경계와 해체는 가상과 현실의 분리된 세계에 대한 구현이다. 지루한 반복적이며 집단적인 군무 속에서 개인의 실존 의식도 여기서 제한적으로 드러난다. 여기서 인간의 상상하는 인공의 세계가 이상향이 아님을 여기서는 비판적인 시각에서 말한다. VR이 지향하는 바는 현실을 더 선명히 살아 숨 쉬는 것처럼 구현하는데 반해 이 작품에서는 오히려 어둡고 답답하다. 일정 규칙을 만들어 준 배경인 3면의 벽도 무너지고 VR에 비추어진 세상과 몸짓은 무겁고 암울하기까지 하다. 이러한 해석은 그동안 인간이 만든 허상에 대한 질타와 이 또한 현실의 이면이라는 측면에서 오히려 낯설음을 준다. 이것이 글리치 등을 통해 순기능이 아닌 역기능으로 변용되었을 때 나타날 수 있는 현상적 모티브의 반영으로 관객에게도 경외심을 불러일으킨다.

이 작품은 인류의 진보에 대한 성찰과 반성 그리고 가상세계에 대한 현실의 새로운 인식을 보인다는 점에서 관객들로 하여금 많은 생각을 하게 만든다. 그러한 철학적 의식은 인공세계에 대한 묵시적 긍정 혹은 수용 속에서 드러난 인공과 가상공간에서 이루어질 인류의 양태를 유형성이다. 이는 집단적 인간 존재에 대한 의미가 무용수들의 형식미를 통한다. 그래서 두드러짐은 없지만 상징적 화두를 전해주기에 이 작품은 그동안 미래의 가상세계를 그려낸 작품과는 결을 달리한다.

그러면서도 신창호와 국립무용단이 만나 어떤 시너지가 혹은 국립무용단의 또 다른 생산성이 있었는가라는 측면에서는 뚜렷하지 않다. 국립무용단이 항상 한국적 혹은 문화원형에 매몰되라는 것은 아니지만 두 양질의 융합이 제대로 관객에게 전달되지 못한 점은 아쉬움으로 남는다.

인간이 미래사회에 두려움을 갖는 것은 편리함의 이면에 인간의 설자리가 없어지고 인간의 존재에 대한 회의감 때문일 듯 하다. 이러한 흐름을 인정하면서 그에 대한 대비로 이른바 4차 산업혁명의 프레임을 적극적으로 수용하여 대처하는지도 모른다. 이 작품을 통해 가상현실 속 미래의 춤이 이렇다 이야기하는 것은 너무 단순한 생각이다. 이는 이 작품에서 여러 매개를 통해 생산적 의미가 나타났지만 이것은 사유하는 인간이 미래를 바라보는 집단 무의식의 현재성에 의미를 둘 수 있기 때문이다.

-『댄스포럼』, 2018.6.

타자성을 통한 사회적 표상의 연쇄성
—김영미 댄스 프로젝트 〈페르소나Ⅱ〉

상식적인 이야기지만 무용은 생각한 바를 몸으로 표현하는 장르다. 단순하게 기법에 의해 기계적으로 움직이는 것이 아닌 안무자와 무용수의 사유와 인식 속에서 움직임이 나온다. 게다가 무대공연예술이기에 서사구조에 의해 구성되지만 연극처럼 공연시간과 극시간의 일치를 요구하지 않는 지금 이 순간의 몸짓으로 공간 속 의미를 만들어낸다.

현대무용에서는 더욱 그러하다. 형식에 얽매이기 보다는 의식의 흐름에 담긴 주관적 인식에 대한 주관적 표현으로 행위가 드러나기에 표현주의적 색채와 소격효과의 사이에서 무대는 긴장감을 일으킨다. 이를 통해 소통 구조 속 몸짓은 하나의 주제 의식을 통한 감정표현의 운동성을 공유한다.

2018 MODAFE 국내초청작 김영미 댄스 프로젝트의 〈페르소나Ⅱ〉(아르코예술극장 대극장, 2018.5.20)도 그러한 동시대 한국 현대무용이 지향하는 여러 가치체계의 범주에서 논의가 가능하다. 이 작품은 '페르소나'라는 제목에서 직시되듯 외부에 투영된 자아의 모습을 집단적인 움직임으로 그려낸다. 이것은 동시대 사회적 리얼리티의 객관적인 전형성으로 드러나지만 여러 사회적 주제 의식을 미세하게 드러내며 추상적 표현 속에서 관객들로 하여금 현재성을 찾게 한다.

무용수들은 같으면서도 다른, 다르면서도 같은 현대인 모습 그대로다. 일렬로 늘어서고 차례를 바꾸는 움직임은 도상적인 현대인에 대한 묘사이다. 그들의 동작은 빠르면서도 수선스러운 듯 보이나 질서를 유지하며 사회적 관계성을 표현한다. 그렇게 서두에서는 인물에 대한 개성은 드러나지 않고 일상의 모습을 말하고자 한다.

그렇지만 인간의 관계성에서 개인과 개인, 개인과 집단의 갈등은 자연스럽게 이어진다. 한사람을 두고 소외시키는 집단 따돌림도 나타나고, 젠더폭력 Gender-Based Violence 등 극단적인 현상을 드러내 보인다. 이것이 현대사회에서는 그동안 암묵적으로 감추어진 모습이지만 이 작품에서는 불특정 다수에 일어나는 상징의 나열로 관객을 환기시킨다.

특히 한 여자를 보는 남자들의 시선이나 그들이 의자와 책상에서 벌어지는 양태는 이 작품이 그려내고자 하는 미시적 모티브가 무엇인지 알려준다. 이는 'me-too 운동'을 야기한 본태의 표상적 기호이고, 사회적 구조 속 인간의 부조리한 모습이다. 그러면서 이러한 현상에 대한 직시는 인간의 양면성으로 표출되는 여러 기호들로 의미를 확산시킨다.

이는 결국 집단적 사회성을 통해 갈등을 보이지만 심리적 리얼리즘이 아닌 추상표현주의로 그린다. 추상표현주의가 형식적으로 추상적이나 내용적으로 표현주의의 색채가 강하다고 볼 때 이 작품에서는 움직임과 의상 그리고 페르소나의 본질적 의미인 가면에서도 이러한 내용과 형식이 함께 이루어진다. 여기서 페르소나는 가면 속 자아, 즉 익명성을 띠고 언제든 분출될 수 있는 자아의 이면이다. 이는 개개인이 통해 변별될 수 있는 차연과 유사성이 함께 공존할텐데, 무용수들의 몸짓은 동선은 같지만 다른 움직임이며 색깔 다른 가면에서 드러나는 표징처럼 인간 각각의 개성과 몰개성이 함께 구현되고 있다. 이러한 모습은 주체의 익명성과 내면의 타자성, 같은 속의 다름이다.

이 작품은 현대사회의 여러 현상을 모티브로 현대철학의 여러 요소가 의도하건 의도하지 않건 드러나고 있다. 이것은 사회기호학적 도상이 나열되어 있고 페르소나라는 제목에서 직유 되지만 그 나열이 안무가 조합한 현대사회의 부조리한 모습으로 구조화된다. 이런 몸짓에서 오는 유동성은 전 공간 속에서 연쇄성을 가지고 로트만이 말한 '세미오스피어 semiosphere', 문화의 기호학적 공간을 형성한다. 그런 의미에서 그 추상성은 현실적 주제의식과 맞물려 관객에게 그리 어렵지 않게 전달하고 있는 것이다.

이 작품에서는 주제에 비해 파격이나 극단적인 움직임이 드러나지 않는다. 게다가 많은 것을 담으려고 하지 않고, 일상적으로 그려내는 시크함도 있다. 미투운동이나 집단 따돌림의 문제도 극명하게 드러낼 수 있지만 감정선을 누그러뜨린다. 그러면서도 '페르소나'라는 말 속에 담긴 자아와 타자성을 통한 이중적 구조가 '따로 또 같이'의 군무 속에 자연스럽게 녹아 심리적 호흡에 따라 움직임의 프레이즈가 무게감을 더함으로 기호화 한다. 그런 의미에서 이 작품은 문제의식을 뒤틀어 꼬집기 보다는 현상으로 그려내려 한 장단점을 함께 지닌다 할 수 있다.

-『댄스포럼』, 2018.6.

메르헨을 통한 환상적 발레 창작의 첫걸음
−김순정발레단 〈눈의 여왕〉

무대공연예술로 대중에 가장 영향력 있는 무용 장르는 어떤 것일까? 편하게 현대무용, 한국무용, 발레로 나누어 생각해 본다면 아무래도 발레일 것이다. 누대에 걸쳐 다듬어진 발레 기법의 특질 그리고 무용극이 가지는 이야기 구조 등은 관객에게 경외감과 친근함을 함께 전해주기에 충분한 매력을 지닌다.

그런 이유에서인지 발레 공연은 대중의 결집력도 강하다. 이러한 바탕에는 여러 요소가 있겠지만 유아, 아동과 관련성이 있다. 남학생들이 초등학교 때 축구클럽에서 운동을 하는 것처럼 여학생들은 발레를 배우는 것이 통과의례 보니 이들은 발레의 수용, 생산, 소비의 주체로 자리한다. 이런 수요와 공급의 콘텐츠 속에서 많은 단체들이 고전 레퍼토리뿐만 아니라 고전 형식에 빌어 새로운 레퍼토리를 창작하며 새로운 가능성을 열고 있다.

이번에 김순정발레단도 안데르센 동화를 각색한 〈눈의 여왕〉(서초문화예술회관 아트홀, 2018.5.4)을 초연하며 관객과 소통하였다. '눈의 여왕'은 악마의 저주에 의해 거울 조각이 박힌 카이 그리고 그의 친구 데르다가 눈의 여왕을 따라 여정을 떠나며 난관을 헤치고 결국에는 진심어린 사랑 속에서 눈물로 해소되고 행복을 얻는다는 이야기이다. 이 작품은 디즈니 애니메이션 〈겨울왕국〉의 모티브가 될 정도로 환상적 동화로 흥미를 불러일으키는데, 동화발레 〈눈의 여왕〉은 안데르센 동화의 기본 구조를 그대로 수용하면서도 무용극에 맞게 각색을 하여 정제하였다.

이 작품은 발레로 작품화하기에 필요충분 요소를 가지고 있다. 탄탄한 기승전결의 분절적 구성, 선악구조와 행복한 결말 그리고 환상성을 모두 내포하고 있기 때문이다. 이는 메르헨märchen이 지니는 민족 고유의 정체성을 함유하여 신비감을 전해주면서 여정이 지니는 흥미 그리고 개성을 지닌 인물군의 등장 등의 보편적 정서로 관객에게 기대지평을 연다.

이 작품은 크게 프롤로그, 에필로그 그리고 5장으로 구성되어 있다. 원작에서 7개의 이야기가 무용극에 맞게 고전극의 기본인 발단, 상승, 절정, 하강, 결말의 5단 구성으로 구성하여 안정감을 준다. 여기에 각 장마다 서브 모티브를 하나씩 두어 이를 해결하고 새로운 인물과 조우를 통해 흥미로운 스토리텔링으로 구조화한다. 그래서 각 장에서 등장하는 인물의 특질은 이 작품에서 잘 구현된다. 눈의 여왕, 까마귀와 공주와 왕자, 도둑과 산적의 딸이 그러하며 해결의 실마리가 보이는 하강에서 결말을 위한 매개인 핀란드의 지혜로운 여인의 등장은 강한 인상을 주기에 충분하였다.

이 작품은 고정적 인기 레퍼토리로 가능성을 열고 있다. 대중에 익숙한 시벨리우스의

김순정무용단 〈눈의 여왕〉 김순정무용단 제공

〈핀란디아〉와 차이코프스키의 〈호두까기 인형〉 등의 적절한 삽입을 통해 극 전체가 완성도를 높였고, 군무도 아직은 설익은 부분이 없지 않았지만 질량감을 높인다면 풍성한 형식미를 보일 것으로 보였다.

그럼에도 초연에서 보이는 아쉬움도 눈에 뜨인다. 먼저 이 공연을 통해 대중이 상상한 발레의 매력을 강하게 보여줄 장면 삽입이 필요하다. 어린 카이와 게르다가 주인공이다 보니 이런 부분이 제한적일 수 있지만 발레의 장점을 극대화하는 고난도의 장면 삽입은 스토리를 오히려 자연스럽게 만들고 밀집감을 높일 듯 하다. 이 작품이 여정의 길이라는 점에서 역동적 구성이지만 완만한 인상을 주는데 따로 떼어놓아도 의미를 지닐 수 있는 남녀 무용수의 두드러진 파드되 혹은 독무 등이 있다면 흥미를 높일 것이다.

또한 음악을 통해서는 어두움과 무서움 그리고 밝음과 즐거움이 뚜렷하게 그려진데 반해 인물의 선악 구도는 원작에 비해 그렇지 못하다. 선악의 대칭 구조가 이 작품의 본질적 요소라는 점에서 말 그대로 극적dramatic으로 풀 수 있는 갈등 요소를 부각한다면 작품의 질감이 더욱 다져질 것이다.

그럼에도 불구하고 이 작품은 흥미롭다. 아동의 눈높이에 맞춘 구성이나 인물과 표현방식은 어렵지 않게 발레를 받아들일 수 있게 만들어졌고, 원작이 지니는 기대지평이 그대로 전달되었다. 앞으로 회를 거듭하면서 절차탁마한다면 고정적인 스테디셀러로 시대를 초월할 가능성을 가지고 있다.

후일담이지만 이 공연은 어린이날을 하루 앞서 이루어진 공연이었다. 무료 공연이란 점도 있었지만 공연 시작 전부터 로비까지 말 그대로 인산인해를 이루었다. 발레였기에 가능하지 않았을까 하는 점과 함께 그만큼 대중은 양질의 공연을 원함을 느낄 수 있는 모습이다. 동네 주민들이 접근성이 용이하게 가족이 함께 할 수 있는 공연으로 〈눈의 여왕〉의 앞으로 여정도 기대해 본다.

-『춤』, 2018.6.

21

몸에 대한 자율성의 인식과 확장성
―조기숙 New발레단 〈Contact&Connection〉

발레의 매력 중 하나는 신비로운 몸에 대한 바라봄일 것이다. 발레리나의 움직임은 경외로움 그 자체이다. 무중력 상태 속 깃털 같은 수직 구조의 몸짓은 무대공연예술로 발레가 갖는 가장 특질 중 하나이다. 이러한 모습에 관객은 제4의 벽을 통해 신비로운 몸의 연속성을 살피면서도 따라해 보고픈 욕구도 불러일으키게 한다. 그런 의미에서 발레는 몸의 확장적 움직임을 스스로 느끼게 하는 교육적 기호로도 가치가 있다.

조기숙 New 발레단의 〈Contact&Connection〉(이화여대 삼성홀, 2018.6.5)은 이러한 몸의 확장성을 지향한 공연이다. 이는 발레가 갖는 움직임에 대한 변주를 통해 몸학soma을 인지하고 이를 전문무용수와 일반인을 통해 적용시키고 있기 때문이다. 그래서 이 공연은 발레 공연일 수 있지만 발레 공연이 아닐 수 있고, 예술적 의미를 논하는 것 같으면서도 공공성도 함께 지향하는 복합적 의미의 공연이다.

무대는 기타리스트의 'cannon'으로 시작한다. 이어 기타와 무용수가 조우하며 서로의 감각을 통해 리듬과 움직임을 표현한다. 이는 기타가 만든 감정을 무용수가 몸으로 그 색감을 묘사한 것으로 즉흥적이지만 내재된 자율적 움직임에 대한 반응이다. 이어 막을 가린 채 다리만의 움직임과 머리, 어깨, 무릎, 발 등 신체 부위에 대한 무용수들의 연속성 속에서 같음과 다른 표현에 대한 유사성과 차이점을 인지한다. 그러면서도 관객들의 즉흥적 신체 부분에 대한 키워드 제공을 통해 무용수도 관객도 알지 못한 새로운 의미를 만들고 공유한다. 또한 외마디 혹은 소리를 통한 단편적 지시는 이야기를 만들어 내고

'사람과 사람 사이에 섬이 있다 그 섬에 가고 싶다'라는 시구詩句처럼 사람과 사람의 만남 속에서 춤을 통한 일상성과 집단성을 만들어 낸다.

이렇게 이 작품은 융합을 통한 종합공연 예술을 지향한다. 발레가 있고, 음악이 있고, 소리가 있고, 언술적 행위도 있다. 그렇지만 그것은 과함보다는 조화를 이루려하고 본질을 이야기하려한다. 끝 간 데까지의 수직적 상승보다는 인간이 표출하고자 하는 생각을 몸으로 이해하고 표현하려 하며 몸과 뇌의 한계 내에서 표출된다. 이러한 조화는 커뮤니티 댄스를 통해 구현된다. 커뮤니티 댄스는 대중이 춤을 통해 얻는 결과물의 총합이지만 진정한 의미는 전문무용수와 일반인 모두 춤을 제대로 이해하는 소통구조로 결과가 중심이 아니라 과정이 목적이고 재생산에 궁극적 의미가 있다.

이 작품은 무용수와 일반인이 조응하는 움직임의 연속적인 생산적 구조이다. 이는 서두의 '캐논'처럼 반복적 행위의 연속이 작품의 서사구조로 기저한다. 제1바이올린이 앞서가면 제2바이올린이 이를 뒤쫓아 함께 하면서도 음의 질감을 높이고 이어 제3바이올린이 같은 리듬을 더하며 세련된 맛을 증폭 시키듯 이 작품에서는 기타와 무용수의 1대 1대 조응, 몸에 대한 무용수들의 인지와 알림 그리고 스토리텔링을 통한 일반인의 적용이 그대로 조응되어 나타나는 것이다. 이는 무용의 기호적 가치인 즉흥적이면서 자율적이며 규칙적이면서도 확장적임을 이 작품은 그대로 드러내고 있다.

조기숙 New발레단은 그동안 여타 발레단이 실험하지 않은 여러 공연을 꾸준히 펼쳤다. 사랑을 다른 관점으로 바라본 〈백조의 호수〉 연작이나 설화에 바탕을 둔 여신 시리즈 등 인문학에 기반을 두면서도 예술이 가지는 미학적 의미까지 함께 하였다. 또한 소마를 통해 무용에 대한 재인식에도 앞장 서 왔다. 이번 작품은 후자의 연속적 실험이다. 이번 작품은 무용 속 여러 인식의 해체와 자율적 질서가 융합을 통해 이룬 커뮤니티 댄스의 재생산적 가치로 의미가 있을 것이다.

- 댄스포스트코리아, 2018.6.

카오스와 코스모스 속 구상적 움직임의 흐름
— 천안시립무용단 〈코스모스〉

우리의 눈으로 바라본 우주는 제한적이다. 그저 눈으로 태양과 달을 인지하며 그것이 우주를 이끌어가는 축으로 이해할 뿐이다. 그렇지만 그 너머의 세계에 대한 상상력은 인류의 진보와 함께 하였고, 예전부터 피상적으로 그려지던 세계는 과학기술의 발달로 인식의 범주를 조금씩 넓히고 있다. 인간의 시야를 넓힌 세계가 전지자의 관점에서는 미세한 일부겠지만 인간은 그 인식한 공간만으로도 경외감이 가득하다.

우주라는 주제는 무대공연예술로 다루기에는 어려움이 따른다. 거대하고 심오한 세계를 그대로 관객에게 전해주기에는 시각적으로 제한적이기 때문이다. 그럼에도 창의적 상상력을 무한하게 전달해 줄 제재이기에 그 한 처음의 이야기는 새로운 가능성을 여는 바탕이 된다. 천안시립무용단 제17회 정기공연 〈코스모스〉(천안예술의전당 대극장, 2018.6.1.-2)는 이러한 우주의 열림과 질서를 만들어가는 인류의 첫 이야기를 카오스와 코스모스라는 모티브로 만들어낸 대서사무용극이다. 이번 무대는 작년에 올린 〈눈의 기원 eye of origins〉을 정제하여 첫 번째, 두 번째 에피소드로 담아내고, 마지막 에피소드 '코스모스'를 이으며 완결된 형태를 갖춘다.

첫 번째 에피소드 '눈의 기원 Eye of Origins'은 강렬하면서도 원초적 이미지가 강하게 다가온다. 이는 빨간색으로 통일된 우주 상징성의 무대 배경과 여성 무용수 의상의 강렬함에서 그대로 드러난다. 이를 시각적 인지력을 통한 군무의 움직임은 첼로의 선율과 어우러지며 무게감을 더하고, 캐논 방식에 입각한 기본 유형으로 구성하고 있으면서도 규칙과 엇갈림 속에서 열림의 공간을 지향한다.

　이어 우주 그리고 인류가 만들어가는 과정에서 우주와 신, 인간의 충돌은 자연스럽게 표출되는데, 이는 격정적인 남자 무용수에 귀결된다. 남녀 무용수의 변별적 움직임과 함께 독무로 이어진 어둠 속 움직임 그리고 그림자 속 2인무는 우주의 질서와 인간의 삶의 경계에서 고뇌를 드러내고 내재된 분노의 표출은 이념적이면서도 현실적인 공간 속에서 하얀 천을 뜯어내는 행위로 상징적인 갈등을 빚지만 이는 굴종으로 받아들인다.

　앞서 에피소드가 낮은 정조 속 정반합의 구조였다면 새롭게 만들어진 세 번째 에피소드 '코스모스'는 율동적 리듬과 공간을 만들어내는 확산적 이미지의 지향이다. 현의 선율에 따라 가면을 쓴 익명성의 인간 군상이 등장하고, 인류의 탄생 직전, 아픔과 환희가 교차하는 경계의 움직임을 만들며 최고 옥타브 속 엑스타시를 자아낸다. 그러면서 리듬의 변화에 따라 무용수들의 자율적인 해석을 통해 서로 다른 움직임을 보이며 개성적 표현으로 나아

천안시립무용단 〈코스모스〉　천안시립무용단 제공

간다. 이러한 몸짓은 새소리와 생명을 지니는 오브제 특히 거꾸로 매달린 나무를 중심으로 제의성을 드러내며 원형적 이미지를 강조하고 있다.

전체 서사구조를 관통하며 분위기를 좌우하는 음악은 비발디의 '사계'다. 우리에게 익숙한 사계는 특히 두 번째 에피소드 '코스모스'의 바탕이 된다. 이 음악은 질서를 만들어낸 인류의 상징과 함께 역동성, 유동성을 함께 표현할 수 있는 공감각적 분위기를 형성한다. 또한 비발디의 원곡이 지니는 현의 날카로움과 기교어린 리듬을 배제하여 새롭게 해석한 막스 리허터Max Richter의 변주된 〈사계〉는 중용의 의미를 지닌다. 그래서인지 무용수의 움직임도 과한 역동적 이미지를 드러낼 수 있음에 반해 자연의 질서가 완성된 평안함과 유동성을 이루는데 최적화된 표현으로 나아간다.

이 작품이 지향하는 궁극은 결국 조화이다. 신과 인간 그리고 인간과 자연 그리고 인간과 인간의 조화로움은 연속적인 조형적 움직임과 음악 그리고 오브제를 통한 합을 통해 이루어낸다. 이러한 점은 조형예술과 시각예술의 실공간과 허공간을 운동공간으로 만든 구상적 안무에 기인한다.

작년의 〈눈의 기원〉이 완결을 위한 과정이었고, 카오스의 공간 속 이야기였기에 대중에게는 조금 어렵게 다가왔다. 주제의식도 거시적이고 한국 전통무용에 토대로 한 단체라는 고정관념으로 인해 낯설음을 주기도 하였다. 그럼에도 대중에게 어려울 수 있는 주제를 연속성을 지니며 실험하여 완결된 작품을 완성하였다.

혹자는 '천안'시립무용단이기에 너무 무거운 주제가 아니었는지 질문할 수 있을 듯 하다. 이는 지역에 대한 배려를 토대로 한 여러 생각에서 나온 말이다. 이와 함께 시도립무용단의 책무에 대한 물음도 던질 수 있을 것이다. 그렇지만 심오한 주제를 담아내면서도 심도 있는 작품을 완성하였다는 '천안시립무용단'이기에 가능하였을지도 모른다. 이는 노력하는 좋은 무용수들과 예술감독의 뚝심 있는 철학에서 나온 결과로 인식할 수 있다.

- 『댄스포럼』, 2018. 7.

23

자율적 움직임 속 표현주의 댄스 드라마
―세컨드네이처 댄스컴퍼니 〈40712〉

그동안 세컨드네이처 댄스 컴퍼니 그리고 예술감독 김성한은 실존적 시각에 바탕을 둔 일련의 작품으로 확실한 정체성을 보여주었다. 이는 〈이방인〉, 〈구토〉, 〈보이체크〉 등 제목만으로도 어느 정도 기대지평을 가지게 하는 텍스트를 수용하였다는 점에서 연유할 수 있다. 그렇지만 단순하게 서사구조나 스토리텔링의 차용이 아닌 주제의식의 자기화를 통해 비교를 넘어 작품 그 자체로 새로운 의식을 전해준다는 점에서 그들만의 독특한 정체성을 드러낸다.

게다가 이들은 무용이 지니는 표현주의적 몸짓을 담아내면서도 연극적 구조를 바탕에 두어 현대무용이 지니는 자기 추상적 인식에서 벗어나 대중의 공감대 형성에도 긍정적인 면모를 지녀왔다. 이번 공연된 〈40712〉(강동아트센터 소극장 드림, 2018.6.8.-9)는 희곡 〈보이체크〉를 모티브로 하면서 이전에 공연된 〈보이체크〉를 해체하여 또 다른 질서를 만들어낸다.

처음 무대에서 눈에 들어오는 것은 분절되어 있는 철골 구조다. 이는 단면적으로 만들어진 것이 아니라 공간 구성을 이루고 있어 단순 이미지가 아닌 행위소의 상징적 기호로 자리한다. 이는 갑갑함과 함께 제한된 현대인의 상징성을 전해주면서 전체 서사구조를 예상하게 만든다. 이러한 공간 속에서 일정한 시계음이 흐르고 6명의 인물이 등장하면서 연속적인 움직임 속에서 갈등적 분위기가 조성된다.

제약실험실로 상정된 공간 속에서 실험 대상인 주인공은 점점 정신과 육체가 피폐함을 드러내지만 이 또한 생존의 방법이기에 그의 몸부림은 애잔함과 안타까움이 함께 한다.

세컨드네이처 댄스컴퍼니 〈40712〉   세컨드네이처 댄스컴퍼니 제공

이는 자연주의적 리얼리즘으로 대입하여 이런 극단적 모습이 염상섭의 소설 '표본실의 청개구리'처럼 '가혹히 나의 신경을 엄습하여 오는 것은 해부된 개구리가 사지에 핀을 박고 칠성판 위에 자빠진 형상'으로 다가선다.

    그렇지만 고뇌하는 그에게 사랑하는 사랑이 있고, 분절된 공간 그리고 서로 다른 남녀의 모습 속에서 서정적 율동미가 드러나는데 이는 거친 움직임을 통해 사랑의 감정을 일으키고 안주하려 한다. 그럼에도 이도 사회적 관계성 속에서 완결성을 이루지 못하는 모습을 띤다.

    이러한 문제는 경제를 위한 조직공동체 속에 매몰되는 현대인의 전형성 속에서 놓인다. 이는 회사 상사의 빠른 비트 속 움직임에서 조금은 코믹하지만 느물거리는 듯 함이 함께 하여 그로테스크한 면모로 인식된다. 이건 어느 조직 사회건 마찬가지겠지만 현대사회의 반영이고, 상하 조직의 부속으로 계급적 모습이 그려지고 있다.

    여기서 또 특징적인 장면은 동물의 탈을 쓴 인간들의 모습이다. 말과 토끼로 시작하여 소, 닭, 기린, 여우 등이 등장하여 인간의 야수적 성격이나 원초적 모습을 그리고자 하지만 가면을 벗으며 울고 있는 인간이 나타나고 그 모습이 중앙 화면에 흐르며 인간의 나약성을 그대로 직시한다.

이 작품에서는 더 나아가 꼭두각시를 조정하는 듯 한 인형조종술의 장면이 눈길을 끈다. 누군가에게 조종을 당하여 인간의 몸짓이 정형화되어 있고, 비디오로 촬영되는 영상을 통해서는 스스로 발광하는 움직임으로 변이되고 있다. 그렇지만 그것이 보이는 보이지 않는 줄에 의해 움직여지는 모습으로 묘사되어 테두리 안에서 자유 없는 삶을 상정하고 있다. 이는 남자가 가장 편안한 그만의 공간으로 돌아오지만 그것은 동시에 또 다른 시험의 공간이기에 후타바테이 시메이二葉亭四迷의 그 유명한 하이쿠 '이 미친 세상에서 미치지 않으려다 미쳐 버렸네'라는 말처럼 세상은 아름답지만 미쳐있는 상황 그대로다. 이는 약을 먹고 고통스럽고 제 정신이 아닌 상태에서 철근골조에 매달린 주인공의 모습이 '눈 먼 자들의 도시'처럼 불가항력의 세상을 상징화하고 있다.

이 작품의 배경에는 '보이체크'가 있다. 그렇지만 임상실험, 계급적 사회, 무기력한 인간 등의 서브 모티브를 차용할 뿐 현대사회에서 새로운 전형을 확보하여 의미를 형성한다. 특히 연극적 서사구조 속에서 무용수들은 그 시퀀스에 맞는 자율적인 움직임으로 녹아있어 극적 표현의 기교가 균형을 이룬다. 이 작품은 표현주의 댄스 드라마라고 느낄 정도로 인간 내면의 주관적 묘사가 그대로 드러나지만 낯설음이 아닌 보편적 정서의 공감대 형성에서 관객과 궤를 함께 하고 있다. 이러한 형식적 완결성은 그동안 세컨드 댄스 컴퍼니가 추구해 온 방향성 그대로이다.

-『댄스포럼』, 2018.7.

24

고독에 대한 균정미의 심상적 표현
—현대무용단 탐 〈지금, 말하다〉

현대사회는 쉼 없는 관계 속에 살아간다. 그것이 면대면이건 디지털에 의한 온라인 접촉이건 여러 그물망에 놓여있다. 그렇지만 그러한 관계는 순수함을 잃은 지 오래다. 그저 이러한 사회적 구조는 목적에 의한 관계성에 맞추어 본질보다는 진실에 근접한 핍진성만 표면적으로 드러낼 뿐이다. 게다가 자존을 위한 극단적 방편으로의 관계는 집단 따돌림으로 외톨이를 만들기도 하고 스스로 은둔자가 되기도 한다. 이는 오히려 지나친 소통 속에서 관계를 거부하거나 피하며 군중 속 고독 혹은 절대고독이 현대인을 상징하는 기호로 자리한다.

 마승연 안무의 현대무용단 탐의 제38회 정기공연 〈지금, 말하다〉(이화여대 삼성홀, 2018. 6.2.)는 이러한 현대인의 실존을 주제로 삶의 다양한 이야기를 풀어놓는다. 현대무용단 탐은 이화여대 현대무용 전공 동문이 중심이 된 무용단으로 1981년 창단 공연을 한 이래 한국 현대무용의 여러 쟁점이 되는 작품을 양산하였고, 기본에 충실하면서도 사회적 이야기를 진지하게 고민해 온 단체이다. 이번 무대도 그러한 사회적 기호에 바탕을 둔 현대적 담론을 주제로 관객과 소통하려 한다.

 무대는 피아노와 생활 소음이 공존하며 시작된다. 피아노의 서정적 감각을 미세하게 방해하는 잡음이 들리며 현대 사회의 상징적 구조를 먼저 제시하고 있다. 이어 무용수들이 등장하며 유동적인 연속성을 보이면서도 깊이 있게 의미를 부여하지 않아도 될 움직임의 비결정성을 드러낸다. 이는 현대인의 무기력한 삶에 대한 전조로 상정될 수 있을 것이다.

　그러면서 의자와 사다리의 두 오브제를 통해 현대적 담론이 형성된다. 의자는 개인에게는 편안한 대상이지만 공간 소유에 대한 의미도 부여된다. 무용에서는 하나의 오브제로 창조적이면서도 지각의 현상을 보여주기 위한 장치이다. 그런 의미에서 의자 위 2인무를 통한 동작의 연속성은 편안함과 최소한의 실존을 유지하려는 동작으로 그려진다.

　그렇지만 관계의 충돌을 통한 따돌림은 형상적 이미지로 드러난다. 무의미한 관계의 충돌 속에서 시간적 리듬의 변화는 심리적 운동으로 변화하고 이것은 또 다른 오브제인 사다리로 전이된다. 여기서 사다리가 갖는 의미는 무엇일까. 사다리는 상승의 구조이면서 현실을 피하고 싶은 무형의 공간이다. 이는 고독할 수밖에 없는 공간으로 고정되지 않고, 자리를 바꾸며 힘듦과 변화된 인간 존재의 현재성을 드러낸다.

　이러한 오브제를 통한 움직임이 삶과 연계된 미니멀한 장치였다면 지속적으로 이어지는 메커니즘의 반복음과 마이크의 등장을 통해 무용수의 움직임은 동적이면서 격정으로 감정표현이 이어진다. 무용에서 기계적인 반복음의 연속에 따른 움직임은 엑스타시로 올라갈 때까지 광기를 분출하여 해소하는데 이 작품에서는 조직적이면서도 균정한 감정 표현을 통해 주제의식을 담담하게 그려내고 있다. 또한 마이크라는 확장의 장치를 통해 목소리를 내보지만 그것은 공허함으로 다가오고, 나약한 인간의 모습을 표현하고 있다.

　이러한 모습은 첫 시작의 이중적 구조처럼 두개의 음악이 중첩되면서 다시 해소의 과정을 거치지만 그것은 해소가 아닌 일상적 모습으로 패러다임을 이룬다. 이는 인간 내면을 기계음으로 표현하고 감정의 영역을 현실성으로 개성적 몸짓을 통해 구현되고, 또 다른 일상으로 회귀되는 모습이다. 시계처럼 반복규칙에 의해 움직여지고, 규칙적 움직임에서도 존재에 대한 의식이 절대 필요하고, 절대고독에서도 생존 법칙을 스스로 깨달아야 함을 전해주고 있는 것이다.

　이 작품은 현대적 실존의 문제를 접근하다 보니 주제는 무겁지만 현대무용단 탐이 항상 보여주었듯이 기능적이면서도 구성미에 치중하고 있다. 이 작품에서도 형이상학적 상징 주제이다 보니 이념적 묘사보다는 심리적 표현에 집중하는 자율적 몸짓을 보여준다. 이런 점은 창작방법에서 주제 접근이 지금 이 순간 무대 공간성에 집중한 결과로 다가온다.

　현대무용단 탐의 공연을 지켜보면 그들만이 가지는 아이덴티티가 언제나 확연하게 드러난다. 현실적 언어가 표현주의적 무채색으로 드러나 균정미가 돋보이며 미니멀한 오브제 그리고 공간 구성의 상징성을 통해 빈틈없는 무대공연 형식을 관객에게 전달하고 있기 때문이다. 반대로 핵심적 이미지가 부족하다보니 강렬한 인상을 주지는 못하는 아쉬움도 존재한다. 주제적인 면에서도 존재에 대한 주관적 심상과 함께 동시대의 사회적 리얼리티의 강렬한 모티브도 대중에게 묘파되었다면 더욱 작품의 의미가 배가 될 듯 하다.

-『춤』, 2018.7.

25

동시대 일상적 관점의 결혼에 대한 담론
—전미숙무용단 〈Talk to Igor—결혼, 그에게 말하다〉

10여 년 전 88만원 세대라는 말이 나왔다. 20대 중 정규직에서 일하는 인원은 극소수로 대부분 비정규직으로 일하며 그도 월평균 88만원 정도 밖에 급여를 받지 못하는 현실을 그대로 드러낸 말이다. 이에 따라 혼인 연령은 점점 늦어지거나 비혼 인구가 늘어났는데 이는 현재도 진행형이다. 이런 현상은 한국이 출산율이 가장 낮은 나라라는 파생적 의미까지 자연스럽게 발생되며 사회적 문제로 등장하였다.

그렇다면 우리에게 결혼은 어떤 의미로 현재 받아들여지고 있는가? 전미숙무용단은 2012년 초연한 〈Talk to Igor—결혼, 그에게 말하다〉를 6년이 지난 현재, 어떠한 인식으로 존재하는지 고민하며 그 질문을 대중에게 하나의 화두로 던지고 있다.(아르코예술극장 대극장, 2018.7.14.-15)

이 작품의 제목은 'Talk to Igor'이다. 여기서 Igor(이고르)는 작곡가인 이고르 스트라빈스키 Igor Stravinsky에서 나온 것이고, 또한 '결혼, 그에게 말하다'는 '그가 작곡한 '결혼'에 여러 토대를 둔 것에 의미를 둘 수 있다. '결혼'은 1923년 브로니슬라바 니진스카가 안무한 발레로 프랑스 파리에서 디아길레프발레단에 의해 초연된 작품이다. 이고르 스트라빈스키의 '결혼'은 러시아의 결혼과 결혼식에 대한 이야기가 중심에 놓인다. 음악의 시작은 높은 소프라노의 목소리가 흐르며 리드미컬하면서도 복잡하게 얽힌 남녀 합창의 반복적 프레이즈가 결혼의 역동적 통과의례를 담아내고 있다. 이는 남성보다는 사회적 제도에 의해 여러 힘듦이 배가 되는 여성의 심리적 요소를 그려내고 있으며 이를 통해 여성주의적인 관점이 자연스럽게 드러난다.

〈Talk to Igor, 결혼 그에게 말하다〉에서도 이러한 모티브는 그대로 수용되는데 첫 장면도 아기를 안은 엄마가 노래를 읊조리며 객석을 가로질러 등장하고, 무대에서 아이를 돌보는 장면에서는 여성으로 삶, 엄마로서의 삶 등의 상징적인 서두를 이끌고 있다. 그러면서 스탠드 마이크가 여럿 놓이고 백색의상을 입은 남녀의 각각 움직임 속에서 다르지만 같은 모양새의 인간의 삶에 대한 군상群像을 표현하고자 한다. 여기서 남녀 무용수는 결혼에 대한 현실적이면서도 관념적인 자신의 이야기를 늘어놓는다. 그들은 결혼이 남녀의 사랑이 합치된 이상향인지 현명한 선택 속 미친 짓에 대한 고민을 넋두리처럼 말하며 지금 이 순간의 일상을 드러낸 것이다.

그렇지만 이들도 결혼에 대한 정답 없음을 내포하며 현실적인 갈등을 몸짓으로 표현한다. 이는 단순하게 결혼이라는 의식을 통한 표현이라기보다는 이 시대의 삶에 대한 자존적 충돌로 격정을 드러낸다. 이런 모습은 편협하게 한정된 페미니즘이 아닌 진정한 여성주의적 시각에서 논의된 결혼, 그리고 그 이후에 대한 솔직한 대화로 반영된다. 페미니즘이 그동안 제도적 장치나 정치적 모토에만 집중한 감이 없지 않지만 오히려 일상 속에 혹은 관습으로 남아있는 미시적인 측면에 대한 인식의 전환은 오히려 더디게 나타났다. 그런 의미에서 이 작품에서는 일상적 담론의 전달과 그 이야기를 몸소 겪고 있는 무용수들의 표현이기에 현실적으로 다가온다.

이 작품의 움직임은 잔잔하지만 역동적이다. 남녀 무용수로 조화를 이루지만 여성 무용수가 중심을 이루며 움직임도 강하고, 부드러움보다는 한 인간으로 생존하려는 강한 의지가 몸짓으로 드러나고 있다. 이러한 모습은 관념적 중심을 해체하고 새로운 질서의 출현을 예고한 이고르 스트라빈스키의 음악과 합을 이루며 실존적 저항을 보여준다.

그럼에도 불구하고 이 작품은 현학적인 메시지를 강하게 드러내며 이에 치중하고자 한 아쉬움이 있다. 물론 결혼은 수많은 넋두리와 같이 원론적 고민이 가득한 인류 대대로 이어온 숙제이다. 해도 그만 안 해도 그만이라는 막연한 이야기가 존재하고 누구나 그 이후의 삶에 대해 고민하는 문제지만 현상만 던지고 열린 맺음을 통하다보니 주제의식은 약해지고, 순간적 표현에만 집중시킨 감이 없지 않다. 물론 최고의 무용수들이었기에 움직임 등에서 흠 잡을 것을 없고 그것만으로도 이 작품은 완성도가 있겠지만 조금 더 현실적인 서브 모티브를 가지고 화두로 던졌다면 6년 만에 재창작된 것에 대한 새로운 의미를 찾을 수 있었을 것이다.

- 댄스포스트코리아, 2018.7.

원형과 전형의 경계에서 북한춤의 재인식
―안은미컴퍼니 〈안은미의 북.한.춤〉

국토가 나뉜 남과 북의 소통이 위로부터 이루어지고 있다. 이러한 분위기 속에서 문화예술체육을 통한 교류가 점진적으로 이루어졌고, 그동안의 앙금을 털며 서로 이해하려는 움직임이 조금씩 나타나고 있다. 이즈음 이루어진 〈안은미의 북.한.춤〉(아르코예술극장 대극장, 2018.6.1.-3)도 남과 북이 공유할 수 있는 민족의 원형질과 동시대성을 함께 인식한 공연으로 의미를 가진다.

이 공연의 첫 시작은 최승희의 '보살춤' 재현이다. 최승희는 근대 시기 대중에게 잘 알려진 무용가임과 동시에 워너비 스타였지만 해방공간 북으로 넘어가 북한 무용의 토대를 마련한 인물로 알려져 있다. 그런 의미에서 그의 춤 정신은 한국 무용계에서 단절되어 나타났는데, 여기서 보살춤의 재현은 한국 근대무용의 선구자인 그를 통해 분단 이전 한국춤의 보편성과 특수성을 생각하는 상징적 화두로 작용한다.

이어 가요 '반갑습니다'가 흐르며 북한춤에 대한 기호적 의미를 보이고 다시 최승희가 저술한 『조선민족무용기본』에 나오는 기본 동작의 연속성이 진행된다. 그런데 십 수 여 분 흐르는 몸짓은 무음악을 통해 구현되기에 관객에게 생경함과 함께 동작에 더욱 집중시키게 만드는 효과를 가지고 온다.

무음악 뒤 긴장감과 불편함의 해소는 역동적이며 전투적인 남성군무로 이어지고 다시 부채춤, 수건춤, 무당춤, 쟁강춤 등을 통해 북한춤에 대한 가상적 의미와 최승희 춤에서 교차적인 공통분모를 찾으려 한다. 이러한 측면은 경계에서 새로운 가치를 얻고자 함일텐데 전형적이면서도 원형적인, 보편적이면서도 특수한 의미를 만들며 최승희나 북한춤의 재현이 아닌 안은미가 인식한 북한춤의 현실적 펼침으로 나타난다.

이는 원형의 재해석을 통한 전형성의 확보라는 측면에서 최승희와 안은미는 맞닿아 있다. 원래 최승희의 토대는 현대무용에서 비롯된다. 그의 출발은 이른바 '신무용'에 토대를 두지만 일본 혹은 서양을 외유하며 스스로 인식한 것이 조선의 정체성이었다. 그는 단순하게 민족문화의 DNA를 전승하기 보다는 동시대 글로컬리즘의 드러냄이 가장 세계적임을 인식하며 전통춤의 새로운 정립에 몰두한 것이다.

안은미의 이 작품도 전통춤 혹은 북한춤에 대한 동시대적 해석과 그를 통해 '지금 이 순간' 대중과 소통을 원한다. 이는 무대 구성을 북한춤을 소통하는 가상공간으로 상정하고, 현대무용이 가지는 난해성을 넘어 대중성을 함께 내포하여 실제적 해석보다는 미메시스를 통한 있을 법한 이야기로 만드는 것이다. 이러한 점은 그가 인터넷이나 책을 통해 느낀 감정을 가상적 대체물로 엮어내면서 북한춤의 기호적 공간을 '시뮬라시옹'의 세계로 그려낸다. 여긴 없지만 존재하는 것처럼 보이는 북한춤의 재현을 통해 관객은 차이와 유사성을 인식하며 지평을 넓히는 것이다.

이 작품은 안은미가 테아트르 드 라빌의 상임안무자로 부임하여 내년 2월 프랑스에서 공연될 작품으로 알려져 있다. 이는 이번에 공연한 소통과 또 다른 의식을 전해줄 것이다. 미시적이지만 거시적 기대지평 속에서 유럽에서는 어떤 인식을 가져다 줄 것인지 기대된다.

- 이데일리, 2018.7.12.

27

어두운 정조 속 일상적 전형성의 표현
— 로댄스프로젝트 〈RAVEN : 까마귀〉

까마귀는 흔히 흉조라 말한다. 이는 고래古來부터 느낀 감성이 습속習俗으로 자리 잡았기 때문으로 검은빛이 가지는 암울한 색감과 '깍깍'하며 둔탁하게 울어대는 소리 등 그리 달가운 공감각적 이미지를 전해주지 못함에서 비롯된다. 이에 반해 까마귀는 신화에서나 실제적으로도 영험함을 전해주는 새로도 이해할 수 있다. '삼족오'처럼 태양과 인간을 연결해주는 새로 인식되거나 북유럽 신화에서는 오딘의 상징으로 지혜를 전달해주는 새로 혹은 상서로운 기운과 흉조凶兆를 알려주는 '예언의 새'로도 알려져 있다.

그럼에도 이런 매개적 신화소는 사라지고 현대에 와서는 좋지 못한 소식을 전하는 새라는 지엽적 이미지만 남았다. 또한 현실적으로도 인간 세계에 폐해를 준다고 느끼며 그리 달갑지 않은 존재가 되었다. 이러한 인식을 기반으로 로댄스프로젝트의 〈RAVEN : 까마귀〉(아르코예술극장 대극장, 2018.7.11.-12)는 인간 세상의 여러 어두운 현상을 까마귀에 빗대 풀어놓고 있다. 이 작품의 제목은 'RAVEN : 까마귀'이다. Crow가 아닌 Raven이라 한 것도 우리가 알고 있는 까마귀보다 더 크고 위압적인 존재로 투영하여 암울함을 전달하는 기호로 상정할 듯 하다.

이 작품은 검게 물들어가는 인간 세상의 전형성을 드러낸다. 그저 본질 그대로 살고 싶지만 살아남기 위해 다른 이보다 앞서야 하고, 스스로 흙 때를 묻히며 순수성을 잃어가는 인간 군상의 모습 그대로이다. 이러한 모습은 군무를 통해 현학적이면서도 정제된 움직임을 통해 지시한다. 또한 이런 움직임은 일상의 구현이지만 무거움을 전하며 까마귀의 울음과 함께 어둠으로 치닫는다.

　또한 어둠에서 밝음을 지향하고자 하는 연속적인 공간 이동에서는 정반합의 갈등이 드러난다. 이는 일 대 무리의 충돌에서 매몰된 다수 스스로의 내부적 갈등을 드러난다. 여기서 서로의 움직임은 일치하지 않으면서도 그러한 개성들이 모여 같은 주제의식을 전해주고자 하는 의식적 표현의 지향을 통해 구현된다.

　이러한 흐름은 타락한 세상의 구원을 기다리는 전환적 맥락에서 다시 리듬 패턴이 최소화되고, 모티브를 인상적으로 표현하고자 한 군무의 좌우 이동을 통해 관객에게 집단적 원형성을 전달한다. 공간적 변환을 통한 의식의 전환과 움직임은 강렬한 현상의 지각을 통해 확산되며 의미를 보이기 위한 프레이즈로 치환된다. 이는 그동안 노정식 안무가와 로댄스프로젝트가 보인 추상적이라기보다는 철학적 주제의식의 표현 방식이 잘 드러난다.

　이 작품에서 오브제는 상징적이다. 흑백의 조화를 보이기 위한 장치인 종이를 물고 등장하거나 흩뿌린 종이 가루 등은 순수와 씻김의 매개체로 의미를 지닌다. 이는 음향으로 등장하는 빗소리와 함께 극 전체에서 정화 작용으로 카타르시스를 준다. 또한 신발이 지니는 일상적이면서도 중의적 의미로 이중성을 가지고 온다. 순수성에 대한 파괴적 양상은 신발을 던짐으로 시각과 상상에 대한 동일형식으로 동기부여가 되었고, 관객에게는 무거움으로 다가오는 의식적 흐름으로 수용되었다. 〈RAVEN : 까마귀〉에서 음악은 움직임의 역동성을 주기에 충분하다. 특히 절정에서는 인간의 내적 갈등을 강약보다는 강함의 극대화로 무게감을 전해준다. 이러한 요소는 빗소리가 하나의 구원의 청각적 이미지로 작용하는 것과 대조를 이루며 극 전체의 분위기를 형성하는데 기여한다.

　이동하 무용수는 노정식 안무자의 페르소나처럼 그동안 많은 작품에서 주역으로 함께 하였다. 이번 작품에서도 가장 두드러진 모습을 보였는데 군무와 대칭적인 장면에서도 강한 에너지를 분출하며 무대를 압도하였다. 그의 몸짓은 거친 듯 하지만 유려하고, 무겁게 보이지만 유동적인 흐름으로 이 작품에서 드러난 양면성을 그대로 전달한다.

　이 작품은 전체적으로 까마귀에 빗댄 현대 사회의 단면을 말하고 있지만 알레고리에 의한 풍유적 기법은 두드러지지 않다. 몇몇 장치를 통해 까마귀를 표현하고 부정적인 이미지를 극복하고자 하는 의지를 드러내지만 감정의 증폭을 통한 표현이 뚜렷하지 않은 점은 아쉬움이다. 이는 전하고자 하는 주제의식이 직시적 표현에 치중한데서 비롯된다는 점에 이유가 있다.

그럼에도 이 작품은 이러한 직시적 표현 의식이 관객에게는 기대지평의 합을 쉽게 이룰 수 있게 만들었고, 생산적 인식의 결과를 구체화하였다는 점에서 그동안 보인 정체성을 유지한 로댄스프로젝트의 진보적 생산물로 가치를 지닐 수 있다.

-『댄스포럼』, 2018.8.

삶을 관통하는 18가지 인생 이야기
―김보람 〈관통시팔〉

삼일로창고극장이 재개관하였다. 1970년대 이른바 소극장 연극운동의 중심이었던 삼일로창고극장은 그동안 여러 부침을 거듭하다가 최근 서울문화재단에서 위탁 운영되며 이번에 새로운 출발을 시작한 것이다. 특히 이곳에서 공연된 대표작인 추송웅의 모노 드라마 〈빨간 피터의 고백〉을 새롭게 해석한 네 명의 퍼포머의 작품을 선보이며 추억과 새로운 출발을 함께 공유하였다. 이 중 김보람 연출, 출연의 〈관통시팔〉(삼일로창고극장, 2018.7.13.-15)은 공연된 네 작품 중 유일한 무용작품이지만 추송웅의 〈빨간 피터의 고백〉의 여러 상징적 의미체계를 잘 펼치면서도 김보람 안무가의 색깔을 응축한 작품으로 인식할 수 있다.

이 작품의 제목은 〈관통시팔〉이다. 이는 '춤, 예술, 예술가, 패턴, 만남, 탄생, 선택, 덫, 탈출, 이상 그 이상, 환상, 실체, 영역, 넘어, 두려움, 후회, 확신, 그'라는 18개 시퀀스로 나누어 이야기를 구성한데서 비롯되겠지만 욕의 발음을 의도적으로 명시하여 힘겨운 인생을 관통하거나 찰나에 외칠 수 있는 외마디의 중의적 표현으로도 이해할 수 있다.

이 작품은 그동안 김보람의 작품을 그대로 투영한다. 그는 서사구조를 여러 장으로 분절하면서도 굳이 뚜렷하게 이야기를 담아내려 하지 않는다. 여러 시퀀스가 어떤 경우는 의미가 있는 것 같지만 이건 무엇을 표현하는지 의문을 갖게도 하는데, 굳이 어떤 의미부여 보다는 그 순간을 표현하고 관객도 그걸 그대로 느끼면 될 뿐이다. 그래서 움직임의 반복은 극명하게 그의 작품에서 표현되는 특질 중 하나다. 이는 무음악을 통한 허두가 같은 기본 동작의 몸풀기나 하루하루 똑같은 일상의 반복 등을 표현하면서 춤이 갖는 지난한 구도求道의 과정과 일상적 삶의 영속성을 그대로 보여주고 있다.

그러면서도 전달하고자 하는 의미를 하나하나 성취하는 모습에서 기쁨과 슬픔이 공존하고, 코미디와 같은 삶이지만 그래도 한 번은 살만한 인생이란 긍정적인 의미도 함축한다. 이러한 모습은 일상에 순응하면서도 나름의 개성을 분출하는 여러 모습에서 드러나며 공연의 그 순간이 베스트라는 목소리로 많은 부분을 설명한다.

김보람의 작품에서 음악은 또 다른 표현 방식의 출구이자 마중물이다. 이 작품에서는 여러 시퀀스로 나눠다보니 중심 음악이 있기보다는 그 주제와 순간적 표현을 극대화할 수 있는 음악이 적재적소에 사용된다. 무음악도 '무형식도 형식'이라는 의미로 받아들여질 수 있고, 낯익은 음악의 선택은 관객에게 기대지평을 열면서도 지평의 전환을 이루는 장치로 사용된다. 특히 영국 록 그룹 퀸Queen의 〈보헤미안 랩소디Bohemian Rhapsody〉를 통한 움직임의 흐름은 이 작품에서 가장 절정이며 압권인 순간이다. 그는 원곡이 가지는 격정을 함유하면서도 음악에 맞추어 표현한다기보다 리듬을 통한 세심한 내면의 표출과 상황 묘사로 카타르시스를 주기에 충분한 요소를 지닌다.

요즘 흔히 말하는 원형적 전형성, 즉 시그니처signature는 그의 작품에서 여러 기호로 등장하는데 음악 전곡을 통해 유동적 흐름의 표현도 그 중 하나이다. 이는 무의미한 듯 보이지만 관객에게 표현을 집중시키는 호흡을 주고 상반되게 짧은 서사구조 속에서 단순화된 재생산으로 소통 구조 속 심미적 통합을 이루고 있다. 이러한 모습은 '빈사의 백조'에 맞춘 동작을 통해 희극적이면서도 비극적 요소가 함유된 동작에서 그대로 투영된다.

그런 의미에서 김보람에게 가장 잘 어울리는 키워드 중 하나는 '그로테스크'일 것이다. 프란츠 카프카의 〈변신〉의 주인공처럼 일어나 보니 벌레가 되어 있는 기괴하면서도 희극적 상황은 인간의 무기력함에 함몰될 수밖에 없지만 그럼에도 불구하고 그 또한 현실이기에 딛고 일어서려는 골계적 상황으로 공포와 연민을 함께 전달해준다. 게다가 이 작품에서 보인 그의 몸짓과 흐름은 두서없어 보이지만 인간의 삶 그 자체이고 춤꾼의 일상이다. 춤꾼의 일상을 있는 그대로 그려내고, 그걸 관객은 그 좁은 공간에서 함께 호흡하고 춤꾼의 땀 내음까지 공유하며 지평을 함께 그리고 있는 것이다. 이러한 점은 추송웅의 〈빨간 피터의 고백〉이 드러낸 소통 구조 그대로이다. 인간처럼 행동 할 수밖에 없는 원숭이 빨간 피터처럼 그는 춤꾼으로 살기위해 현실을 딛고 일어서려 노력하고 에너지를 분출하는 것이다.

이 작품의 결結은 이렇게 웃으면서도 슬픈 장면을 응집하여 마무리하는데 박근혜 전

대통령의 대국민 사과 담화를 차용하여 드러낸다. 최순실 농단 사건의 사과문이 내레이션으로 나오면서 관객은 실소를 하지만 진지한 그의 몸짓은 웃음기나 직설적 묘사가 없다. 그러다가 '내가 이러려고 대통령이 되었나 자괴감이 든다'라는 말로 마무리되고 그의 움직임은 극한으로 치달으며 내가 지금 이 순간 이렇게까지 하며 춤을 추어야 하는지 관객에게 그 화두를 상기시킨다. 이는 물구나무를 서거나 울면서 비보잉을 하는 모습에서 안쓰러움과 춤꾼의 일상에 대한 전형성을 드러낸다. 이는 빨간 피터처럼 우리 혹은 무대 안의 내가 나이지만 이를 훔쳐보는 관객들의 모습의 반영이라는 상호텍스트성의 관계성이다. 그래서 그의 그로테스크한 웃음과 선한 눈빛 속에서 빨간 피터가 투영되었고, 해체를 통한 새로운 의미가 관객에게도 그대로 전달된다.

어찌 보면 이 작품은 김보람이 그동안 선보인 작품의 결집체로 보아도 무방하다. 그가 이끄는 앰비규어스 댄스컴퍼니의 여러 작품이 일인무 형식으로 정형화된 점에서 그러할 것이다. 그렇지만 지금 이 순간 그의 열정적 움직임이 좁디좁은 삼일로창고극장에서 관객과 소통하며 분출하였다는 점에서 더 큰 의미를 지닐 것이다.

-『춤』, 2018.8.

29

공연으로 탈춤의 재생산과 그 가능성
―서울돈화문국악당 〈가면희〉 '탈&춤'

'탈춤'은 조선 후기에 집성되어 조선 기층문화의 대표성을 갖는 예술 장르 중 하나이다. 탈춤은 내적으로 양반을 조롱하는 사회비판 의식을 담고 있고, 외적으로 상업경제 구조에 따른 문화 행위로 나아간다는 점에서 근대 의식의 싹으로 이야기된다. 이러한 측면에서 김윤식, 김현이 쓴 『한국문학사』에서는 탈춤이 자생적 예술과 그 양식이라는 특질을 갖기에 근대 기점의 논거 중 하나로 제시하였다.

그럼에도 탈춤은 일제강점기 잊히다 1970년대 민족의식의 발로 속에서 재현되었고, 여러 탈춤이 무형문화재로 지정되어 전승되고 있다. 이러한 부분은 민족문화의 발굴 복원이란 측면에서 큰 성과를 보였지만 대중과 소통이란 측면에서는 한계를 보인 점도 없지 않다. 탈춤이 열린 공간 속에서 이루어지는 거리극 요소가 강하다보니 대중이 지속적으로 접할 기회가 그리 많지 않기 때문이다.

이러한 한계를 벗어나고자 몇몇 탈춤꾼들이 여러 기획 공연을 통해 관객과 소통하고자 노력하였고, 그 신명을 무대에서 분출하여 왔다. 이번 서울돈화문국악당 포커스 기획 〈가면희假面戱〉(서울돈화문국악당, 2018.8.8.-19)도 그러한 형태 중 하나다. 십 여 일에 걸쳐 진행된 이 공연은 '탈춤보존회' 공연, '탈&춤', '탈바꿈' 등 세 가지 형태로 나누어 탈춤의 매력을 발산한 무대다. 이 중 '탈&춤'은 허창열, 이주원, 김태호 세 명이 탈춤과 전통춤을 교차로 선보이며 탈춤과 전통춤이 가지는 즉흥적 신명과 동시적 균정미를 보여준 무대였다.

허창열은 고성 오광대놀이의 '문둥북춤'과 '덧배기춤'을 추었다. 고성오광대의 특질 중

서울돈화문국악당 〈가면희 탈&춤〉 허창열, '허튼춤'   서울돈화문국악당 제공

하나는 양반에 대한 조롱과 아이러니 구조를 두드러지게 담는데 있다. 대표적인 탈인 홍백양반 탈도 아버지가 '홍'인지 '백'인지 모르는 양반의 허위와 이중성을 그대로 보이며, 문둥북춤도 그러한 담론을 담고 있다. 문둥북춤은 누대에 걸친 죄업으로 문둥이가 된 한 양반이 그 존재에 대한 고통을 북춤을 매개로 극복하고자 한다는 내용이다. 이는 아주 단순한 내용이지만 극적 스토리텔링이 있기에 관객들도 쉽게 빠져들게 하는 요소가 있다. 허창열은 표면적으로 유약해보여 그 역할에 적절한 모습이다. 그렇지만 강단 있게 극복의지를 넘어서는 초월적 에너지를 드러내며 최적화된 문둥북춤을 보여주었다. 덧배기춤도 자율적 소통구조로 허허로움 그대로이면서도 힘의 조절을 통해 대쪽 같은 춤을 추어 카타르시스를 주었다.

이주원은 '도살풀이춤'과 하회별신굿놀이의 '이매춤'을 보여주었다. 도살풀이춤은 다른 살풀이춤에 비해 더 비장하고 긴 수건을 통해 역동성을 잘 드러나는 춤으로 그의 외모에서 드러나는 이미지와 합을 이루었다. 이런 강건한 춤이 있은 뒤 보인 이매춤은 반전 매력을 느끼게 해주었다. 이매춤이 갖는 매력은 희극성이다. 어리숙해 보이지만 할 말을 다하는 모습에서 웃음을 만들고, 외면적인 행동과 모습으로 인해 오히려 그로테스크 미학을 만들었다. 특히 하회탈이 갖는 매력 중 하나는 반이 숨겨지고 반은 드러난 모습일텐데 이에 희로애락이 엿보일 만큼의 표현 연기로 공감대를 만들며 관객을 몰입시켰다. 그의 춤은 외강내유外剛內柔다.

김태호는 가산 오광대놀이의 할미춤과 한량무를 선보였다. 가산 오광대놀이는 질박하면서도 복합성을 띠지만 정제미가 있는 춤이다. 여기서 그는 갈등 양상보다는 일상성을 드러내며 탈춤의 민중성을 정형화하여 드러냈다. 또한 한량무를 선보였는데 스승인 임이조의 특질인 웃음을 머금고 교태적이면서도 유려한 춤사위를 수용하면서도 한량의 기백을 조화롭게 보이며 답습이 아닌 개성을 드러내었다. 그는 탈춤을 이해한 춤꾼이면서 춤꾼으로 자기 영역을 펼쳐가는 예인으로 주목할 수 있을 듯 하다.

탈춤의 속성은 현장성에 있다. 이는 열린 공간 속 집단적 신명성과 맞닿아있다. 그렇지만 현재 탈춤의 연행은 박제화되어 있다 해도 과언이 아니며 일회성에 그치는 경우가 많다. 대중과 소통 창구가 제한되어 있고, 원형 그대로는 현대사회와 조금은 분리된 채 놓여있기 때문이다.

그럼에도 불구하고 이번에 선보인 춤들은 그동안 이 젊은 탈춤꾼들에 의해 무대 레퍼토리로 연행된 것이고, 관객의 호응이 높은 형태들이다. 이는 이 젊은 춤들의 노력에 의한 부분으로 영속성과 현장성에 의해 관객은 잊힌 전통 연희에 대한 흥취를 만끽하였다. 아마 이러한 춤들이 열린 공간 속에서 연행되었다면 집약적 호응을 거두지 못하였을 것이다. 이는 극장만이 가지는 집중적 소통 구조에 기인한다.

공연 뒤 짧은 대화에서 '진작 이렇게 좋아해주시지'라는 기쁘면서도 자조적인 말 속에는 탈춤의 현재성과 미래의 화두가 놓인다. 탈춤은 제한되어 있다. 이는 공간에 대한 문제도 있고, 레퍼토리에 대한 문제도 있다. 현재 연희되는 탈춤의 종목이 손꼽을 정도이니 그러할 수밖에 없다. 그럼에도 여러 종목 속에서 무대화할 수 있는 범위는 확대 재생산 될 여지가 있을 것이다. 이는 다른 탈춤에서도 원형 그대로 다듬어 무대화라는 측면과 변용을 통한 재해석도 필요한 부분이다.

이는 이번 기획 공연에서 이루어진 의도도 그러할 것이고 그동안 세 춤꾼의 활동 범위와 실험성도 이러한 예증이다. 탈춤은 탈과 춤이 갖는 매력을 함께 공유하기에 보편성을 지니며 한국 탈춤이 갖는 원형질로 인해 한국인만의 정체성을 갖는다. 그렇기에 대중은 판이 제대로 벌어진다면 찾아와 신명을 느낄 것이고, 타자他者도 한국의 새로운 기호를 느낄 수 있을 것이다. 앞으로 이들의 활동에 주목하면서 탈춤공연의 새로운 기획을 통해 관객과 소통하기를 기대해본다.

- 댄스포스트코리아, 2018.8.

30

사회적 쟁점의 직시적 표현 방식
—댄스씨어터 창 〈그 말 못한 이야기 S〉

일상의 이면을 들여다보면 무형, 유형의 폭력에 의해 가해를 입는 경우가 존재한다. 이는 예상치 못한 순간에 일어나기도 하여 대비하기 힘들뿐만 아니라 사후 그것에 대한 응어리가 제대로 해소되지 못하여 트라우마로 남기도 한다. 게다가 이러한 폭력적 행위는 오히려 피해자가 주위의 눈치를 보고, 공론화하지 못하는 경우가 존재하여 악습의 영속성을 가지고 온다. 이것이 정치적이거나 법률적 기준에 의한 물리적 잣대로만 재단될 때 약자에게는 더욱 큰 아픔이 된다.

    2018년 현재, 이러한 문제 중 대표적인 사례로 일본군 위안부 문제와 미투운동을 들 수 있다. 이 두 가지 사회적 쟁점은 여성이 주체라는 측면 그리고 약자에 가해진 피해라는 점에서 유사점을 발견할 수 있다. 이러한 주제는 한 공간에서 〈그 말 못한 이야기 S〉(아르코예술극장 대극장, 2018.7.22.)라는 제목으로 분절되어 두 작품으로 무대화 되었다.

    1부 'RED'는 미투운동을 표현한 작품이다. 이 작품에서는 남녀 무용수 두 사람만이 등장한다. 처음 그들의 몸짓은 일정한 대화를 중심으로 흐른다. 일정한 리듬에 맞추어 조화를 이루던 움직임은 율조가 변화하며 강유剛柔 그리고 미추美醜의 상반된 내면을 드러내며 불편함을 강하게 보인다. 이는 힘에 의한 광기를 통해 성적 억압의 표현이 나오고 지속적인 억압적인 관계로 상정된다. 이러한 표현은 직설적인 동작을 통해 관객에게 의미가 전달되고 음악의 고조에 따라 극적 갈등이 극명하게 나타난다.

    2부 '또 다른 봄'은 할머니로 분한 배우의 읊조림으로 시작한다. 그의 대사는 단순한 회고이지만 예상되듯 위안부 할머니의 젊지만 아픈 시절에 대한 반추로 이어진다. 무용수들은 음악의 격정적 흐름과 다르게 어두운 표현을 통해 상황적 이야기를 드러내고, 몇몇 지시적 묘사에 의해 아픔을 표현하고자 한다. 관객은 역사적 이야기를 이미 알고 있기에 이들이 표현하는 모습은 마음 저리게 함이 있고, 무거움을 동반한다.

이 두 작품은 역사적이면서도 사회적인 이야기, 사회적이면서도 악습으로 이어온 여러 문제를 시의 적절하게 풀고 있다는 점에서는 긍정적이다. 사회적 문제에 대해 조금은 더디게 반응하는 무용계에서 이러한 문제를 모티브로 하였다는 점에서 그러한 것이다. 그렇지만 이러한 주제를 다룸에 있어서는 모티브도 중요하지만 예술 장르에 맞는 표현 방식은 더욱 중요하다. 그 쟁점 자체가 갖는 문제의식을 뛰어넘는 상징적 이미지를 통해 관객에게는 생산적 의미 전달이 필요하기 때문이다. 타 장르에 비해 무용은 주제의식을 몸으로 표현해야 하는 한계가 존재하지만 그것이 거짓이 없기에 의미가 배가 될 수 있는 장점을 가진 장르이다.

그런 의미에서 이 작품에서는 묘사는 있지만 상징적인 표현은 제대로 드러나지 못하여 작품에서 전하고자 하는 주제의식이 명확하지 못한 점이 있다. 표현이 직시적으로 드러나다 보니 감흥이 크지 못하였고 서사구조에 의존하기보다 상황적 묘사에 집중하여 오히려 제한적으로 나타났다. 사회적 이슈를 예술로 승화하는 것은 기대지평이 있고 또 다른 기평의 전환이 있어야 하지만 사실적인 상황 묘사에만 치중하다 보니 이 작품만이 갖는 개성이 제대로 분출되지 못하였다.

두 작품의 음악은 모리스 라벨의 〈볼레로〉와 이고르 스트라빈스키의 〈봄의 제전〉을 중심으로 한다. 이러한 점은 의도적인 부분이 있을 듯 하다. '볼레로'가 가지는 반복적이지만 격정적 분노의 표출, '봄의 제전'의 이면적 모티브인 희생양이 작품의 뜻과 함께 한다는 점에서는 의미가 있다. 그럼에도 그 이상을 뛰어넘은 생산성이나 기존 질서와 다른 의식의 전환을 가지고 오지 못한 점은 아쉬움으로 남는다.

이 작품은 앞서 논의하였듯 사회적 문제를 담아냈다는 점에서 의미가 있다. 여기서 너무나 큰 주제의식을 가진 작품이 같은 무대에서 함께 이루어졌다는 점에서는 의미가 반감될 소지가 있다. 분명 젠더, 섹슈얼리티, 폭력 등이라는 주제에서 교집합을 둘 수 있지만 그것이 같은 선상에서 너무 뚜렷한 두 가지 담론이 존재하기 때문이다. 서브 모티브를 장착하여 개개의 작품으로 재생산한다면 가치를 새롭게 가지고 올 토대는 분명 존재하기에 향후 드라마투르기 등의 변화를 기대해 본다.

-『댄스포럼』, 2018.9.

31

베토벤 음악이 갖는 무거움과 추상적 심리의 표현
―메타댄스 프로젝트 〈베토벤과 카알 in 성남〉

흔히 루드비히 반 베토벤을 악성樂聖이라 일컫는다. 이러한 인식은 음악의 성인이라 말할 정도로 가장 위대한 작곡가로 역사에서 인정함에 그 원인이 있다. 그의 음악은 피아노 소나타에서 교향곡까지 사람의 마음을 움직이는 마력이 있음과 함께 '인생이란 고뇌 속에서 가장 위대하고 가장 풍요하고 가장 행복할 수 있다'라는 베토벤의 생애를 저술한 로맹 롤랑 Romain Rolland의 말처럼 철학적 음악을 통해 인간과 사회에 대한 인식을 확장시키고 있다.

그런 만큼 그의 음악은 지금까지도 음악가에게나 대중에게 폭넓게 향유되고 있고, 변용되고 있으며 그의 삶은 여러 장르를 통해 새롭게 해석되고 있다. 특히 말년의 삶은 위대한 작품이 집중된 시기로 귀가 제대로 들리지 않음과 함께 조카인 카알과 관계성에서 비롯된 여러 이야기는 베토벤의 삶과 음악을 이해할 수 있는 계기로 작용한다. 〈베토벤과 카알 in 성남〉(성남아트센터 앙상블시어터, 2018.8.24.-25)도 그러한 시대적 상황과 모티브를 바탕으로 만들어진 작품이다. 이 작품은 무용, 연극, 음악이 융합되어 있고, 국적을 달리하는 예술가들의 협업을 통해 만들어졌다. 그럼에도 베토벤에 대한 서로 다른 인식과 장르별 개성이 충돌하면서도 그의 삶과 예술혼에 집중하여 또 다른 베토벤에 대한 이미지를 창조하고 있다.

〈베토벤과 카알 in 성남〉은 베토벤이 말년에 많은 시간을 보낸 오스트리아 바덴에서 있은 '바덴 베토벤 페스티벌' 2018년 폐막작으로 이미 공연된 작품이다. 고성古城을 배경으로 야외 공연된 것이 이번에는 극장으로 들어오면서 공간화 하였고 베토벤에 대해 표피적인 인식을 가진 관객과 만남이란 측면에서 또 다른 소통 구조를 만든다.

이 작품의 구성은 베토벤의 음악 특히 현악 4중주 14번 Op.131과 상황 설명을 이끄는 서술자 그리고 무용수들이 결합된 형태로 이루어진다. 먼저 서술자는 이야기를 전개하면서도 시적인 문장 표현으로 분위기를 좌우한다. 예를 들어 '음으로 표현한 가장 무거운 곡', '운명의 날 아침에 눈을 뜬 것'이란 표현처럼 심리적 묘사가 전체적 분위기를 이끌고 있다. 게다가 서술자인 배우 베른하르트 마이첸의 강한 독일어 격음은 내내 격정을 보이면서도 긴박감을 불러일으키는데 최적화되어 있다. 이 작품에서 실제적으로 베토벤이 등장하기 않기에 그의 목소리로 서술과 묘사가 함께 이루어진다.

이 작품에서 또 다른 중심축은 베토벤의 음악이다. 게다가 음악 그 자체가 이야기를 만들어내는데 이는 현악 4중주 14번 Op.131를 통해서 이루어진다. 이 곡은 죽기 2년 전 작곡된 것으로 음악적 유서라 해석될 정도로 난해함과 무거움 그 가운데 또 자유로움이 함께 공존하고 있다. 이 곡은 7악장의 구성되면서도 푸가, 론도, 변주로 이어지며 서정과 사색적인 흐름으로 이어진다. 이러한 음악적 흐름은 베토벤의 주변적이면서 관조적인 시점으로 나아가면서 조카 카알과 관계성을 대입하며 서사구조와 합을 이룬다. 이는 베토벤의 카알에 대한 집착과 카알의 저항과 갈등 등의 사실적인 이야기가 내레이션과 음악으로 모든 걸 말하려 한다.

그렇지만 이러한 표현 방법으로는 사실에 대한 전달만이 존재할 수 있을텐데 무용으로 심미적 경험을 확장시켜 역사적 의미와 현재성이 결합되어 가치의 지속성을 만들고 있다. 이 작품에서는 카알과 루돌프를 비롯한 주변인의 직시적인 표현을 통해 상황을 묘사한다. 카알의 내면적 갈등은 하얀 천을 통한 몸부림을 통해 여러 자아의 갈등적 요소를 이미지화 하였고, 현악 4중주의 흐름은 음악적 표현 방식에 대한 심리적 자의식을 통해 구현하였다. 1악장의 표현 방식은 푸가로 비올라, 2 바이올린, 1 바이올린, 첼로로 확장되고 있는데 이에 걸맞게 인물들과 여러 자아의 페르소나들이 감각적 움직임을 통해 모티브의 형식을 완성한다. 이러한 면모는 무용이 갖는 몸을 통한 내면의 표출이 이상적 미를 보이면서 베토벤과 그 주변인의 삶을 투시한 실제성으로 나타난다. 이는 역할을 통한 심리적 표현을 통해 추상적이지만 이것이 사실적 현상의 표현으로 다가와 심리적 리얼리즘으로 의미를 확보하고 있다.

이러한 측면은 3악장 그리고 4악장에서 파국 변주로 이어지며 갈등을 치유하려는 일상성으로 표현되었고, 무용수들의 운동성도 추상적 형식미가 아닌 상징적 모티브로 구현이다.

이러한 모습은 다시 베토벤 음악이 주는 무거움과 절정에 이르면서 극대화한다. 특히 나약한 카알의 자아와 그 움직임의 표현은 외형적인 모습에서 비추어진 모습과 함께 격정적 심리적 호흡의 풀림을 통해 문과 답을 만들어냈다.

 이 작품은 베토벤의 삶에 대한 확실한 인식이 없는 한국 관객에게는 조금은 난해하게 다가 올 요소가 존재한다. 베토벤과 카알의 관계나 루돌프의 존재 등에 대해 명확하지 않기에 그 선험적 기대지평도 강하지 않음에 기인한다. 그럼에도 베토벤과 카알이라는 갈등의 모티브와 베토벤 음악이 갖는 철학적 의미 구조의 정반합을 통해 소통의 가능성은 충분조건을 갖춘다. 그런 측면에서 이 작품은 초연이 갖던 의미와는 변별되지만 융합적 공연형태의 장점을 살리면서도 타자(他者)가 인식한 베토벤에 대한 새로운 스토리텔링의 생산성이란 측면에서 의미를 가진다.

-『댄스포럼』, 2018. 9.

32

대중 눈높이 전통춤 공연의 지속성
―경기도립무용단 〈천년의 유산〉

　근래 무용계의 중요한 흐름으로 젊은 무용인들의 약진을 꼽을 수 있다. 그동안 중심으로 작용하던 대학 기반의 공연에서 탈피한 소규모 창작 집단의 형태는 여러 지원 사업을 통해 성장할 수 있는 계기가 마련되어 저변을 확대시켰다. 특히 이른바 컨템포러리 무용을 지향하는 젊은 무용수들의 도전은 기존 판도에서 미세한 변혁을 이루며 양질의 작품을 양산하며 공연의 중심으로 자리하고 있다.

　그렇지만 한국 무용계의 또 다른 축이라 할 수 있는 국공립 무용단의 행보는 두드러지지 못한 듯 하다. 한때 이들의 공연이 시대를 상징하는 본보기로 무용계를 선도하기도 하였지만 최근 들어서는 시대적 조류를 쫓으며 제 색깔을 내지 못하는 것이 현실적 모습이다. 이는 원형적 모티브에 바탕을 둔 작품도 드문데다가 강렬한 시대적 담론을 담지 못하는 등 대중의 관심을 불러일으키지 못함에 기인한다.

　그렇다고 이들이 정체되어 있다고는 볼 수 없다. 국공립 단체 본연의 위치에서 다양한 활동으로 대중과 소통을 하며 꾸준하게 공연을 펼치기 때문이다. 경기도립무용단도 그러한 대표적인 단체이다. 그동안 경기도립무용단은 정기공연과 기획공연 등 여타 무용단에 비해 가장 꾸준하게 공연이 이루어진 단체 중 하나이다. 경기도는 행정 구역 상 인구가 가장 많은 지역이며 면적도 넓다보니 그동안 다양한 지역민을 위한 공연을 하였고, 창작과 전통의 균형을 이루며 완성도 높은 공연을 펼쳤다.

　이번 성남아트센터에서 기획공연으로 올린 〈천년의 유산〉(성남아트센터 오페라하우스, 2018.8.11)

도 경기도립무용단의 대표적인 공연 형태 중 하나다. 2009년 제 30회 정기공연으로 올린 〈천년의 유산〉은 전통춤의 정수精髓만을 뽑아 레퍼토리화 한 것으로 여러 무용단의 한국춤 공연의 모형模型이란 측면으로 이해할 수 있다. 이번 무대는 이러한 경기도립무용단의 기념비적 성과를 정리하면서 전통춤의 흥취를 응축하였다는 점에서 의미가 있다.

이번 무대는 '무고가인전', '동래학춤', '부채춤', '아박춤', '가시꽃', '장고춤', '훈령무', '여인의 고정', '농악'으로 구성되었다. 이 레퍼토리는 그동안 〈천년의 유산〉과 상설기획공연의 수많은 레퍼토리 중 주관기관에서 취사선택한 레퍼토리이다. 이는 이 시대 대중이 원하는 혹은 지역에서 공연으로 가장 적합한 형태로 이루어진 것이다. 그러다보니 무용단에서 의도한 바를 극대화시키는데 제한적이었지만, 분절되어 있더라도 하나하나 그 색깔을 드러내며 관객과 소통하였다는 점에서 긍정적인 무대였다.

여기서 펼쳐진 것은 전통춤의 원형 그대로라기보다는 전통을 무대화하며 관객이 한국춤

경기도립무용단 〈천년의 유산〉 경기도립무용단 제공

으로 이해할 수 있는 범위의 전통성과 만들어진 전통으로 새로운 전통적 가치가 함께 공유된 레퍼토리다. 그러면서 특징적인 것은 여성/남성이 중심이 된 레퍼토리가 교차되면서 경기도립무용단의 색깔을 그대로 보여주었다는 점에 있다. 동래학춤의 선비의 고고함과 훈령무의 무인의 기개氣槪, 아박춤의 절도節度 그리고 부채춤의 화려함과 가시꽃의 절제미, 장고춤의 신명 등을 드러내며 한국춤의 양가적 가치를 확보하고 있다. 이는 그동안의 제한된 전통춤 레퍼토리의 진부함에서 벗어났다는 점에서 긍정적이다.

또한 이 무대는 그동안 수많은 레퍼토리를 공연한 토대에서 이루어진 것으로 경기도립무용단의 저력을 보여주었다. 이러한 측면은 경기도립무용단 단원의 고른 기량과 함께 안무자인 김정학을 통해 조용하지만 은은하게 경기도립무용단의 색채를 담아낸 것에서도 비롯될 것이다. 경기도립무용단이 강렬한 이미지보다는 정제되면서 완성도 높은 공연을 펼치는 것도 이러한 배경에서 나온 결과이다.

이를 다른 측면에서 바라보아 많은 레퍼토리를 펼쳤지만 스타성을 지닌 무용수가 확 들어오지 않은 점도 존재하였다. 최근 들어 팬덤문화가 공연문화를 이끄는 하나의 동력으로 작용한다. 영토처럼 견고한 관객은 패트론으로 수용과 소비 주체로 예인들의 버팀목이다. 평균 이상의 기량을 가진 무용수가 존재하는 경기도립무용단에서도 이미지 확대를 통한 스타성 지닌 단원들의 추출은 지속적인 대중과 소통의 창구가 될 것이다.

〈천년의 유산〉과 같은 레퍼토리 공연은 무용과 관련된 관객보다는 대중의 비중이 훨씬 높다. 이는 그들만의 리그가 아닌 처음 무용을 접하는 관객에게 눈높이 공연으로 지속적인 기획이 필요함을 보여주는 대목이다. 이러한 공연은 국공립단체의 책무라는 측면에서도 다양한 레퍼토리를 통한 소통과 함께 경기도립무용단의 색깔을 굳건히 하는 토대라는 측면에서 지속적인 활동이 기대되는 바이다.

-『춤』, 2018. 9.

33

낯익은 본질의 충실함과 새로운 구조화
—국립현대무용단 픽업 스테이지 〈스텝업〉

국립현대무용단은 최근 끊임없는 프로그램 개발과 새로운 도전으로 대중의 주목을 받아왔다. 이는 관객의 호응도가 높은 공연을 레퍼토리화 하여 다중의 접촉을 시도하였고, 여러 실험적 작품을 통해 한국 현대무용의 전형성 확보에 부단한 노력을 기울였기 때문이다. 특히 '픽업 스테이지'처럼 공모를 통한 안무가 발굴 프로그램은 실험성의 발로와 작품 개발의 창구가 되었는데 이는 무용단에서 사후 관리까지 담당하여 긍정적이다. 이번 국립현대무용단 픽업 스테이지 〈스텝업〉(예술의 전당 자유소극장, 2018.9.6.-9)도 세 명의 안무가를 통해 동시대 젊은 안무가의 생각과 행위를 바라볼 수 있고, 한국무용의 현주소를 읽을 수 있는 기회로 의미가 있다.

먼저 〈백지에 가 닿기까지〉(안무 배효섭)는 움직임의 증강 행위와 순수성의 회귀에 대한 담론을 이야기한다. 이 작품은 초반부 잘 훈련된 무용수들의 연속적 동작이 중심이다. 이는 두 사람의 의상이 밀착된 홑겹의 옷으로 이루어졌기에 몸의 변화를 쉽게 발견할 수 있고, 여러 계산된 움직임을 통해 정형화된 창조 행위가 일관성을 유지하며 나타나고 있다. 그러면서도 공간의 변화를 보이며 점층적인 구조가 생성하여 확장적 제한성을 보인다. 정방형 공간의 물리적 확장은 움직임의 자유로움을 가지고 오면서도 오히려 제한된 행위의 의도적 움직임을 유지하게 만드는 것이다.

그러다가 흰 막이 무대와 객석에 놓이고 새로운 흐름의 변격이 시작된다. 앞서 두 남자 무용수에 한 명의 여성 무용수가 함께 등장하면서 제약된 공간 속 정형성은 파괴되고,

난장이 벌어진다. 일정한 간격을 유지하던 객석과 무대도 객석에 불이 밝혀지며 이들과 심정적인 동참을 하고, 긴장감에서 해방되어 자유로움을 얻는다. 이것은 백지라는 순수성의 상징과 더불어 객석과 무대를 가르는 벽 사이에서 고민하는 안무자의 인식이 함께 놓여있다. 이 작품은 기법의 천재가 될 것인가 아니면 의식의 흐름 속에서 내재된 가치를 분출할 것인가에 대한 고민이 대칭되는 두 프레이즈 속에서 융해되었다는 점에서 생경함과 익숙함을 함께 준다.

〈무용학 시리즈 vol. 2: 말, 같지 않은 말〉(안무 이은경)은 무용수들에게 놓이는 여러 말과 행위에 대한 본질적 고민을 풀어낸 작품이다. 무용수들은 종이를 들고 있고, 또 무대 뒤에서는 프린터가 끊임없이 복사물을 토해낸다. 이러한 쉼 없는 프린터 소리는 일상적이면서도 생각이 절제된 음악처럼 흐르며 서사구조에 집중시킨다. 여기에 이기일원, 즉 사유와 운동의 법칙의 근본이 같음을 말하는 여러 화두를 나열하기도 하고, 자신을 내려놓음을 통해 자연스러운 무용이 나올 수 있음을 말하거나 '힘이 좋다, 키가 5cm만 컸어도'란 넋두리처럼 현실적 문제까지 정답 없는 화두를 나열한다. 이는 흔히 말하는 '노력'이란 주제어의 정반합으로 한국의 현실적 문제로 드러내려 한다.

이어 안무가가 경험한 유학 시절 받은 피드백 평가서를 읊조리는데 '상체의 움직임이 습관화되어 있으니 창의적인 움직임을 위한 자신의 버림 그 밖의 변화가 필요함' 등과 같이 일목요연한 비평적 텍스트가 도출된다. 이 지적은 기법을 익힌 것처럼 하루아침에 이루어지는 것도 또한 그것이 정답인지 아닌지 모르는 선문답이다. 이러한 화두에 무용수들은 서로 몸에 대한 접촉과 관찰하고 또 가학적으로 자신의 몸 소리내기 등 그저 정진精進 하는 것만 진리임을 말하며 열린 결말로 맺는다. 무용수들이 고민하는 문제와 함께 일상성이 도출되면서 강한 에너지를 뿜어내는 작품이다.

〈0g〉(안무 정철인)은 무용의 물리적 법칙과 그 표현법에 주목한 작품이다. 시작은 3명의 무용수가 원을 그리며 무대를 뜀뛰는 역동성으로 출발한다. 그리고 신발 끈을 길게 늘어뜨리고 원운동을 그리며 원심력, 구심력에 대한 원리를 보이고 이어 낙하 운동, 만유인력의 법칙 등이 기호적 표현으로 설명하고자 한다.

그러다 무음악을 통해 4명의 무용수는 구성과 움직임의 정태적 이미지를 보여주며 긴장감을 불러일으킨다. 쓰러질 수밖에 없는 구조이지만 이들의 결합적 형태는 조화를 이루고, 몽환적 분위기를 만들며 잡아당김의 공간 구성을 만들어낸다. 이 작품은 물리物理가 지니는

정철인 안무 〈0g〉 국립현대무용단 제공, 황승택 사진작가

일상적 원리를 무용의 기법으로 풀어내면서도 구성의 치밀함을 통해 관객의 집중도를 높인다. 뚜렷한 서사구조의 스토리텔링이 없음에도 관객의 마음을 끌어당기는 탄성彈性을 지닌 작품이다.

    이번 세 작품의 경향은 최근 현대무용에서 보인 실존의 일상적 고뇌라는 주제에서 탈피하여 일상적 표현과 무용 기법의 조합을 통해 이미지화에 충실하고 있다는 점에서 우연찮게 맥을 같이 한다. 그래서 그동안 주제와 기법이 개성적 표현에 대한 추상성의 끝 간 곳의 절대고독이었다면 움직임 그 자체에서 본질을 찾고, 그 지난한 작업의 어려움 속에서 자아를 찾으려하였다는 측면에서 오히려 낯익음의 낯섦으로 다가오는 신선함을 가지고 온다.

- 댄스포스트코리아, 2018.9.

34

이미지화와 실험성를 위한 도전
—링카트 〈정류장〉

무더운 여름이 지나 가을로 넘어오는 길목에는 많은 무용 공연이 이루어진다. 갖가지 무용축제가 펼쳐지기도 하고 여러 재단의 지원을 받은 공연도 관객과 만남을 기다린다. 게다가 최근에는 젊은 무용인들이 앞으로 나아가기 위한 마중물 공연도 심심찮다. 서울문화재단 최초예술지원도 그러한 형태로 올해도 동시다발적으로 공연이 형성되었다. 이러한 공연은 젊은 안무가들이 틀에서 벗어나 새로운 실험과 지원을 받아 자신이 추구하고자 했던 공연을 한다는 측면에서 긍정적이다.

장혜주 안무, 링카트의 〈정류장〉(오류아트홀, 2018.9.21.-22)도 신선함을 주는 공연이다. 우선 이 공연은 신진 안무가의 안무에 의해 기존에 잘 알려진 공간이 아닌 최근에 개관된 공연장에서 행하였고, 관객 참여 지향이라는 실험을 하였다는 측면에서 새로움을 가지고 온다. 또한 기존의 프로시니엄 무대, 즉 제4의 벽이라 일컬어지는 무대와 객석의 경계가 뚜렷한 형식을 지양하며 고정된 형식에서 벗어나 호기심을 자극한다. 이는 기존의 객석을 없애고, 간이 의자를 수용하면서도 무대와 객석을 가로지르는 길을 만들어 둘 사이의 경계를 좁히려 한다. 이러한 모습은 관조적 시각이 아닌 바로 눈앞에서 호흡을 느끼는 문턱 없는 공연이 펼쳐지다 보니 친밀도를 높인다.

공연의 시작은 시계, 버스 소리와 같은 청각적 장치와 이러한 상황을 알리는 스크린의 여러 기호가 공존한다. 이어 무용수가 등장하며 중앙의 벽면 일부가 앞으로 나오면서 공간 형성이 이루어지고, 무대 중간으로 나아가며 새로운 실공간을 만든다. 이는 관객석과 무대의 막다른 곳에 위치하여 무언가 열림의 공간을 암시한다.

　이어 정류장을 배경으로 여러 무용수들이 단편적이지만 개별적인 이야기를 만든다. 남자 무용수는 파형의 흐름처럼 유동적이면서도 절제된 움직임을 행하며, 남자 무용수와 여자 무용수의 움직임은 발레의 파드되를 연상시키듯 아름다운 동작의 연속성을 보이며 서정적인 분위기를 만들어 작품의 기본적 정조를 조절한다. 이어 절대고독을 표현하고자 하는 여자무용수의 몸짓이 이루어지는데 여기선 동작을 실시간으로 영상으로 스크린에 옮기며 개성적 움직임을 만든다.

　후반부에서는 3인무를 통해 갈등을 분출한다. 여기서 이 작품이 이야기하고자 하는 선택과 떠나보냄이 나타나고 존재의 이유는 여자 무용수 1인무를 통해 의미를 확보하여 감각적이며 심리적인 프레이즈를 형성한다. 이어 4명의 무용수는 인간의 여러 전형성을 드러내며 시선을 한곳에 두는 것이 아니라 분절되지만 공간 활동을 통해 구체운동이 아닌 이념적 운동으로 나아가고자 한다. 그리고 종결에서는 여러 선택의 기로에서 어떠한 선택을 할 것인지 화두를 던지고, 관객은 무대 공간 뒤를 차지하던 벽면을 통해 이끌려지고, 두 방이 놓인 곳을 선택하여 시간적 흐름을 느끼는 것으로 막을 내린다. 이러한 결말은 작품의 흐름에 지평을 함께 한 관객에게 새로운 의미를 확보라는 측면에서 긍정적일 수 있다.

　이 작품은 일정한 서사구조를 통해 감각적 묘사의 미를 확장시키며 이미지화한다. 이런 측면에서 형식미의 측면에서는 관객과 소통하며 일정한 긴장감을 유지한다. 또한 대칭적인 남녀 무용수의 구성미를 통해 감정표현이 확보되면서 조화를 이루고 있다.

　그럼에도 이 작품이 지향하는 바가 실험적 도전이었는가라는 측면에서는 아쉬움이 남는다. 이 공연은 기존 공연의 일반적인 관람형태를 탈피한 관객의 체험 결과형 공연이라 의미를 부여하였다. 우선은 이미 관객의 선택이 공연의 종결이며 이 작품이 지향하는 메시지를 관객 스스로 느끼게끔 하는 형식은 다원예술이나 무용 공연에서 여러 차례 시도된 바 있다.

　그렇다면 변별성과 인과성이라는 질문을 다시 던질 수 있다. 내용 상 모든 관객은 전체 흐름에 동참하여 종국에 방 하나를 선택 하게 된다. 이는 앞서 담론으로 제시한 정거장에서 여러 군상들의 고민을 관객에게 치환하여 지금 이 순간 어떠한 선택을 하겠는지 혹은 직관적 선택을 통해 자신의 위치를 묻는 점에서 비롯된다. 그럼에도 동기화를 위한 갈등이 두드러지지 않다보니 서사구조를 이끌어 간 뒤 선택에 대한 당위성도 파급력은 약하였다. 이는 이 공연이 이미지 표현에 집중하여 이러한 결말로 이어지는 의미 부여가 확실하지 못한데 기인한다.

    또한 가끔은 시놉시스가 너무 간단하여 추상적 이미지의 나열로 관객을 당혹시키는 경우도 있지만 어떠한 경우는 작품의 내용이 너무 확대되어 내용과 형식이 제대로 어울리지 못하는 경우도 있는데 이 작품은 후자에 둘 수 있다. 전체적으로 작품의 이미지화나 동작의 유동성에는 흡입력이 있었지만 실험적 의도에서는 아쉬움이 남는다.

-『댄스포럼』, 2018.10.

35

관조적 시점에서 표현된 구도의 몸짓
―박호빈 〈마크툽〉

프랑스 철학자인 프레데리크 그로Frederic Gros가 쓴 책 중에 『걷기, 두 발로 사유하는 철학』이 있다. 책 제목부터가 입에 감긴다. '걷기의 미학', 걷는 것이 단순하게 움직임이 아닌 의미가 존재하며 그 의미를 속에서 자신을 발견하게 됨을 말하는 것일 게다. 그러면서 책에서는 "길을 따라 걷다 보면 자신이 누구인지, 자신이 무엇을 기억하고 있는지를 서서히 잊고 결국은 한없이 걷는 하나의 육체에 불과해진다."라며 걷기를 통해 사유가 존재하지만 그것도 결국 몸과 정신의 일원론적 생각을 품게 만든다.

그런데 이러한 끊임없이 길고 지난한 여정이면서 나를 찾으려는 행위가 자의적인 것이라면 어떤 의미가 발현될까? 안무자 박호빈은 본인이 체험한 산티아고 순례길 800km의 여정을 춤으로 풀어내며 스스로 견성을 얻고자 하는 마음, 아我와 비아非我의 관계성 그리고 긴 여정 속 파생된 여러 이야기를 무대에 담으려한다. 여행이란 '공간적 시간구조'와 무용이란 '시간적 공간구조'가 만나기에 어려움이 따름에도 이 작품에서는 이미지의 표현에 초점을 맞추기보다 시퀀스들의 유동적 흐름을 통해 관객과 마음을 함께 하며 그 여정처럼 물 흐르듯 전개되고 있다.

〈마크툽〉(아르코예술극장 대극장, 2018.9.29.-30)은 프롤로그, 15개의 씬scene 그리고 에필로그로 나뉜다. 첫 장면은 일상적 여행 준비가 격정적 음악과 함께한다. 이어진 첫 번째 여정과 만남도 모두들 바삐 움직이며 순례길 걷기의 설렘과 열정이 역동적 움직임으로 묘사된다. 그렇지만 그 기나긴 길을 걷는 것도 직진만 있을 수 없고, 쉼이 필요하다. 이는 밤, 어둠이

다가오고 여기에 이완의 구조로 코골이 소리와 야고보로 상징되는 인물이 등장한다. 코골이는 다수의 타인을 통해 나를 발견할 수 있는 장치이다. 이러한 청각적 기호는 웃음을 유도하면서도 세 번의 점층적 구성을 통해 삶의 일부로 가장 인간적인 모습으로 만들고 있다. 이는 한 사람의 코골이에서 다중의 코골이로 나아가면서 처음에는 특별한 모습이었지만 일상적인 모습으로 구현되어 코골이 7중창에서는 무념적 일상화가 되어버린다.

이러한 모습이 인간 관계성에서 나온 풀림이었다면 야고보는 눈으로 보일 듯 보이지 않는 존재이다. 산티아고 순례길은 예수의 제자인 야고보가 복음을 전파하기 위해 걸었던 그 길이며 이 여정의 종착은 스페인 북서 도시 산티아고 데 콤포스텔라, 야고보의 무덤이 있는 공간이라는 점에서 이는 풀림이며 지향점이지만 그것이 또 하나의 긴장감으로 다가온다. 그래서 전체적으로 관객에게는 3인칭 관조적 시점이지만 그 길을 걸었던 안무자는 야고보에 투영되어 구도의 길을 걷는 수도자의 모습을 표현한다. 이는 무거운 돌을 이동하여 돌탑을 만든다거나 삼보일배의 역행적 행위 등은 짧지만 강한 인상을 주기에 충분한 구성으로 다가선다.

이와 교차적으로 나타난 인간의 여정은 앞서 긴장과 이완이 속에서 갈등적 요소를 함께 발생시킨다. 여기서 피아노 음악과 격한 반주의 교차는 군무의 개성적 움직임으로 나타나는데 무용수들의 동작은 개성적이지만 규칙적이며 정형화되어 있지만 형식미를 드러내며 주관화되어 있다. 이러한 장치는 비, 바람과 같은 자연 현상에 인간이 그저 순응할 수밖에 없는 나약한 인간의 모습으로 표현하고 있다.

야고보의 상징적 행위는 다시 교차적으로 여정의 무게감을 나타낸다. 다리를 다치고 신발에 가득한 모래를 떨어내고 신발을 머리에 이고 가는 장면에서는 순례자들의 여정보다 더 험난했을 구도의 길을 표현하고자 한다. 독무에서 나타난 영혼의 분노는 그도 인간이기에 보이지 않는 그 무언가를 찾아나서는 첫 번째 인물이며 인도자임을 상정한다.

이 작품에서는 일직선의 걷기가 아닌 유동적 공간 속 운동성의 연속성을 보이면서도 인간 군상의 소소한 갈등도 담아낸다. 인간이기에 고뇌하는 모습도 보이고, 남녀 2인무 혹은 여러 남녀의 관계에서는 이성적 관계를 먼발치에서 스치듯 그려낸다. 그러면서 옷이 갈기갈기 찢기지만 그 생채기는 나락이 아닌 사유를 가지고 욕망과 집착을 내려놓으려 한다. 이는 그 여정처럼 단순하면서 어려운 일이지만 욕망을 버리고 그저 목적을 향해 나아가는 야고보의 1인무에서 작은 풀림과 절정으로 끝내낸다.

여정 속 갑작스럽게 들리는 아이의 목소리는 현실적 감각을 불러일으킨다. 아이는 엄마에게 무용하는 게 좋은지 질문을 던지고 자신은 엄마가 예쁜 옷을 입고 다른 사람에게 보였으면 좋겠고 특히 무대 위의 모습이 예쁘다며 순수한 목소리로 '행복했으면 좋겠다'라는 단순한 진리를 말한다. 이 한마디는 이 작품에 말하고자 하는 모든 것이 담겨있다고 해도 과언은 아니다. 이런 진리가 결국 몸과 마음의 물리적 정신적 비움을 통해 채워진다는 담론을 말하고 있는 것이다. 이러한 야고보를 통한 치유와 씻김은 마지막 7인의 순례자들이 깨달음, 텅 빈 충만 속에서 나오고 있다.

이 작품은 산티아고 순례길의 추체험에 대한 수용이다. 안무자가 경험한 느낌과 무대에서 풀어놓은 서사구조에 대해 관객은 지평을 확장시키며 새로운 인식을 열고 있다. 이것은 산티아고에 대한 선험적 지평의 유무를 떠나 '마크툽', 몸으로 기록된 섭리를 느낄 수 있다.

이러한 기나긴 여정의 체험을 80분 안에 담기란 힘든 일이다. 그럼에도 기승전결의 압축적 구성을 통해 물 흐르듯 진술하게 표현한다. 오히려 반전이나 작위적이거나 감각적 표현으로 감동을 주려하였다면 어색할 수 있었을 것이다. 지루할 수 있지만 그 순례의 길을 담담하게 풀어놓았다는 점은 이 작품이 지향하는 바 그대로이다.

무용수들이 전반적으로 개성을 보여주기 보다는 전체적 구성에 융해되어 있고, 박호빈의 움직임도 강유剛柔의 경계에서 유려함이 돋보였다. 텅 빈 충만을 통한 이러한 계기가 앞으로 작품의 매듭과 풀림으로 작용할지 기대해본다.

-『댄스포럼』, 2018.10.

일상의 상징적 장치를 통한 정제된 몸짓
―현대무용단 탐 〈제8회 현대무용단 탐 젊은 무용수 젊은 안무가〉

현대무용단 탐은 그동안 역사에 걸맞게 좋은 공연을 펼쳤고, 많은 인재를 배출한 한국 현대무용의 대표적 단체이다. 그런 배경에는 동문들을 중심으로 꾸준하게 이어온 정기공연과 기획 공연에 힘입은 바가 크며 젊은 무용수 젊은 안무가 공연을 통해 단원들의 능력을 발휘할 바탕이 제공되어 내실을 기한데도 원인이 있다.

현대무용단 탐은 이미 2018년에도 레퍼토리 공연과 정기공연을 거쳤고, 성하盛夏에 〈제8회 현대무용단 탐 젊은무용수 젊은안무가 공연〉(서강대 메리홀 대극장, 2018.8.25)이 이루어졌다. 작품은 허은금의 〈비어있는 질문〉, 마승연의 〈Sense〉, 조양희의 〈낱과 짝의 조우〉로 현대무용단 탐의 정체성을 공유하면서도 각각의 개성에 맞게 변별성도 드러낸 작품들이었다.

허은금의 〈비어있는 질문〉은 원초성과 현존성現存性(presentness)의 상징이 공존하며 이에 대한 풀이를 2인무로 표현한 작품이다. 여기서 이항대립의 오브제는 돌과 스탠드, 숫자와 언어의 텍스트 등을 통해 문명과 문화의 생산성을 암시한다. 그렇지만 이러한 이항대립은 변별적으로 대칭되거나 의식적으로 인류의 흐름이란 거대담론을 이야기하기 보다는 툭툭 이미지를 전달하거나 단편적인 의식의 흐름 속에서 인간의 일상적 행위를 보이려 한다.

두 무용수 몸짓은 격정적이지 않으며 분리된 움직임을 보이지만 합을 만들며 보완적 연결 고리를 만든다. 이는 미시적 표현을 통해 나약한 인간의 전형성으로 묘사되며 미정형의 종결로 열린 공간 속 실존적 의문을 던지고 있다. 소품이기에 많은 것을 담기 힘든 한계가 있었지만 큰 무리가 없는 작품이다. 그럼에도 이런 관점은 상상할 수 있는 범위 안에 있다는 점에서 안무자가 표현하고자 한 모티브가 명확하게 드러나지 못한 아쉬움이 있다.

　마승연의 〈Sense〉는 제목 그대로 일상 속에서 느끼는 감각에 대한 표현을 담으려 한다. 시계소리가 현존을 알리고, 집 그리고 소파, 책상 등은 공간적 의미를 알리는 기호이다. 그러면서도 그런 감각이 피부로 느끼고 분출하는 즉각적 행위가 아닌 내재된 응축에 의해 나타나고, 초자아의 심리적 행위로 이어진다. 이는 책과 촛불이라는 매개체를 등장시키며 인간의 사유와 몽상을 통해 변화무쌍한 움직임을 위한 상징으로 자리한다.

　이러한 발산은 소파라는 공간 속에서 집중적으로 이루어진다. 여기서 소파는 안식의 의미보다는 지속적인 움직임이 이루어지는 현존의 출발이다. 이러한 현재성은 음악의 변화를 통해서도 함께 이루어진다. 경쾌한 팝음악이 등장하는가 하면 스티브 라이히Steve Reich의 '박수음악(Clapping Music, 1972)'이 흐르며 긴장과 이완을 보인다. 이런 구조는 이 작품이 지향한 미니멀적 표현 방식에 응축된다. 이 작품은 발산이나 표현 방식이 잘 짜인 구조로 나타난다. 공간과 리듬의 두 가지를 통해 문과 답을 만들어내고 절제된 표현을 통해 일상적 감각을 묘사하고 있는 것이다. 그래서 더 분출할 수 있었지만 안무자의 머릿속에 무의식적으로 구조화된 무용 프레이즈가 완성되어 관객과 소통하고 있다.

　조양희의 〈낱과 짝의 조우〉은 개인적 자아와 사회적 자아의 충돌에서 나타나는 여러 의미망의 지배적 구조다. 낱과 짝, 즉 개인과 집단의 대칭적 의미를 통해 자아의 본질을 묘파하는 것이다. 이는 개인이 집단 속에서 부지불식간에 이루어질 수밖에 없는 충돌과 갈등 속에서 움직임이 생성되고, 담론도 존재한다. 먼저 핀조명을 통해 무대 바닥에 면이 만들어진다. 그 좁은 공간에서 무용수들을 가방을 뺏고 뺏으며 앞서의 사각 면은 점점 커지며 사회 구조의 확장을 통해 여러 갈등을 일어날 수 있는 토대가 된다. 다변화 속에서 집단을 이루어 2인무나 군무가 이루어지지만 독무에서는 소외된 자아의 은유적 몸짓을 드러낸다. 이러한 대칭적 구조는 피아노 음악과 강렬한 타악 그리고 다시 피아노 독무가 교차적으로 나타나면서 인간의 본성과 다듬어진 인간의 도덕적 자아의 이중적 의미를 내포하고 있다.

　그러면서도 후반부 원탁에서 드러나는 일상적 갈등은 공유할 수 있는 공간이지만 파이(share of the pie)를 얻고자 하는 욕망의 장소로 가장 격렬한 움직임을 보이는 공간으로 나타난다. 이는 종결에서 존재적 상징의 여러 오브제를 통해 인과를 이룬다. 조명에 놓인 녹색 판 그리고 가방 속 내용물을 쏟아내는 장면이 그러한데 이는 그 좁디좁은 공간이 가장 안전한 공간이고, 원탁처럼 안정적일 것 같지만 홀로 서기에 가장 불안한 공간임을 무용수의 중심 잡기에서 그대로 묘파된다. 또한 가방 속 내용물을 쏟는 모습에서는 내 속에 많은 그 자아에 대한 드러냄을 통해 자유 의지를 엿볼 수 있다. 이 작품은 움직임이 균정적이지만 주제의식에서 자유로움을 얻고자 하는 의지가 물리적 대칭이 아닌 유동적 흐름 속에서 이루어진다는 점에서 긍정적이다.

세 작품 모두 묘파하는 점은 무얼 이야기하려 하기 보단 표현하려 한다는 공통점이 있다. 그러면서 일상을 상징적 표현을 통해 구체화하려 한 점에서도 하나의 특질로 공유할 맥이다. 이는 작품들이 의식하지는 않지만 구조화 되어있고, 정제되어 깔끔한 움직임과 내용을 보인다. 그러다보니 몇몇 장면은 추상적이지만 객관화되어 통용된 의식이나 방법론이 도출되기도 한다. 이런 점은 사회적 고민의 공통적 요소 때문일 수도 있지만 개성적 표현과 의미 확보가 두드러질 때 또 다른 생산성이 있음을 이해할 필요가 있을 듯 하다.

- 『춤』, 2018.10.

37

감각의 너울 속 움직임의 확장성
―예효승 〈오피움〉

예효승 안무 〈오피움〉(대학로예술극장 대극장, 2018.10.5.-7)은 제목에서 강한 호기심을 연다. '오피움 Opium', 양귀비로 번역될 이 단어는 환각의 상태에서 상정될 수 있는 자아의 분열과 거기서 나오는 몸짓의 변용에 대한 의식을 담으려 한다. 그렇지만 이 작품은 직시하지 않고, 상징적 장치를 통해 의도하고자 한 신체감각의 재생산을 보여주기에 기대지평만큼 자극적이지 않다. 어찌 보면 그런 각성에 취하지 않고도 인간에게는 사실적 자연주의의 관점에서 드러난 본능의 충돌과 너울이 사회적 울타리 안에서 그대로 드러나고 있기 때문일 것이다.

이 작품은 무용수들이 두런두런 아이스크림을 먹는 것으로 시작한다. 그리고 나체로 뒤돌아 선 채 뒷걸음치는 무용수와 몽환적 분위기 속에서 누워있던 무용수가 일어나는 등 다르면서도 같은 느낌으로 주제 의식을 담은 은유성과 원초성을 알린다. 이어 무용수들은 접촉을 통해 동작의 연속성과 변화를 가지고 오며 반복성을 드러낸다. 거친 외마디의 리듬은 반복음 속에서 다른 움직임이 나타나고, 격음으로 이어면서 이도 반복음으로 연결된다. 이러한 격렬한 반복성을 통한 누적된 피로감은 분출된 본능적 몸짓으로 전이되어 신체감각의 끝 간 곳으로 나타난다.

그래서인지 오히려 이어진 무음악은 갑갑함의 해소가 되어 돌아온다. 인식의 변용은 몸짓의 변용이고, 무음악에서 이어지던 무용수의 움직임은 생산적 움직임의 가능성을 연다. 그러다가도 이들은 운동적 행위는 하나의 형식을 만들고, 다시 결합된 형태는 밀어냄과 올라섬, 무대 밑으로 거꾸로 떨어지기도 하며 확장성의 구조를 만들려 한다.

이어 스모그와 함께 빠른 비트의 동작과 구성 그리고 앞서의 운동성에서 이미지적 표현이 가미되어 정제된다. 모든 무용수들은 일종의 이야기구조도 만들며 라이언 킹처럼 순수성과 본성을 은유하기도 하고, 케니 지의 음악처럼 맑은 음색과 사이키델릭 음악이 몽환적 기계임이 혼재한다. 이어 다시 본성으로 돌아가 무채색의 공간적 색감과 함께 바닥으로 옷을 벗어 던지는 이들의 몸짓은 원형 회귀로의 가능성을 열고자 한다.

이 작품은 친절하지 않다. 이는 서사구조가 극적 구조를 지향하기 보다는 표현의 운동성을 통한 신체의 움직임에 기초하기 때문이다. 그래서 일상성은 어느 정도 배제된 표현의 한계에 도전하는 듯 하다. 이것이 사회의 상징적 단면일 수 있지만 포스트모더니즘 이후 더 이상 새로운 질서를 나타낼 것이 없는 상태에서 동시대적 표현법인 이미지의 시간적 흐름과 자아의 순간적 표출의 연결성에 두고 있다.

또한 이 작품에서는 글로컬리즘적 색채는 없다. 우리가 흔히 생각하는 사회적 보편성과 시대상이 한국적 요소와 만난 드러나는 생산적 요소를 찾아내기란 쉽지 않다. 그래서 이 작품에는 동시대적 표현의 적용과 전형성을 드러내며 민족 혹은 로컬리즘의 변별적 요소를 강요하지도 드러내지도 않는다. 이는 음악에서 미시적으로 일부 드러날 뿐 안무자가 말하고자 하는 것은 자아의 다름과 유사성을 인식시키는데 중점을 두고자 한다.

이 작품은 극한적인 감정 속에서 나오는 신체 표현의 가능성이라기보다 인간이 내재하고 있는 가능한 몸짓의 구조화에 의미를 둘 수 있다. 이것이 기대지평에 비해 극한적이거나 일상적 담론에서 일정 부분 거리를 두고 있더라도 무대에서 창조적 행위를 통한 사회적 의미의 미시적 연관성을 가지려 한다는 점에서 의미가 있다.

- 댄스포스트코리아, 2018.10.

중년의 몸짓으로 표현할 수 있는 현실적 이야기

— 황미숙 댄스 모놀로그 〈혼잣말 하는 여자〉

현 사회를 부르는 명칭 중 하나로 이른바 '백세시대'란 말이 있다. 이는 건강을 오래도록 유지하며 평균 수명이 길어지다 보니 100세를 넘는 인구도 증가하여 상징적으로 붙여진 말이다. 예전에는 50~60대가 넘으면 생산적인 활동을 제대로 못하였지만 지금은 이 시기가 새로운 출발은 물론이거니와 사회의 여러 부분에서 가치 구조를 만드는 층위로 나타나게 된 것이다. 이젠 어른입네 뒷짐 지고 있는 것이 아닌 활동적 움직임을 통해 그들만의 이야기를 만들어 낸다.

황미숙의 댄스 모놀로그 〈혼잣말 하는 여자〉(동양예술극장, 2018.10.10.-21)는 이러한 '신중년'의 이야기임과 동시에 무용수에게도 현재성이 구현된 작품이다. 이는 중년에 나타나는 생애전환의 여러 병리적이면서 심리적인 모습과 함께 나이에 걸맞은 무용수의 몸짓을 통해 실존적 모습 그대로 보여줌에 있다. 또한 작품은 연극적 구성에 기저를 두면서도 표현적 움직임을 내면화시켜 두 요소가 잘 융화되기에 관객에게도 어렵지 않게 공감대를 형성한다.

서두는 전화 속 부음(訃音)을 듣고 그에 답하는 목소리로 시작한다. 이어 아무렇지 않은 듯 TV를 보기도 하고, TV 속 이야기에 반응을 보이기도 하며 졸다가 다시 깨기도 하는 등 일상적 모습을 보이지만 앞서의 부음이 두려움으로 자아에 투영되어 다가온다. 이러한 모습은 인간은 어차피 혼자라는 절대고독의 표출이 밀폐된 공간 속에서 고독과 강한 몸짓의 이중적 구조로 구체화된다. 그러다 보이지 않는 눌림에 대한 해소와 풀림의 기호로 상징적 오브제로 자리한 여러 문을 통해 실현되고, 하나의 매개로 작용시킨다.

먼저 무대 왼편에 있는 옷장 속 옷들은 페르소나적 요소다. 갖가지 옷들은 그의 과거이며 현재이다. 그러면서 무용수는 그 옷에 숨기도 하고, 과거 세월에 대한 미시적이며 주관적 표현을 드러낸다. 이는 옷을 하나의 오브제로 감정의 영역에서 운동을 통한 이미지로 작용하고 심리적 표현의 상징성이다. 이러한 양태는 현대무용의 선구자인 이사도라 던컨이나 마사 그레이엄이 보인 의상을 통한 자유로움과 활용적 표현에 맞닿아있다. 게다가 무대에 놓인 옷들이 무채색의 어두운 색감의 옷이란 점에서 이미지 표현을 극대화시킨다.

이어 그는 '발이 없는 신발, 사람이 없는 옷, 손이 없는 반지 등'을 읊조리며 죽음에 대한 심정적 넋두리를 늘어놓으며 스스로 갈등을 빚는다. 이러한 자술적 언술은 胎와 같은 빨간 줄을 통해 벗어나고 싶지만 벗어날 수 없고, 또 스스로 해결하여 해소하여야 함에 대해 강한 에너지로 자아의 충돌을 극명하게 표현한다.

이는 수평적인 구조에서 수직적인 구조, 즉 사다리나 이층의 공간을 통해 새로운 변화를 꾀한다. 이 작품에서 수직적인 구조는 움직임의 창조를 위해 대칭적이며 대조적인 성격을 지닌다. 이는 유일하게 저항할 수 있는 공간이 수직적인 공간으로 나타나 가장 극명하게 무용수의 절규가 드러날 수 있는 구조이기도 하다. 동시에 이층은 막다른 공간으로 해소를 암시한다. 이는 체념일 수도 혹은 견성일 수 있는 마음으로 허허롭게 춤을 만들어내고, 바닥에 있는 문을 열어 세수를 통한 정화淨化와 흐트러진 옷을 정리하는 모습에서 인생의 여정을 담담하게 받아들이는 카타르시스를 전해준다.

이 작품은 전체적으로 서사구조의 구성과 내용이 연극적 표현주의 색채가 강한다. 이러한 요소는 대사가 지니는 중의적 표현과 형이상학적 담론에서 잘 나타나며 오브제가 가지는 상징적 명징성도 그러하다. 그럼에도 연기하는 듯 한 몸짓이기에 이는 오히려 사실주의적 수용으로 다가온다. 최근 젊은 무용수들이 실존에 대한 일상적 고민이 추상적 인식으로 난해하게 표현됨에 반해 이 작품은 표현주의적 인식에 기저를 두지만 표현하고자 하는 바가 명확하기에 공감대 형성은 용이하다.

이 작품은 탈중심의 작품이다. 그래서 댄스 모놀로그를 표방하며 무용이 가지는 장점과 모노 드라마가 지니는 연극적 표현 방식이 함께 어우러져 있다. 또한 페미니즘적 요소를 표방하지 않더라도 페미니즘의 본질을 그대로이다. 이는 여인의 삶, 혹은 중년의 무용수의 삶이 자연스럽게 묻어나 직시적으로 관객에게 전달된다.

열흘이 넘게 무용 공연을 하였다는 점도 그동안 무용계가 지닌 고정적 모습에서 벗어나 신선함을 준다. 관객들은 소통하고 싶지만 한 두 번의 공연으로 인해 무용 공연에 대한 접근성에서 한계가 있었다면 이 공연은 실험적인 도전으로 긍정적인 모범을 주었다.

그동안 중년 무용수들의 무대는 대개 예전 모습을 반추하거나 본인이 무대에 서기 보다는 안무에 치중한 감이 없지 않다. 그러다보니 중년의 나이에 걸맞은 주제와 내용의 작품이 드문 것도 현실이었다. 분명 예전만큼 신박한 움직임이나 역동적이지는 못하겠지만 내공에서 비롯된 움직임과 기법에서 변별적 요소가 존재할 것이다. 오히려 이런 부분은 관객에게는 진솔한 느낌으로 다가올 것이며 감흥이 더욱 크게 온다.

이 작품은 2018 서울문화재단 예술창작지원사업 선정작이다. 젊은 실험적 도전에 비중을 많이 두는 현실적 모습에서 장년층에게도 이런 지원을 통해 새로운 도전이 이루어졌다는 측면에서 이 공연은 의미가 있다.

-『댄스포럼』, 2018.11.

39

새로운 질서 속 북한춤의 새로운 인식
―안은미컴퍼니 〈안은미의 북.한.춤〉

한국전쟁으로 남과 북이 나뉜 뒤 민족의 DNA는 공존하였지만 사상적 측면에서 생각을 달리하여 이해의 폭을 좁히지 못하는 부분이 존재한다. 게다가 반세기가 지난 동안 직접적 교류 없이 지내다보니 풍문으로 서로를 인식하였고, 단편적인 영상으로 어렴풋하게 서로의 제한된 일상을 확인할 뿐이었다. 그래도 전통을 비롯한 남과 북이 나뉘기 전 여러 기호들은 이데올로기를 넘어 공유할 담론으로 남아있었고, 이에 대한 수용과 변용도 자유 의지를 통해 논의의 대상이 되었다.

무용 쪽에서 두 체제가 함께 논의할 수 있는 대표적인 기호로는 최승희를 들 수 있다. 최승희는 근대 이 땅의 대표적인 문화 표상으로 대중에게 인식되었고, 또 전형성을 띤 전통춤의 시원으로 의미를 지닌다. 안은미컴퍼니의 '안은미의 북.한.춤'(대학로예술극장 대극장, 2018.10.12.-14)도 최승희를 근원적 모티브로 삼고, 이와 함께 북한춤의 여러 상징적 이미지를 그려내며 관객에게 새로운 인식을 전해주고자 한다. 이 무대는 안은미에 의해 해체된 최승희와 북한춤이 새로운 질서 속에서 어떠한 화두를 담을 것인지 근원적이며 동시대적 질문을 던지고 있다.

공연 전 북한의 예술과 무용 공연이 담긴 영상이 전면에 노출되고 관객에게 일종의 정보 제공과 선행 학습이 이루어진다. 이어 가야금의 선율이 흐르고 최승희의 '보살춤'이 실연된다. 제자리에서 손동작만으로 이루어지는 이 춤은 최승희를 강하게 드러내는 이미지로 인식되는데 가야금과 최승희라는 기호로 상징적 동질성을 확보한다.

이어서 북한 가요 '반갑습니다'가 흐르며 절도와 탄력 있는 춤을 선보인다. 조금은 과장되고 직접적인 행위의 반복인 이 몸짓은 장치 없는 거대 무대를 통해 북한의 사상적 범주를 넘어서는 무대 공연예술로 북한의 대중 공연예술의 재현이다. 이에 무대의 시선은 철저하게 객석을 향해있고, 역동적이지만 프로파간다의 성격이 아닌 북한 무대의 보편적 정서를 그대로 표현하려 한다.

반복적이며 지속적인 행위가 진행되고 이어 안은미에 의해 최승희의 기본춤이 무음악으로 진행된다. 무음악 속 홀춤은 조명의 변화에 따라 진행되고, 숨 소리 조차 내기 힘든 긴장감을 일으키며 긴 침묵 속에서 여러 무용수들의 춤으로 이어진다. 이 흐름은 작품에서 가장 관객에겐 힘겹지만 춤 그 자체를 집중시키는 순간이다.

그렇다면 왜 기나긴 '무음악'이었을까? 전통춤에서는 호흡과 장단이 가장 중요한 요소다. 발레도 그렇지만 전통춤에서 음악 없이 동작을 표현한다는 것은 상상할 수 없다. 그럼에도 이러한 요소를 배제한 것은 집중 효과의 상정이다. 음악이 없지만 무용수에겐 더욱 철저하게 머릿 속으로 음악을 그리며 음악이 있는 것처럼 표현하였을 것이다. 이에 이들의 몸짓은 철저히 기본춤의 계산된 움직임 속에서 구현되고 있다.

그럼에도 관객에게는 힘듦의 시간이다. 이는 브레히트가 말한 소외효과(estrangement effect)로도 설명된다. 현대무용에서 무음악은 창의의 몸짓에 대한 집중적 효과를 가지고 온다. 이는 낯익음에 대한 낯설음으로 다가오며 상상 속 공간 창조적 행위로 지평을 새롭게 만들고 있다. 상상력은 감각기능과 의미 사이의 충돌 속에서 구현된다면 이 작품에서는 이러한 흐름이 하나의 의식적 행위처럼 관객에게 다가오고 있다.

이러한 집중과 갑갑함의 공존은 미세하게 음악이 흐르며 관객의 긴 긴장감을 풀어준다. 이어 격정적이고 몽환적 구조와 환상성 그리고 강한 음악을 통해 기대지평 속 북한춤의 도식적인 역동적 이미지로 수용된다. 이는 우리가 갖는 북한춤에 대한 표피적인 이미지가 반복음 속 동작으로 이어지고, 무음악, 가교음악, 격정적인 반복음으로 나아가며 끊임없는 동작의 연속성으로 드러난다.

다시 초립동이나 화려한 부채춤, 쟁강춤과 같은 최승희와 그의 제자들로 이어진 여러 춤들이 연행된다. 이는 앞서 기본춤에서 파생된 춤들을 통해 같음과 다름의 비교 대조라는 측면으로 이해할 수 있다. 이는 원형적 요소의 동질적 인식의 회귀이다.

이어 안은미에 의해 북한 가요 '휘파람' 립싱크 부분도 집중된다. 이 부분에서는 다시 긴장감의 해소와 관객과 무대의 공감대 형성이 일어나는데, 이도 이 작품에서 두드러지게 나타나는 강약 조절 그대로이다. 이 작품은 우리가 가지는 북한춤의 집단적 역동성과 가상적 꾸밈에 의한 환상적 세계의 북한춤 모상模像이다. 이는 여러 기계적 음악의 반복음으로 역동적 동작을 만들고, 때때로 관객이 생각한 기대지평과는 다른 표현을 통해 생산적인 인식의 구체화를 만들어가고 있다. 그런 가운데 중간 중간 재미의 요소를 삽입한 것은 휴지休止이면서 역동적 행위에서의 집단 최면에서 벗어나 인테르메쪼intermezzo, 막간의 의미지만 오히려 재미를 주며 주목시키는 장치를 둔 것이다.

이런 교차적 전환 방식 속 검은색 치마, 바지에 흰색 윗옷을 입은 남녀의 춤은 공연예술이 아닌 일상성에 드러난 북한남녀의 율동 춤을 그린다. 이는 극대화된 동작과 야광 옷의 눈부심 그리고 깃발을 통한 역동성의 절정으로 이끌며 상징적 구조를 마무리한다.

이렇게 이 작품에서 두드러진 표점은 북한춤의 재현이다. 우선 최승희가 1950년대 정립한 『조선민족무용기본』을 저본으로 북한춤과 그 공연양상의 상상적 공간을 상정한 모습이다. 여러 춤들의 재현은 초연 때 논의한 것처럼 '여기에는 없지만 존재하는 것처럼 보이는' 북한춤의 재현을 통해 관객은 차이와 유사성을 인식하며 지평을 넓히고 있다.

이와 동시에 여기서 구현되는 것은 사실주의의 표현이 아닌 환상적 사실주의에 입각한 표현 방식이다. 이는 정치색이 배제되어 남북한이 공유할 수 있고, 이해할 수 있는 범주에서 상상적 공동체를 만든다. 이렇게 같은 민족의 문화상대주의적 시각에서 바라보면서도 이를 새롭게 구성한 '북.한.춤'은 금기를 넘어서며 시나브로 민족공동체의 교집합과 합집합을 이해하는 장으로도 의미를 지닐 수 있다.

-『댄스포럼』, 2018.11.

무용 대중화의 선구적 행로와 방향성
―제임스 전 〈Post 2000 발레정전〉, 블루댄스씨어터 〈블루 지젤 인 플렛폼〉

한국발레의 역사는 그리 오래되지 않았다. 광복 이후 미세한 움직임을 보이다가 전후戰後 본격적인 활동이 시작되었으니 한 세기가 채 되지 않는다. 한국발레는 서양에서 부흥한 장르라는 점에서 한계가 있었고, 고전 발레의 전작 공연도 1970년대 이후 제대로 이루어지는 등 토대가 그리 탄탄하지 못하였다. 그럼에도 세기를 넘은 현재, 저변 확대와 함께 양질의 작품이 양산되며 나름의 색깔을 만들어냈다. 특히 모던 발레를 통한 여러 실험적이며 시대적 소재의 작품은 관객과 소통하며 발레의 대중화에 기여하였다.

이러한 한국발레사의 흐름 속 표점으로 제임스 전은 주의 깊게 기억할 수 있다. 그를 통한 서울발레시어터의 여러 작품은 발레가 지니는 고답성에서 벗어나 일상적이면서 자유로운 몸짓을 선사하였고, 관객들도 이에 큰 환호를 보냈다. 이번에 공연된 〈Post 2000 발레정전〉(아르코예술극장 대극장, 2018.10.4.-5)은 '서울발레시어터와의 아름다운 이별과 60년 나의 삶을 정리하는 매우 귀한 계기'라는 제임스 전의 말처럼 이전 서울발레시어터에서 안무한 작품 중 취사선택한 것과 새로 창작된 작품을 통해 그의 안무와 춤의 세계를 반추한 시간이었다.

〈Post 2000 발레정전〉은 크게 1부와 2부로 나누어 1부에 〈도시의 불빛〉, 〈바람처럼〉, 〈Two Images〉, 〈Mid Shift〉, 2부에 〈Seven Colors of Life〉가 공연되었고, 이 중 뒤의 두 작품은 이번에 무대에 처음 선보인 것들이었다. 〈도시의 불빛〉은 1993년 초연된 이래 이후 서울발레시어터의 창단공연작으로 공연된 것으로 도시의 화려함과 남성 무용수와 여성무용수의 강렬한 군무를 통해 염정의 분위기를 자극한 역동적 작품이다. 스페인 플라맹

코를 연상시키는 동작과 오브제를 통한 빨간색의 강렬함은 이국적 이미지를 전해줌과 동시에 현대적 요소가 가미되어 경쾌함이 줄곧 흐른다.

〈바람처럼〉과 〈투 이미지Two Images〉는 비슷하지만 다른 느낌을 전해주는 작품이다. 이 두 작품은 2명의 남자무용수로 이루어진다는 점과 두 무용수의 같으면서 다른 움직임을 통해 인생을 이야기하다는 점에서 대조될 수 있다. 이 두 작품은 움직임에 대한 새로운 지평을 관객에게 열어준다. 고전발레의 문법인 수직적 상승 구조와 무중력의 공간을 유영하는 것이 아닌 수평적 움직임의 연속성, 특히 제임스 전 발레 문법의 키워드 중 하나인 손동작을 통한 움직임의 시작과 두 무용수의 상호관계적 접촉은 순간을 집중시키는 기호로 다가선다.

또한 반쯤 드러낸 혹은 상반신 탈의로 드러난 남성의 신체와 근육의 유동적 움직임은 몸의 경외감은 물론이거니와 현상의 지각화를 그대로 보이고 있다. 이는 은둔자인 발레리노를 전면에 드러냄으로 이들의 장점을 있는 그대로 표현하고자 한 측면에서도 의미 있는 모습이다.

네 번째 작품은 스위스 바젤발레단 단장인 리처드 월락Richard Wherlock이 안무하고 제임스 전의 독무로 이루어진 〈미드 시프트Mid Shift〉이다. 이 작품은 10여분에 걸쳐 쉼 없는 움직임이 이루어진다. 오브제인 의자와 테이블은 어떤 때는 일상적 표상으로 자리하지만 또 블록놀이를 하듯 기하학적인 창조공간이 만들어지는데 이는 실존적 의미를 그대로 드러내며 기호화한다. 마지막 장면에서 의자 등의 가구를 올려놓고 문을 열고 세상으로 밖으로 나가는 장면은 중년의 발레리노 본인으로 그대로 치환되어 울타리에서 벗어나 새로운 출발을 알리며 긍정적인 표현으로 열린 구조화되고 있다.

마지막인 〈세븐 컬러스 오브 라이프〉는 앞서의 모든 요소가 부분적으로 조화를 이룬다. 음악에서도 타악의 리듬과 클래식의 깊은 안정감 등의 흐름을 통해 서정, 격정, 환희가 함께 어우러진 무대로 대중적 호흡을 함께 하고 있다.

이 공연은 무용가 제임스 전의 무용세계에서 매듭과 풀림과 같은 공연이다. 그동안 그리 많지 않은 한국의 창작 발레, 모던 발레, 남자 안무가로 그의 행로는 뒤따르는 무용인들에게 정도正道와 지름길을 알려주는 나침반 역할을 하였는데 이번 무대는 그가 그동안 내고 싶었던 목소리를 가장 강하게 드러난 작품들로 구성되어 있다. 오랜만에 몸으로 행한 이번 공연이 또 다른 세계를 열 안무가가 아닌 장년의 발레리노로 그의 앞으로 활동이 기대된다.

최근 무용계 경향을 보면 일종의 쏠림 현상이 나타남을 알 수 있다. 주제에서는 개인의 일상적 소재에서 미시담론을 표출하고자 하고, 무대 구성에서는 미니멀한 상징적 구도를 극대화시키려 한다. 혹은 서사구조는 뚜렷하지 않지만 표현 기법의 정제와 이미지 묘사를 통해 몸학somatics의 미학적 측면을 최적화하는 경향도 두드러진다. 그래서 이를 컨템포러리 contemporary, 동시대성이라는 범주로 포괄하여 시대적 조류trend라 칭한다.

그렇지만 현재의 이러한 경향은 관객과 어느 정도 거리를 둔다. 관객은 무엇을 어떻게 보아야하는지에 대한 초점이 맞추어지지 않기에 무용에 어려움을 느끼고 이로 인해 확산도 더디게 이루어진다. 이것이 옳고 그름을 떠나 쉽게 말하는 다양성과 함께 대중성이란 명제에서 저변을 펼치기 위한 여러 고민도 실험성과 함께 이루어져야 할 것이다. 이런 부분에 대해서는 변용을 보이며 지속적으로 이어온 작품을 대상으로 긍정과 비판의식을 가지고 작품의 공과를 논하여 방향성을 이야기하는 것도 의미가 있을 듯하다.

블루댄스씨어터의 댄스드라마 〈블루지젤〉은 초연 이래 10여 년 동안 20여 회 공연을 한 작품이다. 이번에는 서울문화재단 예술작품지원으로 문화역서울 284 RTO 공연장에서 〈블루지젤 인 플랫폼〉(문화역서울 284 RTO공연장, 2018.10.5.-6)이라 제목을 붙이고 젊은 안무자들(강진주, 전예화)이 부분적으로 다듬어 서울역이란 공간성과 적합하여 의미를 배가시키고 있다.

작품의 주제는 사랑이다. 그래서 제목에서 들어나듯 '발레 지젤'이 가지는 사랑의 영원성과 이루지 못할 사랑이라는 의식을 담으면서도 현재를 배경으로 도시적 색채와 현대적 감수성을 포괄하고 있다. 작품은 이미 관객이 극장 로비에서 공연을 기다리는 순간부터 시작된다. 무용수들은 관객 사이를 다니며 그 누군가를 찾고 있으며 '저랑 만난 적이 있지 않으신가요'와 같은 질문을 던지며 만남과 헤어짐의 공감대를 함께 공유하고자 한다.

이 작품의 장점은 크게 어렵지 않게 이해할 수 있다는 점이다. 이는 댄스 드라마를 표방하기에 서사구조가 어렵지 않고, 그렇다고 어떠한 도식적 기승전결보다는 움직임의 유동적인 흐름을 통해 무용이 갖는 매력을 발산하는데 기인한다. 특히 개성이 두드러지지 않지만 무용수들의 역동적인 군무가 돋보이며 무용수들이 갖는 핍진성을 띤 연기는 이 작품 그리고 블루댄스씨어터가 가지는 생명으로 나타난다.

그러면서도 이러한 집단성은 도시의 전형성에서 분열되어 여러 인물군으로 변화를 보인다. 보통사람처럼 평소에 느껴지지만 극한의 모습 속에서 그들은 개성적 모습으로 드러내며 도시의 삶을 상징하는 기호로 각각의 움직임을 통해 구현하고자 한다. 그 의미는 사랑이 갖는 영원성과 함께 이 시대 진정한 사랑이 무엇인가를 관객에게 질문을 던져 소통의 구체화를 이루는 것이다.

이런 보편적 정서에 기반을 두고 있는 점은 음악을 통해서도 충분히 설명된다. 널리 알려진 보니 엠boney M의 '써니Sunny'부터 구원의 메시지처럼 들리는 레너드 코헨Leonard Cohen 원작의 '할렐루야Hallelujah'까지 대중음악이 연속으로 이어지며 댄스 음악극이라고 표현하여 무방하게 안정적인 흐름을 이어가고 있다. 이 작품이 10여 년 동안 이렇게 이어올 수 있었던 배경도 이러한 대중적 정서에 기인한다.

이 작품은 이렇게 대중적 정서와 이해하기 쉬운 스토리텔링 등을 통해 대중적 현대무용의 스테디셀러의 한 작품으로 자리매김한다. 그래서 이 작품은 남녀노소를 불구하고 평균선에서 좋아할 요소가 가득 담고 있다.

〈블루지젤〉은 초연한 이래 10여 년 동안 그리 큰 변화를 보이지는 않았다. 기본 서사구조도 크게 다름이 없고, 새로운 구성원이 이루어질 때마다 상황에 따른 미세한 안무가 변할 뿐 그 골격은 그대로 유지되어 왔다. 음악도 큰 변화가 없고, 서두와 마무리를 '써니'로 상정한 것에서 보듯 복고적 내음이 강하게 드러내며 익숙함으로 가고자 한다. 그럼에도 사회적 이야기가 많이 담겨지지 않았고 사랑의 이야기를 담아내기에 변화를 주는데 큰 무리는 없겠지만 이 작품이 정전이 아니기에 시대가 변화함에 따라 이 작품도 새로운 인식과 변용은 필요할 것이다.

-『춤』, 2018.11.

41

무대공연예술로 실용무용의 확장성
―서울호서예술실용전문학교 〈FINAL STAGE next level〉

한국에서 무용은 흔히 한국무용, 현대무용, 발레라는 삼분법으로 고착되어 있다. 이러한 나눔은 무용과가 생기는 즈음부터 현재까지 관념화되었고, 무대공연예술의 토대로 자리 잡았다. 하지만 그동안 인구 감소에 따라 입학 인구도 줄어들면서 무용과도 자연발생적으로 정리가 되고, 무용과의 존재가치에 대한 여러 논의가 함께 이루어졌다. 이는 아카데믹 중심의 무용계가 지닌 장단점에 대한 문제를 바탕으로 무용이 대중과 소통을 제대로 하였는지 본질적인 문제까지 생각하는 계기가 되었다.

이에 반해 실용무용에 대한 관심은 조금씩 높아가고 있다. 스트릿댄스, 방송댄스 등등 쓰임에 따라 여러 장르로 나뉘는 실용무용은 대중문화의 범위가 넓어짐과 동시에 수요가 많아지며 점점 각광을 받고 있다. 이는 무용과가 줄어듦에 비해 전문학교, 교육원 등이 점점 늘어나는 현실적 모습에서도 이들의 가치 의미를 찾을 수 있다. 굳이 제도권의 대학 교육에서 무용을 배워 비효율적 구조를 만들 것인지에 대한 반성은 이러한 대중적 소통을 통해 하나의 대안으로 자리 잡기 시작하였다.

이번 〈FINAL STAGE next level〉(M극장 2018.11.17.)도 현장에서 활발하게 활동을 하고 있는 8명의 춤꾼들이 자신의 끼를 발산하며 실용무용이 갖는 매력을 확인시켜준 무대이다. 이들은 서울호서예술실용전문학교에서 4년 동안 몸으로 체득한 것을 보여준 공연이지만 이들을 통해 실용무용의 현주소를 볼 수 있기에 더욱 의미가 있다. 이번 공연은 이미 여러 무대에서 활약하는 젊은 춤꾼들의 무대라는 측면에서 여타의 형식과는 질을 달리하여 주목

서울호서예술실용전문학교 〈FINAL STAGE〉 정수진 제공

할 수 있다.

강창우 안무의 '19-23'은 팝핀을 중심으로 춤에 대한 열정을 드러낸 무대이다. 팝핀의 특징은 관절의 꺾임을 통해 순간적 희열을 전해주는 춤이다. 어떤 구성보다는 그 춤 자체를 즐길 수 있는 춤으로 이 무대에서도 모티브보다도 단순하게 팝핀에 대한 자신만의 생각을 담으려 하고 있다. 이주향 안무의 '시선'은 기승전결을 두고 음악의 흐름에 몸을 실어 자아를 표현한 무대이다. 자유 몸짓의 의지와 함께 기본에 충실하여 완성도를 높이며 서정적 감정을 불러일으키는 작품이다.

김혜빈 안무의 '인연'은 가요 '인연'을 춤으로 재해석한 무대이다. 단순하게 이 무대는 리듬에 맞추어 해석하는 것에서 나아가 다큐 사랑 '너는 내 운명'에 나온 애절한 사연을 바탕에 두기에 몰입감을 전해준다. 김성빈 안무의 'Pressing'은 안무자에게 주어지는 압박감을 어떻게 춤으로 자유롭게 풀어내는지를 말하고자 한다. 매듭과 풀림은 동전의 양면처럼 하나의 몸이다. 압박이 있어야 자유로움이 분출되듯 이 작품은 하우스댄스의 경쾌한 발놀림과 더불어 군무의 규율 속에서 개성이 돋보인다.

박현우 안무의 'The other side'는 뮤지컬 영화 'The Greatest Showman'의 'the Other Side'에 대한 안무자의 재해석으로 여유로움이 묻어나는 무대이다. 뮤지컬에서 왜 춤이 필요하고 어떻게 질감을 높일 수 있는지 이 흥겨운 무대 속에서 발견할 수 있다. 박찬희 안무의 'Keep going'은 일상을 살아가는 젊은 춤꾼의 이야기가 추상적 표현 속에서 리듬에 담아 자아를 통해 풀어놓고 있다.

함새미 안무의 'We sing Halleluah'는 가요 '여러분'을 종교적 의미로 해석하여 이를 춤으로 담아내고 있다. 종교와 무용의 상관적 의미에 대한 현재성을 묻고자 한 무대이다. 박정은 안무의 'Return-소환'은 스트릿 댄스다운 무대로 흥겨움이 함께 한다. 관객을 장악하는 흡입력도 있고, 끼가 넘치는 무대를 선보이며 멋지게 피날레를 장식한다.

이들의 무대에서 느낄 수 있는 점은 8명 모두 개성이 뚜렷한 춤을 추고 있다는 점이다. 각각이 춤의 성격도 다르며 지향하는 바도 다르지만 이들을 통해 실용무용이 나아갈 바를 어렴풋하게 발견할 수 있다. 그래서 이들의 개성처럼 적용 범위가 다양하기에 무대공연예술로서 실용무용의 확장성도 쉽게 가늠할 수 있다.

또한 이들에게는 안무자로 하나의 주제의식을 가지고 무대를 구성하는 어려움과 도전이 따랐다. 그럼에도 리듬에 맞추어 단순하게 안무를 하는 것이 아닌 구성, 말 그대로 코레오그래피를 적용해보았다는 측면에서도 의미를 지닌다. 물론 개개의 능력에 따라 편차가 따름을 부인할 수 없을 것이다. 그렇지만 이들의 도전이 스트릿 댄스의 새로운 가능성을 보여준 무대이기에 나름의 의미를 지니는 무대였다.

- 댄스포스트코리아, 2018.11.

전통춤의 원형적 수용과 개성의 분출
−임수정 〈2018 임수정 전통춤판 무애無碍〉

한국 전통춤의 길은 지난至難하다. 이는 전통춤이 기법을 배운다고 짧은 시간 안에 체득되는 것이 아니며 몸에 익숙해지고 개성이 붙으려면 인고의 시간이 필요하기 때문이다. 게다가 한국 전통춤의 도제식 교육 방식은 한 스승만을 섬기는 것이 관습이어서 여러 춤을 다양한 색깔로 담아내기란 쉬운 일이 아니니 힘든 부분이 존재한다.

임수정의 경우는 이러한 담론에서 여러 논의가 가능한 춤꾼이다. 기나긴 시간 동안 전통춤을 수련하여 자신의 개성을 담아냄을 물론이거니와 여러 대가들의 춤을 섬기면서도 그 원형을 잘 전승한 춤꾼 중 한사람이기 때문이다. 이번 〈2018 임수정전통춤판 무애無碍〉(서울남산국악당, 2018.11.6.)도 그러한 내음이 짙게 묻어난 무대로 긴장과 이완의 소통 속에서 관객의 감흥을 불러일으킨 공연이었다. 이 무대는 1995년 제1회 개인 무대를 가진 이후 17번째 무대라는 점에서 놀라움과 그 꾸준함에 상찬할 수 있다. 또한 제목 '무애'라는 말처럼 스승이 말하고자 하는 바를 거침없는 개성을 드러낸 무대라는 점에서 의미가 있을 것이다. 이 무대는 '승무(구도)', '울산학춤(선무)', '한량무(풍류여정)', '춤본Ⅱ(춤내림)', '판소리(흥보가)', '진도북춤(신명)'으로 구성하였는데, 승무, 춤본Ⅱ, 진도북춤을 중심으로 이야기를 풀어보고자 한다.

승무는 한국 전통춤의 대표성을 띠는 춤으로 춤꾼들이 멋들어지게 무대에서 펼쳐 보이고 싶은 춤 중 하나이다. 임수정은 이매방에게 승무를 사사하였는데, 이매방류 승무의 특징은 음양의 조화 속에서 은현隱現의 미를 드러내며 그 경계의 미학을 유려하게 보이는 춤이라 할 수 있다. 이는 본질적으로 이매방이 가지는 외유내강의 춤정신에서 비롯되는데 이에

임수정 〈진도북춤〉 임수정 제공

대해 임수정은 시원스러움이 있으면서도 세밀하고, 여성스러우면서도 역동적인 승무의 흥취를 드러내고 있다. 이는 스승의 양태대로의 답습이 아닌 가장 핵심적인 요소를 자신의 몸짓으로 담아내기에 가능한 면모이다.

    임수정 춤의 가장 두드러진 특징은 장단이다. 전통춤에서 장단은 처음이자 마지막일 정도로 큰 의미를 지니는데 그는 이론 연구에서도 장단에 집중하여 이론과 실제에서 그 중요성을 강조한다. 그래서 그의 북가락은 빈틈과 거침이 없는 경지로 몰고 가 피안세계로 이끌며 장단의 자유로움과 춤이 조화를 가져온다.

    '춤본Ⅱ'는 김매자의 대표춤으로 알려져 있다. 이 춤은 박병천의 진도씻김굿 음악을 바탕으로 맺음과 풀림의 기승전결에 의해 구성된 작품이다. '춤본Ⅱ'를 이번 무대에 수용한 것은 아무래도 스승인 박병천에 대한 그리움과 그의 정신을 잇고자 하는 애정에서 출발한다. 박병천과 임수정의 교집합은 아무래도 전통음악에 대한 이해와 무대에서 실제 적용이란 측면에서 이야기할 수 있는데 이 춤에서 임수정은 씻김굿 음악이 지니는 격정성을 유동적 몸짓으로 응축하여 펼치고 있다. 이번 무대에서는 그의 개성이 제대로 발현되지는 못하고 기본에 충실한 감이 없지 않지만 앞으로 지속적으로 선보일 레퍼토리라는 측면에서 의미를 지닌다.

진도북춤은 잘 알려져 있듯 박병천에 의해 무대화된 민속춤이다. 문화재가 아닌 전통춤이 이렇게 보편화된 것도 박병천과 그의 제자들에 의한 파생적 노력에 힘입은 바 큰데, 그 노력의 한 축에서 임수정을 논할 수 있다. 임수정의 진도북춤은 웅혼하면서 형식미가 있다. 그는 민속춤이 지니는 본질인 자율적인 행위의 질서가 바탕이 됨과 동시에 기본에 충실하여 흐트러짐이 없다. 또한 그가 여성으로서는 조금 큰 신장임에도 불구하고 균정미를 보이는 것도 진도북춤의 원형질과 전형성을 확보하여 유려함을 보여줌에 있을텐데 어느 무대에서건 그의 진도북춤이 두드러지게 보이는 것도 균형을 유지하며 즉흥과 본질을 제대로 보여주기 때문이다.

전통춤도 거장들의 한 시대가 지나며 새로운 흐름 속에서 자연발생적인 변혁기에 놓여 있다. 그동안 무형문화재를 중심으로 전통춤의 확산이 이루어졌다면 이제는 본질적인 의미를 공고히 하는 전통춤의 내실화가 필요하다. 그런 의미에서 〈2018 임수정전통춤판 무애無碍〉는 임수정의 무대는 물론이거니와 찬조한 공연까지 포함하여 전통춤의 개성과 정체성을 드러내며 관객과 소통한 공연이라는 측면에서 가치가 높다 할 것이다.

- 댄스포스트코리아, 2018.11.

43

서정적 시각 속 감정의 내면적 표현
―리을무용단 〈당신의 별은 안녕하십니까?〉

한국 창작무용은 작은 전환기 놓여있는 듯 하다. 그동안 한국 창작무용은 기법이나 내용에서 전통의 토대에서 출발하여 예스런 감각을 유지하려 하였다. 그렇게 나름의 맥을 유지하려 한 측면은 긍정적인 면모일 수 있지만 시대적 변화에는 둔감하여 새로운 감각을 주기에는 부족함이 있었다. 혹은 설익은 동시대적 수용을 통해 현대무용의 표현 기법과 비교되기도 하였고, 정체성을 잃고 한국 무용의 장점이 제대로 부각하지 못하는 경우도 존재하였다. 이러한 모습은 한국 창작무용의 시원부터 가지는 본질적 문제였고 본질과 동시대성이라는 경계에서 항상 쟁점이 되는 부분이다.

이번 리을무용단의 〈당신의 별은 안녕하십니까?〉는 한국무용에 기반을 두면서 새로운 기법의 수용을 통해 변화를 꾀하고자 한 작품이다. 서정적 정서를 함유하면서도 무대 장치에서 프로젝션 맵핑 요소를 수용하여 동시대적 감각을 드러내고자 하였다. 이러한 모습은 그동안 리을무용단이 지니고 있던 한국 창작무용의 정체성을 유지하면서 시대적 흐름에 적응하고자 한 노력으로 이해할 수 있다.

오은희 안무의 〈당신의 별은 안녕하십니까?〉(이화여대 삼성홀, 2018.11.13.-14)는 제33회 정기공연 작품이다. 리을무용단은 1984년에 창단되었으니 그 역사도 깊고 또 거기에 걸맞은 양질의 작품을 통해 독특한 개성을 보인 단체로 각인되어 있다. 이번 작품은 강한 이미지를 전해주지는 않지만 잔잔한 감흥을 주며 리을무용단의 개성을 또 다른 측면에서 보여준다.

먼저 이번 작품은 서정적 정서가 작품 전반에 흐르며 이에 대한 상징적인 이미지를 표현하고자 한다. 이는 프롤로그·진옹辰擁, 탁시柝時, 혼우昏愚, 설묵雪默, 궤적軌跡, 자영仔影, 유빙流氷, 파도波濤, 오열嗚咽 에필로그·방하放下라는 소제목으로 의미를 부여하면서 기승전결을 통한 강한 고조의 스토리텔링보다는 유영遊泳적 흐름으로 이야기를 풀어나가고 있다. 이는 각각이 소품으로 받아들여도 될 만큼 완성도를 지녀 제목 자체에서 의미하는 바를 표현하고자 하였고, 분리되어 있으면서도 연결성을 가지며 대서사적 요소를 만들어간다.

이러한 요소는 이 작품이 지니는 서정적 정서에 기반을 둔다. 이 작품은 사계의 흐름이나 생태적인 자연의 이미지가 강하게 드러난다. 여기서 의상이나 영상 속 색감, 꽃, 별의 시각적 이미지 그리고 음악이나 효과음 속 여러 청각적 이미지에서도 그대로 반영된다. 이는 초반의 차분한 정조에서 드러나는 빗소리 그리고 가야금 등의 전통악기 그리고 격정으로 이어지는 문턱에서 강렬한 비트의 음악과 의상의 색감의 변화를 통해 교차적 이미지를 나타낸다.

또한 이 작품에서는 제목에서 드러나듯 별이 중심 모티브이다. 시간이 갈라지고, 비가 오고, 격정적인 요동이 오더라도 별은 우리에 눈에 보이지 않지만 항상 그 자리에 있듯 안정감을 주며 작은 희망을 안기는 존재이다. 이 작품에서도 인고의 흐름 속에서도 인생을 반추하는 기호로 별을 매개로 하여 존재적 의미를 밝히고 있다. 이러한 요소는 이를 표현한 무용수에서도 그대로 몸짓으로 나타난다. 리을무용단의 특징 중 하나는 전통을 토대로 하면서도 이를 새로운 감각을 통해 조탁하는 '전통의 현재성'에 있다. 창작에서는 이것이 직설적인 드러냄이 아닌 자연스러운 유동적 움직임 속에서 은유적 표현될텐데 이 작품도 역동적이지는 않지만 은은하게 그러한 면모를 보이고 있다. 특히 주역 무용수들의 농익은 움직임은 전체적인 흐름을 조율하며 안정감을 주면서 무게 중심으로 자리한다.

이 작품에서 우선 두드러진 것은 무대 장치이다. 그동안 한국 창작무용은 무용극을 토대로 거대담론을 중요시 하였다. 주제 의식도 그렇고, 무대 장치나 무용수의 군무 등을 통한 방법에서도 그러하였다. 그래서 과도한 무대 장치나 군무 등이 많은 것을 전해주려 하였지만 그것이 오히려 큰 의미로 다가오지 못하는 경우도 종종 있어왔다. 이 작품은 무대 장치가 그리 과하지 않다. 단순하게 상징적 오브제의 사용에 그쳤고, 묘사와 설명이 필요한 부분은 영상으로 대체하여 흐름을 이해하는데 적절하였다. 이는 무용수의 공간적 표현 방식에서도 그대로 적용되었다.

특히 프로젝션 맵핑Projection Mapping을 통한 영상 효과는 이 작품의 주제의식을 드러내는데 효율적이었다. 소주제에서 드러나는 여러 생태적 이미지와 그 의미를 단순한 영상이 아닌 입체화를 통해 구현되어 감정을 배가시키는데 도움이 주었고, 이는 무용수들의 움직임을 더욱 극대화시켜 주었다. 이것이 현대적인 기법에 의해 앞서 갔다면 오히려 의미가 반감되었을텐데 무대 바닥까지 활용하는 이미지의 3차원적 표현은 유동적인 몸짓과 어우러져 조화를 이루었다.

    이 작품은 역으로 완만한 구성을 드러내어 격정적 감동을 주지 못하는 측면도 존재한다. 극적 서브 모티브가 있지 않고 주제도 형이상학적 존재의식에 대한 탐구이기에 표현에서도 두드러진 면모는 없기 때문이다. 그럼에도 이 작품이 지향하는 관점이 서정성에 바탕을 둔 관조적 시각이란 점에서 잔잔한 카타르시스를 전해주며 대중에게는 그리 어렵지 않게 수용된다는 장점을 지닌다.

-『댄스포럼』, 2018.12.

일상적 공간의 기호화를 통한 연극적 몸짓

—김설진 × 국립무용단 〈더룸〉

김설진은 대중에게 가장 많은 인식이 이루어진 무용수 중 한 사람이다. 그는 무용계 뿐만 아니라 무용을 모르는 이들에게도 '댄싱9' 이후 여러 창작 활동과 예능 프로그램, 드라마 등을 통해 높은 인지도를 가진다. 그의 행보는 이미 피핑톰 무용단을 비롯한 여러 무용 활동이 있었지만 그의 이러한 전방위적 궤적은 무용의 대중화라는 측면에서 관심을 불러일으키는 부분이다.

국립무용단의 〈더룸〉(국립극장 달오름극장, 2018.11.8.-10)은 김설진과 국립무용단과 만남이면서 안무에만 전념한 작품이란 측면에서 대중적 관심을 모았다. 이러한 측면은 이전처럼 현대무용에 기반을 둔 안무가와 전통성이 강한 국립무용단의 융합이란 측면에서 나온 찬반양론의 경계보다는 그저 단순하게 김설진을 통해 국립무용단의 무용수들이 어떠한 방법론을 보일 것인지에 초점이 맞추어졌다. 아무래도 이런 측면은 양가적으로 보았을 때 김설진이 가지는 개성적 표현이 머리 속에 깊이 자리하면서 그에게 무게 중심이 더 맞추어졌다.

이미 관객은 입장하는 순간부터 무용수의 움직임을 관찰하며 흐름에 참여한다. 지극히 일상적인 방 안에서 남자는 이사를 온 듯 침대, 책장, 소파의 위치를 바꾸며 무언가 분주하다. 그러면서 라디오에서는 DJ의 목소리가 흘러나오며 차분한 분위기를 조성한다. 이어 공연 시간이 얼추 되자 DJ의 목소리로 공연 관람을 위한 안내방송을 하며 치기어린 시작을 알린다.

여러 무용수는 그들만의 공간인 방에서 분주하게 움직인다. 그렇지만 그곳이 각각의 공간이지만 함께 하는 것이 아닌 하나 하나의 인물이 중첩되어 함께 있는 공간처럼 표현된다. 이러한 모습은 이 작품이 지향하는 개인의 이야기지만 결국 우리 모두의 이야기라는 의식에 대한 전달이다. 그런 시점에서 이 작품은 옴니버스 구성을 만든다. 이는 인물마다 가지는 이야기들이 어머니와 아들, 중년 부부, 신혼부부 그리고 남녀의 이야기 등 다양한 시각에서 표현되고 있다.

이들의 움직임은 방에서 필수적인 도구인 옷장, 문, 소파, 침대, 화장대를 매개로 많은 이야기가 생성된다. 화장을 하는 여성의 모습이나 침대에서 신혼부부 모습, TV만 보며 소파에서 벗어나지 않는 남편과 그 주위를 청소하는 아내의 모습 등 일상적 이미지를 포인트만을 뽑아 묘사하여 현실성과 함께 관객의 공감대를 형성한다. 이는 도상성과 상징체계가 조화를 이루며 공간 기능을 증대시키고 있다. 여기서 말하는 방은 쉼의 공간이라기보다는 일상적 지표의 약호로 효과를 보인다. 이는 생활 소음 등의 미시적 일상성이나 미친 듯이 오고무를 치는 듯 분노를 표출하는 여인의 모습과 남편을 죽이고 싶을 정도로 미워하는 감정이 드는 스며 든 상상의 모습처럼 지극히 평범한 감정을 세심하게 함의적 표현으로 잘 담아내고 있다.

그러면서도 의식의 흐름 속에서 자각의 공간으로도 전위되어 심리적 묘사가 나타난다. 여기서 이러한 상징적 기호는 옷장과 문으로 이해될 수 있다. 어두운 조명 속에서 환상, 꿈, 자아의 심리적 갈등으로 나타나고 인물들이 옷장으로 들어가며 반복과 기억이 혼재된 움직임의 연속성이나 유령과 같은 몽환적 환각의 장면은 표현주의적 기법의 무대적 장치이다.

이 작품에서 한국적 DNA를 표출하려 한 것은 어머니의 모습에서다. 모습 자체가 우리네 어머니 모습 그대로이며, 아들을 향한 그리움을 보이는 내면적 묘사에서도 잘 드러난다. 이는 한복을 입은 어머니와 여자 무용수 다섯 명이 잔 발동작을 통해서 극대화되며 어머니 마지막 웃음 속에서 그동안 엉켰던 실타래가 해소된다.

이 작품은 연극적 요소가 강하다. 이는 공간 구조의 기능과 특성을 통해 이루어지는데 방이라는 일상적인 공간 속 여러 오브제와 인물의 움직임 속에서 담론이 그대로 전달되기 때문이다. 이는 이야기 전개에서도 옴니버스식 구성이지만 극담화의 시간과 심리적 시간이 공유하여 하나 하나 실마리를 풀며 해소하는 방식을 취하고 있음에서도 그대로 적용된다. 이러한 측면은 몸짓으로 표현한 이야기 구성이기에 단지 대사가 없을 뿐이지 표현방식이나 이야기 전달은 충분하였고, 오히려 상징성을 지니기에 관객에게는 기대지평을 열며 해석의 인식을 넓히고 있다. 이러한 측면은 무용수들이 해석한 인물 분석의 독자적 해석에서 완성도를 더욱 높이고 있다.

　이 작품은 미시적이지만 전형성을 지니며 사회적 이야기를 담아낸다. 마지막 장면에서 공간의 회전을 통해 우리가 본 공간과 그 밖의 너머 세계의 교차적 모습은 주제 의식의 마지막 전달이다. 이는 안에서 보는 것과 밖에서 보는 것은 흔히 말하는 사는 게 다른 것 같지만 101호, 102호 사는 게 똑같다는 말처럼 우리네 인생이 다르지만 모두 비슷한 모습으로 살아가고 있음을 묘파하고 있다.

　앞서 말하였지만 이 작품으로 국립무용단의 정체성 운운하는 것은 소모적인 일일 것이다. 그저 단순하게 김설진이 해석한 인간 군상의 모습 그리고 방이라는 공간 속에서 이루어지는 심리적 일상성이 국립무용단의 개성적이며 전형성을 띤 좋은 무용수들을 통해 표현되어 완성도를 작품으로 이해할 수 있다. 또한 〈더룸〉이 작품은 대중이 기대한 김설진의 안무작에 대한 기대감을 충실하게 만족시킨 작품으로도 기억될 듯 하다.

－『댄스포럼』, 2018.12.

45

익숙한 고전에 대한 무용극으로 새로운 기대지평
—인천시립무용단 〈비가〉

소포클레스의 〈오이디푸스〉는 고전古典이면서 그 지나 온 세월만큼 많은 해석을 통해 관객과 소통하여 온 작품이다. 전체를 수용하여 무대화하거나 '오이디스 콤플렉스'라는 모티브를 중심으로 변용이 이루어지는 등 이 작품은 다양한 시각에서 재창조되어져 왔다. 그래서 아리스토텔레스의 『시학』에서도 가장 완벽한 비극으로 논의될 정도로 내용이나 구조에서 정전canon의 의미로 지니며 모든 비극 작품의 전범典範으로 지금까지도 존재한다.

이번 윤성주 안무, 인천시립무용단의 〈비가〉(인천문화예술회관 대공연장, 2018.11.22.-24)도 오이디푸스를 모티브로 만든 무용극이다. 이번 작품에서 초점을 맞춘 것은 오이디푸스, 이오카스테, 크리온 세 인물에 집중하여 주제의식을 뚜렷이 함과 동시에 레퀴엠으로 인식한 비가悲歌의 측면에서 슬프면서도 서정적 구조로 대서사시를 전해주고자 한다. 이 작품은 오이디푸스를 어떻게 수용하고 변용되었는가는 중요한 문제가 아니다. 어떻게 무용극으로 완성도 있게 관객에게 그 의미체계를 전달하여 표현할 것인가가 하나의 키워드로 놓여있을 듯 하다.

고전을 새롭게 작품화할 때 고민되는 부분은 여러 부분이 있다. 대중에게 잘 알려진 작품, 예를 들어 〈춘향전〉의 재해석일 경우에는 춘향전의 구조가 너무 공고하여 변용하기 어려운 단점이 있지만 익숙하기에 관객의 수용이 쉬울 수 있고, 〈돈키호테〉처럼 전체 구조에 대한 인식이 자세하지는 않지만 그 캐릭터의 대한 이해를 통해 새로운 가치를 여는 작품도 있다. 〈비가〉는 아무래도 후자에 가깝다. 오이디푸스를 중심으로 한 주체와 대상의 갈등과 여러 행위소의 의미체계를 통한 기대지평이 관객이나 창작자에게 머릿속에서 전개되고 있기 때문이다.

우선 이 작품에서 느끼는 감정은 강함이다. 이는 오이디푸스에 대한 인물 해석에서도 그대로 나타난다. 이야기 전개에서 원전의 앞부분을 간략하게 정리하고 오이디푸스 왕위 제위 이후의 이야기가 중심이기에 그러한 전달은 당연한 결과였을 것이다. 이는 심리적 갈등보다는 행동의 삼각구조가 더욱 두드러짐에서도 그대로 드러난다. 그래서 주체(오이디푸스)와 객체(이오카스테), 반대자(크리온)의 갈등이 오이디푸스의 자아와 비자아의 투쟁 속에서 행동의 심리 양상이 강하게 전해오며 인물 표현 방식을 통해 그 의미가 전달되고 있다. 이는 언술이 갖는 미세한 감정 표현이 제한된 무용극에서는 적합한 해석이라 할 수 있다. 24일 공연에서 오이디푸스를 맡은 조재혁은 내재적 오이디푸스가 아닌 강한 움직임을 통해 무대를 장악하며 심리적 갈등의 진폭을 더욱 넓혀주었다. 또한 갈등의 한 축인 이오카스테(박소연)도 모성이라는 측면에 매몰되기보다는 한 여인이 상황적 운명 속에서 겪어야 할 존재적 의미를 미묘한 감정을 불러일으키게 하였다.

이 작품에서 강함을 느끼는 요인 중 또 하나는 음악이다. 이미 이 이야기는 어느 정도 죽음으로 가는 여정이라는 결론을 관객들은 인지하고 있다. 그런 텍스트의 기대지평이 있기에 이야기 전체가 이미 거기에 맞추어져 있다. 그러다보니 이야기를 극적으로 고조시키기보다 전체적인 분위기를 통해 순간적인 갈등을 증폭시킨다. 이는 비극을 내재한 이야기구조로 창작되어 전체적으로 장엄함을 강조하고, 이러한 효과를 음악을 통해 표현하고 있다.

〈비가〉는 대서사적 구조를 바탕으로 한 무용극의 기본에 충실한 작품이다. 이는 무대미술이나 조명을 비롯한 공간 구성에서 그대로 드러난다. 어떠한 현대적 기교보다도 작품 내적 의미에 맞게 효율적이어서 군더더기 없이 극에 집중하게 만든다.

또한 군무도 그리스연극이 지니는 코러스의 효과를 상징적으로 보여주었다. 무용이기에 이들의 역할이 가창을 담당한 것이 아닌 인물군을 형성하여 표현하거나 심리적 양상을 드러내는 움직임을 보여주어 장중한 분위기를 자아내고자 하였다. 그렇지만 이 작품에서 군무는 인원이 너무 많은 것은 차치하고 공간 구성이나 움직임에서 균형과 창조적 형식이 눈에 들어오지 못하였다. 움직임이 있지만 집중감은 떨어졌고, 강렬한 인상을 전해주지는 못하여 시각을 분산시키고 있었다. 이는 전체적으로 강한 느낌을 전해주는 구조에서 이러한 부분까지 밀집감을 전해주는 아쉬움을 주었다.

이 작품은 그동안 윤성주 안무자가 드러낸 삶과 죽음의 대서사적 구조의 또 다른 해석으로 이해될 수 있다. 〈신들의 만찬〉, 〈만찬—진, 오귀〉에서 표출된 전통적 의미망에서 벗어나 고전에서 인간 내면의 보편적 심리를 찾고자 함에서 그러하다. 이 작품은 그동안 침체된 정통 무용극의 재현이란 측면과 인천시립무용단의 또 다른 고정 레퍼토리를 만들었다는 점에서 의미를 둘 수 있다.

-『댄스포럼』, 2018.12.

46

전통에 대한 해체와 새로운 질서의 표현 방법
―김순정 〈초충도〉, 춤, 하나 댄스컴퍼니 〈농현, 그 여름새의 손끝〉

김순정 안무의 〈초충도〉(강동아트센터 소극장 드림, 2018.11.1.-2)는 신사임당의 '초충도'를 모티브로 만들어진 소품이다. '초충도'는 8병풍으로 이루어진 그림으로 그중 특히 '원추리와 개구리'는 원추리 꽃과 개구리, 나비, 벌, 매미 등 여름의 분위기를 자아내는 기호가 등장하여 생동감이 넘친다. 결국 이 그림을 모티브로 한 〈초충도〉의 선험적 기대지평은 전통 그림의 재해석을 통한 서정적 자아의 표현이라는 점일 것이다. 그럼에도 이 작품은 그림을 직시적으로 바라보는 것을 지양하고 '초충도'에 대한 안무자의 인상적 감각을 일상성과 심리적 해석으로 풀이하여 새로운 표현 방법을 찾고자 한다.

첫 장면은 김순정 무용수의 원초적 움직임이다. 피아노 반주 속에서 이루어지는 몸짓은 제자리를 맴도는 듯 하지만 조명을 통해 집중되어 미세한 움직임의 연속성을 발견할 수 있다. 이어 바닥을 가르며 움직이는 홍호림 무용수의 몸짓은 앞서 수직적 질서 속 상방향 구조와 다르게 수평적으로 움직이며 하향 공간의 구조를 만들어낸다. 이 둘의 공간 구조 형성과 동선은 상반되어 있기에 오히려 열림으로 다가온다.

그리고 무음악 속에서 원을 그리며 뜀을 뛰는 역동적 움직임은 새로운 구조를 만들어낸다. 앞서의 몸짓이 무한대의 수평과 수직적 질서였다면 이는 하나의 경계를 만들며 질서와 규칙을 생성하여 현실적 일상화의 재현을 가지고 온다.

여기서 이 작품에서 가장 해석하기 어려운 배드민턴 장면이다. 이는 앞서의 몸짓이 일반화의 개념화라면 이는 인간 세계의 전형적 일상화로 안무자의 시점에서 바라본 여름의

김순정 〈초충도〉 김순정 제공

한 단면을 전환된다. 재미있는 건 이들의 행위는 랠리가 제대로 이어지지도 않은 모습이다. 관객의 입장에서는 조금은 뜬금없는 장면일 수 있다. 이것이 의도하였건 그렇지 않건 간에 이러한 모습은 조화를 이루고자 하는 행위와 관계성의 출발점으로 해석은 가능할 듯 하다.

이는 기법적인 측면에서 파드되 형식의 2인무에서 서로 다르지만 하나를 이루려는 의미 체계가 생성된다. 앞서의 현실적 구조가 미학적 의미를 만들기 위해 상징과 구상의 교차적인 질서에서 추상운동에서 표현무용으로 의미를 확보하는 것이다. 이는 다시 여기서 한 걸음 한 걸음 분리되어 나아가는 움직임과 무용수의 개구리로 전환과 영상 속 개구리의 등장을 통해 관객에게 이 작품의 모티브인 '초충도'에 대한 현시顯示로 마무리를 한다.

이 작품은 안무자의 '초충도'에 대한 인상적 감상과 해석 그리고 일상성에서 교집합적 요소의 합일에서 의식의 흐름을 전개시킨다. '초충도'는 아주 단순한 그림 같지만 여러 자연의 질서가 들어 있고, 여름의 상징적 모습이 그대로 발현되어 있다. 이를 안무자도 일상적인 여름의 단면 속에서 중첩시켜 자연의 질서를 표현하고자 한다. 이는 살아있음에 대한 경외와 생태적 질서를 대입한 것으로 해석의 무한성을 가지고 온다. 이는 미시담론이지만 거대담론으로 풀어낸다는 점에서 의미 있는 시도라 할 것이다. '초충도'에 대한 단순한 미학적 해석이 아닌 원형과 전형 속에서 새로운 의미를 확보하고 있다는 점에서 이 작품의 주제의식은 깊이감이 있다.

아쉬운 점은 주관적 객관화를 통해 작가의 의도와 관객과 기대지평이 충돌된다는 점이다. 우선은 관객의 '초충도'에 대한 이해가 제대로 되지 않거나 단순함에 있다면 이 작품의 주제의식을 쉽게 받아들이기 어렵다. 이러한 모습은 해석적 추측을 가능하게 하는 매개체의 추가적 요소가 들어간다면 조금 더 쉽게 다가갈 순환적으로 유효화시킬 듯 하다. 이러한 요소는 관객에게 낯설음이 아닌 지평의 전환을 가지고 오며 발화자의 의미를 파악하여 내포적 의미를 확보할 수 있을 것이다.

'춤, 하나 댄스컴퍼니'는 한국예술종합학교 전통예술원 무용과 동기들로 이루어진 무용단이다. 이들은 상하 관계가 아닌 재원의 동기들이 10여 년 넘게 꾸준히 공연하였다는 점에서 주목할 수 있을 듯 하다. 또한 그동안 전통춤만 전념한 것이 아니라 이를 바탕으로 무대 공연예술로 실험적 적용을 다양하게 추구하며 많은 성과를 이루었다는 점도 상찬할 수 있다. 특히 단순한 춤 무대가 아닌 국악 집단과 협업을 통해 작품의 질을 높여 왔다는 점에서 다른 전통무용단과 변별성을 두어 의미가 있다.

이번 국립국악원의 금요공감에서도 이들은 전통예술의 협업을 통해 새로운 창작무대를 꾸몄다. 〈농현, 그 어름새의 손끝〉(총연출 및 공동안무 오정은, 공동안무 강민아, 김유나, 송영인, 윤영숙, 국립국악원 우면당, 2018.11.16)은 제목에서 드러나듯 '농현'弄絃과 '어름새'가 만나 새로운 전통미를 만들어낸다. 농현, 현을 희롱하는 듯 파동을 만들어 듣는 이들을 자극하는 음조와 어름새, 구경꾼을 어르는 춤사위가 합을 이루어 이들은 이른바 밀고 당기는 '밀당'을 통해 관객과 소통하려하려 한 점에서 흥미롭다. 게다가 이 작품은 사계四季를 바탕으로 사계절의 향기와 산조의 변용에 따라 새로운 산조춤을 발현하고자 한다. 결국 이 작품은 농현, 어름새, 사계, 산조춤이라는 네 가지 키워드 속에서 의미 해석이 놓인다.

이 작품은 4장으로 이루어졌다. 각각 안무자를 달리하기에 질감도 다르다. 먼저 '춘향심무春香心舞'는 봄향기이다. 봄향기답게 판소리와 민요 그리고 국악기뿐만 아니라 요즘 타악기까지 동원하여 풍요로움을 보이고자 하였다. 처음은 여러 소리의 울림 속에서 그 시작을 알리고 춤꾼은 무음악 속에서 새로운 질서를 만들어낸다. 움츠림에서 봄향기로 확산은 가곡 〈봄처녀〉에 따른 이들의 노래와 몸짓에서 해빙을 이루며 이완적 구조를 만들고 있다.

'하향상무夏香爽舞'는 말 그대로 시원한 춤으로 거문고의 깊은 은현隱現이 부채산조에 맞추어 새로운 감각을 불러일으킨다. 특히 여름이 지니는 여러 상징성이 이 작품에서 나타나는데 빨간색, 부채 그리고 현대무용의 수용을 통해 역동적 구조를 만들어낸다. 전통춤이지만 현대적 요소가 드러나고, 현대무용에 기반을 두지만 전통적 요소를 보이려 한 무용수들의 대조적 양상이 강렬한 인상을 남긴다.

'추향풍무秋香風舞'는 가을 느낌답게 색조나 분위기도 구슬프지만 담대하다. 수건춤이 갖는 애잔함의 독무와 그와 대비되는 군무를 통해 집단적 정조가 가을이 갖는 비극적 구조를 원형적 의미에서 탈피하고자 한다. 기승전결의 의미에서 이 부분

춤, 하나 댄스컴퍼니 〈농현, 그 어름새의 손끝〉
춤, 하나 댄스컴퍼니 제공, 이현준 사진작가

이 가장 고조될 수 있지만 담담하게 그리고자 하여 전체적인 구조에서의 조화를 이루려한다.

'동향환무冬香還舞'는 노드롭 프라이의 『비평의 해부』에서 논한 원형비평의 겨울 구조의 상징적 기호인 '아이러니'다. 그래서 멸滅이 아닌 패러다임의 구조에서 새로운 출발을 의미하여 축제적 열린 공간을 지향한다. 이는 진도씻김굿에 모티브를 둔 음악의 수용과 이에 대한 춤의 해석에서 그대로 적용된다. 씻김이 해결이 아닌 해소를 통한 새로운 출발이듯 이 작품은

다섯 명의 개성과 합일을 통해 다성적 몸짓을 표현한다.

　　먼저 이 작품의 주제의식은 흥미롭다. 네 가지 키워드가 만나 새로운 의미를 만들고 있다는 점에서 그렇다. 이러한 제시가 개념화되어 있어서 그런지 이들은 몸짓은 발현보다는 정제되어 있고, 이와 반대로 이들에게 있어 사계, 계절에 따른 감각은 이면적이기보다는 젊은 감각에 의한 표면적 해석으로 반영된다. 이에 무언가 집중력 있게 다가서지 못하고 결집된 이야기 구조로 나아가지 못하는 아쉬움이 있다. 이는 표현하고자 하는 담론이 너무 확실하여 그에 충실하였기 때문이다. 여기서 나오는 네 가지 주제가 모두 발산, 소통 그리고 열린 공간을 지향하는 것이었다면 정제된 몸짓보다는 조금 더 힘을 뺀 문법을 적용하여 새로운 의미를 창출해 볼 수 있지 않을까 생각해본다.

-『춤』, 2018.12.

47

개성 넘치는 세 무용수의 진솔한 춤 이야기
— 국립현대무용단 레퍼토리 〈댄서하우스〉

국립현대무용단 레퍼토리 〈댄서하우스〉(예술의 전당 자유소극장, 2018.12.7.-9)는 무용수들이 자신의 이야기를 진솔하게 춤으로 풀어내는 무대로 색깔이 다른 무용수들의 내면을 바라볼 수 있다는 점에서 흥미롭다. 2017년 처음 선보인 이 공연형식은 올해 김주원, 서일영, 안남근 세 명의 무용수가 무대에 섰는데 장르를 달리하지만 현재 그 분야에서 가장 왕성하게 활동하는 인물임과 동시에 장르를 뛰어넘고 융합하며 새로운 창조성을 발휘하는 인물들이라는 점에서 차별성과 유사성을 함께 한다.

김주원은 대중에게도 잘 알려진 발레리나이다. 그는 이번 무대에서 이정윤, 김세연, 최수진 세 명의 안무가를 통해 '달'이라는 주제로 자아의 움직임을 표출하려 한다. 한국무용, 발레, 현대무용에 바탕을 둔 안무가의 해석이라는 점에서 차이를 둘 수 있지만 세 가지 이야기(<moon, 쏨>, <아다지오, 플로렌스의 추억>, <디어 문>)가 분리되어 있지 않고 하나의 흐름으로 연결되어 있다. 그러면서도 시간의 흐름에 따라 달은 차오름과 비움이 있듯 이에 따른 감정과 육체의 변화를 파드되, 독무 등으로 역동적이면서도 서정적인 의식으로 풀어놓고 있다. 게다가 내레이터(영화배우 임수정)는 무용수의 내면을 은유적으로 언술하며 주제의식을 자연스럽게 전달해주는 기호로 무게감을 준다.

김주원의 이번 무대는 유려함을 전해주기에 충분하였다. 물 흐르듯 하면서도 선의 미학의 정점에서 유동적인 움직임의 변화를 섬세하게 표현하기 때문이다. 이러한 흐름과 함께 무용수의 심리적 의식은 여러 관계망이 아닌 존재의식 속에서 출발함을 미시적으로 드러내

국립현대무용단 〈댄서하우스〉 국립현대무용단 제공, 목진우 사진작가

려 한다. 이는 달은 항상 그대로이지만 태양과 지구 사이에서 다르게 인식될 뿐 본질의 변화가 없음을 무용수에 대입하여 명확한 주제의식으로 완성도를 높이고 있다.

서일영은 스트릿댄서다. 그에게 있어 춤은 삶의 시작이자 끝이다. 본능적으로 움직이고, 그 춤이 다시 이야기를 만드는 순환적인 구조에서 자연스럽게 그것이 생산성을 가진 춤으로 승화된다. 그래서 그는 돌고 도는 춤 인생이라 말한다. 그는 다양한 경험 속에서 나온 패러다임을 개괄적으로 풀어놓으며 이 무대에서는 그의 춤 인생을 말하고자 한다.

그는 최적화된 상태에서 일반인과 다른 움직임을 통해 자아를 발견하고 있다. 그러면서 그의 출발인 팝핀처럼 관절의 움직임 하나하나를 통해 새로움을 만들어낸다. 이는 그의 춤이 본능이지만 해부학적으로 발견할 수 있는 육체의 움직임 그대로의 표현이다. 서일영은 최근 김설진, 안성수 안무의 공연에 출연하여 그 폭을 확장시키고 있다. 이러한 행보는 감각적인 분출에서 구조화된 춤으로 변용을 가지고 왔는데 이번 무대는 이를 점검하고 다른 색깔을 만드는 문턱의 시간이 되었을 것이다.

안남근은 팔색조의 무용수다. 감성어린 춤 세계를 보이다가도 역동성을 분출하기도 하고, 개성이 두드러지기도 하지만 군무에서는 합을 맞추며 집단화를 이루는 등 적재적소에 색깔을 펼치기 때문이다. 이번 무대에서는 그동안 춤의 입문과 관련하여 다양한 이야기를 말하며 모든 것이 춤이 될 수 있고, 모든 것이 춤이 될 수 없지만 그걸 표현하기 위해 부단하게 노력하였음을 밝히고 있다. 여기서 그는 모든 것을 모방하지만 그걸 자신의 것으로 만들기 위해 다양한 방법론을 수용하고, 외국 발레단에서 활동하는 등 지금의 모습이 다양한 경험 속에서 이루어진 결과라 말한다.

또한 변신, 변환, 변주 등 본질을 간직하고 새로움을 추구하는 것이 그동안의 춤 세계였음을 밝히면서 '나는 나를 강조하고는 가요 '삐딱하게'를 부르는데, 춤이 아닌 노래를 완창하며 노는 모습도 본인임을 증명하며 존재감을 드러낸다.

2018년 국립현대무용단은 다양한 시즌 프로그램으로 대중과 소통하였다. 대중과 소통하였다는 점은 단지 관객 수용에만 머문 것이 아님을 의미할텐데 이는 다양한 레퍼토리의 시도를 통한 결과일 것이다. 2019년도 국립현대무용단의 시즌 프로그램도 진폭을 더욱 넓히는 레퍼토리를 통해 새로운 관객에게 즐거움을 주기를 기대해본다.

- 댄스포스트코리아, 2018.12.

제4장

무용소고
舞踊小考

박순호 안무 〈경인〉 국립현대무용단 제공, Aiden Hwang 사진작가

01

무용문화 변화를 위한 요설

지난해 말 『한국근대무용사』라는 책을 펴냈다. 그러면서 책의 첫 대목에 이러한 화두를 던졌다. '한국 무용은 왜 그들만의 리그인가? 외연을 넓히지 못하고 정반합의 진보적 충돌은 왜 두려워하는 것일까?' 무용계 혹은 무용과를 경험하면서 느꼈던 이 첫 감정은 몇 년이 지난 뒤에도 크게 변하지 않았고, 한국 무용계에서 변하지 않을 모습으로 느껴졌다.

그럼에도 몸으로 표현하기에 어떠한 공연예술보다 가장 정직한 장르였음을 느끼게 되었고, 매일매일 공연을 위해 밤새 연습하고 열정을 쏟아 붓는 모습에 감탄을 하게 되었다. 그런 이유인지 이제 그 '리그'에 몸을 담고 여러 모순된 점을 바라보면서 어떤 경우는 쓴소리를 하려다 멈추게 되는 것도 그런 본질적인 무용의 마력을 알고 있기 때문일 것이다.

그러다가도 모순되거나 본질적인 문제에 다시 직면하면 화가 난다. 그 열정은 인정하지만 하루 이틀 공연을 위한 고비용 저효율의 문화구조, 즉 단순하게 예술혼을 불태운다고 하기에는 현실적인 경제 문제가 존재하고, 또 거기엔 일부 권력과 자본에 의해 움직이는 어느 사회에서나 볼 수 있는 먹이 사슬이 있다 보니 근본적인 해결책이 딱히 생각나지 않았기 때문이다. 그러면서도 이 구조가 쉽게 변화하지 않겠다는 생각과 함께 무용계가 자신의 울타리에서 벗어나 사회, 대중과 소통하지 않는다면 스스로 도태되지 않을까라는 생각은 항상 걱정되는 화두로 남아있다.

요즘 들어 모든 대학이 구조조정 문제로 힘겨워하고 있다. 저출산으로 인해 고교 졸업생보다 대학 정원이 많아지는 기현상이 서서히 벌어지고, 입학 정원을 채우지 못하는 대학들이 늘어났기 때문이다. 이는 대학평가에 의해 자의반타의반 체질 개선에 힘을 쏟기 시작하였고 이러한 문제는 우선 인문 계열과 예술계 특히 무용과가 대상에 놓이게 되었다. 이에 따라 자조적으로 이야기하는 '벚꽃 지는 순서대로 무용과가 없어진다'는 말처럼 여러 대학의 무용과가 없어졌고, 다른 과들과 통합하는 현상이 몇 년째 계속 반복되고 있다.

이러한 현실을 보면서 안타까움과 함께 그동안 시대를 얼마나 자세히 관찰하고 스스로를 구하기 위해 변혁하고 많은 반성을 하고 있는지 생각해본다. 무용과가 생긴 이래 시대의 흐름에 따라 얼마나 현실에 맞게 커리큘럼에 변화를 주었고, 자율적 행동을 통해 사회와 소통하였는지 생각해보면 울타리에 머물며 보신保身만 하였고, 지금도 그러하기에 걱정만 앞선다.

물론 이른바 순수예술은 문화원형과 인간의 삶을 풍요롭게 만드는 토대이므로 이익을 추구하지 않고, 지원을 아끼지 않아야한다. 그렇지만 사회와 소통하지 않고 그들만의 리그를 벗어나지 않는다면 경제적 논리 혹은 상업성에 잠식당하는 것은 불문가지不問可知일 것이다.

여기서 요설만 늘어놓지 말고 그에 대한 뚜렷한 대안을 마련해보라고 질문한다면 스스로도 딱히 대답하지 못하는 어리석음이 있다. 그럼에도 불구하고 무용의 본질이 무엇이며 장삼이사張三李四와 소통하는 구조를 만드는 생산성이 무엇인가라는 기본적 질문부터 대학교육으로 무용이 어떤 의미인지를 세심하게 모든 구성원이 고민한다면 무언가 해쳐나갈 힘을 생기지 않을까 상식적인 이야기만 늘어놓는다.

- 댄스포스트코리아, 2017.3

02

새로운 무용학을 기대하며

박사학위 인플레이션이다. 사회 어느 분야가 다 그렇듯 무용계도 마찬가지이다. 철저하게 실기 중심인 한국 무용학, 무용계의 카르텔에서 박사학위가 절대적으로 필요한지 가끔 의문이 들지만 다들 석사, 박사학위를 취득하려 한다. 그러다보니 공연 팸플릿에 나온 주요 무용수들의 약력을 보면 다들 박사 수료자들이다. 이것이 학문에 대한 열정에서 비롯된 선택이라 순수하게 받아들이려하지만 그렇지 못한 경우가 없지 않으니 학위에 대한 진정성을 흐리게 한다.

이러한 원인은 한국 무용계에서 대학의 비중이 크기 때문일 듯하다. 공연 활동의 중심이 학교 무용단에서 비롯되는 경우가 많으니 석, 박사 학위 과정을 통해 소속감을 유지하는 수단이 되기도 하고, 대학에서 수업을 맡으려면 학교 전체적인 시스템에 맞추어 박사 학위가 필요하니 수많은 고학력자들이 배출되고 있다. 그런데 이런 학자들의 끊임없는 연구가 지속되면 좋겠지만 '무용학'이란 이름으로 제대로 된 내용과 실제가 존재하는가라고 물었을 때는 회의적이다.

다들 박사학위 논문 쓰느라 지쳐서 그렇겠지만 그 이후 연구는 제대로 나오지 않는다. 박사 학위 이후 한 편이라도 논문을 쓴 사람에 대해 통계를 내본다면 얼마나 될지 적이 걱정스러운 부분이다. 박사학위는 학문의 출발임에도 마지막 자격증으로 치부되니 이러한 구조가 필요한지 의문이 제기된다.

지금은 진정한 무용학 연구자, 이론가들의 출현이 절실히 요구되는 시기이다. 실제 공연 현장의 무용은 언제나처럼 끊임이 없다. 그런데 끊임이 없음에 비해서는 변화와 발전의 속도는 항상 그대로이다. 무용에서 문文(소프트웨어)은 달리려 하고 있지만 질質(하드웨어)이 정체되어 있으니 그 걸음은 항상 제자리다. 초현실주의가 시대를 풍미한건 살바도르 달리로 집중되지만 앙드레 브루통André Breton의 『초현실주의 선언』의 출간이 마중물이 되었고, 포스트모더니즘도 수많은 이론의 홍수 속에서 다양성이 확보되었듯 무용학도 다양한 학문적 연구가 요구된다.

그럼에도 무용학 연구는 특히 학위논문은 어떤 방법론에만 귀착되어 그 틀에 무용을 맞추다보니 창의적이지 못하고, 재생산도 제대로 이루어지지 못하고 있다. 연구자들이 유연하게 박사 논문 이후는 학위 논문을 중심으로 파생하여 여러 실험적 연구를 이룬다면 무용학은 새로운 패러다임이 만들어질 것이다. 실제를 알기에 나와 같은 책상물림들이 못하는 공연 발전을 위한 토대 마련과 공감대 형성을 더욱 쉽게 이룰 수 있기 때문이다.

기존의 학자들도 마찬가지이다. 현재 학회 편집 일을 맡으면서 여러 가지 힘든 일이 많다. 다른 모든 학문 분야 학회처럼 논문을 모으는 것도 힘든 일이고 심사위원 배정도 쉬운 일이 아니다. 얼마 안 되는 심사비로 부탁을 드리는 것이 면구스럽고, 죄송하지만 그래도 후학을 위하고 무용학 발전을 위해 봉사한다는 마음으로 임해주시리라 생각하여 염치불구하고 부탁을 드린다. 그런데 가끔 심사서를 총괄하여 검토하다보면 이를 어찌 받아들여야 할까하고 고민하는 경우가 있다. 대부분 성심성의껏 부족한 부분을 지적 해주지만 자신의 생각과 다른 방향으로 기술하였다 방법론 운운하며 서너 문장으로 게재불가를 판정하는 경우 투고자가 어떻게 수용할지 고민이 되는 경우가 가끔 발생한다.

기존의 학자들도 학문에 대해 결벽증을 가지고 연구를 하겠지만 유연하게 다른 시각으로도 바라볼 눈이 필요하다. 자신의 분야에서는 최고이지만 새로운 분야에 대한 수용과 변용을 통해 새로운 가치를 만들어주는 것이 중견 학자들의 몫이기 때문이다.

가끔 공부하는 사람들끼리 자조적인 농을 한다. '그래도 우리는 죽으면 학생부군신위學生府君神位에서 박사부군신위博士府君神位로 급이 높아진 것 아닌가?'

학문에서는 언제나 학생이지만 그래도 박사 학위에 헛됨 없는 모습을 위해서는 학자라는 이름에 걸맞은 실천이 필요하다. 이 길이 꽃길도 아니고 지향점도 약하지만 기존의 틀을 허물고 진보적인 가치를 만든다면 그래도 지금보다 가속도가 붙어 무용학, 무용 공연이 발전하지 않을까 막연하면서도 긍정적인 희망이 가지며 이러저러한 쓸데없는 소리를 한 번 해 본다.

- 댄스포스트코리아, 2017.11.

03

현하現下 백세시대에서 요설饒舌

흔히 요즘을 '백세 시대'라 말한다. 정말 모든 사람들이 다 백세를 사는 것은 아니겠지만 복지제도와 의학이 발달하면서 100세를 넘는 인구가 늘어났고, 노년층이 이에 비례하여 증가하면서 붙여진 명칭일 것이다. 이제는 예전 나이에서 10~20세 내외는 빼야 될 정도로 건강을 유지하니 지하철 노약자석은 웬만큼 나이가 들지 않고서는 앉기 힘든 공간이 되었다.

 그렇다면 직업군 중 장수하는 분야로 어떠한 것이 있을까? 대표적인 경우로 오케스트라 지휘자라 말한다. 20세기 최고의 지휘자로 일컫는 헤르베르트 폰 카랴얀도 70대에도 활발하게 활동하다 80여 세에 생을 마감하였고, 아르투로 토스카니니도 90여 세까지 사는 등 많은 지휘자들이 장수하며 노년까지 현역에서 활동 하였다. 이러한 원인으로 역동성을 들 수 있다. 몇 시간 서서 지휘를 하니 그만큼의 체력이 필요하여 평소 건강관리를 하였을 것이고, 지휘봉 하나에 수많은 단원을 결집시키는 쾌감 그리고 즐기며 평생 할 수 있었다는 가장 중요한 원인에 바탕을 둘 수 있다. 지휘자의 숫자가 그리 많지 않다는 단점이기는 하겠지만 … ….

 그렇게 보면 무용인도 장수군 중 하나이지 않을까 한다. 이는 평생 몸을 움직이며 일을 즐기고, 창조를 하니 장수 직업군 중으로 이해될 수 있다. 이 부분은 얼핏 머릿속을 스치는 무용 대가 몇 분을 기억하여 보아도 쉽게 이해가 되며 그 뒤를 잇는 중장년층이 넓게 분포되어 있는 모습도 그러한 예다.

 그런데 이들의 활동 무대는 제한되거나 창조적이지 못한 것이 사실이다. 그동안 중장년층의 공연은 예전 작품을 변용시키거나 'ㅇㅇ 주년 기념 공연'으로 한 작품 정도 서는 것이 관례처럼 행해졌다. 이는 몸에서 오는 한계도 있을 것이고, 무대를 만들고 싶어도 어떠한 계기를 마련하지 못하여 이러한 회고에 의탁한데 기인할 것이다.

최근 여러 재단의 지원 사업을 통해 공연이 우후죽순처럼 늘어났다. 고비용 저효율 구조의 무용은 흔히 돈을 벌기보다는 쓰는 구조라 말하는데 이런 지원은 가뭄에 단비와 같은 소중한 존재이다. 게다가 젊은 무용인에게는 마중물로 의미가 크다. 흔히 88만원 세대라 일컫는 이들에게는 이것이 자그마한 희망을 주고, 울타리에서 벗어나 자립할 수 있는 작은 토대를 준다는 점에서 긍정적이다.

그럼에도 이러한 지원은 대상이 한쪽으로 치우친 감이 없다. 이들의 공연을 연속적으로 보다보면 토대를 주는 공연으로 의미가 있을지 모르겠지만 너무 설익어 그에 합당한 과정과 결과를 주었는가 의문이 드는 경우를 보게 된다. 며칠 전 모재단의 지원을 받은 공연을 보게 되었다. 공연 전 팸플릿의 내용은 현학적이며 아카데믹한 인상이 강하면서 무언가 의미를 주겠지 하고 기대지평을 갖게 하였다. 그런데 높게 보더라도 대학 무용과 졸업 작품 수준보다 못한 무대를 보고는 너무 무분별한 지원의 쏠림 현상이 나오는 것은 아닌지 걱정이 앞서게 하였다.

이젠 이런 지원도 다양화, 특성화가 필요할 듯 하다. 특히 앞서 말한 노장년층을 대상으로 하는 특화된 지원도 가시화 되어야 할 것이다. 이젠 중장년층도 예전 어른입네 하고 뒷짐질 사회적 분위기도 아니며 그들도 그런 행위를 한다면 좋은 시선이 아님을 알 것이다. 이러한 모습에 대한 해답을 최근 몇몇 중장년 무용수의 신작 창작 공연에서 발견할 수 있었다. 이들의 무대가 예전처럼 번득이는 치기가 있는 것은 아니었지만 나이에 걸맞은 표현과 담론으로 관객에게도 잔잔한 감흥을 주기에 충분한 요소를 지녔기 때문이다.

'취업난에 20대 창업 계속 늘어…베이비붐 은퇴로 60대 창업도↑'(뉴시스, 2018.9.20.)라는 기사를 보면 '지난해 전체 사업체 수 증가분(7만285개) 중 절반 이상(74.0%)이 60대 이상의 창업이었다.'라 하여 중장년의 일상적 문제를 수치로 그대로 보여주었다. 이렇게 중장년의 경제성과 삶의 질을 높이기 위한 사회적 참여는 현실적 문제로 다가선 것이다.

이들이 그동안 많은 혜택을 누렸을 수도 있지만 어느 정도 진취적인 활동을 벌이는 층위에게 일정 부분 기회균등을 준다면 영속성과 삶의 질을 높이는 등 사회 구조화로 의미를 지닐 수 있을 것이다. 이는 그동안 혜택을 받지 못하고 현역에서 꾸준하게 활동한 무용인에게의 혜택이란 측면에서도 필요하며 후배들에게도 하나의 모범을 남길 수 있다는 측면에서도 의미가 있다. 또한 이런 중장년 층에 대한 배려는 공연 지원 뿐만 아니라 여러 복지 등의 문제에서도 곰곰이 함께 생각할 현실적 문제로 등장하였음을 인식하여야 한다.

- 댄스포스트코리아, 2018.10.

04

한국 무용에서 근대 그리고 근대의 출발

근대에 대한 논의가 인문학에서는 활발히 진행 되었다. 이는 100여 년 전 역사지만 그때 상황이 현재와 맞닿아 있고, 당대의 역학구도가 지금과 별반 다르지 않다는 인식에서 비롯된다. 그러다보니 근대성, 근대 기점 등 개념 정립으로 시작한 근대에 대한 논의는 미시적인 시각으로 들어가 광범위한 연구가 이루어졌다.

 흔히 근대는 자아 각성이 사회 모든 면에서 정신적, 제도적, 집단적으로 일어나는 시기를 일컫는다. 서양에서는 프랑스대혁명을 중심으로 일어났던 여러 현상들에 주목하여 근대를 논의한다. 이는 왕정이 무너지고 소시민의 혁명에 의해 새로운 세계가 열렸음에 근거를 두는데, 한국에서는 이를 무 자르듯 언제라고 이야기하기에는 여러 문제가 따른다. 이는 자생적인 발전이 더디 일어났고, 열강에 의해 근대의식이 변용되어 나타났기 때문이다.

 이를 두고 역사학계에서는 개항開港을 근대로 보거나, 문학계에서는 1896년 즈음을 보는 시각이 기본적 정조로 받아들여졌다. 외부로부터의 자극 혹은 갑오경장과 동학농민운동의 위와 아래로부터 집단적 개혁 그리고 이에 따른 여러 현상에 초점을 맞춘 것이다. 그렇지만 문화예술은 조금 더 논의할 문제가 남아있다. 이러한 의식적 전환을 통해 이에 걸맞은 작품이 양산되어야하기 때문이다.

 그래서 연극의 경우 이두현, 유민영 두 학자를 통해 근대연극기점에 대한 논쟁이 있었는데 이두현이 1908년 원각사의 〈은세계〉를 신극의 기점으로 한 것에 대해 유민영은 판소리 개량의 창극이 어떻게 신극이 될 수 있느냐고 문제를 제기하고, 1911년 임성구의 신파극

연극 활동에 중심을 두어 논의하였다. 이후 시대가 지나면서 근대 연극의 기점에 대한 생각은 리얼리즘연극으로 두거나 시각을 달리하며 여러 논의가 전개되었다.

그렇다면 무용에서 근대의 기점은 어디서부터 출발하였다 볼 수 있을까? 조동화는 '신무용은 1926년 3월 21일 이시이 바쿠 경성공회당 공연으로부터 시작한다. 우리가 말하는 신무용이란 뜻은 서양춤의 뜻도 되지만 재래식 춤에 대한 신식춤이다'라는 두 가지 개념을 들어 이 시기를 획정지어 이야기한다. 안제승도 '우리나라 신무용사 남상監觴으로 이해하려 하건 혹은 현대·무용사의 기점으로 용해하려 하건 1926년 3월 21일 경성공회당 이시이 바쿠의 무용공연을 새로운 무용사의 시발점'으로 지목하였다.

두 사람 모두 1926년 이시이 바쿠의 공연을 신무용사의 기점으로 논의한다. 그런데 이러한 시각은 몇 가지 쟁점을 남겨준다. 첫째 우리 무용수가 아닌 일본의 이시이 바쿠 공연이 어떻게 신무용사의 첫 출발이냐는 점이다. 둘째 두 사람 모두 키워드로 이야기한 신무용의 개념은 무엇이며 이를 근대 무용과 같은 개념으로 보아도 되느냐의 문제이다.

우선 '신무용新舞踊'이란 용어에 대한 논의부터 생각해보자. 신무용이란 용어에 대한 명명은 이시이 바쿠의 무용에 대한 수식어로 의미와 동시에 당시 이 공연이 소개된 〈경성일보京城日報〉에 쓰인 기사를 토대로 이야기한다. 그런데 이 용어는 독일의 노이에탄츠Neue Tanz의 역어譯語에서 비롯되었지만 당대 이야기한 신무용이란 개념이 전통에 대한 안티테제인지 아니면 시대적 개념 혹은 장르적 개념으로 받아들여야 하는지 논의의 대상으로 자리한다. 이렇게 볼 때 한국 근대무용과 신무용은 분리되어 논의되어야 할 것이 아닌지 문제 제기를 해 본다.

또한 이시이 바쿠의 공연을 한국 근대무용 혹은 신무용의 출발로 본다는 점에 대해서는 안제승이 말한 '한국인이 의식해 왔던 춤의 생리, 연락적, 유타적, 장식적 가치로서만 그것도 다분히 필요악적인 심정으로 이해해 왔던 종전까지의 무용관을 벗어나 공연예술로 새로운 춤이 존재해 왔다는 사실에 대하여 눈을 뜬 동기'라는 시각에서 다소간 설명이 될 것이다. 특히 이 공연을 통해 최승희, 조택원이 이시이 바쿠의 문하로 들어가 춤을 배우고 한국으로 돌아와 새로운 변혁을 일으킨 영향 관계가 함께 논의의 바탕이다. 그럼에도 불구하고 근대라는 의미는 근대정신의 생산자와 수용자가 소통을 이루는 사슬이라고 했을 때 논의는 다른 시각에서도 이루어질 수 있다. 예를 들어 배구자의 1928년 배구자의 개인발표회는 주목할 수 있는 공연이다. 이는 여기에 창작무용 〈아리랑〉과 발레 〈빈사의 백조〉 등 다양한 창작

활동이 우리 손에 의해 관객과 소통하였다는 점에서 근대 논의로 고민할 문제가 존재하기 때문이다.

이렇게 한국 근대 무용에 대한 논의는 그동안 선학들이 제시한 바탕을 비판적으로 수용하면서 다양한 담론이 창출될 필요조건이 있을 것이다. 이는 근대 무용이 통해 공연문화로 한국무용문화가 생성되었고 지금의 여러 현상을 바라볼 수 있는 담론으로 존재함에 있다.

- 댄스포스트코리아, 2016.4.

05

구전심수, 아카이브 전시
〈생生의 고백, 춤의 기억記憶〉

소설가 황석영은 최근 어느 강연에서 기술만 있고 철학이 빠진 현재의 한국문학을 신랄하게 비판한 적이 있다. 특히 문창과 출신 작가들을 비판적 시각에서 바라보며 구성이나 여러 면에서는 무난하지만 감동을 주는 그 무언가가 없다 일갈하였다. 결국 요즘은 기법의 천재만 만들어 묘사는 잘하지만 서사, 이야기가 없다는 것이다. 논란이 일었던 담론이었지만 예술에서 무엇이 중요한지 본질을 묻는 화두임은 분명하다.

 그렇다면 춤에서는 어떠한 부분이 중요할까? 기교의 천재여야 할까 아니면 마음이 춤을 움직여야 할까? 이런 화두를 쉽게 이해시킬 수 있는 말 중 하나가 구전심수口傳心授이다. 이는 '스승으로부터 예술의 기술만 습득하는 것이 아니라 그 기술 안에 깃든 정신과 이치, 예술가로서 갖추어야 할 태도와 지혜 등 도道와 예禮를 두루 전수받는 것을 목적으로 하는 전통적인 교육방식'을 말하는 것이다.

 그런 의미에서 서울 대학로 예술가의 집에서 열리고 있는 아카이브 전시 〈생生의 고백, 춤의 기억記憶〉(한국문화예술위원회, 무용역사기록학회 공동 주최, 2015.9.1.-2016.1.30)은 '구전심수'에 바탕을 두어 한국춤의 여러 이야기를 다양한 시각에서 담아낸 공간이다. 그동안 한국문화예술위원회 예술자료원에서는 2003년부터 '한국 근현대 예술사 구술채록' 사업을 진행하고 있는데 이번에는 김천흥金千興(1909~2007, 궁중무용가), 김수악金壽岳(1926~2009, 전통무용가), 김백봉金白峰(1927~ , 한국무용가), 정무연鄭舞燕(1927~2011, 현대무용가), 메리 조 프레슬리Mary Jo Freshley(1934~ , 한국무용가) 이렇게 다섯 무용가들의 흔적을 자료로 보여주고 있다.

김천홍은 한국전통무용의 계승자인 동시에 전통에 새로운 질서를 만들어 낸 인물로 알려져 있다. 흔히 '조선의 마지막 무동'이란 말답게 그는 조선의 여러 춤을 몸으로 익혔고, 거기에만 그친 것이 아니라 각종 문헌과 홀기忽記를 토대로 40여종 이상의 정재를 복원하는 등 몸과 머리로 춤을 전승한 인물이다. 이 전시에서도 그의 꼼꼼한 흔적들을 찾을 수 있으며 그의 대표작인 〈만파식적〉의 프로그램 등 다양한 자료를 볼 수 있다.

김수악은 진주의 춤꾼이었지만 1980년대 이후 서울에서 공연을 펼치며 진주교방춤의 확산에 기여한 인물이다. 그는 진주검무의 문화재였지만 그를 대표하는 것은 아무래도 진주교방굿거리춤일 것이다. 그래서 전시에서 가장 눈에 들어오는 것은 그가 입었던 진주교방굿거리춤의 상징인 노란 저고리와 파란 치마로 휘영청사위와 제비체가 머리 속으로 그대로 전해지는 듯 하다.

김백봉은 한국무용의 상징적 인물로 부채춤을 대중에게 알리고 한국무용의 세계화에 앞장선 인물이다. 특히 대학 무용교육을 통해 많은 후진 양성에 힘쓴 점은 그의 공적 중 하나이다. 이 전시에서는 무당춤에 쓰인 부채도 눈에 뜨이고, 관람 상황이며 공연에 대한 흔적을 기록한 원각사 신작무용발표회의 자료도 흥미롭다. 이는 김백봉의 남편이자 평생의 멘토였던 안제승이 기록한 것을 복본으로 만든 것인데 꼼꼼한 그의 성격을 엿볼 수 있으면서 내조와 외조의 뒷면을 보는 것 같아 미소를 짓게 만든다.

정무연은 우리에게 그리 많이 알려진 인물은 아니다. 그렇지만 그는 스페인무용을 익혀 한국무용에 새로움을 전해주었는데 워커힐무용단을 만들고, 미8군 무대 주 공연단체의 전속 안무를 맡는 등 무용의 대중적 수용 측면에서 기억할 수 있는 인물이다. 전시에서는 대중에 익숙하지 않은 인물이기에 그에 대한 새로운 관심을 가질 수 있는 시간이 될 듯 하다.

메리 조 프레슬리는 미국인이다. 그렇지만 배구자의 동생인 배한라의 춤에 매료되어 이 후 다양한 한국춤을 배우게 되었고, 배한라의 춤을 전승하는 함라한연구소를 지키며 한국춤을 마음으로 몸으로 기억하고 있는 인물이다. 그러한 그가 배운 춤 중에 한국 근대무용의 효시로 일컬어지는 배구자의 〈아리랑〉이 있다는 사실은 이 전시실에서 처음 알게 된 사실이다. 그가 기록한 〈아리랑〉에 대한 노트를 보며 문득 1928년 배구자의 〈아리랑〉이 어떻게 추어졌는지 그 원형적 모습을 유추할 수 있지 않을까하여 메리 조가 어떤 춤꾼인지 궁금증을 불러일으키게 만들었다.

예술가의 집 자료실을 지나 자리하고 있는 전시실은 그리 넓지 않은 공간이고 그리 많은 자료가 있는 전시는 아니다. 그럼에도 하나하나의 의미를 살피다 보면 마음에 많은 것을 담을 수 있다. 박물관의 값진 문화재도 자신에게 아무 의미가 없다면 돌아보는 것이 그저 발품만 파는 일일 것이다. 그렇기에 대학로를 지나다 이곳을 잠시 살펴본다면 무용인에게 자그마한 감동을 주며 춤정신을 되새기는 시공간이 아닐까 한다.

전시되어 있는 김수악의 메모에 이런 이야기가 적혀져 있다.

한국전통예술에는 어떤 종목이 되었든 간에 완벽할 때까지 혼이 담겨있을 때까지 완벽하게 노력해야 한다. 인내와 집념으로 갈고 닦아야 만이 이로서 좋은 예술이 되리라고 본다. 예술에는 어떤 예술작품이 되었든지 혼이 감겨야 비로소 좋은 예술이 될 수 있다.

진주교방굿거리춤에서 우리가 느끼는 것은 기법도 그러하지만 그 허허로움과 자유로움 일텐데 결국 춤도 몸이 추는 것이 아닌 마음이 추는 것임을 다시 한 번 느끼게 하는 대목이다.

둘러보며 구술채록을 비롯한 무용 아카이브, 기록 작업이 얼마큼 가치가 있는 작업인지 문화원형 전승의 의미에서 중요성을 다시금 느끼게 한다. 그런 의미에서 예술자료원의 여러 작업은 한국 문화전통을 단순하게 문자화text 하는 것이 아닌 살아 숨 쉬는 그것 자체로도 작품work 전승의 의미를 지니기에 다양한 지원과 박수가 함께 주어져야 할 것이다. 이는 '구전심수'가 춤꾼들의 교육방식 뿐만 아니라 그를 지켜보는 대중에게도 진정한 문화정신이 전달되고 우리네 마음을 읽어 구전되기 때문이다.

-『댄스포럼』, 2015.12.

06

한국 근대무용에 대한 새로운 인식*

1.

문학이론의 모범적 책 중 하나인 르네 웰렉René Wellek과 오스틴 워렌Austin Warren이 쓴 『문학의 이론Theory of Literature』의 9장 문학사의 첫 머리에서는 이러한 화두를 던지고 있다. '문학적이며 역사적인 문학사를 쓰는 것이 가능한 일인가?' 이는 문학과 역사가 지니는 다른 속성, 사건 중심의 서술과 텍스트가 지니는 자율성이라는 두 학문의 변별성이 충돌하여 이를 정리한다는 것이 가능한가에 대한 원론적 질문일 것이다.

무용은 이러한 부분에 대한 고민이 가중된다. 문자보다는 동작이 중심이고 '지금 이 순간 여기'를 강조하는 소통의 무대공연예술이기 때문이다. 그럼에도 예술적 개성과 시대정신을 함께 공유하여 사적으로 정리한다는 것은 지난한 일이지만 무용의 흐름과 동시대 사회적 의미를 함께 논의한다는 점에서 의미 있는 작업이다.

그동안 무용사, 특히 근대무용사는 몇몇 선지자에 의해 기술되었다. 이 저술들이 갖는 특징은 근대무용의 기점을 1926년 일본인 무용수 이시이 바쿠의 경성공회당 공연으로 삼았

---

* 이 글은 『사회와 역사』 통권113집(한국사회사학회, 2017)에 실린 김호연의 『한국근대무용사』(민속원, 2016)의 서평인 이진아의 「이식 무용의 프레임을 허물다」에 대한 반론의 형식의 글이다.

고, 최승희, 조택원에 집중하거나 시대정신보다는 작품 나열에 그친 감이 없지 않았다는 점이다. 이러한 생각은 후학들에게 무비판적으로 받아들여졌는데 『한국 근대 무용사』(민속원, 2016)는 이러한 여러 모순점이나 새로운 시각에서 바라볼 수 있는 쟁점에 대해 논거를 제시하며 새로운 근대 무용의 역사를 정리하여 보았다.

먼저 이 책은 제목 그대로 "한국'근대무용'사"다. 여기서 가장 중심에 놓을 수 있는 키워드는 '근대무용'이다. 이는 근대 의식과 이에 따른 소통구조를 함께 생각한 담론이다. 그런데 그동안 이 시기를 다룬 논의에서는 대부분 '신무용'이란 용어로 당대의 무용을 재단하였다. 이러한 시각은 아무래도 일본 신무용가 이시이 바쿠를 한국 근대무용의 기점으로 잡고 최승희로 이어지는 흐름에 중점을 둔데 기인한다.

여기서 첫 번째 의문이다. 한국 근대무용이 왜 이시이 바쿠라는 일본무용가로 출발을 삼는지, 그렇다면 한국 근대무용은 일본 아니 지협적으로 이시이 바쿠의 이식移植 무용인가라는 점이다. 안제승은 이 공연에 대해 '그동안 무용관을 벗어나 공연예술로 새로운 춤이 존재해 왔다는 사실에 대해 눈을 뜬 동기'(안제승, 『한국신무용사』, 승리문화사, 1984, 13쪽)이며 최승희, 조택원 등 근대무용가들이 이시이 바쿠의 공연을 보고 무용계에 입문한 계기가 되었다는 점에 중심을 두어 논한 것이다.

여기에는 몇 가지 문제점을 생긴다. 한국인에 의한 작품이 아닌 이시이 바쿠의 공연을 한국 근대무용의 기점으로 삼는 기본적 문제를 떠나, 이 공연이 한국 근대무용의 기점으로 삼을 만큼 파급력이 있었는가에 대해서는 많은 의문점을 던지기 때문이다.

이 공연은 〈경성일보京城日報〉의 후원으로 공연되었다. 〈경성일보〉는 총독부에서 발행된 일본어신문이다. 그러다보니 이 공연에 대한 언론 보도는 광범위하지 못하여서 대중에 끼친 영향력은 미미하였다. 게다가 이 공연이 당대 무용계의 판도를 뒤바꾸어 놓을 만큼 쟁점을 던져주는가에 대해서는 의문이다. 최승희, 조택원 등 입문 단계에 있는 무용수에게 이시이 바쿠 문하로 들어간 계기를 한국 근대무용의 시원으로 잡는다는 것은 무리가 따르는 것이다.

그런 의미에서 한국 근대무용은 1928년 창작무용 〈아리랑〉 등의 레퍼토리가 공연된 배구자 개인발표회에 주목할 수 있고, 이후 1930년 최승희 공연, 1934년 조택원의 공연으로 이어지는 흐름이 한국 근대무용의 토대를 마련한 공연으로 이해할 수 있을 것이다. 이러한 관점에서 생각할 문제는 근대의식과 시대정신이며 무용이 무대공연예술이라는 점에서 대중과 소통구조 결국 수용미학적 접근이 밑바탕에 놓여있어야 할 것이다. 그래서 『한국근대무용사』는 무대공연예술로 근대정신 속 무용의 궤적이라는 시각에서 논의를 전개하고자 하였다.

2.

　　사회학자인 이진아 박사는 졸저 『한국근대무용사』에 대한 서평에서 꼼꼼한 독자의 입장에서 쉽지만 심층적으로 이 책이 담고자 하는 내용을 정리하고 몇 가지 부분에 대하여 문제를 제기하거나 의문 사항을 기술하고 있다. 이미 최승희에 대한 몇 편의 논문을 통해 경외의 눈으로 바라보고 있던 이 박사의 서평이라는 점에서 감사의 마음을 전하며 몇 가지의 질문에 대해서 필자의 이해 한도 안에서 설명하고자 한다.
　　먼저 1930~40년대 최승희, 조택원, 배구자, 한성준 등에 대한 동시대적 의미에 대한 담론이다. 이들이 조선무용을 통해 조선적인 이데올로기로 표현하고자 하는 것은 무엇이었는지 특히 타자에게 어떻게 수용되었는지를 질문하고 있다. 특히 조선과 일본의 관객에게 양가적으로 수용되었음에도 그것에 대한 언급이 그리 뚜렷하지 못하다는 점도 지적하였다.
　　일본에서 활동과 일본 평단에 대한 분석은 이 책에서 제대로 언급되지 못하였다. 부분적으로 최승희, 조택원, 배구자 등의 활동에 대해서만 서술하였다. 이 부분은 배구자를 제외하고 최승희와 조택원 등의 경우는 대부분 조선과 일본 공연의 레퍼토리도 거의 일치하여 크게 변별성을 드러내지는 못하여 논외로 한데서 원인이 있을 듯 하다. 결국 큰 흐름 속에서 차지하는 비중이 그리 많지 않거나 두드러지게 무용사에서 언급하지 않아도 될 부분이라 판단하여 서술하지 않았다. 이런 부분은 각개 인물 연구에서 가치를 찾을 수 있을 듯 하기에 다음 연구 과제로 삼고자 한다.
　　그렇지만 이 시기 최승희, 조택원, 박영인의 유럽 진출에 대해서는 지엽적이지만 중요한 흐름으로 서술하였다. 1930년대 후반 한국, 일본을 뛰어넘은 글로컬리즘의 활동은 민족의 자긍심을 불러일으키는 기호로 언론에서도 주목하며 대중의 관심을 불러일으켰다. 다른 장르가 언어의 한계가 있어 타자에게 쉽게 수용될 수 없었지만 무용은 그런 한계를 쉽게 넘어설 수 있는 본질이 있었기 때문이다. 이들에게는 오리엔탈리즘의 시각 속에서 한국문화에 대한 새로운 인식을 심어주었다.
　　두 번째 한성준의 전통성에 관한 논의이다. 한성준을 '만들어진 전통'으로 규정지을 수 있는가에 대한 문제, 전통의 계승자적 측면에서 집중하여야 할 것은 아닌가, 이를 구성주의적 예술관에 대한 시각에서 지적을 해주었다. 한국 전통춤은 정재로 상징되는 궁중무용과 민속춤으로 나누어 생각해볼 수 있을 듯 하다. 정재의 경우는 무보 등을 통해 그 기원이나 그 흔적을 어느 정도 살펴볼 수 있다. 그렇지만 민속춤의 경우, 대부분의 춤이 그 기원을 제대로 파악하기 힘들다. 현대 전통춤의 대표적인 춤인 승무, 살풀이춤 등의 경우도 언제 발생하였는지 의견이 분분하다.

그런 의미에서 한성준은 민간에 떠돌던 여러 춤을 그의 철학을 담아 집대성하고 공연예술로 승화시킨 인물로 평가할 수 있다. 이는 한국춤의 원형적 요소를 근간으로 새롭게 정형화시켰다는 점에서 '만들어진 전통'이란 표현으로 설명할 수 있다. 그래서 이 책에서는 한성준의 전통의 전승양상보다는 1930년대 중반 이후 공연양상에 주목하여 그를 바라보고자 하였다.

세 번째 박영인에 관한 부분이다. 한국 근대무용을 공부하면서 가장 흥미로웠던 인물 중 한 명은 박영인이었다. 울산에서 태어나 부산중학을 다니고, 도쿄제국대학 미학과에서 공부를 하던 그가 독일 등에서 현대무용을 수용하여 본향에서 활발한 공연을 펼치는 여정은 일제강점이라는 상황 속에서 가장 역동적인 발걸음으로 비추어졌다. 그럼에도 그가 그동안 제대로 주목받지 못한 점은 이 땅에서 그의 공연이 한 번도 이루어지지 못한 점과 그 스스로가 한국에 뿌리가 있음을 부정하였다는 점에 있을 것이다. 오히려 그는 쿠니 마사미邦正美란 이름으로 활약하면서 세계인을 자처하였고, 유럽, 일본, 미국 등에서 활발한 활동을 펼친다. 또한 여러 무용이론을 정립하여 이론가로 교육자로도 자리매김 될 수 있는 인물이다.

그런 의미에서 박영인에 대한 연구는 속지주의에서 벗어나 속인주의적 혹은 당대적 의미를 묘파하는 시각에서 바라볼 필요가 있을 것이다. 이러한 작업은 그의 일본 내 활동이나 유럽에서 활동 그리고 『예술 무용의 연구芸術舞踊の研究』(1942)를 비롯한 이즈음 쓰인 여러 저술을 함께 논의의 대상으로 삼아 한국무용사 근대편이 새롭게 저술된다면 더욱 심도 있는 논의가 제대로 이루어질 것이다.

해방공간 이후 전후 한국 무용은 민족문화 건설이라는 과제 속에서 무용계가 결집된 시기이다. 이 시기를 이진아 박사는 '식민지 시기 일본식 신무용 중심의 예술장에 내재되었던 식민주의는 해방 공간에서 완전히 극복되었다고 볼 수 있는가?'라고 화두를 던지며 아직까지 독자적이며 자율적인 형태는 나타나지 못한 것은 아닌지 이러한 부분을 극복한 시기가 언제였는지에 대해 질문을 던지고 있다.

해방은 함석헌의 말대로 '도둑처럼 다가왔고', 김구는 '우리의 손에 이루어진 것이 아닌 갑작스러운 일이었기에 기쁜 소식이라기보다는 하늘이 무너지는 듯한 일'이었다. 그럼에도 민중은 새로운 국가 건설을 위해 충돌하고, 다양한 의견을 개진하였다. 무용의 경우 해방 이후 가장 큰 변화를 보이는 것은 조직에 의해 집단화된다는 점이다. 1945년 9월 조선무용건설본부가 그러하고, 1946년 조선무용예술협회도 그러한 의미에서 주목할 수 있다. 이들이 우선 내세웠던 것은 조선무용의 건설이었다. 이는 조직에서나 여기에 속한 무용수에게 내용과 구조적 측면 모두 해당되는 문제였다. 그러다보니 박용호의 〈투쟁〉처럼 이념을 담아낸 작품도 있었고, 장추화의 경우처럼 이전 작품을 다시 올리는 경우 등이 혼재되어 나타났다. 혹은 한국 발레의 효시로 일컬어지는 한동인이 이끈 서울발레단도 제2회 공연에서 〈사신의 소녀〉, 〈민족의 피〉, 〈장렬〉 등을 선보이며 일제강점기와 다른 의식적 작품들을 양산하고 있었다.

이렇게 이 시기는 미흡하지만 한국 무용문화의 터를 마련한 시기로 평가할 수 있을 듯 하다. 그렇지만 이러한 흐름은 오래지 못하고, 남북한의 분단과 한국전쟁으로 인해 다시 불모지가 되면서 한국 무용도 1950년대 새롭게 재편되고 혹은 새로운 인물과 조직에 의해 현재에 이르고 있다.

3.

한국 근대무용사는 장르적 변용과 그 문예적 흐름에 의해 그 다음 시기로 넘어 가기보다는 인물의 재편에 의해 새로운 흐름으로 나아간다. 최승희, 조택원, 배구자, 박영인, 한성준이라는 상징적 인물이 모두 사라지고, 한국전쟁 이후 한국무용, 발레, 현대무용의 삼분법에 의해 '현대 무용'(장르적 개념이 아닌 시대적 개념)으로 접어들게 된다. 그런 의미에서 한국근대무용은 지금의 무용 흐름에서 단절되어 보인다. 그렇지만 질곡의 역사에서 우리가 기억하지 못하는 기생 등을 비롯한 여러 춤꾼의 다양한 도전과 실험 그리고 대중의 소통을 통해 현재의 무용이 나오게 되었음을 기억할 수 있을 것이다.

무용사는 항상 새롭게 쓰여야 하고 쓰일 것이다. 이는 시대적 흐름이나 관점에 따라 논의의 방향이 다르게 전개될 수 있기 때문이다. 이러한 바탕이 되기 위해서는 무용학의 자율적인 연구뿐만 아니라 사회학과 인문학 등의 학문적 협업이 절대적으로 필요하다. 이러한 문제는 근대에만 해당하는 것이 아닌 전근대, 현대 혹은 장르사 모두 적용되는 문제로 여력이 된다면 기술할 '한국무용사' 혹은 '한국 발레사'도 새로운 의미 체계를 통해 관통하고자 한다.

-『사회와 역사』통권 제113집, 2017.3.

07

급변하는 사회 속 무용문화의 현재와 미래

1. 들어가는 말

현세를 바라보고 있자면 '카오스 속 코스모스' 속에 놓여있는 듯 하다. 규칙을 가지고 있지만 혼란스럽고, 혼돈의 양상으로 보이지만 또 나름의 질서를 유지하며 살아가기 때문이다. 이러한 흐름은 한반도에서 살아가는 이들에게 더욱 심한 파고로 다가온다. 개화기 힘의 논리에 의한 열강의 쟁투와 반세기 이전 남북한의 정반합이 새로운 세기가 되었음에도 다시 재현되고 있으며 이러한 정치적인 문제는 경제적 구조와 맞물려 복잡한 역학구도를 만들고 있다. 이러한 움직임과 함께 문명과 문화의 빠른 질주는 인간의 생활을 이롭게 만들지만 문명이 너무 앞서가다 보니 여러 불균형이 초래되고, 환경 문제에서 드러난 인류의 생존 문제는 미래에 대한 불안감을 더욱 증폭시키고 있다.

그런데 이러한 전환기에는 항상 구원처럼 새로운 인식을 주는 철학사상이 풍미하거나 문예사조의 변화가 일어나곤 하였다. 1900년대 즈음하여 등장한 여러 사조와 세기말을 움직인 포스트모더니즘의 물결은 이를 대변한다. 이러한 물결은 새로운 인식을 통해 새로운 문명이 만들어지고, 새로운 문명은 역으로 새로운 문화를 창출하는 정반합의 구조를 보여주었다.

이에 반해 새로운 세기가 지나 20여 년이 흐른 지금은 과학에 의한 선언인 4차 산업혁명이라는 담론에 결집되어 문명이 문화를 좌우하고 있다. 그나마 가장 근거리에 언급되던 문예사조인 포스트모더니즘postmodernism은 아직도 유효하여 인식하지 못할 정도로 일상화되어 있고, 미시적인 변화를 보이며 파생적 의미를 창출할 뿐이다. 이렇게 '포스트' 포스트모더니즘을 대신하여 뚜렷한 그림을 그리지 못하는 것은 포스트 모더니스트들이 말한 것처럼 아직까지 기존의 질서를 해체하고 새로운 질서를 만들 대상이 많기 때문이겠지만 역으로 문화적 측면에서 더 이상 변용시킬 동력이 없는 세상이 되었음을 말하는 것이기도 하다.

또한 문명의 문화 이끌림의 현상은 다양한 시각에서 논의될 수 있을텐데 특히 블로그, 트위터, 페이스북, 인스타그램, 유튜브와 같은 SNS는 새로운 문화의 대표적인 상징 기호들이다. 이러한 인터넷을 통한 소통 구조는 거대 담론에 의한 언술이 아닌 미시적인 기호 속에서 전형성을 만들어내는 기재로 의미를 지닌다. 이러한 구조는 매스미디어를 통한 경계 없음의 문화월경越境 현상을 구조적으로 만들어냈고, 탈중심을 통한 억압된 것에 복귀의 모습이다.

이는 여러 지배논리가 존재함에도 이전과 변별적인 양상을 보이며 대중의 심리적 변화를 가져오는 계기가 되었다. 이전처럼 정상적인 방식이나 희망이 뚜렷하게 보이는 시대가 아니다 보니 삶의 방식이 정제되었고, 미니멀한 양식을 선호하는 경향이 두드러지게 가시화된 것이다. 이는 '소확행小確幸'이란 말처럼 작은 것에서라도 기쁨을 느끼려 하는 세태의 단면이며 88만원 세대로 일컬어지는 젊은 세대의 자조적인 외침일 수도 있다. 이 시대 청년을 통해 사회를 바라본 유석훈, 박권일의 『88만원 세대』도 경제학을 바탕으로 쓴 책으로 이 시대가 미시 경제에서 벗어날 수 없는 형국을 이야기한 것이겠지만 어찌되었건 우리는 불안한 전환기에 살고 있는 것은 자명하다.

그렇다면 이렇게 어려운 시기에 무용은 이러한 사회적 담론 속에서 어떠한 새로운 인식이 필요할 것인지 몇 가지 키워드를 중심으로 이야기를 전개해보고자 한다.

2. 이 시대를 관통하는 몇 가지 키워드

1) 섹셔널리즘(sectionalism, 분파주의)

인간은 여러 공동체 안에서 일정한 규칙과 자율적 행위를 통해 살아나간다. 그렇지만 여러 개성이 모이다 보면 충돌이 나타나고, 분파가 형성되어 힘을 겨루기도 한다. 노자가 말한 가장 이상적인 국가관인 '소국과민小國寡民'이 실제로 이루어지지 않는 이상 이러한 분파적 모습은 당연하다.

그럼에도 불구하고 현재의 상황은 극단과 극단의 충돌로 인해 폐해가 나타나고, 분열의 양상이 심화되고 있다. 미국 도날드 트럼프 정권의 등장은 이러한 상징적 계기가 되었다. 그의 등장은 '샤이shy 보수'의 실체를 보여줌과 동시에 보수적 민족주의를 결집하게 하였고, 이에 반대하는 진보 세력의 반목도 함께 조성되었다. 이러한 모습은 결을 달리하지만 전세계에서 국지적局地的으로 나타난 인종, 종교 그리고 민족의 갈등과 궤를 같이 한다. 유럽에서는 난민의 문제 등으로 촉발된 여러 현상은 그동안 공공선公共善(common good)을 추구하던 인류에 있어 무엇이 '정의'인지 다시금 묻게 하였다.

그러면서 사람들은 자신이 믿고 싶은 말이 진리라고 생각하게 되었다. 지나친 정보의 홍수는 오히려 지식의 편식을 보이는데 이러한 대표적인 예로 '포스트-트루스'를 들 수 있다. 2016년 옥스퍼드 사전이 올해의 단어로 선정한 '포스트-트루스Post-Truth'는 '객관적 사실들이 여론을 형성하는 과정에서 개인적 신념과 감정에 호소하는 것보다 영향력이 낮은 환경이나 그런 상황과 관련될 때' 쓰인 것으로 트럼프의 포퓰리즘과 영국의 EU 탈퇴, 블렉시트 즈음 빈도수가 높아진 용어이다(뉴시스, 2016.11.16.). 한국은 이 시기 공교롭게도 박근혜 대통령 탄핵과 맞물리며 여러 갈등이 극명하게 드러나 보수와 진보의 충돌이 공고화 되었고, 정보의 공유도 새로운 매체를 통해 이루어지며 이질화되기 시작하였다. 이러한 문제는 중용보다는 극단적인 이기주의 속 분파주의가 낳은 결과물이다. 이는 이데올로기에 의한 편가름이 집단적 이기주의를 낳았고, 정치적 입장을 달리하며 우리에게는 예술인의 블랙리스트라는 문제로까지 비화되었다.

무용계는 이념적으로 보수 진보가 아닌 생태적인 측면에서 보수적 측면이 강하다보니 이 문제가 극명하게 표면화되지는 않았다. 그렇지만 이념을 떠난 내부적인 섹셔널리즘sectionalism이 깊이 잔존하는 것은 사실이다. 우리 사회에서 어디에서나 드러나는 문제로 한 개인에 대한 거슬림이 있다면 개인과 갈등이 있어야 하는데 집단을 이루어 분열을 일으키거나 흑색선전을 통해 인격을 침해하는 현실적 문제는 무용계에서 그대로 볼 수 있다. 이는 이념적으로 극단적 갈등도 문제겠지만 고질적으로 치유하지 문제로 내부적 갈등만 양산하다 자멸할 수 있기에 절대적인 동업자 의식, 상생相生의 정신이 필요하다.

이러한 사회적 흐름 속 토대에서 고민될 문제가 발생하는데 가장 표면적인 것 중 하나는 인구 감소로 인한 생산력의 감소 현상으로 무용계에도 그대로 적용되는 점이다. 먼저 대학

진학 숫자가 자연발생적으로 줄어들며 그동안 몸집을 키우던 대학도 자율적 타율적 구조 조정 중이다. 그럼에도 인문, 예술계는 구조 조정의 대상 1순위이지만 거기에 대한 대책은 뚜렷하지 않다. 필자가 『한국근대무용사』의 첫 대목에 쓴 '왜 한국 무용은 그들만의 리그인가'라는 화두는 아직도 변화가 없어 보인다. 변화를 위해서는 기득권층도 변혁이 필요하며 이제는 무용계 내부에서 경쟁이 아닌 외연을 넓힐 방안을 마련하여 할 것이다.

이젠 무용계 안에서 파이를 찾기도 힘든 마당이다. 순수예술 토대예술 운운하기도 지금 대중에게 어떤 의미냐는 질문을 던질 때 뚜렷한 해답을 찾기 힘들다. 이젠 섹션을 잘게 나누어 소집단화하기 보다는 거대 담론, 본질적 문제를 고민하며 동아리 의식에서 대동의식大同意識으로 전환이 요구된다.

2) 페미니즘

최근 '페미니즘'feminism이 쟁점화 되고 있다. 여성의 기본적 권리를 찾고자하는 의식에서 시작된 페미니즘이 어느 순간 문제를 야기하는 논쟁거리가 되었고, 편협한 인식으로까지 존재한다. 그렇지만 페미니즘의 본질은 남자다운 남자가 없는 현실에 대한 자성이며 치마만다 응고지 아디치에Chimamanda Ngozi Adichie의 책 제목처럼 『우리는 모두 페미니스트가 되어야 합니다.We Should all be Feminists』라는 인식이 필요하다.

처음 페미니즘은 참정권을 비롯한 인권의 문제로 출발하였다. 그러다가 사회적 불평등 해소를 위한 제도에 대한 응전으로 본격화되었는데 이러한 근본적 인식은 케이트 밀레트가 『성의 정치학sexual politics』에서 말한 '가부장적 정치제도'에 대한 혁파로 논의될 수 있다. 이는 지배와 종속이라는 관계 속에서 성의 역할을 논의한 것이지만 집단과 집단 사이 힘의 구조에 의해 지배되는 불합리한 구조에 대한 모순점을 그대로 드러낸 말이다.

이러한 흐름은 페미니즘운동이 거시담론에서 미시담론으로 변용을 보이면서 페미니스트라는 말이 극단주의자처럼 비추어지고 변화를 보였다. 이는 여성혐오, 남성혐오 등의 극단을 치달았고, 또 다른 극단의 일부는 '백래시'backlash라는 반작용까지 등장하였다. 그래서 페미니스트의 뉘앙스를 보인 많은 연예인들이 공격을 당한 것도 이러한 범주에서 등장한 면모이다.

이러한 문제에 대해 우리는 프랑스 사회학자인 크리스틴 데트레즈Chrisine Detrez는 '여권운동은 남성이 아니라 가부장제와 성과주의의 전체 사회의 불합리에 문제를 제기하는 것'(연합뉴스, 2018.11.8)이란 명제에서 상식적이며 본질적인 해답을 찾을 수 있다. 이는 양가적 문제가 아닌 포용적인 융합의 문제로 인식의 전환이 요구된다.

페미니즘의 또 다른 새로운 인식은 미투운동#MeToo Campaign으로 상징된다. 이는 그동안 이루어진 성폭력 등을 비롯한 피해사례가 SNS 해시태그(#)를 통해 공유되며 사회적 지도층의 공론화되지 못한 여러 악습이 수면 위로 드러나 사회가 자성하는 계기가 되었다. 이 운동은 2006년 타라나 버크Tarana Burke에 의해 싹을 텄고, 헐리우드 영화 제작자인 하비 와인스타인Harvey Weinstein의 성추문 사건으로 인해 공론화되면서 기하급수적으로 드러났다. 한국에서는 연극계에서 크게 담론화 되었지만 무용계에서는 문제화된 경우는 드물었다.

페미니즘과 한국 무용이란 키워드로는 말할 것이 많을 것 같으면서도 그리 말할 것이 많지 않다. 여성이 다수를 차지하기에 내용면에서 그것을 표방하지 않더라도 내재적 페미니즘 작품이지만 근래의 작품에서 본질을 담아내며 대중의 마음을 움직이는 작품이 두드러지지 않기 때문이다. 그것이 굳이 마르크스주의적 페미니즘을 지향하며 투사하라는 것까지는 아니겠지만 진정으로 이 사회가 고민하는 문제를 몸짓으로 표현한 작품이 있었는가에 대해서는 고민할 필요가 있다.

이러한 문제는 결국 한국 무용계가 사회를 바라보는 시각과 모티브의 한 단면이다. 최근 몇 년 간 주제의식을 보면 '실존주의'에 귀착된 감이 없지 않다. 이는 포스트모더니즘 예술의 특징 중 하나인 자기반영성의 발로이다. 그렇지만 한 인간을 통해 전형성을 파악하는 것이 아닌 개성적 인물만을 양산하다보니 피로감을 심화되었다. 기법의 천재가 아닌 사유하는 몸짓의 사회적 표현이라는 총체적 인간형의 구현이 작품에서도 요구되는 부분이다.

3) 제4차 산업혁명

제 4차 산업혁명은 현 시대를 아우르는 거대한 담론이다. 2016 다보스 포럼에서 처음 논의 된 이 화두는 현재와 미래를 논의하는 키워드로 작용한다. 전 세계의 오피니언 리더가 모여 현안을 논의하는 이 세계경제포럼에서 클라우스 슈밥Klaus Schwab은 유비쿼터스 모바일 인터넷, 더 저렴하면서 작고 강력해진 센서 그리고 인공지능(AI)과 기계학습을 현 시대의 특징으로 들고 이러한 여러 사회적 현상을 제 4차 산업혁명이란 명명하였다.

흔히 제1차 산업혁명이 농경사회에서 증기 기관을 통한 대량생산의 공업 활동으로 변화 과정 속에서 근대사회로 나아가며 자유주의 경제로 지향하였고, 제2차 산업혁명은 자본주의 발달과 중화학공업의 증대, 전기의 발명 등을 통한 사회의 변화, 제3차가 디지털을 통한 인터넷 정보 통신 기술(ICT) 등의 변혁 등으로 정의한다. 어찌 보면 아직도 인간이 인식하는 세상은 제3차 산업혁명 시기라 생각할 수 있지만 이전의 흐름보다도 훨씬 더 빨리 현재 완료형이면서 미래 진행형으로 제4차 산업혁명은 우리 생활 속에 깊이 스며들고 있다.

이러한 제4차 산업혁명은 경량화, 혁신, 인간 중심, 클라우드, 빅데이터 등의 디지털 네트워크 환경 등을 예로 다양한 논의가 이루어진다. 카카오의 카카오택시나 카카오카풀 등을 비롯한 여러 행위는 제4차 산업혁명의 단적인 예다.

그렇다면 무용계에서 제4차 산업혁명에서 논의될 수 있는 부분은 무엇일까? 우선은 체질 개선이라는 본질적 고민이다. 무용은 경제적으로 보았을 때 고비용 저효율 구조의 대표적인 장르이다. 무용이 몸으로 표현하는 장르임에도 그와 관련한 부대비용을 거대하지만 그 발현은 1, 2회에 그치니 일반인의 시각에서는 이해하기 힘든 구조이다. 대량생산 대량소비의 영화, 뮤지컬이 중심 문화가 된 형국에서 무용은 이미 심정적으로 경제 구조에서 마이너 문화로 들어간 지 오래다. 흔히 토대 예술이며 가장 순수한 예술이라 지원을 아끼지 말아야 한다고 말하지만 현재의 생산과 수용 그리고 소비구조 속 지원은 지속될 수 있을지 의문이다. 이는 성과가 가시적이지 않으며 그것이 일정 부분 대중에게 환원되지 않는다면 그것이 의미가 크게 없기 때문이다.

이를 위해서는 4차 산업의 여러 담론을 스스로 인식하고 실용적으로 수용할 부분은 깊이 있는 고민할 필요가 있다. 먼저 고비용 저효율의 구조에서 부대비용에 대한 절감 문제이다. 근래 무용 작품을 보면 무대 장치가 그리 복잡하지 않다. 대부분 상징적 구조와 흔히 미니멀리즘에 입각하여 작품을 만들었다 말한다. 이것이 최근의 경향일 수도 있지만 제작비를 줄이기 위한 자구책일 수 있다. 이유를 떠나 이것은 이 시대의 전형적 모습이다. 그렇지만 무대장치가 단출하다고 해서 미니멀리즘이라 논하기에는 문제가 있다. 미니멀리즘은 '초월적인 주체의 현시에 정당화할 수 없는 대체와 전위의 세계'(데이비드 배츨러, 「미니멀리즘」, 열화당, 8쪽에서 재인용)가 드러나야 하지만 그저 표상의 이미지만이 보이기 때문이다.

이러한 부분에 대해서 프로젝션 맵핑Projection Mapping도 하나의 대안적 모습으로 받아들일 수 있다. 2차원의 미디어 파사드가 아닌 3차원의 형상은 대중에게 흥미와 함께 새로운 가치를 만들기에 충분한 요소를 지닌다. 이러한 모습은 거대담론 속 올림픽 개폐회식가 하나의 연구대상이다. 올림픽은 거대한 자본이 국가적으로 이루어지고, 그 나라의 문화적 정체성과 과학기술의 현주소를 바라볼 수 있는데 이것이 결국 상용화를 위한 바로미터이기에 수용할 근거를 마련해준다.

이는 이른바 융복합의 실험적 접목에서도 미시적인 근거가 마련된다. 무용계에서 융복합 공연으로 주의를 끈 경우는 많지 않다. 이는 아직까지 융복합 공연에 대한 접목의 접점과 본질에 대한 이해가 부족하기 때문이다. 대부분 어설픔만을 양상하고 있는데 오히려 예전 백남준과 머스 커닝햄, 요셉 보이스, 존 케이지의 협업을 보면 개개의 정체성identity이 뚜렷함을 발견할 수 있다. 결국 제4차 산업혁명 시대는 무용계에 오히려 본질을 돌아보라는 메시지를 전달해 주고 있다.

4) 무용의 대중화

발터 벤야민Walter Benjamin은 『기술복제시대의 예술작품』에서 '복제기술은 복제된 것을 전통의 영역에서 떼어내고, 복제 대상은 일회적으로 나타나는 대신 대량으로 나타나 수용자로 하여금 개별적 상황 속에서 쉽게 접하게 함으로 그 복제품을 현재화한다'고 말하였다. 그래서 이러한 대량 생산을 통한 소비문화의 예술로 인해 작품이 지니는 진정성, 아우라가 사라진다고 지적한 바 있다.

또한 마샬 맥루한Herbert Marshall McLuhan은 '미디어는 메시지다'라는 화두와 함께 '미디어는 마사지다'The Medium Is the Massage라는 주제의식을 던지며 미디어를 통한 인간의 촉각의 감각의 중요성에 대하여 이야기한 바 있다. 백남준도 '쿠텐베르크의 시대는 지났다. 이젠 종이는 크리넥스 밖에 쓸데가 없을 것이다'라고 말하며 아날로그 시대에서 디지털 시대로 사회가 변화함을 예견하였다. 이 세 화두의 공통적 분모는 영상시대의 도래와 경계 없음의 미디어, 대중문화가 이 시대를 지배할 것이란 측면이다. 이는 이미 영화의 등장으로 대량 생산 대량소비의 대중문화의 생성을 알렸으며 텔레비전, 인터넷문화의 확대로까지 이어졌다. 그렇다면 무대 공연예술로 무용의 대중화라는 논의는 어떠한 관점이 필요한가?

대중화라고 했을 때 현재의 의미는 구조적으로 거대 자본에 바탕을 둔 미디어 시스템에 의한 장치를 말한다. 여기서 수용자인 대중은 보편적 정서를 띤 불특정 다수를 말하며 무대공연예술에서는 제한된 공간 속 '관객'이 좁은 의미로 이에 해당될 수 있다. 이런 논리라면 무용의 무대공연예술로 관객 수용의 확대와 미디어를 통한 방법 두 가지가 논의의 대상이 될 수 있다.

먼저 관객 수용 확대는 후자와도 관련이 있지만 본질적으로 무용 교육에 대한 문제와 맞물린다. 대중은 무용 공연에 대해 지식이 거의 없다. 음악이나 미술은 제도권 교육에서 이루어지고, 연극도 문학이나 교과과정에서 수용되는데 반해 무용에 대한 교육은 일부 과외 수업으로 이루어지기에 제한적이다. 그러다보니 무용 교육에 대한 관심은 일부층에만 머물러 불특정 다수의 대중 확보는 쉽게 이루어지지 못하고 있다. 이는 결국 교육의 확대라는 본질적 문제에 귀착된다.

무용 교육은 전문교육과 대중을 위한 교육 두 가지로 나누어 생각할 수 있다. 대중을 위한 교육의 문제는 지름길은 없겠지만 대안 중 하나로 커뮤니티 아트, 커뮤니티 댄스를 들 수 있다. 커뮤니티 댄스가 지향하는 것은 춤이나 움직임을 통해 삶의 즐거움, 치유, 타인과 교감하는 관계를 더 중요하게 여기며 내재되어 있던 자신의 생각과 가치관을 신체를 통해 표출하여 '나'라는 자신을 발견하여 긍정적이고 행복한 생활을 이끌어 주는 활동이다. (전예화, 「한국 커뮤니티 댄스의 형성과 사회적 기능 및 특성에 관한 연구」, 단국대 박사논문) 여기서 주의 깊게 볼 수 있는 바는 커뮤니티 댄스의 주체는 수용자인 대중이라는 점이다. 이는 무용의 소통구조에서 대중은 수용자이며 소비자이며 생산자로 자리한다는 점에서 커뮤니티 댄스는 무용교육을 통한 재생산 구조의 본질적 모습이다.

이러한 문제에 대해 와이즈발레단 산하 일반인을 대상으로 결성된 스완스발레단과 대중지향의 여러 공연, 서울발레시어터의 홈리스 발레교육을 통한 문화예술교육의 측면 그리고 최보결, 홍혜전을 비롯한 많은 현대무용 안무가들이 참여하고 있는 커뮤니티 댄스 프로그램 등을 비롯한 여러 모습은 모범적 사례라 할 수 있다.

또한 대학 무용교육도 대중화를 위한 토대이다. 누구나 인식하고 있지만 무용과의 교육과정은 개혁이 필요하다. 그동안 미시적인 변화가 있어왔지만 대학 무용과의 교육방식은 무용과가 처음 생긴 그 시기와 크게 다르지 않다. 이젠 무용의 기법 교육이 아닌 무대공연예술의 실질적 이해와 교육을 위한 체계가 요구된다. 모든 이들이 전문 무용가 되면 좋겠지만 무용계의 여건 상 혹은 개인의 능력 상 모두 수용될 수 없는 구조이다. 그렇다면 이들의 진로 모색과 대중화를 위한 기초를 마련하는 실제적 교육 등은 교육 안에서 필요하다. 이 둘 모두 수용자 중심의 생각이라는 점에서 코페르니쿠스적 발상이 절대적으로 요구되는 것이다.

미디어를 통한 방법은 무용에서 쉽지 않은 부분이다. 영화와 뮤지컬처럼 대량생산 대량

생산의 구조도 아니며 몸을 통해 의미를 전달하는 예술이기에 그러하다. 이러한 부분은 지엽적인 부분에서부터 확대가 필요하다. SNS의 홍보 등을 통한 대중의 노출은 기초적이지만 관심을 불러일으킬 수 있는 가장 효율적인 방법으로 이야기될 수 있다.

3. 나오는 말

  무용은 공간예술이며 몸으로 표현하기에 제한적이며 진보적일 수는 없다. 포스트 모더니스트의 말을 차용하면 '한 처음에 그 몸짓에서 무엇이 새롭게 나타나겠는가?' 그럼에도 무용수의 주체적 몸짓은 항상 새로운 인식을 주며 감흥을 전달해 준다. 이것은 무용만이 가지는 본질적 매력이다. 이는 본질에 대한 고민이 다시금 요구되기에 깊은 성찰이 필요하다.
  이와 함께 급변하는 시기에 앞서 논의한 여러 담론은 대중과 소통하기 위한 기호일 것이다. 이런 부분에 대해서는 사회를 바라보는 혜안을 통해 수용이 아닌 차용으로 활용방안의 모색이 요구된다.

- 한국춤평론가회 정기세미나, 2018.11.16.

제5장
서평

정철인 안무 〈0g〉 국립현대무용단 제공, 황승택 사진작가

01

근대 무용 연구의 토대를 위한 새로운 인식

—김종욱 편저, 『한국근대춤자료사』(아라, 2014)

1.

최근 인문학 연구의 화두에서 근대는 하나의 쟁점으로 논의되곤 한다. 이 시기가 단순하게 '현재의 이전 역사'前史라는 의미 뿐만 아니라 지금에 놓여있는 여러 현상의 실타래들이 이때 만들어졌고, 또 풀리고 엉켰기 때문일 것이다. 그래서 대학의 집단 연구 프로젝트에서는 이 시기에 대한 논의가 거시적 혹은 미시적으로 다양하게 이루어졌고, 『서울에 딴스홀을 허하라』(현실문화, 1999), 『경성기담』(살림, 2006)과 같은 책이나 〈경성스캔들〉, 〈모던보이〉 등의 영상을 통해서도 여러 담론이 대중과 함께 공유되기도 하였다.

한국 무용학에서도 근대는 중요하게 다루어지는 시기로 흥미로운 주제들이 많다. 전통무용이 극장의 등장으로 거기에 걸맞게 레퍼토리가 정리되었고, 한성준, 최승희, 조택원, 배구자 등의 선구적 무용인들에 의해 현재 한국무용의 기틀이 마련되었기 때문이다. 그럼에도 불구하고 그동안 근대에 대한 연구는 표피적이거나 약간은 소홀히 다루어 온 감이 없지 않다. 아무래도 무용학이 실제적인 활동에 집중하다보니 문헌 기록에 대한 연구는 조금 뒤로 미루어진 점에 기인할 것이다. 또한 이 시기가 여러 자료들이 산재하여 있기에 연구자 스스로 하나하나 찾아 해석하고 검증해야 하는 번거로움도 있었음을 부인할 수 없다. 이는 이 시기가 일제강점기라는 특수성으로 인해 사회적 분위기를 읽어야 하고, 일본어로 된 자료가 존재하는 어려움도 함께 한다.

그런 의미에서 김종욱 편저 『한국근대춤자료사』 (아라, 2014)는 근대 무용을 연구하는 학자들에 도움이 될 자료집으로 기대할 수 있다. 이 책은 '한국 근대 춤 자료사'라는 표제에서 드러나듯, 1899년부터 1950년 5월까지 근대 신문, 잡지에 게재된 무용과 관련된 글을 대상으로 한다. 서술 방식은 편년체로 하고 (ㄱ)해당기사, (ㄴ)논설, (ㄷ)평론 (ㄹ)관계사진 (ㅁ)광고 등을 중심으로 관련 자료를 뽑아 나열하고 있다. 여기에 수록된 자료는 1987년 4월부터 30여 회 걸쳐 월간 『춤』에 연재된 것을 보완 정리하여 엮은 것으로 860페이지의 방대한 이 시기 춤 자료가 망라되어 있다.

그렇다면 이 자료집은 무용학을 공부하는 사람들에게 어떠한 의미를 지니고 있을까? 당연한 이야기겠지만 근대 무용 흐름의 여러 담론 속에서 다양한 의미체계를 발견할 수 있다. 근대 무용이 공연예술로 변용되는 여러 모습으로 나타나는 것이나 이른바 신무용의 생성, 전통의 재발견 그리고 서양춤의 유입 등을 통해 현재 한국 무용의 단초를 그대로 드러내고 있는 것이다. 그렇기에 흔히 연구 논문을 쓸 때 2차 자료인 선행 연구에만 의존하여 답습하던 오류를 검증할 수 있는 바탕이 될 수 있다.

예를 들어 그동안 근대 무용의 사적 검토는 조동화, 안제승 두 선구적 저술가들에 의해 기틀이 마련되었다. 이 두 사람의 연구에 많은 학자들이 의존한 것은 경험에 바탕을 둔 여러 체험적 기술 방식을 통해 살아있는 근대 무용의 흐름을 바라볼 수 있기 때문이다. 그럼에도 불구하고 이런 선험적 사적 검토에서는 연대기적 기술에 의존하거나 가끔은 허술한 검증으로 인해 후학들에게 혼란을 가지고 오는 경우도 없지 않았다.

이는 도무, 무도 등 춤에 대한 개념 정립의 문제에서도 드러난다. 조동화는 무용의 호칭이 춤이나 무舞라는 단어 밖에 없었던 1900년대 초반에 도무蹈舞라는 새로운 호칭이 생겼다고 『대한매일신보』를 근거로 기술하고 있다.

蹈舞宴會 본月六日에 청公使曾廣銓氏가 蹈舞會를 該公舘내에 開催ᄒ고 내외國紳士

를 宴待ᄒᆞ기 爲ᄒᆞ야 청帖을 發送ᄒᆞ얏더라

(『대한매일신보』, 1905년 11월 03일)

　　조동화는 이 점에 대해 국적이 다른 춤의 상륙을 알리며 춤의 새 시대를 보여주는 기호라 의미를 부여 하였다. 또한 몇 년 지난 뒤인 1909년 『대한매일신보』에 무도舞蹈라는 단어가 등장하며 이후부터 무도라는 단어가 춤을 상징하는 명칭으로 사용되었다 기술하고 있다. 이러한 부분은 무비판적으로 후학들에게 받아들여졌고, 후대 쓰인 무용사에서도 그대로 수용되었다.

　　그렇지만 이 무도라는 단어가 언론에 등장한 것은 1909년이 아닌 '도무'라는 단어가 기사로 나왔던 같은 날짜, 다른 신문에서 그대로 찾을 수 있다. 『대한매일신보』의 청공사와 관련된 기사에 대해 『황성신문』에서는 "淸公使 曾廣銓氏가 本月十一日 該舘內에 舞蹈會를 設ᄒᆞ다고 各公使와 各部大臣을 請邀하얏더라"(1905.11.3.)라는 내용으로 무도회라는 표현이 발견되는 것이다. 이는 도무, 무도 어느 것이 앞서 사용되었다고 보기에는 무리가 따르며 같은 시기에 쓰이기 시작하였음을 보여주는 근거이다. 이러한 부분에 큰 의미를 두지 않을 수도 있겠지만 문헌에 대한 세심한 검토가 학문의 첫걸음이기에 이러한 검증은 선행연구가 아닌 이러한 자료집을 통해 어느 정도 해결할 수 있는 부분이다.

　　또한 이 자료집은 두루뭉술하게 인용되고 출처가 불분명한 채 논의되었던 그동안의 논문 서술 관행에 해소를 가져올 수 있을 듯 하다. 그동안 학계에서 표절의 문제는 심심찮게 사회적 문제로 등장하였다. 이는 무용계 뿐만 아니라 사회 전반에 걸친 현상이었다. 이러한 문제에 대해 대부분은 관행이었음을 그 원인으로 돌리거나 무지의 소치로 얼버무려 반성하고는 하였다. 그렇지만 이제는 이러한 문제는 핑계에 불과할 듯 하다. 이는 연구윤리나 지적재산권의 문제가 연구의 근본적 바탕이 된다는 사회적 분위기에서 비롯되고 학문의 첫걸음이라는 인식에 기인할 것이다.

　　그동안 표절 문제가 부지불식간에 이루어진 것은 결국 문헌에 대한 학자 스스로의 검증 그리고 이를 통한 올바른 인용법이 몸에 익숙하지 않아서이다. 흔히 표절의 가이드라인은 '여섯 단어 이상의 표현이 일치하는 경우, 생각의 단위가 되는 명제 또는 데이터가 동일하거나 본질적으로 유사한 경우, 타인의 창작물을 자신의 것처럼 이용하는 경우 등'으로 제시하였다. 그렇지만 그동안 학위논문을 비롯한 논문 작성법이 학계에 제대로 몸으로 체득되지 못하였고, 소홀히 인식되다 보니 뿌리 깊은 관습으로만 전달된 것이다.

또한 인터넷 자료의 범람으로 원전의 출처도 모른 채 요약한 것을 요약하고 그것을 갈무리하여 글을 쉽게 쓰는 세태에도 문제가 있다. 그러다 보니 2014년 10월 무용 역사기록학회 월례특강 102차에서 '무용에서 표절 문제'를 논제로 전면에 다루는 등 스스로의 자각을 촉구하는 분위기도 일어나게 된 것이다. 여기서 다루어진 내용은 월간 『춤』에 배구자 인터뷰 번역 기사 전문 및 발제자 후기까지 표절한 문제, 학회 심포지엄에서 한 챕터 전체를 인용을 밝히지 않은 채 서술한 경우 등 무용계에 드러난 문제를 사례별로 언급이 되었다.(현희정, 「무용에서 표절의 문제; 물탄개과가 되어선 안될 것 : 무용역사기록학회 연구윤리포럼(2)를 다녀와서」, 댄스포스트코리아, 2014.10) 이러한 자정 노력은 학위 논문을 쓰는 젊은 학자는 물론이거니와 그들을 지도하는 교수에게도 기억하고 실천해야 될 문제이다.

표절 시비에서 벗어나고, 자신의 논지를 명확하기 위해서 인용은 당연한 것임에도 불구하고 이러한 모습은 알게 모르게 연구자들을 통해 무의식 중에 이루어지곤 하였다. 공부하는 학자들이라면 이러한 자료에 대한 일차 검증이 필수적일텐데 그러한 범주를 놓치니 표절 시비에 자유로울 수 없는 모습이 그동안 나타난 것이다. 그런 의미에서 이 자료집은 근대 무용학 공부를 위한 바탕으로 의미를 지닌다.

2.

이 자료집의 가치는 편저자의 노력에서 비롯되었음을 알 수 있다. 편자는 그동안 『원본 소월전집』(홍성사, 1984), 『근대 한국공연예술사 자료집 1903~1910』(단국대출판부, 1984), 『실록 한국영화총서』 1, 2(국학자료원, 2007) 등의 한국 근대 문예자료집을 출간하여 학계에 기여한 바 있다. 이 『한국근대춤자료사』도 그런 의미에서 무용학계에 많은 도움을 줄 수 있을 것이다.

먼저 이 책이 가지는 장점 중 하나는 방대한 자료를 현대 맞춤법에 맞게 풀어 쓰고 나열하였다는 점이다. 근대 초기 신문이나 잡지 등은 맞춤법이나 띄어쓰기가 통일되지 않아 자료 해석에 품이 많이 들었는데, 이 시기 자료를 단순하게 영인한 것이 아닌 풀어쓰고 어법에 맞게 고쳤다는 점에서 연구자에게 편리함을 제공하고 있다. 또한 부록에서 최승희와 관련된 글을 따로 담아 다양한 시각에서 최승희를 바라볼 수 있는 글들을 볼 수 있다는 점도 의미를 지닌다. 이러한 측면은 굳이 학자들이 원본을 찾지 않더라도 쉽게 자료를 접할 수 있는 편의성을 제공한다.

그럼에도 불구하고 이 자료집은 몇 가지 점에서 아쉬움과 문제점이 있다. 먼저 이 자료가 세심하게 근대 자료를 취하여 엮었는가 하는 문제이다. 1899년부터 1950년까지 방대한 양의 무용 관련 자료를 섭렵하였지만 누락된 부분이 군데군데 보이는 것은 이 자료집의 티라 할 수 있다. 예를 들어 1910년대는 다양한 전통 무용 공연들이 이루어진 시기이다. 이 시기는 근대 극장 양식이 생성되며 광무대, 단성사, 연흥사, 장안사 등의 극장에서 다양한 연희들이 펼쳐졌다. 특히 기생조합에서 연희된 여러 춤들은 현재의 한국무용의 원형적 모습을 발견할 수 있는 시기로 흥미로운 담론과 현상들이 놓인 시기이다. 예를 들어 다동조합, 광교조합 등의 전통무용 공연, 공진회 행사 속 지속적인 공연을 통한 다양한 레퍼토리 등은 무대공연예술로 한국무용의 시원을 볼 수 있기에 의미가 깊다. 그런데 1911~1913년까지는 전체가 누락되어 있고, 1910년대 다양한 전통 무용공연에 대한 기록 등이 많은 부분 빠져있어 자료집의 가치를 떨어뜨리고 있다.

또한 중간 중간 임의적으로 내용을 생략하여 전체적인 내용 파악을 방해하는 부분은 연구자에게 원전을 다시 찾게 만드는 번거로움을 준다. 물론 전체적인 자료를 제공하는 것에 여러 한계나 효율성을 따질 수 있겠지만 이러한 문제점은 연구자들을 위한 배려라는 측면에서 생각해야 될 부분이다. 이는 자료사라 했을 때 예전처럼 자료 집성이 아닌 아카이브의 형식으로 독자에게 다가가야 함을 의미하기 때문이다. 또한 이 자료집에서 색인 정도만 있더라도 이 책이 독자에게 최소한의 편리성을 주었을텐데, 앞의 목차로 대신한 점은 아쉬운 부분이다.

이 자료집은 근대 무용을 공부하는 이들에게 완벽한 바탕을 마련한다고 보기에는 힘들 듯 하다. 부분 부분 누락된 부분이 눈에 드러난다. 게다가 이 시기 자료검색이 인터넷으로도 용이한 때에 편리성에서도 만점을 주기에는 부족한 점이 있다. 뉴스 라이브러리로 제공되거나 아카이브로 어느 정도 근대 신문에 대한 자료가 연구자들에게 제공되기에 이 자료집이 가지는 가치가 떨어질지도 모른다.

그럼에도 이 자료집은 제대로 된 근대 무용사의 정리를 위한 토대가 되리라 기대한다. 이 자료집이 일차 자료에 대한 인식을 일깨우는 하나의 계기가 될 것이며 어느 정도 연구의 방향성과 모티프를 제시할 수 있는 기본 자료는 될 수 있기 때문이다. 이는 그동안 2차 자료에 의존하여 인용하고 재인용하던 반복 재생산을 멈출 수 있는 바탕이며 무용을 처음 접하는 신진학자들에게도 연구방법의 출발을 인터넷이 아닌 이 책을 통해서 열 수 있을 것이다. 단순하게 일차 자료의 단순 나열을 통해 무용사가 기술된 선구자들을 딛고 이 자료를 비판적으로 수용하여 정신사적 해석을 통해 근대 한국 무용 연구, 그리고 근대 무용사의 기술이 이루어진다면 이 책은 그것으로 무용학 발전을 위한 토대로 의미가 있다.

또한 이 자료는 집단 연구로도 활용할 수 있는 계기를 준다. 인문학에서는 최근 융합을 통한 집담회 형식의 다양한 연구 교류가 이루어지고 있다. 하나의 주제를 가지고 여러 시각에서 논의되는 다양한 만남이 이루어지고 있는데, 이 자료집은 이러한 연구를 위한 교재로 의미도 지닐 수 있다. 이는 근대 사회를 인식하고 더불어 한국문화의 원형과 전형을 함께 인식할 수 있는 계기가 될 수 있을 것이다.

한국 근대 무용, 어찌 보면 다 연구되어 더 이상 다룰 것이 없다 말하는 이도 있겠지만, 시대정신을 묘파하여 다양한 방법론으로 새로운 담론을 담아낸 연구는 제대로 이루어지지 못하였다. 공연예술로 현재 한국 무용에 대한 원천으로 레퍼토리의 분석, 정재의 변화 양상, 신무용, 그리고 현대무용, 발레의 유입 과정, 사회적 무용 현상인 무용대회의 풍미 등은 흥미로운 주제를 새로운 시각으로 검토해 본다면 또 다른 한국 무용의 현재성을 가질 수 있을 것이다.

-『무용역사기록학』제35호, 2014.12.

02

•

역사학자의 시각에서 바라본 춤꾼의 일생
—문철영, 『하늘이 내린 춤꾼 이매방 평전』(새문사, 2015)

1. 서언

한국 근현대 무용사, 특히 한국무용(여기서 말하는 의미는 전통에 기반을 둔 무용을 통칭하는 것으로 한다)에서 몇몇 상징적 인물이 존재하지만 이매방(1927~2015) 만큼 유니크하면서도 그 영향력이 넓게 퍼져있는 인물도 드물 듯 하다. 한성준에 의해 집대성된 근대 한국무용은 여러 연원을 두며 자생적으로 전승되었는데 특히 이매방은 남도南道 그리고 교방춤으로 상징되는 전통춤의 정수精髓로 자리한다. 게다가 그는 중요무형문화재 제27호 승무 보유자, 제97호 살풀이 보유자로 지정되어 많은 춤꾼들에게 문화전통을 전승한 인물로도 큰 의미를 가진다.

그러한 이매방의 일생이 역사학자의 시각에서 평전으로 쓰여졌다. 이 책은 2010년 국사편찬위원회에서 주관하는 한국근현대사 구술자료 채집을 위한 프로젝트의 과정에서 이루어진 것으로 저자는 여러 문헌과 말년의 구술 작업을 중심으로 평전을 출간하게 되었다.

이러한 저술의 출발은 무용계와 직접적인 관계가 없는 시각이라는 장점과 단점이 함께 한다는 점에서 흥미롭다. 금기의 벽을 허물어 단 소리와 쓴 소리를 자유롭게 할 수 있는 긍정적인 면과 그의 춤과 춤 정신을 몸으로 체득하지 못하고 머리로 느껴야하는 한계점이 존재하기 때문이다. 그래서 이 평전은 단순한 일대기가 아닌 문예이론 방법론 중 하나인 역사주의 비평에 기반을 두고 있으며 역사적 사건을 중심으로 서사구조를 전개한다. 역사주의 비평은 19세기 프랑스의 생트 뵈브Charles Augustin Sainte Beuve와 이폴리트 테느Hippolyte

Taine에 의해 일반화 된 이론으로 특히 테느는 작품의 성격이 작가에 의해 만들어지며 민족적 성격, 역사적 시기, 사회적 환경을 중요한 기준으로 삼는다. 그래서 이 책에서는 일제강점기, 목포라는 키워드를 통해 이매방 삶의 첫 실타래를 풀어놓으며 이야기를 전개한다.

2. 이매방의 삶과 그 서사구조의 편린

'1930년대 목포의 눈물'이란 제목으로 시작한 제1장에서는 근대 목포의 여러 담론에서 권번문화의 전통적 요소와 이난영으로 상징되는 대중문화가 이매방을 낳게 한 모태로 살피고 있다. 이러한 두 요소는 고급과 저급의 선긋기가 아닌 권번의 교방여악으로서 고급 문화적 성격과 민중 지향의 민속춤으로의 대중문화적 성격이 함께 공유되어 이매방 춤이 탄생하였음을 밝힌 것이다.

그러면서 이매방 춤의 실질적 출발은 목포 권번에서 만난 이대조와 인연이 하나의 계기적 사건이라 서술한다. 아직도 살아있었다면 가서 춤을 배우고 싶을 정도라는 이매방의 구술에서처럼 그에게 큰 영향을 끼친 스승으로 이대조를 기억할 수 있다.

> 내 맨 첨은 입춤 들어가서 입춤, 아니 저 허튼춤, 허튼춤을 배우고 그 담에 인자 완전히 되믄 몸에 인자 기본이니까 모든 것이 몸에 그것이 스며들어서 받아들이고 인자 익숙하믄 장삼 승무 …(중략)… 맨처음에 가면 장구두 배워야 하고 장구는 특히 알아야, 장단을 알아야 하니까 장단에도 인자 음양이 있거든[1]

---

[1] 문철영, 『하늘이 내린 춤꾼 이매방 평전』, 서울: 새문사, 2015, 55쪽.

이대조와 목포, 광주권번에서 기본 춤들을 배우고, 특히 1941년 명인명창대회에서 춘 '승무'는 '승무하면 이매방'이란 말이 나올 정도였던 이 시기는 이매방 춤의 기틀을 마련한 시공간이었고, 입춤, 승무, 살풀이로 이어지는 이매방 춤 습득의 근원적 과정을 발견할 수 있다. 또한 이러한 과정 속에서 이념적 스승인 매란방梅蘭芳(메이란팡)과 만남도 그를 낳게 한 바탕으로 살필 수 있다. 이매방과 매란방과 관계는 직접적 영향이라기보다는 관념적 표상을 통한 수용 양상이었는데, 전통춤을 자신에 맞게 레퍼토리로 만든다거나 새로운 전통 의상 착용 등의 요소도 매란방에게 영향 받은 모습으로 그려내고 있다.

　한국전쟁 이후 이매방의 주 활동무대는 부산이었다. 그렇지만 '이 시대에 북을 가장 잘 연주하는 춤꾼'으로만 알려져 있을 뿐 전국적으로 그에 대한 인지도는 그리 높지 못하였다. 그러다가 1977년 7월 30일 서울 YMCA 강당 승무발표회를 통해 그의 춤이 대중에 알려졌고, 이매방 인생에서 가장 큰 계기적 사건으로 이 책에서도 중요시한다. 이 공연을 본 조선일보 기자 홍종인의 '장단과 가락 속에 섬세하고 대담하면서도 자연스럽게 온몸에 매듭과 힘줄이 움직일 수 있는 모습, 그의 전신에 넘쳐흐르는 예술적, 창조적 그리고 즉흥적인 감흥이 압도적'이었다는 말에서 드러나듯 이 공연은 새로운 전통춤의 전승을 알리는 획기적 사건이었음을 확인할 수 있다. 그러면서 한성준, 한영숙으로 이어 온 전통춤의 흐름과 대척점에서 비교 대상을 삼아 이매방 춤의 특징적 모습이 표출되었고, 새로운 전통춤의 전승을 알리는 신호탄으로 의미를 두고 있다. 이후 승무와 살풀이가 문화재로 지정되는 여러 매듭이 있었지만 이 책에서는 그의 무용 인생이나 개인적 삶에서 가장 큰 사건으로 이 시기를 표점으로 기록하였다.

　그래서 9장부터는 그러한 정점 이후 그의 삶 속에 존재하는 여러 인연들을 통해 이매방을 풀어놓는다. 특히 부산시절 장홍심과 관계, 부인 김명자와 결혼 생활, 먼저 세상을 달리한 아끼던 제자 임이조에 대한 이야기, 딸과의 관계 등 이매방의 인간적인 모습이 지근거리에 있던 사람들 속에서 표현된다. 또한 제자의 문화재 후보 서류 조작에 관한 아픔도 이 책에서 깊게 다룬 이야기이다. 이러한 부분은 구술에 바탕 둔 이매방의 감정이 그대로 드러난 면모로 저자의 '어떤 주제를 향해 대담 도중 그가 주로 빠지는 옆길은 정○숙씨 사건이 가장 컸다'는 표현에서도 이 사건이 말년까지 이매방에게 지울 수 없는 상처였음을 인식할 수 있다.

　이 평전은 인간 이매방의 이야기가 중심이지만 제12장에서는 이매방의 춤정신이 정리되어 있다. 특히 정중동, 대삼 소삼, 음양으로 상징되는 이매방 춤의 무용철학은 남성성과 여성성을 초월한 요염함, 교태미 등으로 설명한다.

> 그런께 춤은 무겁게 춰야 된다. 정중동을 구별해서 정중동을 떠나선 안된다 그말이여. 요염하고 아름답고 춤은 그늘이 있어야 된다. 무겁게 춰야 된다. …(중략)… 그늘이 있으믄 요염하고 아름답고. 이렇게 요염한 것 보고 인저 그늘. 춤은 그늘이 있어야 된다.[2]

여기서 말하는 음양은 대칭이 아닌 음과 양의 조화와 융합을 통해 남성이지만 여성스럽고, 여성춤 같지만 여성이 아닌 중간자적 입장에서의 미묘한 매력으로 상징된다. 이렇게 드러날 듯 드러나지 않는 미묘한 매력의 그로테스크미학이 다른 춤꾼과 변별되어 독보적인 위치를 차지하게 만드는 요소로 작용한 것이다. 이러한 요소가 한국문화의 보편성과 특수성의 기표로 한국춤의 원형과 전형을 상징할 수 있다. 이는 누구와 비교가 아닌 그저 이매방 춤만이 가지는 아이덴티티라는 측면에서 기억할 수 있다.

이 책에 대해 저자는 연대기 구성이 아닌 여러 계기적 사건과 서사구조의 조합을 통해 대중에게 흥미를 불러일으키려 한다. 그래서 "일반 독자들에게는 '일개 춤꾼'에 불과한 이매방의 이야기를 왜 읽어야 하는지?"를 제시하기 위해 이매방을 대중에게 알린 1977년 YMCA을 맨 처음으로 시작하였음을 밝히고 있다. 또한 역사적 문맥 속에서 이매방 삶의 추이를 밝히려 노력하였고 1930년대 일제강점기와 이후 그가 대중에게 알려지는 과정에 대해서는 여러 계기적 사건을 모티프로 스토리텔링하고 있다.

이와 함께 평전이다 보니 역사학자의 객관적인 시각에서 다루기도 하지만 무용계에서 말하기 꺼리는 이야기를 이매방의 입을 통해 쏟아 놓기도 한다. 동시대 같은 선상에서 논의될 수 있는 인물에 대한 평가들이 그렇다. 그러다보니 '우리 근현대무용사는 이매방 이전과 이후로 나뉠 정도로 이매방 춤은 가히 독보적이다.'(149쪽)라는 조금은 단정적이며 모든 이들이 수용할 수 있을지 의문이 드는 명제들이 가끔은 등장하는데 이는 역사학자라는 시각을 떠나 저자의 이매방에 대한 애정으로 볼 수 있다.

---

2 · 문철영, 위의 책, 171쪽.

이 책은 주관적 시각의 객관적 평가와 객관적 시각의 주관적 평가가 함께 이루어진다. 이러한 방식은 위인전이나 추모용, 찬양의 평전(이러한 방식은 무용계뿐만 아니라 어느 곳에서나 존재할 듯 하다)을 지양하려 하였다는 점에서 이 책이 가지는 가장 큰 장점이다. 그러면서 무용계가 지니고 있는 여러 모순점들에 대한 직언은 방외인이 본 시각이기에 귀 기울여 들을 수 있는 대목이다.

첫째, 이매방 춤의 전승과 가까이 있다고 생각하는 사람들은 먼저 자기를 돌아보기 바란다. 나는 이 평전을 쓰면서 이매방 선생이 무형문화재로 지정된 것이 한편으로는 그의 춤과 삶을 서서히 무너뜨려갔던 면을 보았다. 이매방 선생은 죽음을 앞두고 자신의 죽음 이후 벌어질 자신의 춤의 향방에 많이 가슴아파했다. 물론 그의 춤전승을 위해 이른바 전수조교 제도도 있는 것이지만 그는 정부가 지정하는 '무형문화재제도'에 의해 자신의 춤이 보존되고 전승되리라고는 믿지 않았다.[3]

승무, 살풀이춤이 문화재로 지정되어 그의 춤이 확산 되었지만 그의 춤정신, 그 본질이 제대로 전승될까라는 많은 사람들의 고민이 여기서도 묘사된다. 이는 춤 전승이 춤정신이 희미해지고 기법적 측면의 학습만 되는 것은 아닌지 걱정도 함께 묻어나는 이야기이다. 어찌 보면 '나 죽으면 내 춤은 내가 가져간다'(267쪽)라는 이매방의 술회는 더 이상 자신과 같은 인물이 나올 수 없는 시대적 흐름과 그의 춤을 그저 답습하는데 그치지 말기를 바라는 바람이 함께 공유된 화두일 것이다.

3. 결어

자서전과 평전은 차이가 있다. 자서전은 본인 스스로가 삶에 대하여 담백하고 솔직하게 기록하는 글이다. 그렇지만 스스로 자신을 평가하는 것이기에 자기중심적인 글이 될 수밖

3· 문철영, 위의 책, 266쪽.

에 없는 한계를 지닌다. 이에 반해 평전은 말 그대로 '평'評 '전'傳이다. 한 인물에 대한 이야기지만 여기에는 객관적 사료에 바탕을 두어 비평적 문장이 우선되어야 한다. 이에 평전은 긍정적인 시각도 존재하지만 부정적인 관점에서도 다루어질 수 있다.

그렇지만 그동안 무용가에 대한 책들이 조금은 따뜻한 시선에서 기술된 면이 없지 않다. 그런 의미에서 『하늘이 내린 춤꾼 이매방 평전』은 역사학자의 시각에서 바라본 평전이라는 기본적 기술 방법에 충실한 책이라 할 것이다. 저자의 말년 구술에 의존한 점이나 이매방 사후 얼마 되지 않은 시점에서 나온 점에서 또 다른 판단이 필요하겠지만 그럼에도 이 책은 이매방 삶의 전범典範으로 의미가 있을 것이다.

자서전은 많이 나올 수 없겠지만 평전은 다른 시각에서 혹은 그를 한 번도 만나지 않은 사람들도 저술할 수 있는 책이다. 그런 의미에서 이 기회에 또 다른 시각의 이매방에 대한 평전도 미리 기대해 본다.

-『무용역사기록학』제41호, 2016.6.

03

춤꾼에 대한 흔적과 기록
—김인권·전수향, 『춘당 김수악의 논개 살풀이』(여산서숙, 2015)

1.

한국 전통춤은 궁중정재와 민속춤 등을 비롯하여 다양한 형태로 전승되어 왔다. 또 민속춤은 놀이성이 강한 춤, 종교적 의미를 가진 춤 그리고 교방에서 이어온 춤 등 여러 갈래로 나누어 그 맥을 이어 왔다. 특히 교방은 한국 전통춤의 원형을 전승한 창구로 한국문화의 정체성을 그대로 보여준 공간이다. 진주교방은 정현석이 기록한 『교방가요』(1865)에 나타나듯 가무악의 보고이며 이후에도 영남춤의 상징성을 지니는 곳으로 자리매김한다. 근대 이후에도 이러한 흐름은 여러 예인을 통해 이어졌는데, 김수악은 진주 교방춤을 전승하고, 그의 예술정신을 투영 정리하여 무대화한 춤꾼으로 기억할 수 있다. 그가 집대성한 김수악류 춤들은 지역 춤임에도 불구하고 공연예술로 안정적인 정착을 보였고, 무대 레퍼토리가 되었다는 점에서 의미를 가진다.

『춘당 김수악의 논개살풀이』(여산서숙, 2015)는 김수악의 삶과 예술정신을 정리한 책으로 그의 춤 세계를 일목요연하게 독자들에게 알려준다. 그동안 김수악에 대한 이러한 일대기적 서술은 한국근현대예술가 구술 작업에서 이루어졌지만 이번에는 그동안 자

료를 취사선택하고, 이를 나열하여 정리하고 있다.

2.

이 책은 김수악의 평전 형식을 띠고 있다. 이 책은 전체적으로 문장 서술이 전문적이지는 않지만 그동안 나온 여러 자료를 섭렵하여 김수악의 삶을 살피고 있고, 자료 사진 등을 곁들여 쉽게 읽힐 수 있는 장점을 가진다. 김수악이 어린 시절 권번에서 소리, 춤 등 전통예술을 익혔는데, 최완자에게는 검무, 굿거리, 살풀이춤, 한량무를, 한성준에게서 승무, 살풀이춤을, 김옥민에게서 기본동작을, 김녹주에게서 소고춤과 굿거리를 배우는 등 권번에서 교육은 그의 개성 있는 춤을 만드는데 바탕이 되었고 김수악의 가무악 근원을 여기서 찾고 있다.

그러면서도 김수악은 기법이 중요한 것이 아니라 예인에게 있어서는 마음이 중요함을 강조하며 다음 말에서 예인의 기본을 강조하였음을 밝히고 있다.

> 예술인이 되려면 마음, 정신, 공력, 멋, 혼이 혼연일체가 되어야 돼. 예술을 하려는 사람이 올바른 마음을 가지고, 그 마음에 정신을 키우는거야. 힘들어서 공을 들이며 멋이 나오고, 그 멋이 경륜이 쌓이다보면 혼이 묻어나오지[1]

한국의 전통춤이 기법만 배워 단시간 안에 이루어지는 것이 아닌 마음, 정신, 공력, 멋, 혼이 하나가 되어야 함을 일깨우는 말이다. 이러한 말은 그의 춤에서 드러나는 즉흥적 신명과 유장미가 이러한 융합 속에서 나오고 있음을 살핀 것이다.

그의 춤을 대표하는 것으로 진주검무, 진주교방굿거리춤 그리고 논개살풀이춤을 들 수 있는데 이 책에서도 이 세 가지 춤을 별도의 장으로 나누어 설명하고 있다. 진주 교방굿거리춤은 경상남도 무형문화재로 지정된 춤으로 전통의 원형을 지니고 있지만 즉흥성을 더해 만들어진 김수악의 대표적인 춤이다. 이 춤은 굿거리춤과 소고춤이 합쳐진 것으로 한국춤이 지니는 한·흥·멋·태가 고추 갖추어 보여주었고, 이런 점이 지역춤임에도 불구하고 이후

---

[1] 김인권·김수향, 『춘당김수악의 논개살풀이』, 서울: 여산서숙, 33쪽.

무대공연예술 레퍼토리로 정착되어 그를 대표하는 춤으로 각인되었음을 알 수 있다.

또한 김수악은 '헛간의 도리깨도 춤을 추게 한다.'는 말처럼 구음에서 일가를 이룬 인물이다. 이 책에서도 김수악의 구음과 소리에 대해서 언급하면서 '구음은 북으로 장단을 치면서 다시 입으로 즉흥적인 곡조를 읊는 절묘한 소리로 공력과 참된 마음가짐이 원칙'[2] 이라는 말이나 국수호의 인터뷰에서 '장단 사이사이에 오묘하게 노는데 절대 장단을 맞추는 것도 같고 안 맞추는 것도 같으면서 그 장단을 먹고 가십니다.'라는 회고 등에서 보듯 즉흥적이지만 오랜 수련 속에서 그의 구음이 자연스럽게 형성됨을 말해주고 있다.

3.

이 책의 제목에서 나타나듯 논개살풀이춤은 다른 춤들에 비해 더욱 자세히 언급되어 있고, 저자의 관점에서도 기술되고 있다는 점에서 주의 깊게 바라볼 수 있다. 논개살풀이춤은 김수악류 살풀이와 역사적 인물인 논개의 스토리텔링이 함께 어우러진 춤이다. 논개살풀이춤은 〈논개의 얼〉이란 무용극의 일부로 추어졌던 것이 뒤에 분리되어 춘 것으로 전통창작춤으로 새로운 가치를 형성하였다.

김수악은 이 논개살풀이춤의 기원에 대해서 500년 전부터 내려온 춤이라 말한다. 그러면서 〈논개의 얼〉을 작곡, 작사하고 안무를 하면서 논개의 춤을 최완자 등 여러 선생이 알려준 노랑 수건, 붉은 수건 두 개를 들고 추었는데, '논개씨가 술을 열흘 담아가지고 왜적을 유인하려고 노랑 수건, 붉은 수건을 가지고 의암바위에서 춤을 췄다.'고 구술하면서 자신이 만든 것이 아니라 전승한 춤으로 말하였다. 이를 바탕으로 저자는 최완자 선생이 타계한 1969년 이전에 고증에 의하여 재탄생한 춤이며, 1940년대 김수악이 논개 제사 때 검무와 함께 추었다는 말을 들었다고 서술한다.[3]

이러한 바탕을 논개의 고향 장수지역 민요에서 '진주 남강 떨어짐서 / 노랑 수건 파랑 수건 / 수건 두 개 떠올라 오면 / 노랑 수건은 건져주고 / 파랑 수건은 건지지 마라' 내용을

---

[2] 위의 책, 88쪽.
[3] 위의 책, 101쪽.

들어 논개가 두 개의 수건을 들고 추었다는 것을 입증하였고, 무구舞具에서 그대로 타나난 것이라 논거를 제시하고 있다.

> 김수악 선생이 추었던 '논개살풀이'춤은 옛날 선생들이 말씀하듯이 논개가 왜장을 안고 남강에 투신하기 전에 두 개의 수건을 준비하여 춤을 추었을 것으로 보인다. 아직 문헌으로 고증된 바는 없지만 장수지역에서 내려오는 노래와 진주 권번 출신의 최완자 선생과 김수악 선생의 증언과 상통함으로 '논개살풀이'는 논개가 두 개의 수건을 들고 추었다는 것을 입증하며, 김수악 선생이 옛 선생들의 이야기를 토대로 어려서부터 배웠던 영남지역 살풀이춤을 바탕으로 복원과 창작을 통해 만들어진 춤이라 할 수 있다.[4]

논개살풀이춤에 대한 기원과 그 전승 그리고 만들어진 과정에 대한 설명이다. 이 이야기는 논개가 역사적으로 왜장을 끌어안고 투신하기 전 노랑색과 파랑색 두 개의 수건으로 춤을 추었으며 김수악이 역사적 인물과 그에 따른 서사구조를 만들어 영남지역의 살풀이춤에 기저를 두어 만든 춤이라는 시각이다. 이는 아무래도 논개를 모티브로 하고, 논개와 관련된 민요에서 나오는 것을 바탕으로 무구를 차용하였고, 이를 김수악이 만들어낸 전통에 의해 완성된 것으로 이해하면 될 듯 하다. 이에 대해서는 추상적 논리에 의해 부분이기에 여러 추론을 통한 검증이 필요한 부분일 것이다.

현재 이 춤은 제대로 전승되지 않고 있지만 변용되어 서울교방의 무대에서 수건 하나를 무구舞具로 하여 무대화되고 있는데, 이러한 모습도 김수악 류 살풀이의 춤에 대한 여러 가치를 새롭게 발견할 수 있다는 점에서 담론을 마련한다.

이 책은 구술과 그동안 알려진 자료에 의존한다는 장점과 단점을 함께 지닌다. 그동안 나온 자료를 섭렵하여 정리하다보니 필자의 시각에 의한 객관적 관점은 제대로 드러나지 못한 점이 있기 때문이다. 한 인물에 대한 평가는 따뜻하고 객관적 시각을 지닌 연구자에 의해 항상 새롭게 쓰일 수 있다는 점에서 김수악 연구 혹은 또 다른 평전을 위한 자료로 의미가 있을 것이다.

-『무용역사기록학』44호, 2017.3.

---

4 · 위의 책, 106쪽.

04

예인의 일생 속 한국예술사의 조망
─김천흥, 김영희 엮음, 『심소 김천흥 선생 무악 인생록』(소명출판, 2017)

1.

돌이켜보면 2007년은 한국무용의 일가를 이룬 여러 인물이 유명을 달리한 해다. 진도 민속과 진도북춤 등을 공연예술로 이끈 박병천(1934~2007), 30여 년 국립무용단을 이끌며 한국창작무용의 모범을 제시한 송범(1926~2007) 그리고 시인이며 무용평론으로 많은 글을 남긴 김영태(1936~2007)까지 모두 한 해에 우리 곁을 떠났다. 게다가 2007년은 전통무용을 몸으로 익히고 이를 전승하여 한국전통무용의 DNA를 우리에게 알린 김천흥(1909~2007)이 서거한 해이기도 하다. 그래서 올해는 그들을 기억하는 10주기 행사들이 다양하게 펼쳐졌고, 김천흥의 경우도 마찬가지이다.

무용역사기록학회에서는 제19회 무용역사기록학회 국내학술대회 심소 김천흥 추모 10주기 기념 심포지엄 "조선무악과 전승맥락과 심소 김천흥의 학예 정신"(대학로 예술가의 집 다목적실, 2017.8.25.)을 개최하였고, 국립국악원 무용단이 기획한 10주기 공연 "심소 김천흥, 그를 기억하다" 등 많은 행사가 이루어지며 그의 춤과 정신을 기억하는 시간을 가졌다.

『심소 김천흥 선생 무악 인생록』(소명출판, 2017)도 이러한 시기에 맞추어 발간된 책이다. 이 책은 '발간하며'에서 밝히듯 심소 김천흥 선생님의 10주기를 기리며 1995년에 출간했던 『심소김천흥무악칠십년』을 수정보완 재간행'된 형태이다.[1] 그래서 저본은 『심소 김천흥 무악칠십년』(민속원, 1995)에 두고 그 이후 10여년의 활동을 간략하게 정리하였고, 독자들에게

편의를 제공하기 위해 각주와 색인을 더하여 수정 증보하고 있다. 이 글에서는 김천홍의 회고가 갖는 의미를 다시 되새기며 이 책의 가치에 대하여 풀어 보고자 한다.

2.

김천홍은 1922년 이왕직아악부 아악생으로 음악과 춤을 접한 이후 그의 행적 하나하나가 한국 근현대 가무악사의 중요 흐름이라고 말할 정도로 다양한 활동을 펼쳤다. 맺는말에서 '내 본래 배운 것이 없고 아는 것이 적은데다 글쓰는 것은 더욱 서투르다'라고 겸양으로 이야기하고, '그동안 지낸 일을 제법하게 메모해놓은 것은 없지만 다만 기억에 남아있고 머리에서 떠오르는 대로 한 가지 두 가지 생각해 쓴 것'[2] 이라 말하지만 그가 기록한 꼼꼼한 흔적은 많은 예술 담론을 만들어 낸다.

그의 회고에서는 일제강점기 전통춤의 전승과 수용의 흐름이 일목요연하게 정리되어 있다. 이왕직아악부 아악생으로 춤을 익히고, 순종황제 탄신 오순 경축공연의 상황적 묘사 등은 당대 전통문화의 교육과 실제의 모습을 발견할 수 있고, 경성방송국 아악방송이나 조선음악협회 활동 등을 통해 대중과 호흡하려는 여러 모습을 발견하게 된다. 또한 아악부를 그만 둔 뒤 조선권번 기생양성소에서 학사업무를 맡으며 지근거리에서 관찰한 전통춤의 변용 언급도 흥미롭게 받아들일 수 있다. 예를 들어 승무도 그러하다.

당시 승무를 추던 사람은 여럿 있었는데 고인이 된 이강선과 월북한 임모의 춤이 가장 돋보였었다. 그들이 쌍승무를 출 때 보면 이의 춤은 여성적으로 곱고 유연한데 비해 임의

---

1. 김천홍, 김영희 엮음, 『심소 김천홍선생 무악 인생록』, 서울: 소명출판, 2017, 3쪽.
2. 위의 책, 634~635쪽.

춤은 남성적 느낌으로 힘차고 활기있어서 대조적인 조화를 이루곤 했다. 승무북을 치는 대목에서는 여자 두 사람이 북을 들어주던 폐단을 없애기 위해서 북틀을 만들어 걸어놓고 공연했는데 이 방법은 조선권번에서 창안한 것이 아닌가 한다.[3]

승무는 그 기원을 찾아내기란 쉽지 않다. 현재 전승되는 형태는 민속에서 행해지던 것이 일제강점기와 전후戰後 조탁을 거쳐 지금에 이르렀는데, 승무가 변용과정을 거치는 한 과정이라는 측면에서 도론을 만들 근거로 바라볼 수 있을 것이다. 또한 그의 회고는 전통춤이나 국악 등에만 집중되는 것이 아니라 다른 시각에서 바라볼 수 있는 여러 근거를 제시한다. 신무용 특히 최승희와 관계도 흥미롭게 바라볼 수 있다. 1937년 최승희는 외국공연을 위한 음반을 녹음하는데, 여기에 김천흥은 김계선 등과 함께 참여한다. 여기서 〈낙랑의 벽화〉, 〈무당춤〉, 〈장고춤〉, 〈부채춤〉 등이 대상으로 김천흥은 김계선의 대금 실력의 새삼스러운 감탄과 함께 최승희에 대해서도 언급하면서 '음악에 대한 주의력, 즉 음악과 춤의 일치된 조화를 이루려는 노력, 자기 감정에 흡족할 때까지 춤을 계속 추는 열의'[4] 가 뛰어났음을 말한다. 이 녹음 음반은 1938년 미국을 비롯한 유럽의 여러 나라에서 이루어진 공연의 저본으로 최승희가 심혈을 기울인 작업의 면모를 느낄 수 있는 대목으로 최승희 연구의 상호보완적 회고로 가치를 지닐 수 있다.

김천흥의 업적은 이미 여러 연구자들에게 의해 논의되었다. 〈처용랑〉이나 〈만파식적〉 등의 전통의 현대적 수용 양상 그리고 '춘앵무'를 비롯한 다양한 정재의 전승 등은 빠질 수 없는 대상이다. 이와 함께 생각할 수 있는 중요한 부분은 타자他者에 한국문화를 알린 전신자로 역할이다. 이 글에서도 삼천리가무단, 국립국악원 그리고 하와이대학과 교류 등의 연대기로 기록되어 있는데, 단순한 공연의 기록이지만 당대 언론 평이나 수용 양상의 여러 현상을 바라본다면 깊이 있는 담론을 발견할 수 있을 것이다. 이러한 활동은 그동안 알려지지 않은 한국 전통문화 전형성을 알리는 매개가 되었고, 해외 한국학연구의 마중물이 되었다는 점에서도 논의의 대상이 된다.

이 글에서는 예술정신과 그의 다양한 행로가 자세하게 기록되어 있지만 한 인간으로

3· 김천흥, 위의 책, 170~171쪽.
4· 김천흥, 위의 책, 120쪽.

혹은 생활 속 예술인의 일상도 그대로 나타난다. 전세금 분쟁이 일어나 어려움을 겪었고, 무용극 〈만파식적〉이 대한민국예술원상을 받아 상금의 일부로 돈을 갚거나 발표회 뒷수습을 정리하였다는 대목은 그리 풍족하지 않은 시절 예술인이 사회상 그대로의 모습이다. 또한 그는 인자한 스승이었음이 자연스럽게 문장에서 나타난다. 개인연구소를 이리저리 옮겨 다니며 마음이 불편했는데, '정성들여 가르쳐 놓은 학생들이 거리가 멀어지니까 낙오자가 생기는 등'[5] 등 여러 부분에서 제자를 위한 근심이 깊이 배어난 그의 천성을 읽을 수 있다.

이렇게 이 책은 한 예인의 일생이라는 미시적 시각을 통해 한국예술사의 일부를 바라볼 수 있는 거시적 시각이 함께 공존한다는 측면에서 의미가 있을 것이다.

3.

이 책은 앞서 밝혔듯이 『심소김천홍무악칠십년』이 출간된 이후 이야기를 덧붙이고 있다. 엮은이가 하와이대학의 김천홍컬렉션 개관, 그의 뜻을 잇는 정재연구회, 일무보존회의 발족 등 이후 다양한 활동을 '제 6부 무악칠십년 출간 이후 이야기'를 통해 개략적으로 기술한다. 이러한 추가와 함께 이 책은 앞서 출간한 저본과 변별성을 가지는데 저본에 없던 각주와 색인을 제공한다. 이 부분은 읽는 이에게 편의를 제공하는 측면과 함께 과한 설명이라는 점에서 장단점을 내포한다. 그런 의미에서 이 책은 김천홍을 조금 더 객관적인 시각에서 바라볼 후속 연구와 평전을 위한 중간 단계를 위한 자료로 의미를 지닐 것이다.

김천홍을 통한 여러 문화전통은 조탁을 거쳐 시대에 맞게 변용, 수용되었다. 또 사후 10여년 그 뜻은 전승자에 의해 올곧이 유지되어 왔다. 이런 면모는 그의 후광에 힙 입은 바 크다. 앞으로 남은 숙제는 그가 전한 여러 자산을 어떻게 원형을 유지하고 재해석할 것인지 기본적인 질문으로 귀결되며 그가 남긴 여러 기록과 구전심수에서 그 해답을 얻을 수 있을 것이다.

- 『무용역사기록학』 47호, 2017.12.

---

[5] 김천홍, 위의 책, 363쪽.

05

발레 본질에 대한 길라잡이
— 조기숙, 〈날고싶은 인간의 욕망, 발레〉(이화여자대학교출판문화원, 2017)

1. 들어가는 말

발레는 오랜 기간 동안 내용과 형식을 갖추어 완성된 예술 장르이다. 루이 14세 시대 즈음 균정 된 이래 낭만발레, 고전발레, 모던발레를 거치며 대중과 소통하면서 유럽문화의 정수로 자리하게 된 것이다. 한국에서도 근대시기에 발레의 여러 징후가 보이다가 해방공간 그리고 전후를 거치며 성장을 거듭하였고, 다양한 현상과 담론을 형성하여 왔다.

이와 함께 그동안 발레 이해를 돕기 위해 국내에서도 많은 책들이 출간되어 대중과 전공자들에게 편의를 제공하였다. 그런데 여러 책들이 출간되었지만 대부분 역사적 흐름에 치중하거나 기법적인 측면을 강조한 책들이 중심을 이루어 왔고, 이 또한 번역서이거나 개론적 형식이라는 아쉬움이 있었다.

이런 점에서 조기숙의 『날고싶은 인간의 욕망, 발레』(이화여자대학교출판문화원, 2017)는 저자가 체화한 발레를 자기 문장으로 서술하며 발레에 대한 형식과 내용을 잘 묘파한 책이다. 또한 현시대에 맞게 내용과 형식을 갖춘 책들이 많지 않아 가독성에서 떨어지는 경우가 많았는데 이 책은 전공자와 대중 모두에게 쉽게 다가갈 수 있고 저자의 여러 생각도 담겨져 있어 새로운 발레입문서로 의미를 담아낸다.

2. 발레에 대한 철학적 성찰의 길라잡이

『날고싶은 인간의 욕망, 발레』는 저자가 서문에서 밝히듯 '발레에 대한 자기 성찰적 연구서'이다. 이는 발레를 하는 전공자와 대중에게 모두 해당되는 것으로 그동안 전공자들이 기법을 배우는 데 집중하였다면, 이 책에서는 그러한 동작이 나오게 된 혹은 그 속에 담긴 무용철학적, 무용과학적 의미를 설명하여 본질적 이해를 돕고자 한다. 그래서 그는 발레 전공자들이 현장에서 실기를 하면서 미처 인지하지 못했던 의미에 대해 발견의 기쁨을 공유하게 되기를 바라고 있다.[1·]

이러한 측면은 저자도 발레를 배우고 무대에 서며 그리고 가르치면서 진지하게 고민한 문제로 이는 몸학soma을 통해 발레의 진정한 의미를 파악하였다 말하고 있다. 이미 몸학은 많은 철학자들을 통해 논의된 아젠다이다. 그리스 철학자부터 미셸 푸코 등의 후기구조의자에 이르거나 혹은 동양철학에 걸쳐 마음 혹은 생각을 이해하려고 몸을 결부하여 몸철학을 설파하여 온 것이다. 무용에선 몸이 직접 대상이기에 '몸학'은 더욱 적합한 연구방법론으로 그동안 조금은 소홀히 다루었던 아쉬움에 대해 저자는 몸학을 통해 발레의 본질을 설명한다.

이런 문제는 육체에서 몸soma으로 거듭나고 끌어올림pull-up이나 외향turn-out의 발레 동작의 기본가 우주의 원리와 맞닿아 있고 이에 대한 표출이라 설명한다.

발레무용가는 스스로를 중력의 중심과 관련해서 자세를 잡음으로써 중심과 원기둥을 가지게 된다. 몸의 중심선에서 생겨나는 움직임을 무용가가 섬세하게 느끼고 발전시켜야 된다.

1· 조기숙, 『날고 싶은 인간의 욕망, 발레』, 서울: 이화여자대학교출판문화원, 2017, 7쪽.

수직선을 통해 무용가는 몸의 연장과 방향을 이해할 수 있는 기본적인 기하학을 확립해야 된다. 무용에서 신체적, 정신적, 그리고 영적인 것은 다 연결되어 있고 동작은 중심에서부터 세상으로 확장되어 나아간다. ···(중략)··· 무용은 신체적, 정신적, 영적 차원이 몸의 중심에서 통합되어 동작으로 세상에 드러내는 것이다.[2]

어찌 보면 기본적일수도 있지만 가장 핵심적 요소를 정의내린 부분이다. 연극에서 단순한 문자인 텍스트text는 누워있지만 내적 외적 생산과 수용과 소비를 통해 작품work으로 완성되고, 기호학에서 기표icon가 의미를 가질 때 '기호'로 완성되듯 무용수도 발레에 담겨진 인문학적 구성 원리에 대한 인식을 통한 인간의 날고 싶은 욕망이 합치될 때 궁극적 가치가 이루어질 것으로 본 것이다. 이는 저자의 연구방법론 관심 대상인 실기기반연구practice based research로도 설명할 수 있는 것으로 무용수가 자기인식을 통했을 때 관객과 소통도 제대로 이루어지고 무용수도 스스로 성찰이 이루어질 수 있음을 말한다.

또한 저자는 발레가 무용공연 예술로 '지금 여기'를 중요함을 말한다. 발레예술가는 지금 여기를 영원한 순간으로 느끼며 영적 신체적으로 작업하는 사람들로 '고유수용감각'에 대한 인식을 강조한다.[3] 이는 주관적 인식이 제대로 이루어졌을 때 작품으로 의미가 생성하고 관객에게도 몸학에 대한 이해와 수용도 가지고 올 수 있음을 밝힌 것이다. 그런 의미에서 이 책의 중요한 키워드는 '소통'으로 무용수가 우주 원리와 몸의 움직임에 대한 소통, 지금 여기, 무용수의 잠재된 철학적 논리에 의한 표현과 이를 수용, 재생산하는 관객의 소통이 발레의 진정한 의미라 할 수 있다.

3. 나오는 말

이 책은 프롤로그, 발레에 대한 이해, 발레의 핵심 원리, 발레의 동작, 에필로그로 구성되

---

[2] 조기숙, 『날고 싶은 인간의 욕망, 발레』, 51~52쪽.
[3] 위의 책, 38~40쪽.

어 있다. 제 3장 발레의 동작은 발레를 이루는 기본 동작에 대한 설명으로 대중에게 쉽게 발레를 알게 하는 길라잡이 역할을 하고 있다. 또한 전공자에게는 몸으로만 인지하던 발레 동작에 대한 정리라는 측면에서 좋은 자료 제공한다.

　기본 원리는 그대로이다. 그럼에도 시대가 변화함에 따라 해석은 달리하고 시대정신에 따라 그 의미도 새롭게 생성된다. 그런 의미에서 이 책은 발레에 대한 본질적 해석과 더불어 가독성 좋은 발레 입문서로 좋은 의미를 지닐 것이다.

-『무용역사기록학』 49호, 2018.6.

문화와
역사를
담 다
011

한국 춤 새롭게 바라보기

초판1쇄 발행 2019년 6월 15일

지은이 김호연
펴낸이 홍종화

편집·디자인 오경희·조정화·오성현·신나래
           김윤희·박선주·조윤주·최지혜
관리 박정대·최현수

펴낸곳 민속원
창업 홍기원   **편집주간** 박호원
출판등록 제1990-000045호
주소 서울 마포구 토정로25길 41(대흥동 337-25)
전화 02) 804-3320, 805-3320, 806-3320(代)
팩스 02) 802-3346
이메일 minsok1@chollian.net, minsokwon@naver.com
홈페이지 www.minsokwon.com

ISBN 978-89-285-1325-3
SET 978-89-285-1054-2 04380

ⓒ 김호연, 2019
ⓒ 민속원, 2019, Printed in Seoul, Korea

저작권법에 의해 한국 내에서 보호를 받는 저작물이므로 무단전재와 복제를 금합니다.
이 책 내용의 전부 또는 일부를 이용하려면 반드시 저작권자와 민속원의 서면동의를 받아야 합니다.
이 도서의 국립중앙도서관 출판시도서목록(CIP)은 서지정보유통지원시스템 홈페이지(http://seoji.nl.go.kr)와
국가자료공동목록시스템(http://www.nl.go.kr/kolisnet)에서 이용하실 수 있습니다. (CIP제어번호 : CIP2019021987)

※ 책 값은 뒤표지에 있습니다.
※ 잘못된 책은 바꾸어 드립니다.